Geschichten zum Weiterdenken

GESCHICHTEN ZUM WEITERDENKEN

Ein Lesebuch für Schule, Gruppe und Familie

Herausgegeben
von Lore Graf, Ulrich Kabitz, Martin Lienhard
und Reinhard Pertsch

KAISER · GRÜNEWALD

Dieses Lesebuch ist als Weiterführung von »Geschichten zum Nachdenken« für den Gebrauch im Religionsunterricht höherer Klassen bestimmt.
Das entsprechende BEGLEITBUCH mit didaktischen Ratschlägen zu den einzelnen Texten ist eigens zu beziehen.

Fotos von KATJA KLATT, München.

ISBN 3-459-01194-7 (Kaiser)
ISBN 3-7867-0729-4 (Grünewald)
 – Umschlag von Ingeborg Geith. Gesamtherstellung: Georg Wagner, Nördlingen. – Printed in Germany.

Die Geschichten dieses Buches
erzählen von Menschen,
die unterwegs sind.
Unterwegs auf Wegen verschiedener Herkunft,
unterwegs auf bequemen und auf steinigen Wegen,
unterwegs auf Wegen in die Gefahr
und auf Wegen der Sehnsucht.

Die Geschichten reden zuerst
vom Einzelnen,
der auf dem Weg ist, sich selbst zu finden
oder zu verfehlen.
Es geht um den Menschen *auf der Suche nach sich selbst.*

Dann zeigen die Geschichten
Menschen,
die einander im Wege sind
oder gemeinsam Wege bahnen.
Es geht um den Menschen *auf dem Weg zum anderen.*

Zuletzt entwerfen die Geschichten Bilder
vom Menschheitsweg in die Zukunft,
Schattenbilder von versperrten Wegen
und Traumbilder von verheißungsvollen neuen Wegen.
Es geht um den Menschen *auf der Grenze zum Neuland.*

Alle drei Sichtweisen benennen
Dimensionen dessen,
was Leben heißt.
Sie hängen zusammen wie die Dimensionen des Raums.
Sie bilden Koordinaten,
an denen ablesbar ist,
ob Leben verweigert wird
oder ob Leben möglich ist.

AUF DER SUCHE NACH SICH SELBST

AUF DER SUCHE NACH SICH SELBST

Identität und Schablone

HERMANN HESSE

Flötentraum

»Hier«, sagte mein Vater, und übergab mir eine kleine, beinerne Flöte, »nimm das und vergiß deinen alten Vater nicht, wenn du in fernen Ländern die Leute mit deinem Spiel erfreust. Es ist jetzt hohe Zeit, daß du die Welt siehst und etwas lernst. Ich habe dir diese Flöte machen lassen, weil du doch keine andre Arbeit tun und immer nur singen magst. Nur denke auch daran, daß du immer hübsche und liebenswürdige Lieder vorträgst, sonst wäre es schade um die Gabe, die Gott dir verliehen hat.«

Mein lieber Vater verstand wenig von der Musik, er war ein Gelehrter; er dachte, ich brauchte nur in das hübsche Flötchen zu blasen, so werde es schon gut sein. Ich wollte ihm seinen Glauben nicht nehmen, darum bedankte ich mich, steckte die Flöte ein und nahm Abschied.

Unser Tal war mir bis zur großen Hofmühle bekannt; dahinter fing denn also die Welt an, und sie gefiel mir sehr wohl. Eine müdgeflogene Biene hatte sich auf meinen Ärmel gesetzt, die trug ich mit mir fort, damit ich später bei meiner ersten Rast gleich einen Boten hätte, um Grüße in die Heimat zurückzusenden.

Wälder und Wiesen begleiteten meinen Weg, und der Fluß lief rüstig mit; ich sah, die Welt war von der Heimat wenig verschieden. Die Bäume und Blumen, die Kornähren und Haselbüsche sprachen mich an, ich sang ihre Lieder mit, und sie verstanden mich, gerade wie daheim; darüber wachte auch meine Biene wieder auf, sie kroch langsam bis auf meine Schulter, flog ab und umkreiste mich zweimal mit ihrem tiefen süßen Gebrumme, dann steuerte sie geradeaus rückwärts der Heimat zu.

Da kam aus dem Walde hervor ein junges Mädchen gegangen, das trug einen Korb am Arm und einen breiten, schattigen Strohhut auf dem blonden Kopf.

»Grüß Gott«, sagte ich zu ihr, »wo willst denn du hin?«

»Ich muß den Schnittern das Essen bringen«, sagte sie und ging neben mir. »Und wo willst du heut noch hinaus?«

»Ich gehe in die Welt, mein Vater hat mich geschickt. Er meint, ich solle den Leuten auf der Flöte vorblasen, aber das kann ich noch nicht richtig, ich muß es erst lernen.«

»So, so. Ja, und was kannst du denn eigentlich? Etwas muß man doch können.«

»Nichts Besonderes. Ich kann Lieder singen.«
»Was für Lieder denn?«
»Allerhand Lieder, weißt du, für den Morgen und für den Abend und für alle Bäume und Tiere und Blumen. Jetzt könnte ich zum Beispiel ein hübsches Lied singen von einem jungen Mädchen, das kommt aus dem Wald heraus und bringt den Schnittern ihr Essen.«
»Kannst du das? Dann sing's einmal!«
»Ja, aber wie heißt du eigentlich?«
»Brigitte.«
Da sang ich das Lied von der hübschen Brigitte mit dem Strohhut, und was sie im Korbe hat, und wie die Blumen ihr nachschauen, und die blaue Winde vom Gartenzaun langt nach ihr, und alles was dazu gehörte. Sie paßte ernsthaft auf und sagte, es wäre gut.
Und als ich ihr erzählte, daß ich hungrig sei, da tat sie den Deckel von ihrem Korb und holte mir ein Stück Brot heraus. Als ich da hineinbiß und tüchtig dazu weitermarschierte, sagte sie aber: »Man muß nicht im Laufen essen. Eins nach dem andern.«
Und wir setzten uns ins Gras, und ich aß mein Brot, und sie schlang die braunen Hände um ihre Knie und sah mir zu.
»Willst du mir noch etwas singen?« fragte sie dann, als ich fertig war.
»Ich will schon. Was soll es sein?«
»Von einem Mädchen, dem ist sein Schatz davongelaufen, und es ist traurig.«
»Nein, das kann ich nicht. Ich weiß ja nicht, wie das ist, und man soll auch nicht so traurig sein. Ich soll immer nur artige und liebenswürdige Lieder vortragen, hat mein Vater gesagt. Ich singe dir vom Kuckucksvogel oder vom Schmetterling.«
»Und von der Liebe weißt du gar nichts?« fragte sie dann.
»Von der Liebe? O doch, das ist ja das allerschönste.«
Alsbald fing ich an und sang von dem Sonnenstrahl, der die roten Mohnblumen lieb hat, und wie er mit ihnen spielt und voller Freude ist. Und vom Finkenweibchen, wenn es auf den Finken wartet, und wenn er kommt, dann fliegt es weg und tut erschrocken. Und sang weiter von dem Mädchen mit den braunen Augen und von dem Jüngling, der daherkommt und singt und ein Brot dafür geschenkt bekommt; aber nun will er kein Brot mehr haben, er will einen Kuß von der Jungfer und will in ihre braunen Augen sehen, und er singt so lange fort und hört nicht auf, bis sie anfängt zu lächeln und bis sie ihm den Mund mit ihren Lippen schließt.
Da neigte Brigitte sich herüber und schloß mir den Mund mit ihren Lippen und tat die Augen zu und tat sie wieder auf, und ich sah in die nahen braungoldenen Sterne, darin war ich selber gespiegelt und ein paar weiße Wiesenblumen.

»Die Welt ist sehr schön«, sagte ich, »mein Vater hat recht gehabt. Jetzt will ich dir aber tragen helfen, daß wir zu deinen Leuten kommen.«
Ich nahm ihren Korb, und wir gingen weiter, ihr Schritt klang mit meinem Schritt und ihre Fröhlichkeit mit meiner gut zusammen, und der Wald sprach fein und kühl vom Berg herunter; ich war noch nie so vergnügt gewandert. Eine ganze Weile sang ich munter zu, bis ich aufhören mußte vor lauter Fülle; es war allzu vieles, was vom Tal und vom Berg und aus Gras und Laub und Fluß und Gebüschen zusammenrauschte und erzählte.
Da mußte ich denken: wenn ich alle diese tausend Lieder der Welt zugleich verstehen und singen könnte, von Gräsern und Blumen und Menschen und Wolken und allem, vom Laubwald und vom Föhrenwald und auch von allen Tieren, und dazu noch alle Lieder der fernen Meere und Gebirge, und die der Sterne und Monde, und wenn das alles zugleich in mir innen tönen und singen könnte, dann wäre ich der liebe Gott, und jedes neue Lied müßte als ein Stern am Himmel stehen.
Aber wie ich eben so dachte und davon ganz still und wunderlich wurde, weil mir das früher noch nie in den Sinn gekommen war, da blieb Brigitte stehen und hielt mich an dem Korbhenkel fest.
»Jetzt muß ich da hinauf«, sagte sie, »da droben sind unsere Leute im Feld. Und du, wo gehst du hin? Kommst du mit?«
»Nein, mitkommen kann ich nicht. Ich muß in die Welt. Schönen Dank für das Brot, Brigitte, und für den Kuß; ich will an dich denken.«
Sie nahm ihren Eßkorb, und über dem Korb neigten sich ihre Augen im braunen Schatten noch einmal zu mir, und ihre Lippen hingen an meinen, und ihr Kuß war so gut und lieb, daß ich vor lauter Wohlsein beinah traurig werden wollte. Da rief ich schnell Lebewohl und marschierte eilig die Straße hinunter.
Das Mädchen stieg langsam den Berg hinan, und unter dem herabhängenden Buchenlaub am Waldrand blieb sie stehen und sah herab und mir nach, und als ich ihr winkte und den Hut überm Kopf schwang, da nickte sie noch einmal und verschwand still wie ein Bild in den Buchenschatten hinein. Ich aber ging ruhig meine Straße und war in Gedanken, bis der Weg um eine Ecke bog.
Da stand eine Mühle, und bei der Mühle lag ein Schiff auf dem Wasser, darin saß ein Mann allein und schien nur auf mich zu warten, denn als ich den Hut zog und zu ihm in das Schiff hinüberstieg, da fing das Schiff sogleich zu fahren an und lief den Fluß hinunter. Ich saß in der Mitte des Schiffs, und der Mann saß hinten am Steuer, und als ich ihn fragte, wohin wir führen, da blickte er auf und sah mich aus verschleierten grauen Augen an.
»Wohin du magst«, sagte er mit einer gedämpften Stimme. »Den Fluß hinunter und ins Meer, oder zu den großen Städten, du hast die Wahl. Es gehört alles mir.«
»Es gehört alles dir? Dann bist du der König?«

»Vielleicht«, sagte er. »Und du bist ein Dichter, wie mir scheint? Dann singe mir ein Lied zum Fahren!«
Ich nahm mich zusammen, es war mir bange vor dem ernsten grauen Mann, und unser Schiff schwamm so schnell und lautlos den Fluß hinab. Ich sang vom Fluß, der die Schiffe trägt und die Sonne spiegelt und am Felsenufer stärker aufrauscht und freudig seine Wanderung vollendet.
Des Mannes Gesicht blieb unbeweglich, und als ich aufhörte, nickte er still wie ein Träumender. Und alsdann begann er zu meinem Erstaunen selber zu singen, und auch er sang vom Fluß und von des Flusses Reise durch die Täler, und sein Lied war schöner und mächtiger als meines, aber es klang alles ganz anders.
Der Fluß, wie er ihn sang, kam als ein taumelnder Zerstörer von den Bergen herab, finster und wild; knirschend fühlte er sich von den Mühlen gebändigt, von den Brücken überspannt, er haßte jedes Schiff, das er tragen mußte, und in seinen Wellen und langen grünen Wasserpflanzen wiegte er lächelnd die weißen Leiber der Ertrunkenen.
Das alles gefiel mir nicht und war doch so schön und geheimnisvoll von Klang, daß ich ganz irre wurde und beklommen schwieg. Wenn das richtig war, was dieser alte, feine und kluge Sänger mit seiner gedämpften Stimme sang, dann waren alle meine Lieder nur Torheit und schlechte Knabenspiele gewesen. Dann war die Welt auf ihrem Grund nicht gut und licht wie Gottes Herz, sondern dunkel und leidend, böse und finster, und wenn die Wälder rauschten, so war es nicht aus Lust, sondern aus Qual.
Wir fuhren dahin, und die Schatten wurden lang, und jedesmal, wenn ich zu singen anfing, tönte es weniger hell, und meine Stimme wurde leiser, und jedesmal erwiderte der fremde Sänger mir ein Lied, das die Welt noch rätselhafter und schmerzlicher machte und mich noch befangener und trauriger.
Mir tat die Seele weh, und ich bedauerte, daß ich nicht am Lande und bei den Blumen geblieben war oder bei der schönen Brigitte, und um mich in der wachsenden Dämmerung zu trösten, fing ich mit lauter Stimme wieder an und sang durch den roten Abendschein das Lied von Brigitte und ihren Küssen.
Da begann die Dämmerung, und ich verstummte, und der Mann am Steuer sang, und auch er sang von der Liebe und Liebeslust, von braunen und von blauen Augen, von roten feuchten Lippen, und es war schön und ergreifend, was er leidvoll über dem dunkelnden Fluß sang, aber in seinem Lied war auch die Liebe finster und bang und ein tödliches Geheimnis geworden, an dem die Menschen irr und wund in ihrer Not und Sehnsucht tasteten, und mit dem sie einander quälten und töteten.
Ich hörte zu und wurde so müde und betrübt, als sei ich schon Jahre unterwegs und sei durch lauter Jammer und Elend gereist. Von dem Fremden her fühlte ich immerzu einen leisen, kühlen Strom von Trauer und Seelenangst zu mir herüber und in mein Herz schleichen.

»Also ist denn nicht das Leben das Höchste und Schönste«, rief ich endlich bitter, »sondern der Tod. Dann bitte ich dich, du trauriger König, singe mir ein Lied vom Tode!«
Der Mann am Steuer sang nun vom Tode, und er sang schöner, als ich je hatte singen hören. Aber auch der Tod war nicht das Schönste und Höchste, es war auch bei ihm kein Trost. Der Tod war Leben, und das Leben war Tod, und sie waren ineinander verschlungen in einem ewigen rasenden Liebeskampf, und dies war das Letzte und der Sinn der Welt, und von dorther kam ein Schein, der alles Elend noch zu preisen vermochte, und von dorther kam ein Schatten, der alle Lust und alle Schönheit trübte und mit Finsternis umgab. Aber aus der Finsternis brannte die Lust inniger und schöner, und die Liebe glühte tiefer in dieser Nacht.
Ich hörte zu und war ganz still geworden, ich hatte keinen Willen mehr in mir als den des fremden Mannes. Sein Blick ruhte auf mir, still und mit einer gewissen traurigen Güte, und seine grauen Augen waren voll vom Weh und von der Schönheit der Welt. Er lächelte mich an, und da faßte ich mir ein Herz und bat in meiner Not: »Ach, laß uns umkehren, du! Mir ist angst hier in der Nacht, und ich möchte zurück und dahin gehen, wo ich Brigitte finden kann, oder heim zu meinem Vater.«
Der Mann stand auf und deutete in die Nacht, und seine Laterne schien hell auf sein mageres und festes Gesicht. »Zurück geht kein Weg«, sagte er ernst und freundlich, »man muß immer vorwärtsgehen, wenn man die Welt ergründen will. Und von dem Mädchen mit den braunen Augen hast du das Beste und Schönste schon gehabt, und je weiter du von ihr bist, desto besser und schöner wird es werden. Aber fahre du immerhin, wohin du magst, ich will dir meinen Platz am Steuer geben!«
Ich war zum Tod betrübt und sah doch, daß er recht hatte. Voll Heimweh dachte ich an Brigitte und an die Heimat und an alles, was eben noch nahe und licht und mein gewesen war, und was ich nun verloren hatte. Aber jetzt wollte ich den Platz des Fremden nehmen und das Steuer führen. So mußte es sein.
Darum stand ich schweigend auf und ging durch das Schiff zum Steuersitz, und der Mann kam mir schweigend entgegen, und als wir beieinander waren, sah er mir fest ins Gesicht und gab mir seine Laterne.
Aber als ich nun am Steuer saß und die Laterne neben mir stehen hatte, da war ich allein im Schiff, ich erkannte es mit einem tiefen Schauder, der Mann war verschwunden, und doch war ich nicht erschrocken, ich hatte es geahnt. Mir schien, es sei der schöne Wandertag und Brigitte und mein Vater und die Heimat nur ein Traum gewesen, und ich sei alt und betrübt und sei schon immer und immer auf diesem nächtlichen Fluß gefahren.
Ich begriff, daß ich den Mann nicht rufen dürfe, und die Erkenntnis der Wahrheit überlief mich wie ein Frost.
Um zu wissen, was ich schon ahnte, beugte ich mich über das Wasser hinaus

und hob die Laterne, und aus dem schwarzen Wasserspiegel sah mir ein scharfes und ernstes Gesicht mit grauen Augen entgegen, ein altes, wissendes Gesicht, und das war ich.
Und da kein Weg zurückführte, fuhr ich auf dem dunkeln Wasser weiter durch die Nacht.

MARIE LUISE KASCHNITZ

Das dicke Kind

Es war Ende Januar, bald nach den Weihnachtsferien, als das dicke Kind zu mir kam. Ich hatte in diesem Winter angefangen, an die Kinder aus der Nachbarschaft Bücher auszuleihen, die sie an einem bestimmten Wochentag holen und zurückbringen sollten. Natürlich kannte ich die meisten dieser Kinder, aber es kamen auch manchmal Fremde, die nicht in unserer Straße wohnten. Und wenn auch die Mehrzahl von ihnen gerade nur so lange Zeit blieb, wie der Umtausch in Anspruch nahm, so gab es doch einige, die sich hinsetzten und gleich auf der Stelle zu lesen begannen. Dann saß ich an meinem Schreibtisch und arbeitete, und die Kinder saßen an dem kleinen Tisch bei der Bücherwand, und ihre Gegenwart war mir angenehm und störte mich nicht.
Das dicke Kind kam an einem Freitag oder Samstag, jedenfalls nicht an dem zum Ausleihen bestimmten Tag. Ich hatte vor, auszugehen und war im Begriff, einen kleinen Imbiß, den ich mir gerichtet hatte, ins Zimmer zu tragen. Kurz vorher hatte ich einen Besuch gehabt und dieser mußte wohl vergessen haben, die Eingangstüre zu schließen. So kam es, daß das dicke Kind ganz plötzlich vor mir stand, gerade als ich das Tablett auf den Schreibtisch niedergesetzt hatte und mich umwandte, um noch etwas in der Küche zu holen. Es war ein Mädchen von vielleicht zwölf Jahren, das einen altmodischen Lodenmantel und schwarze, gestrickte Gamaschen anhatte und an einem Riemen ein paar Schlittschuhe trug, und es kam mir bekannt, aber doch nicht richtig bekannt vor, und weil es so leise hereingekommen war, hatte es mich erschreckt.
Kenne ich Dich? frage ich überrascht.
Das dicke Kind sagte nichts. Es stand nur da und legte die Hände über seinem runden Bauch zusammen und sah mich mit seinen wasserhellen Augen an.
Möchtest Du ein Buch? fragte ich.
Das dicke Kind gab wieder keine Antwort. Aber darüber wunderte ich mich

nicht allzu sehr. Ich war es gewohnt, daß die Kinder schüchtern waren und daß man ihnen helfen mußte. Also zog ich ein paar Bücher heraus und legte sie vor das fremde Mädchen hin. Dann machte ich mich daran, eine der Karten auszufüllen, auf welchen die entliehenen Bücher aufgezeichnet wurden.
Wie heißt Du denn? fragte ich.
Sie nennen mich die Dicke, sagte das Kind.
Soll ich Dich auch so nennen? fragte ich.
Es ist mir egal, sagte das Kind. Es erwiderte mein Lächeln nicht, und ich glaube mich jetzt zu erinnern, daß sein Gesicht sich in diesem Augenblick schmerzlich verzog. Aber ich achtete darauf nicht.
Wann bist Du geboren? fragte ich weiter.
Im Wassermann, sagte das Kind ruhig.
Diese Antwort belustigte mich und ich trug sie auf der Karte ein, spaßeshalber gewissermaßen, und dann wandte ich mich wieder den Büchern zu.
Möchtest Du etwas Bestimmtes? fragte ich.
Aber dann sah ich, daß das fremde Kind gar nicht die Bücher ins Auge faßte, sondern seine Blicke auf dem Tablett ruhen ließ, auf dem mein Tee und meine belegten Brote standen.
Vielleicht möchtest Du etwas essen, sagte ich schnell.
Das Kind nickte, und in seiner Zustimmung lag etwas wie ein gekränktes Erstaunen darüber, daß ich erst jetzt auf diesen Gedanken kam. Es machte sich daran, die Brote eins nach dem andern zu verzehren, und es tat das auf eine besondere Weise, über die ich mir erst später Rechenschaft gab. Dann saß es wieder da und ließ seine trägen kalten Blicke im Zimmer herumwandern, und es lag etwas in seinem Wesen, das mich mit Ärger und Abneigung erfüllte. Ja gewiß, ich habe dieses Kind von Anfang an gehaßt. Alles an ihm hat mich abgestoßen, seine trägen Glieder, sein hübsches, fettes Gesicht, seine Art zu sprechen, die zugleich schläfrig und anmaßend war. Und obwohl ich mich entschlossen hatte, ihm zuliebe meinen Spaziergang aufzugeben, behandelte ich es doch keineswegs freundlich, sondern grausam und kalt.
Oder soll man es etwa freundlich nennen, daß ich mich nun an den Schreibtisch setzte und meine Arbeit vornahm und über meine Schulter weg sagte, lies jetzt, obwohl ich doch ganz genau wußte, daß das fremde Kind gar nicht lesen wollte? Und dann saß ich da und wollte schreiben und brachte nichts zustande, weil ich ein sonderbares Gefühl der Peinigung hatte, so, wie wenn man etwas erraten soll und errät es nicht, und ehe man es nicht erraten hat, kann nichts mehr so werden wie es vorher war. Und eine Weile lang hielt ich das aus, aber nicht sehr lange, und dann wandte ich mich um und begann eine Unterhaltung und es fielen mir nur die törichtsten Fragen ein.
Hast Du noch Geschwister, fragte ich.
Ja, sagte das Kind.
Gehst Du gern in die Schule, fragte ich.

Ja, sagte das Kind.
Was magst Du denn am liebsten?
Wie bitte? fragte das Kind.
Welches Fach, sagte ich verzweifelt.
Ich weiß nicht, sagte das Kind.
Vielleicht Deutsch? fragte ich.
Ich weiß nicht, sagte das Kind.
Ich drehte meinen Bleistift zwischen den Fingern, und es wuchs etwas in mir auf, ein Grauen, das mit der Erscheinung des Kindes in gar keinem Verhältnis stand.
Hast Du Freundinnen? fragte ich zitternd.
O ja, sagte das Mädchen.
Eine hast Du doch sicher am liebsten? fragte ich.
Ich weiß nicht, sagte das Kind, und wie es dasaß in seinem haarigen Lodenmantel, glich es einer fetten Raupe, und wie eine Raupe hatte es auch gegessen und wie eine Raupe witterte es jetzt wieder herum.
Jetzt bekommst Du nichts mehr, dachte ich, von einer sonderbaren Rachsucht erfüllt. Aber dann ging ich doch hinaus und holte Brot und Wurst, und das Kind starrte darauf mit seinem dumpfen Gesicht, und dann fing es an zu essen, wie eine Raupe frißt, langsam und stetig, wie aus einem inneren Zwang heraus, und ich betrachtete es feindlich und stumm.
Denn nun war es schon soweit, daß alles an diesem Kind mich aufzuregen und zu ärgern begann. Was für ein albernes, weißes Kleid, was für ein lächerlicher Stehkragen dachte ich, als das Kind nach dem Essen seinen Mantel aufknöpfte. Ich setzte mich wieder an meine Arbeit, aber dann hörte ich das Kind hinter mir schmatzen, und dieses Geräusch glich dem trägen Schmatzen eines schwarzen Weihers irgendwo im Walde, es brachte mir alles wässerig Dumpfe, alles Schwere und Trübe der Menschennatur zum Bewußtsein und verstimmte mich sehr. Was willst Du von mir, dachte ich, geh fort, geh fort. Und ich hatte Lust, das Kind mit meinen Händen aus dem Zimmer zu stoßen, wie man ein lästiges Tier vertreibt. Aber dann stieß ich es nicht aus dem Zimmer, sondern sprach nur wieder mit ihm, und wieder auf dieselbe grausame Art.
Gehst Du jetzt aufs Eis? fragte ich.
Ja, sagte das dicke Kind.
Kannst Du gut Schlittschuhlaufen? fragte ich und deutete auf die Schlittschuhe, die das Kind noch immer am Arm hängen hatte.
Meine Schwester kann gut, sagte das Kind, und wieder erschien auf seinem Gesicht ein Ausdruck von Schmerz und Trauer und wieder beachtete ich ihn nicht.
Wie sieht Deine Schwester aus? fragte ich. Gleicht sie Dir? Ach nein, sagte das dicke Kind. Meine Schwester ist ganz dünn und hat schwarzes, lockiges Haar. Im Sommer, wenn wir auf dem Land sind, steht sie nachts auf, wenn ein

Gewitter kommt und sitzt oben auf der obersten Galerie auf dem Geländer und singt.
Und Du? fragte ich.
Ich bleibe im Bett, sagte das Kind. Ich habe Angst.
Deine Schwester hat keine Angst, nicht wahr? sagte ich.
Nein, sagte das Kind. Sie hat niemals Angst. Sie springt auch vom obersten Sprungbrett. Sie macht einen Kopfsprung und dann schwimmt sie weit hinaus . . .
Was singt Deine Schwester denn? fragte ich neugierig.
Sie singt, was sie will, sagte das dicke Kind traurig. Sie macht Gedichte.
Und Du? fragte ich.
Ich tue nichts, sagte das Kind. Und dann stand es auf und sagte, ich muß jetzt gehen. Ich streckte meine Hand aus, und es legte seine dicken Finger hinein, und ich weiß nicht genau, was ich dabei empfand, etwas wie eine Aufforderung, ihm zu folgen, einen unhörbaren dringlichen Ruf. Komm einmal wieder, sagte ich, aber es war mir nicht ernst damit, und das Kind sagte nichts und sah mich mit seinen kühlen Augen an. Und dann war es fort, und ich hätte eigentlich Erleichterung spüren müssen. Aber kaum, daß ich die Wohnungstür ins Schloß fallen hörte, lief ich auch schon auf den Korridor hinaus und zog meinen Mantel an. Ich rannte ganz schnell die Treppe hinunter und erreichte die Straße in dem Augenblick, in dem das Kind um die nächste Ecke verschwand.
Ich muß doch sehen, wie diese Raupe Schlittschuh läuft, dachte ich. Ich muß doch sehen, wie sich dieser Fettkloß auf dem Eise bewegt. Und ich beschleunigte meine Schritte, um das Kind nicht aus den Augen zu verlieren. Es war am frühen Nachmittag gewesen, als das dicke Kind zu mir ins Zimmer trat, und jetzt brach die Dämmerung herein. Obwohl ich in dieser Stadt einige Jahre meiner Kindheit verbracht hatte, kannte ich mich doch nicht mehr gut aus, und während ich mich bemühte, dem Kinde zu folgen, wußte ich bald nicht mehr, welchen Weg wir gingen, und die Straßen und Plätze, die vor mir auftauchten, waren mir völlig fremd. Ich bemerkte auch plötzlich eine Veränderung in der Luft. Es war sehr kalt gewesen, aber nun war ohne Zweifel Tauwetter eingetreten und mit so großer Gewalt, daß der Schnee schon von den Dächern tropfte und am Himmel große Föhnwolken ihres Weges zogen. Wir kamen vor die Stadt hinaus, dorthin, wo die Häuser von großen Gärten umgeben sind, und dann waren gar keine Häuser mehr da, und dann verschwand plötzlich das Kind und tauchte eine Böschung hinab. Und wenn ich erwartet hatte, nun einen Eislaufplatz vor mir zu sehen, helle Buden und Bogenlampen und eine glitzernde Fläche voll Geschrei und Musik, so bot sich mir jetzt ein ganz anderer Anblick. Denn dort unten lag der See, von dem ich geglaubt hatte, daß seine Ufer mittlerweile alle bebaut worden wären: er lag ganz einsam da, von schwarzen Wäldern umgeben und sah genau wie in

meiner Kindheit aus. Dieses unerwartete Bild erregte mich so sehr, daß ich das fremde Kind beinahe aus den Augen verlor. Aber dann sah ich es wieder, es hockte am Ufer und versuchte, ein Bein über das andere zu legen und mit der einen Hand den Schlittschuh am Fuß festzuhalten, während es mit der andern den Schlüssel herumdrehte. Der Schlüssel fiel ein paar Mal herunter, und dann ließ sich das dicke Kind auf alle Viere fallen und rutschte auf dem Eis herum, und suchte und sah wie eine seltsame Kröte aus. Überdem wurde es immer dunkler, der Dampfersteg, der nur ein paar Meter von dem Kind entfernt in den See vorstieß, stand tiefschwarz über der weiten Fläche, die silbrig glänzte, aber nicht überall gleich, sondern ein wenig dunkler hier und dort, und in diesen trüben Flecken kündigte sich das Tauwetter an. Mach doch schnell, rief ich ungeduldig, und die Dicke beeilte sich nun wirklich, aber nicht auf mein Drängen hin, sondern weil draußen vor dem Ende des langen Dampfersteges jemand winkte und »Komm Dicke« schrie, jemand, der dort seine Kreise zog, eine leichte, helle Gestalt. Es fiel mir ein, daß dies die Schwester sein müsse, die Tänzerin, die Gewittersängerin, das Kind nach meinem Herzen, und ich war gleich überzeugt, daß nichts anderes mich hierhergelockt hatte als der Wunsch, dieses anmutige Wesen zu sehen. Zugleich aber wurde ich mir auch der Gefahr bewußt, in der die Kinder schwebten. Denn nun begann mit einem Mal dieses seltsame Stöhnen, diese tiefen Seufzer, die der See auszustoßen scheint, ehe die Eisdecke bricht. Diese Seufzer liefen in der Tiefe hin wie eine schaurige Klage, und ich hörte sie und die Kinder hörten sie nicht.

Nein gewiß, sie hörten sie nicht. Denn sonst hätte sich die Dicke, dieses ängstliche Geschöpf, nicht auf den Weg gemacht, sie wäre nicht mit ihren kratzigen unbeholfenen Stößen immer weiter hinausgestrebt, und die Schwester draußen hätte nicht gewinkt und gelacht und sich wie eine Ballerina auf der Spitze ihres Schlittschuhs gedreht, um dann wieder ihre schönen Achter zu ziehen, und die Dicke hätte die schwarzen Stellen vermieden, vor denen sie jetzt zurückschreckte, um sie dann doch zu überqueren, und die Schwester hätte sich nicht plötzlich hoch aufgerichtet und wäre nicht davon geglitten, fort, fort, einer der kleinen einsamen Buchten zu.

Ich konnte das alles genau sehen, weil ich mich daran gemacht hatte, auf dem Dampfersteg hinauszuwandern, immer weiter, Schritt für Schritt. Trotzdem die Bohlen vereist waren, kam ich doch schneller vorwärts, als das dicke Kind dort unten, und wenn ich mich umwandte, konnte ich sein Gesicht sehen, das einen dumpfen und zugleich sehnsüchtigen Ausdruck hatte. Ich konnte auch die Risse sehen, die jetzt überall aufbrachen und aus denen wie Schaum vor die Lippen des Rasenden, ein wenig schäumendes Wasser trat. Und dann sah ich natürlich auch, wie unter dem dicken Kinde das Eis zerbrach. Denn das geschah an der Stelle, an der die Schwester vordem getanzt hatte und nur wenige Armlängen vor dem Ende des Stegs. Ich muß gleich sagen, daß dieses

Einbrechen kein lebensgefährliches war. Der See gefriert in ein paar Schichten, und die zweite lag nur einen Meter unter der ersten und war noch ganz fest. Alles, was geschah, war, daß die Dicke einen Meter tief im Wasser stand, im eisigen Wasser freilich und umgeben von bröckelnden Schollen, aber wenn sie nur ein paar Schritte durch das Wasser watete, konnte sie den Steg erreichen und sich dort hinaufziehen, und ich konnte ihr dabei behilflich sein. Aber ich dachte trotzdem gleich, sie wird es nicht schaffen, und es sah auch so aus, als ob sie es nicht schaffen würde, wie sie da stand, zu Tode erschrocken und nur ein paar unbeholfene Bewegungen machte, und das Wasser strömte um sie herum und das Eis unter ihren Händen zerbrach. Der Wassermann, dachte ich, jetzt zieht er sie hinunter, und ich spürte gar nichts dabei, nicht das geringste Erbarmen und rührte mich nicht. Aber nun hob die Dicke plötzlich den Kopf, und weil es jetzt vollends Nacht geworden und der Mond hinter den Wolken erschienen war, konnte ich deutlich sehen, daß etwas in ihrem Gesicht sich verändert hatte. Es waren dieselben Züge und doch nicht dieselben, aufgerissen waren sie von Willen und Leidenschaft, als ob sie nun, im Angesicht des Todes, alles Leben tränken, alles glühende Leben der Welt. Ja, das glaubte ich wohl, daß der Tod nahe und dies das letzte sei, und beugte mich über das Geländer und blickte in das weiße Antlitz unter mir, und wie ein Spiegelbild sah es mir entgegen aus der schwarzen Flut. Da aber hatte das dicke Kind den Pfahl erreicht. Es streckte die Hände aus und begann sich heraufzuziehen, ganz geschickt hielt es sich an den Nägeln und Haken, die aus dem Holze ragten. Sein Körper war zu schwer, und seine Finger bluteten, und es fiel wieder zurück, aber nur, um wieder von neuem zu beginnen. Und das war ein langer Kampf, ein schreckliches Ringen um Befreiung und Verwandlung, wie das Aufbrechen einer Schale oder eines Gespinstes, dem ich da zusah, und jetzt hätte ich dem Kinde wohl helfen mögen, aber ich wußte, ich brauchte ihm nicht mehr zu helfen – ich hatte es erkannt . . .

An meinen Heimweg an diesem Abend erinnere ich mich nicht. Ich weiß nur, daß ich auf unserer Treppe einer Nachbarin erzählte, daß es noch jetzt ein Stück Seeufer gäbe mit Wiesen und schwarzen Wäldern, aber sie erwiderte mir, nein, das gäbe es nicht. Und daß ich dann die Papiere auf meinem Schreibtisch durcheinandergewühlt fand und irgendwo dazwischen ein altes Bildchen, das mich selbst darstellte, in einem weißen Wollkleid mit Stehkragen, mit hellen wäßrigen Augen und sehr dick.

DINO BUZZATI

Wenn es dunkelt

Der Buchhalter Sisto Tarra hatte genau an dem Tag, da er zum Geschäftsführer der Firma ernannt worden war, ein seltsames Erlebnis. Es war ein Samstag, angenehm warmes Wetter mit wundervoller Sonne, und sein Geist bewegte sich in glücklichen Sphären. Das seit Jahren ersehnte Ziel war endlich erreicht, er konnte sich allen Ernstes als den eigentlichen Herrscher des Betriebes bezeichnen; aber mehr noch als die Beförderung selbst, als die finanziellen Vorteile, erfüllte es ihn mit Freude, die messerfeine diplomatische Arbeit triumphieren zu sehen, die er geleistet, um den Ruf seines Vorgängers Dr. Brozzi zu untergraben. Jahre hindurch hatte er ruhelos im Hinterhalt gelegen, um dessen kleinste Fehler zu entdecken, ihre Folgen zu vergrößern und sie den Vorgesetzten in die Augen springen zu lassen. Und darin war er um so geschickter vorgegangen, als er nach außen hin Brozzi immer verteidigt hatte, um sich das Gebaren eines großzügigen und loyalen Menschen zu geben.

Tarra wohnte allein in einem kleinen zweistöckigen Haus in einer Straße der Gartenstadt, draußen vor den Toren. Nachdem er zu Mittag gegessen hatte, setzte er sich in sein Studierstübchen und dachte eben darüber nach, wie er den freien Nachmittag verbringen solle, als er gerade über seinem Kopf, auf dem Dachboden, Schritte vernahm.

Er stieg die Treppe hinauf, öffnete die Tür und betrat den verlassenen Bodenraum, wo durch die Ritzen zwischen den Dachziegeln ein ruhiges Licht einsickerte, blickte umher, sah einen Knaben vor einer Kiste stehen und darin herumsuchen.

»Also keine Ratten«, sagte sich Tarra ohne irgendwelche Erregung, »sondern ein unbekannter diebischer Knirps.« Und er wollte gerade auf ihn zutreten, als der Junge den Kopf wandte, so daß ihre Blicke sich trafen. Sisto stand still, von Erstaunen festgenagelt: er kannte ja diesen Knaben, und ob er ihn kannte! Jener kaum vernarbte Riß dort über dem einen Auge: er wußte ja, daß er von einem Sturz im Garten stammte. Jener blaue Kinderanzug, der Gürtel aus leuchtendem Leder, oh, er konnte sich gut daran erinnern! Und er war noch im Nachsinnen, wo er diese Dinge wohl je gesehen habe, als er plötzlich begriff: der Unbekannte war er selbst. Sisto Tarra, als Kind. Tatsächlich er, Sisto, im Alter von elf, zwölf Jahren.

Im allgemeinen war es weiß Gott nicht leicht, auf Tarra Eindruck zu machen. Und doch empfand er jetzt mit einem Schlag große Schüchternheit, wie in den Augenblicken, da er zur Berichterstattung vom Generaldirektor hereingerufen wurde. Es schien ihm, als sei er nicht mehr fähig, sich vom Fleck zu rühren, und gebannt starrte er auf sein eigenes, lebendes Bild aus der Zeit vor fünfunddreißig Jahren.

Schweigen herrschte, und man hörte nur den Atem Sistos, die Stimme eines auf dem Dach umherhüpfenden Sperlings, das Geräusch eines entfernten Autos, während sich von den Ritzen zwischen den Dachziegeln ein gelbliches Licht verbreitete: über die alten, in den Winkeln aufgehäuften Bücher, über die zerbrochenen Spiegel, die zerlegten Bettstellen, die leeren Bilderrahmen, das Gerümpel einer ganzen Familie.
Doch indessen hatte der Buchhalter Sisto Tarra die volle Herrschaft über sich selbst zurückgewonnen, die er auch sonst immer so stolz zur Schau stellte, und er fragte mit kalter Stimme (obwohl er es in seinem Herzen genau wußte):
»Wer bist du? Wie bist du hier hereingekommen?«
»Die Spielsachen!« antwortete der Junge ausweichend mit der müden und feinen Stimme eines Kranken. »In dieser Kiste hier müssen die Spielsachen sein.«
»Die Spielsachen? Hier gibt es keine Spielsachen!« sagte Tarra und fühlte sich zusehends freier, da er die interessante Seite dieses Gesprächs zu schätzen begann, zumal der Knabe ihn nicht erkannt hatte, was ihm, Sisto, einen entschiedenen Vorteil gab; außerdem genoß er schon im voraus den Augenblick, wo er, Tarra, sich zu erkennen geben und das Kind dann vor Staunen überwältigt stehen werde bei der Entdeckung, wie groß, reich und angesehen es geworden sei.
Aber der Knabe beharrte: »Und es sind doch welche da! In diese Kiste hat man sie getan, ich habe schon den Märklin-Baukasten gefunden!«
»So, den Märklin«, wiederholte Tarra mit dem nachgiebigen Wohlwollen, das gewichtige Persönlichkeiten in der Öffentlichkeit vor Kindern anzunehmen pflegen, »gefällt er dir, der Märklin?«
Fünfunddreißig Jahre, dachte er indessen, und welch ein Weg war das gewesen! Er hatte sein Leben wirklich gut angelegt. Was für ein Abgrund trennte jenen törichten und verängstigten Knaben von ihm, dem Buchführer Tarra, der, fest eingepflanzt in der Welt, geachtet und gefürchtet, ohne mit der Wimper zu zucken, Millionengeschäfte abwickelte. Welch ein großartiges Geschenk wird das für den Buben sein, dachte er, wenn er, bald schon, von seiner eigenen erfolgreichen Laufbahn hören wird!
Das Kind starrte ihn inzwischen weiter mit mißtrauischem Staunen an, es schien sich um die Spielsachen nicht mehr zu kümmern.
»Und Sisto?« fragte es statt dessen, immer in diesem kranken Ton. »Wo ist Sisto jetzt? Wohnt er noch hier? Kennst du ihn?«
»Und ob ich ihn kenne!« sagte Tarra, über seinen eigenen Scherz lächelnd. »Wir wohnen zusammen, und das seit vielen Jahren!«
»Und wie geht es ihm? Was macht er jetzt?«
»Oh, er ist eine bedeutende Persönlichkeit geworden, der Sisto«, und das Lächeln wurde immer breiter.
»Eine bedeutende ...?« fragte der Knabe, und sein Gesicht erhellte sich.

»Was macht er denn? Ist er General geworden?«
»General? Warum gerade General? Würde es dir Spaß machen, wenn er sich dann und wann wie ein General betätigte?« – Was sind das für dumme Ideale! dachte er dabei, man sieht wirklich, daß er noch ein kleiner Trottel ist.
»Bestimmt würde mir das Spaß machen!« antwortete der Junge.
»Nun gut«, fuhr Sisto fort, indem er die Stimme erkalten ließ, »er ist kein General, aber er hat trotzdem seinen Weg gemacht.«
»Dann ist er ein Forscher?«
Was für ein Blödsinn! dachte Sisto wieder und fragte sich, ob es nicht besser sei, die Unterhaltung abzubrechen, aber der Wunsch, bewundert zu werden, hielt ihn fest.
»Nein, er ist auch kein Forscher«, sagte er, »die existieren nur noch in den Büchern. Aber es gibt wichtigere Dinge auf dieser Welt.«
»Also was ist er dann? Ist er vielleicht Minister?«
Das klingt schon besser, dachte Tarra, da er den Knaben auf weniger kindische Ziele zusteuern sah. Und er antwortete: »Nun, ein Minister ist er, genau genommen, nicht. Aber er hat eine hervorragende Stellung. Du kannst schon mit ihm zufrieden sein.«
Das Kind sah ihn vertrauensvoll an in der Hoffnung auf eine Erklärung. Man hörte einige Spatzen auf dem Dach schimpfen, eine Frauenstimme unten auf der Straße, einen einzelnen Glockenschlag irgendwoher.
»Er ist Geschäftsführer«, sagte Tarra endlich und ließ das Wort auf der Zunge zergehen. »Geschäftsführer der Firma Troll, des ersten Speditionshauses von Italien.«
Der Knabe schien nicht zu begreifen. ›Geschäftsführer‹: das sagte ihm nicht viel. Seine Augen forschten noch fragend in denen Tarras, aber sie leuchteten wohl ein wenig schwächer, durch einen feinen Enttäuschungsschleier hindurch.
»Was bedeutet das?« fragte er. »Zählt er etwa Rechnungen?«
»Auch das!« gab Tarra zu, gereizt durch dieses geringe Verständnis. »Im Grunde ist er einer der führenden Männer.«
»Dann ist er also reich, nicht wahr?« – Dieser Gesichtspunkt schien dem Kind zu gefallen. »Es steht nicht schlecht, es steht wirklich nicht schlecht damit«, antwortete Sisto und ließ das Lächeln von früher wieder aufblühen. »Man kann jedenfalls nicht klagen.«
»Oha, die schönen Pferde!«
»Pferde?«
»Ich meine, daß er jetzt schöne Pferde haben wird.«
Der Buchführer schüttelte den Kopf, als ob die Dummheit dieses Burschen ihn völlig entmutige. Und er sagte, nur um nicht hart zu erscheinen: »O nein, heutzutage benutzt man keine Pferde mehr.«
Ein neuer Gedanke kam dem Knaben; er ließ die Pferde beiseite und fragte:

»Aber sag mir: wie ist denn Sisto jetzt? Wie sieht er aus?«
»Oh, der ist groß geworden!« entgegnete Tarra und fühlte immer mehr Hochachtung vor sich selbst über soviel Geistesgegenwart. »So groß wie ich, ungefähr.«
»Ach ist er schön? Sag, ist er schön?«
»Schön? Das weiß ich nicht. Bei Männern kommt es auf die Schönheit nicht an. Manche Leute sagen freilich, er sei ein sehr gut aussehender Mann.«
»Und trägt er einen Bart?«
»Einen Bart, nein. Aber einen Schnurrbart, etwa so einen wie ich. Er sei ein englischer Typ, sagt man.«
»Und die Gebete?« fragte auf einmal das Kind. »Sagt er sie abends immer, seine Gebete?«
Schon wieder diese Albernheiten, dachte Tarra gereizt; war es wirklich möglich, daß er selbst jener Junge gewesen war, wenn auch vor fünfunddreißig Jahren? War es möglich, daß er sich so sehr von ihm unterschied? Es schien ihm unsinnig, eigentlich beschämend, aus diesem Knaben hervorgewachsen zu sein.
»Jetzt nicht mehr, mein Lieber«, entgegnete er in einem Ton fast zorniger Herausforderung. »Warum willst du, daß er Gebete hersagt? Von einem gewissen Alter an tut das niemand mehr. Nur die Frauen . . .«
»Aber er kennt sie noch, nicht? Er kann sie noch auswendig?«
»Ich weiß nicht einmal das genau . . . man müßte ihn fragen. Aber das ist schwierig.«
»Und wenn er sie einmal nötig braucht? Was macht er, wenn er sie nötig braucht?«
»Gebete brauchen? Warum sollte er die jemals brauchen?«
Der Kleine sah ihn erschrocken an, als sei er zu Unrecht gescholten worden.
»Und die Kinder?« fragte er. »Leben seine Kinder auch hier?«
»Sisto hat keine Kinder«, sagte der Buchführer Tarra trocken. »Wer hat dir in den Kopf gesetzt, er habe welche?«
»Gar keine Kinder? Nicht einmal eins?«
»Aber nein, natürlich nicht, er ist gar nicht verheiratet, der Sisto.«
Jetzt hörte man ein neues Geräusch, eine Art dumpfes Winseln, das in Wellen auf und ab über die Dachziegel strich; die Stimme des Windes. Der Bodenraum hatte sich rasch verdüstert, und eine Wolke vor der Sonne genügte dafür als Erklärung nicht mehr, so schwer und schwarz sie auch sein mochte; man mußte einsehen, daß im schnellen Schwinden des Abends unerwartet, da der gewöhnliche Stundengang sich beschleunigte wie nie zuvor, die Nacht sich nahte.
Jetzt trat der Knabe einen schüchternen Schritt vor, deutete mit dem Zeigefinger auf den Mann, und seine Stimme wurde noch feiner:
»Du bist es, nicht?« fragte er bang. »Sag die Wahrheit, du bist Sisto?«

Also hatte das Kind endlich begriffen, es hatte erkannt, daß jener Herr nahe an die Fünfzig nicht irgendein Mensch sei, sondern wirklich er selbst, so, wie er von den Jahren verwandelt worden war. Die Stimme des Kindes zitterte, aus irgendeinem besonderen Grund. Die Knabenstimme zitterte, der Buchführer Tarra hingegen lächelte und reckte sich, um so eindrucksvoll wie möglich zu erscheinen.

»Ich selbst, in Person«, versicherte er. »Hattest du das noch nicht begriffen?«

». . . noch nicht begriffen? . . .« antwortete mechanisch wie ein Echo der Knabe, ohne den Klang der Worte zu hören, die Pupillen im Halbdunkel geweitet.

»Du bist doch zufrieden, nicht wahr? Komm, sag es mir. Du bist mit dem Ergebnis doch zufrieden?«

Aber warum lächelte der dumme Junge jetzt nicht einmal? Warum lief er ihm nicht festlich gestimmt entgegen? Vielleicht hatte er immer noch nicht recht verstanden? Oder argwöhnte er einen Scherz und blieb wachsam aus Furcht vor Enttäuschung?

Nein, das Kind hatte sehr gut verstanden und betrachtete Sisto mit einem brennenden und bitteren Ausdruck, als ob es ein großes Geschenk erwartet und ein elendes Ding bekommen habe. Mit unsicheren Schritten näherte er sich quer durch den düsteren Bodenraum jenem Mann, den er lieber nicht gekannt hätte, starrte auf das magere Gesicht, die kalten Fischaugen, die dünnen, harten Lippen, betrachtete prüfend den hohen, steifen Kragen, die Schlipsnadel, die einen Löwenkopf darstellte, den untadeligen dunklen Anzug und berührte einen Zipfel davon mit seiner Hand.

»Sieh einmal, was für eine schöne Uhr«, sagte Sisto Tarra, um des Kindes Vertrauen zu gewinnen, und zog die Präzisionsuhr hervor. »Ich habe sie in der Schweiz gekauft, es ist ein Läutewerk drin.«

Er drückte auf ein Knöpfchen, und man hörte in der Stille feine, metallische Schläge widerhallen. Eins, zwei, drei, vier, fünf, sechs. Sechs Uhr abends, war das möglich? Eine dunkle Erregung drängte sich in Tarras Brust. Es schien ihm, als habe die Begegnung mit dem Knaben nicht mehr als zehn Minuten gedauert, aber die Uhr und die wachsende Dunkelheit bezeugten das Heraufkommen der Nacht. Die Sonne hatte ihren Weg wie aus Haß gegen ihn, Sisto, in größter Hast durcheilt. Als das zarte Geläut verstummt war, hörte man den Wind draußen an den Wänden entlangklagen.

»Wie schön«, murmelte der Junge ohne Überzeugung, indem er die Uhr betrachtete. »Aber zeig mir doch mal deine Hände!«

Und er nahm mit seiner Hand die Rechte des Buchführers Tarra, zog sie näher zu sich, um sie gut sehen zu können, besah sie zaghaft, zaghaft. Und er schien wahrlich nicht zu glauben, eine tieftraurige Angelegenheit, daß diese behaarte, massige Hand, von Runzeln durchfurcht, mit hervortretenden Knöcheln

und dicken, gelblichen Nägeln, daß sie so klein, zart und weiß gewesen sein sollte wie die des Kindes.
»Und was hast du an dem Auge da?« fragte der Knabe weiter und hob den Blick zu Tarras Gesicht auf. Wirklich hing Sistos rechtes Augenlid seit ein paar Jahren infolge einer rheumatischen Gesichtslähmung herab, was ihm einen etwas zweideutigen Ausdruck gab.
»Doch! Warum hältst du es geschlossen?« beharrte der Knabe, da der andere nicht antwortete.
»Ach nicht, ich sehe großartig damit«, knurrte der Buchhalter Tarra, der eine traurige Wut in sich aufsteigen spürte. Was für eine Dunkelheit auf dem Dachboden! Und von draußen drang auch kein Laut mehr herein. In den äußersten Ecken, wo der Giebel sich schräg in den Fußboden senkte, häuften sich dichte Schatten.
Warum zum Teufel bin ich hier nur heraufgestiegen! sagte sich Tarra. Und warum sieht dieser unangenehme kleine Bursche mich immer so an! Was habe ich denn schließlich mit ihm gemein? Der Knabe verabscheute ihn, das konnte man deutlich merken.
»Du hast dir mich anders vorgestellt, was?« sagte Sisto im wachsenden Dunkel mit rauher und feindseliger Stimme.
»Ich weiß nicht . . . weiß nicht . . .«, stotterte das Kind, verängstigt zurückweichend. Weiter sagte es nichts mehr, aber man spürte trotzdem seine Enttäuschung.
»Was hattest du dir eigentlich in den Kopf gesetzt? Was dachtest du, sei ich geworden? Wolltest du mich in Generalsuniform sehen? Oder mit der Mitra des Bischofs?« wetterte er los, obwohl er sich noch immer etwas zu zügeln suchte. »Ich weiß nicht, warum du so ein Maul ziehst! Du könntest dem Himmel danken, scheint mir. Bist nicht befriedigt, was? Meine Hände gefallen dir nicht, was?«
Jetzt genoß er die Lust, Angst einzuflößen, den vorlauten Knaben zu schrekken. Aber der andere war schnell zurückgewichen, und man konnte ihn fast nicht mehr wahrnehmen, so dunkel war es.
»Sisto!« Zum ersten Male sprach der Buchhalter den eigenen Namen aus, der unangenehm und traurig widerhallte. »Sisto, wo bist du? . . . Ich muß dir die Briefmarken zeigen, ich habe eine herrliche Sammlung«, fügte er in süßlichem Ton hinzu, damit der Knabe nicht zu fliehen versuche.
Er durcheilte den Bodenraum, wobei er achtgeben mußte, nicht gegen die querstehenden Tragbalken zu stoßen, und am Ende angelangt, beugte er sich nieder, um die finsteren Winkel abzusuchen, blickte sich um, und seine Erregung wuchs. Der Knabe war verschwunden.
»Sisto, Sisto!« ließ er sich wieder vernehmen, flüsternd, da der Klang der eigenen Stimme ihn zu peinigen begann. Aber niemand gab Antwort. Das Ebenbild von einst hatte sich im Schatten aufgelöst, und auf dem Dachboden

blieb gar nichts anderes als der Buchhalter Sisto Tarra, siebenundvierzig Jahre alt, von unruhigen Gedanken befallen.
Allein, auf dem leeren Dachboden. Die Nacht hatte ihn so plötzlich überrascht, wie er es nie für möglich gehalten hätte. Er dachte angestrengt an seine Laufbahn, an die Beförderung, an die neue Stellung, doch all das sagte ihm nichts mehr. Vergebens suchte er die frühere Zufriedenheit wiederzufinden. »Oha, die schönen Pferde, die schönen Pferde . . . Nicht einmal eins . . .«, hörte er die Stimme des Kindes rings aus den schwarzen Ecken flüstern. Er dachte daran, daß es draußen schon Nacht geworden war, daß draußen das Dasein der Menschen weiterlief, das Dasein von vieltausend Geschöpfen, die dem Leben verhaftet waren und keine Ahnung hatten, wer Sisto Tarra sei; Männer und Frauen, über die Erde verstreut, die gemeinsam arbeiteten und litten, in Massen zusammengewürfelt, in den Städten verschlungen, mittelmäßig oder vielleicht gar verworfen, aber nicht allein. Nicht so allein wie er, der das Leben immer gering geschätzt und es sich Schritt für Schritt entfremdet, indessen er so getan hatte, als könne er alles allein bewältigen. Und es begann sich in ihm der Zweifel zu bilden, ein winziger Schimmer, er könne sich vollständig geirrt haben, es möchte auf der Welt vielleicht noch andere Dinge geben als die Stellung im Geschäft, die Steuerlisten, die Gehälter, die G.m.b.H. Troll; Dinge, die er eines fernen, vergangenen Tages durch all dies hindurch auch erblickt hatte. Dummheiten natürlich, Phantasien ohne Zweck, die er dann hatte dahin schwinden lassen in der gierigen Mühsal des Alltags.
Zuerst war es nur ein fernliegender, schwacher Zweifel, dann aber packte ihn plötzliches Verlangen wie ein heißer Durst: umkehren können, noch einmal jener Knabe werden, alles neu von vorne beginnen, alles anders einrichten, als es geschehen war; den Beruf, die Freunde, das Haus, sogar die Kleider, sogar das Gesicht. Und es war schrecklich, daß es nun zu spät sein mochte, daß die Dunkelheit ihn überrascht hatte und es kein Heilmittel mehr geben werde.
Im letzten Licht der Dämmerung, darüber die Schleier der Nacht sich langsam senkten, suchte der Buchhalter Sisto Tarra, vorsichtig tastend, damit er nicht an die Querbalken stoße, die Tür, um zu entkommen. Dummheiten, Dummheiten, murmelte er mit Nachdruck vor sich hin, um sich in die gesicherte und angenehme Wirklichkeit des Lebens zurückzurufen; aber das genügte nicht. Er hörte feine, leichte Schläge auf die Dachziegel niederklopfen, immer dichter werdend, ein gleichmäßig ruhiges Geräusch: die Wolken mußten den Himmel ganz bedeckt haben, und der Regen fiel.

KURT MARTI

Neapel sehen

Er hatte eine Bretterwand gebaut. Die Bretterwand entfernte die Fabrik aus seinem häuslichen Blickkreis. Er haßte die Fabrik. Er haßte seine Arbeit in der Fabrik. Er haßte die Maschine, an der er arbeitete. Er haßte das Tempo der Maschine, das er selber beschleunigte. Er haßte die Hetze nach Akkordprämien, durch welche er es zu einigem Wohlstand, zu Haus und Gärtchen gebracht hatte. Er haßte seine Frau, so oft sie ihm sagte, heute nacht hast du wieder gezuckt. Er haßte sie, bis sie es nicht mehr erwähnte. Aber die Hände zuckten weiter im Schlaf, zuckten im schnellen Stakkato der Arbeit. Er haßte den Arzt, der ihm sagte, Sie müssen sich schonen, Akkord ist nichts mehr für Sie. Er haßte den Meister, der ihm sagte, ich gebe dir eine andere Arbeit, Akkord ist nichts mehr für dich. Er haßte so viel verlogene Rücksicht, er wollte kein Greis sein, er wollte keinen kleineren Zahltag, denn immer war das die Hinterseite von so viel Rücksicht, ein kleinerer Zahltag. Dann wurde er krank, nach vierzig Jahren Arbeit und Haß zum ersten Mal krank. Er lag im Bett und blickte zum Fenster hinaus. Er sah sein Gärtchen. Er sah den Abschluß des Gärtchens, die Bretterwand. Weiter sah er nicht. Die Fabrik sah er nicht, nur den Frühling im Gärtchen und eine Wand aus gebeizten Brettern. Bald kannst du wieder hinaus, sagte die Frau, es steht alles in Blust. Er glaubte ihr nicht. Geduld, nur Geduld, sagte der Arzt, das kommt schon wieder. Er glaubte ihm nicht. Es ist ein Elend, sagte er nach drei Wochen zu seiner Frau, ich sehe immer das Gärtchen, sonst nichts, nur das Gärtchen, das ist mir zu langweilig, immer dasselbe Gärtchen, nehmt doch einmal zwei Bretter aus der verdammten Wand, damit ich was anderes sehe. Die Frau erschrak.

Sie lief zum Nachbarn. Der Nachbar kam und löste zwei Bretter aus der Wand. Der Kranke sah durch die Lücke hindurch, sah einen Teil der Fabrik. Nach einer Woche beklagte er sich, ich sehe immer das gleiche Stück der Fabrik, das lenkt mich zu wenig ab. Der Nachbar kam und legte die Bretterwand zur Hälfte nieder. Zärtlich ruhte der Blick des Kranken auf seiner Fabrik, verfolgte er das Spiel des Rauches über dem Schlot, das Ein und Aus der Autos im Hof, das Ein des Menschenstromes am Morgen, das Aus am Abend. Nach vierzehn Tagen befahl er, die stehengebliebene Hälfte der Wand zu entfernen. Ich sehe unsere Büros nie und auch die Kantine nicht, beklagte er sich. Der Nachbar kam und tat, was er wünschte. Als er die Büros sah, die Kantine und so das ganze Fabrikareal, entspannte ein Lächeln die Züge des Kranken. Er starb nach einigen Tagen.

PETER BICHSEL

Der Mann mit dem Gedächtnis

Ich kannte einen Mann, der wußte den ganzen Fahrplan auswendig, denn das einzige, was ihm Freude machte, waren Eisenbahnen, und er verbrachte seine Zeit auf dem Bahnhof, schaute, wie die Züge ankamen und wie sie wegfuhren. Er bestaunte die Wagen, die Kraft der Lokomotiven, die Größe der Räder, bestaunte die aufspringenden Kondukteure[1] und den Bahnhofsvorstand.

Er kannte jeden Zug, wußte, woher er kam, wohin er ging, wann er irgendwo ankommen wird und welche Züge von da wieder abfahren und wann diese ankommen werden.

Er wußte die Nummern der Züge, er wußte, an welchen Tagen sie fahren, ob sie einen Speisewagen haben, ob sie die Anschlüsse abwarten oder nicht. Er wußte, welche Züge Postwagen führen und wieviel eine Fahrkarte nach Frauenfeld, nach Olten, nach Niederbipp oder irgendwohin kostet.

Er ging in keine Wirtschaft, ging nicht ins Kino, nicht spazieren, er besaß kein Fahrrad, keinen Radio, kein Fernsehen, las keine Zeitungen, keine Bücher, und wenn er Briefe bekommen hätte, hätte er auch diese nicht gelesen. Dazu fehlte ihm die Zeit, denn er verbrachte seine Tage im Bahnhof, und nur wenn der Fahrplan wechselte, im Mai und im Oktober, sah man ihn einige Wochen nicht mehr.

Dann saß er zu Hause an seinem Tisch und lernte auswendig, las den neuen Fahrplan von der ersten bis zur letzten Seite, merkte sich die Änderungen und freute sich über sie.

Es kam auch vor, daß ihn jemand nach einer Abfahrtszeit fragte. Dann strahlte er übers ganze Gesicht und wollte genau wissen, wohin die Reise gehe, und wer ihn fragte, verpaßte die Abfahrtszeit bestimmt, denn er ließ den Frager nicht mehr los, gab sich nicht damit zufrieden, die Zeit zu nennen, er nannte gleich die Nummer des Zuges, die Anzahl der Wagen, die möglichen Anschlüsse, die Fahrzeiten; erklärte, daß man mit diesem Zug nach Paris fahren könne, wo man umsteigen müsse und wann man ankäme, und er begriff nicht, daß das die Leute nicht interessierte. Wenn ihn aber jemand stehenließ und weiterging, bevor er sein ganzes Wissen erzählt hatte, wurde er böse, beschimpfte die Leute und rief ihnen nach: »Sie haben keine Ahnung von Eisenbahnen!«

Er selbst bestieg nie einen Zug.

Das hätte auch keinen Sinn, sagte er, denn er wisse ja zum voraus, wann der Zug ankomme.

»Nur Leute mit schlechtem Gedächtnis fahren Eisenbahn«, sagte er, »denn

[1] Kondukteur = Schaffner

wenn sie ein gutes Gedächtnis hätten, könnten sie sich doch wie ich die Abfahrts- und die Ankunftszeiten merken, und sie müßten nicht fahren, um die Zeit zu erleben.«
Ich versuchte es ihm zu erklären, ich sagte: »Es gibt aber Leute, die freuen sich über die Fahrt, die fahren gern Eisenbahn und schauen zum Fenster hinaus und schauen, wo sie vorbeikommen.«
Da wurde er böse, denn er glaubte, ich wolle ihn auslachen, und er sagte: »Auch das steht im Fahrplan, sie kommen an Luterbach vorbei und an Deitingen, an Wangen, Niederbipp, Önsingen, Oberbuchsiten, Egerkingen und Hägendorf.«
»Vielleicht müssen die Leute mit der Bahn fahren, weil sie irgendwohin wollen«, sagte ich.
»Auch das kann nicht wahr sein«, sagte er, »denn fast alle kommen irgend einmal zurück, und es gibt sogar Leute, die steigen jeden Morgen hier ein und kommen jeden Abend zurück – so ein schlechtes Gedächtnis haben sie.«
Und er begann die Leute auf dem Bahnhof zu beschimpfen. Er rief ihnen nach: »Ihr Idioten, ihr habt kein Gedächtnis.« Er rief ihnen nach: »An Hägendorf werdet ihr vorbeikommen«, und er glaubte, er verderbe ihnen damit den Spaß.
Er rief: »Sie Dummkopf, Sie sind schon gestern gefahren.« Und als die Leute nur lachten, begann er sie von den Trittbrettern zu reißen und beschwor sie, ja nicht mit dem Zug zu fahren.
»Ich kann Ihnen alles erklären«, schrie er, »Sie kommen um 14 Uhr 27 an Hägendorf vorbei, ich weiß es genau, und Sie werden es sehen, sie verbrauchen Ihr Geld für nichts, im Fahrplan steht alles.«
Bereits versuchte er die Leute zu verprügeln.
»Wer nicht hören will, muß fühlen«, rief er.
Da blieb dem Bahnhofsvorstand nichts anderes übrig, als dem Mann zu sagen, daß er ihm den Bahnhof verbieten müsse, wenn er sich nicht anständig aufführe. Und der Mann erschrak, weil er ohne Bahnhof nicht leben konnte, und er sagte kein Wort mehr, saß den ganzen Tag auf der Bank, sah die Züge ankommen und die Züge wegfahren, und nur hie und da flüsterte er einige Zahlen vor sich hin, und er schaute den Leuten nach und konnte sie nicht begreifen.
Hier wäre die Geschichte eigentlich zu Ende.
Aber viele Jahre später wurde im Bahnhof ein Auskunftsbüro eröffnet. Dort saß ein Beamter in Uniform hinter dem Schalter, und er wußte auf alle Fragen über die Bahn eine Antwort. Das glaubte der Mann mit dem Gedächtnis nicht, und er ging jeden Tag ins neue Auskunftsbüro und fragte etwas sehr Kompliziertes, um den Beamten zu prüfen.
Er fragte: »Welche Zugnummer hat der Zug, der um 16 Uhr 24 an den Sonntagen im Sommer in Lübeck ankommt?«

Der Beamte schlug ein Buch auf und nannte die Zahl.
Er fragte: »Wann bin ich in Moskau, wenn ich hier mit dem Zug um 6 Uhr 59 abfahre?«, und der Beamte sagte es ihm.
Da ging der Mann mit dem Gedächtnis nach Hause, verbrannte seine Fahrpläne und vergaß alles, was er wußte.
Am andern Tag aber fragte er den Beamten: »Wie viele Stufen hat die Treppe vor dem Bahnhof?«, und der Beamte sagte: »Ich weiß es nicht.«
Jetzt rannte der Mann durch den ganzen Bahnhof, machte Luftsprünge vor Freude und rief: »Er weiß es nicht, er weiß es nicht.«
Und er ging hin und zählte die Stufen der Bahnhoftreppe und prägte sich die Zahl in sein Gedächtnis ein, in dem jetzt keine Abfahrtszeiten mehr waren.
Dann sah man ihn nie mehr im Bahnhof.
Er ging jetzt in der Stadt von Haus zu Haus und zählte die Treppenstufen und merkte sie sich, und er wußte jetzt Zahlen, die in keinem Buch der Welt stehen.
Als er aber die Zahl der Treppenstufen in der ganzen Stadt kannte, kam er auf den Bahnhof, ging an den Bahnschalter, kaufte sich eine Fahrkarte und stieg zum ersten Mal in seinem Leben in einen Zug, um in eine andere Stadt zu fahren und auch dort die Treppenstufen zu zählen, und dann weiter zu fahren, um die Treppenstufen in der ganzen Welt zu zählen, um etwas zu wissen, was niemand weiß und was kein Beamter in Büchern nachlesen kann.

HEINRICH BÖLL

Der Lacher

Wenn ich nach meinem Beruf gefragt werde, befällt mich Verlegenheit: ich werde rot, stammle, ich, der ich sonst als ein sicherer Mensch bekannt bin. Ich beneide die Leute, die sagen können: ich bin Maurer. Buchhaltern, Friseuren und Schriftstellern neide ich die Einfachheit ihrer Bekenntnisse, denn alle diese Berufe erklären sich aus sich selbst und erfordern keine längeren Erklärungen. Ich aber bin gezwungen, auf solche Fragen zu antworten: Ich bin Lacher. Ein solches Bekenntnis erfordert weitere, da ich auch die zweite Frage »Leben Sie davon?« wahrheitsgemäß mit »Ja« beantworten muß. Ich lebe tatsächlich von meinem Lachen, und ich lebe gut, denn mein Lachen ist – kommerziell ausgedrückt – gefragt. Ich bin ein guter, bin ein gelernter Lacher, kein anderer lacht so wie ich, keiner beherrscht so die Nuancen meiner Kunst. Lange Zeit habe ich mich – um lästigen Erklärungen zu entgehen – als Schauspieler bezeichnet, doch

sind meine mimischen und sprecherischen Fähigkeiten so gering, daß mir diese Bezeichnung als nicht der Wahrheit gemäß erschien: ich liebe die Wahrheit, und die Wahrheit ist: ich bin Lacher. Ich bin weder Clown noch Komiker, ich erheitere die Menschen nicht, sondern stelle Heiterkeit dar: ich lache wie ein römischer Imperator oder wie ein sensibler Abiturient, das Lachen des 17. Jahrhunderts ist mir so geläufig wie das des 19., und wenn es sein muß, lache ich alle Jahrhunderte, alle Gesellschaftsklassen, alle Altersklassen durch: ich hab's einfach gelernt, so wie man lernt, Schuhe zu besohlen. Das Lachen Amerikas ruht in meiner Brust, das Lachen Afrikas, weißes, rotes, gelbes Lachen – und gegen ein entsprechendes Honorar lasse ich es klingen, so wie die Regie es vorschreibt.
Ich bin unentbehrlich geworden, ich lache auf Schallplatten, lache auf Band, und die Hörspielregisseure behandeln mich rücksichtsvoll. Ich lache schwermütig, gemäßigt, hysterisch – lache wie ein Straßenbahnschaffner oder wie ein Lehrling der Lebensmittelbranche, das Lachen am Morgen, das Lachen am Abend, nächtliches Lachen und das Lachen der Dämmerstunde, kurzum: wo immer und wie immer gelacht werden muß: ich mache es schon.
Man wird mir glauben, daß ein solcher Beruf anstrengend ist, zumal ich – das ist meine Spezialität – auch das ansteckende Lachen beherrsche; so bin ich unentbehrlich geworden auch für Komiker dritten und vierten Ranges, die mit Recht um ihre Pointen zittern, und ich sitze fast jeden Abend in den Varietés herum, als eine subtilere Art Claqueur[1], um an schwachen Stellen des Programms ansteckend zu lachen. Es muß Maßarbeit sein: mein herzhaftes, wildes Lachen darf nicht zu früh, darf auch nicht zu spät, es muß im richtigen Augenblick kommen – dann platze ich programmgemäß los, die ganze Zuhörerschaft brüllt mit, und die Pointe ist gerettet.
Ich aber schleiche dann erschöpft zur Garderobe, ziehe meinen Mantel über, glücklich darüber, daß ich endlich Feierabend habe. Zu Hause liegen meist Telegramme für mich »Brauchen dringend Ihr Lachen. Aufnahme Dienstag«, und ich hocke wenige Stunden später in einem überheizten D-Zug und beklage mein Geschick. Jeder wird begreifen, daß ich nach Feierabend oder im Urlaub wenig Neigung zum Lachen verspüre: der Melker ist froh, wenn er die Kuh, der Maurer glücklich, wenn er den Mörtel vergessen darf, und die Tischler haben zu Hause meistens Türen, die nicht funktionieren, oder Schubkästen, die sich nur mit Mühe öffnen lassen. Zuckerbäcker lieben saure Gurken, Metzger Marzipan, und der Bäcker zieht die Wurst dem Brot vor; Stierkämpfer lieben den Umgang mit Tauben, Boxer werden blaß, wenn ihre Kinder Nasenbluten haben: ich verstehe das alles, denn ich lache nach Feierabend nie. Ich bin ein todernster Mensch, und die Leute halten mich – vielleicht mit Recht – für einen Pessimisten.

[1] Claqueur = bezahlter Beifallsklatscher

In den ersten Jahren unserer Ehe sagte meine Frau oft zu mir: »Lach doch mal«, aber inzwischen ist ihr klar geworden, daß ich diesen Wunsch nicht erfüllen kann. Ich bin glücklich, wenn ich meine angestrengten Gesichtsmuskeln, wenn ich mein strapaziertes Gemüt durch tiefen Ernst entspannen darf. Ja, auch das Lachen anderer macht mich nervös, weil es mich zu sehr an meinen Beruf erinnert. So führen wir eine stille, eine friedliche Ehe, weil auch meine Frau das Lachen verlernt hat: hin und wieder ertappe ich sie bei einem Lächeln, und dann lächele auch ich. Wir sprechen leise miteinander, denn ich hasse den Lärm der Varietés, hasse den Lärm, der in Aufnahmeräumen herrschen kann.

Menschen, die mich nicht kennen, halten mich für verschlossen. Vielleicht bin ich es, weil ich zu oft meinen Mund zum Lachen öffnen muß.

Mit unbewegter Miene gehe ich durch mein eigenes Leben, erlaube mir nur hin und wieder ein sanftes Lächeln, und ich denke oft darüber nach, ob ich wohl je gelacht habe. Ich glaube, nein. Meine Geschwister wissen zu berichten, daß ich immer ein ernster Junge gewesen sei.

So lache ich auf vielfältige Weise, aber mein eigenes Lachen kenne ich nicht.

Wagnis und Kleinmut

ERNST LANGE

Sprung von der Mauer

Zwei Jungen von vier, fünf Jahren spielen in einer alten Stadt auf der sechs Meter hohen, schon halb verfallenen Stadtmauer. Die beiden Jungen sind nicht miteinander verwandt, aber sie passen gut zusammen. Sie haben beide den naiven Mut derer, die nicht wissen, was passieren kann. Und wo es darum geht, den »Schneid« zu zeigen, da ist immer einer dem andern voran. Es ist ihnen natürlich streng verboten, auf der verfallenen Mauer zu spielen. Aber das macht es reizvoll. Sie jagen sich über die Trümmer, spucken hinunter, und wo die Einfassung weggebrochen ist, beweisen sie sich gegenseitig, daß sie nicht schwindlig sind. Endlich kommen sie an eine Stelle, wo die Mauer ganz bis auf den Grund unterbrochen ist. Und grade, als sie in die Lücke hinunterschauen, bricht auch hinter ihnen die Mauer zusammen. So sind sie in sechs Metern Höhe gefangen und können nicht vor, noch zurück. Da fangen sie an, um Hilfe zu rufen.

Sie werden gehört. Ein Mann kommt, stellt sich an den Fuß der Mauer, breitet die Arme aus und sagt: »Springt, ich fange euch auf.«

Ein Sprung aus sechs Metern Höhe ist auch für einen Erwachsenen schon eine Art Todessprung. Für einen kleinen Jungen, der seinen Mut verloren hat, grenzt die Forderung ans Unmögliche. Aber nun begibt sich etwas Seltsames: die beiden Jungen, wie gesagt, waren einander sehr ähnlich. Sie hatten beide den gleichen Schneid, die gleiche Unbekümmertheit.

Trotzdem verhalten sie sich nun, auf den Anruf des Mannes hin, völlig verschieden. Der eine tritt an den Rand und springt, ohne auch nur zu zögern. Der andere versucht es erst gar nicht. Er kauert sich weinend oben zusammen und wartet auf die Feuerwehr.

Die Frage ist: warum hat der eine Junge den Mut zum Sprung, der andere nicht?

Die Antwort ist nicht schwer. Der eine Junge springt, weil der Mann, der unten mit ausgebreiteten Armen auf ihn wartet, sein Vater ist. Der andere Junge *kann* nicht springen, eben weil der Mann da unten *nicht* sein Vater ist. Kinder dieses Alters trauen ihren Eltern, trauen in solchen Situationen ihrem Vater zu, daß er stärker ist als der Tod, daß er sie retten kann, sonst niemandem.

UWE JOHNSON

Jonas zum Beispiel

Jehova war der Herr, der das Meer und das Trockene gemacht hat, und die Juden waren sein Volk, er schloß einen Vertrag mit ihnen. Der ging über die menschlichen Kräfte, von Zeit zu Zeit geriet er in Vergessenheit. Dann erweckte Jehova einen Vorbedachten und Auserwählten in seinem Volke zum Propheten, der sollte dem König mit seinen Großen und ihren Untertanen sagen, wie der Herr es meine. Jesaja lebte im Unglück mit seinen Reden, Jeremia kam in die Kloake zu sitzen. Die Seele des Propheten ist empfindlich und wissend und zweiflerisch, um die Stimme des Herrn zu hören und das Unglück zu erfahren.

Als die Bosheit und Sünde der Stadt Ninive vor Jehova gekommen waren, geriet er in Zorn wegen seines Gesetzes. Er berief Jona (den Sohn Amitthais, von Gath-Hahepher) und beauftragte ihn mit dem Ausrufen seines großen Ärgers und mit der Verkündung des nahen Untergangs in den Straßen von Ninive.

Da wollte Jona nach Tharsis fliehen. Die gelehrte Forschung dieser Hinsicht meint, daß diese Stadt vielleicht in Südspanien vermutet werden könne, und hält eine unvergleichliche Entfernung für jedenfalls wahrscheinlich. Als das Schiff aus dem Hafen von Joppe gelaufen war, drückte Jehova einen gewaltigen Wind ins Meer, und es entstand ein gewaltiger Sturm auf dem Meere: so daß das Schiff zu scheitern drohte. Die Besatzung warf das Los über den Schuldigen, und das Los fiel auf Jona. Er soll ja geschlafen haben. Sie holten ihn an Deck und schmissen ihn über Bord, zumal er es selber für das Beste hielt. Und das Meer wurde still. Und Jehova entbot einen großen Fisch, der verschlang Jona, und Jona sang drei Tage und drei Nächte im Bauch des Fisches zu Jehova, seinem Herrn. So heißt es. Dann spie der Fisch ihn ans Land, und Jona ging nach Ninive.

Ninive war eine über alle Maßen große Stadt und nur in drei Tagesreisen zu durchqueren. Und Jona ging in die Stadt hinein eine Tagereise weit; dann predigte er: Noch vierzig Tage, und Ninive ist zerstört!, und die Leute von Ninive erkannten Gott in seinem großen Ärger. Sie riefen ein schlimmes Fasten aus und kleideten sich in ihre Trauergewänder. Und der König von Ninive bedeckte sich mit dem Trauergewand und bestrich sich ein wenig mit Asche. Der König befahl: Menschen und Vieh sollen nichts genießen, sie sollen nicht weiden noch Wasser trinken. Sie sollen sich in Trauer hüllen: Menschen und Vieh, und mit Macht zu Gott rufen, und sollen ein jeder sich bekehren von seinem bösen Wandel und von dem Frevel, der an seinen Händen ist. Wer weiß, vielleicht gereut es Gott doch noch. Als Gott nun diese Dinge alle sah, die sie tun wollten, gereute ihn das angedrohte Unheil, und er tat es nicht.

Das verdroß Jona sehr, und er ging zornig weg. Er baute eine Hütte östlich der Stadt und saß darunter, bis er sehe, wie es der Stadt ergehen werde. Und zum dritten Male redete Jehova mit ihm: Ist es recht, daß du hier sitzest und lieber sterben möchtest als noch weiter leben? Aber Jona antwortete, das sei recht, denn warum habe er nach Tharsis fliehen wollen? Weil du nie tust, wie du gesagt hast und wie es gerecht ist nach deinem Gesetz! Und der Herr entbot einen Rizinus[1], dessen Saft als castor oil gehandelt wird anderswo in der Welt; der wuchs über Jona empor, um seinem Haupte Schatten zu geben und ihm so seinen Unmut zu nehmen. Über diesen Rizinus freute Jona sich sehr. Am folgenden Morgen entbot Jehova einen Wurm, der beschädigte den Rizinus, so daß er verdorrte. Und der Herr setzte Jona zu mit hartem Wind und großer Hitze. Da wünschte Jona sich den Tod. Der Herr aber sprach zu Jona: Ist es recht, daß du so zürnest um des Rizinus willen? Jona antwortete: Das Leben ist mir verleidet. Da sagte Jehova, sein Herr: Dich jammert des Rizinus, um den du keine Mühe hattest, der groß gewachsen ist und verdorben von einem Morgen zum anderen. Warum jammert dich nicht der großen Stadt Ninive, in der über hundertzwanzigtausend Menschen sind, die zwischen links und rechts noch nicht unterscheiden können, dazu die Menge Vieh?
Und Jona blieb sitzen im Angesicht der sündigen Stadt Ninive und wartete auf ihren Untergang länger als vierzig mal vierzig Tage? Und Jona ging aus dem Leben in den Tod, der ihm lieber war? Und Jona stand auf und führte ein Leben in Ninive? Wer weiß.

RAINER MARIA RILKE

Die Turnstunde

In der Militärschule zu Sankt Severin. Turnsaal. Der Jahrgang steht in den hellen Zwillichblusen, in zwei Reihen geordnet, unter den großen Gaskronen. Der Turnlehrer, ein junger Offizier mit hartem braunen Gesicht und höhnischen Augen, hat Freiübungen kommandiert und verteilt nun die Riegen. »Erste Riege Reck, zweite Riege Barren, dritte Riege Bock, vierte Riege Klettern! Abtreten!« Und rasch, auf den leichten, mit Kolophonium isolierten Schuhen, zerstreuen sich die Knaben. Einige bleiben mitten im Saale stehen, zögernd, gleichsam unwillig. Es ist die vierte Riege, die schlechten Turner, die keine Freude haben an der Bewegung bei den Geräten und schon müde sind von den zwanzig Kniebeugen und ein wenig verwirrt und atemlos.

[1] Rizinus = schnell und üppig wachsender Baum

Nur Einer, der sonst der Allerletzte blieb bei solchen Anlässen, Karl Gruber, steht schon an den Kletterstangen, die in einer etwas dämmerigen Ecke des Saales, hart vor den Nischen, in denen die abgelegten Uniformröcke hängen, angebracht sind. Er hat die nächste Stange erfaßt und zieht sie mit ungewöhnlicher Kraft nach vorn, so daß sie frei an dem zur Übung geeigneten Platz schwankt. Gruber läßt nicht einmal die Hände von ihr, er springt auf und bleibt, ziemlich hoch, die Beine ganz unwillkürlich im Kletterschluß verschränkt, den er sonst niemals begreifen konnte, an der Stange hängen. So erwartet er die Riege und betrachtet – wie es scheint – mit besonderem Vergnügen den erstaunten Ärger des kleinen polnischen Unteroffiziers, der ihm zuruft, abzuspringen. Aber Gruber ist diesmal sogar ungehorsam und Jastersky, der blonde Unteroffizier, schreit endlich: »Also, entweder Sie kommen herunter oder Sie klettern hinauf, Gruber! Sonst melde ich dem Herrn Oberlieutenant . . .« Und da beginnt Gruber, zu klettern, erst heftig mit Überstürzung, die Beine wenig aufziehend und die Blicke aufwärts gerichtet, mit einer gewissen Angst das unermeßliche Stück Stange abschätzend, das noch bevorsteht. Dann verlangsamt sich seine Bewegung; und als ob er jeden Griff genösse, wie etwas Neues, Angenehmes, zieht er sich höher, als man gewöhnlich zu klettern pflegt. Er beachtet nicht die Aufregung des ohnehin gereizten Unteroffiziers, klettert und klettert, die Blicke immerfort aufwärts gerichtet, als hätte er einen Ausweg in der Decke des Saales entdeckt und strebte danach, ihn zu erreichen. Die ganze Riege folgt ihm mit den Augen. Und auch aus den anderen Riegen richtet man schon da und dort die Aufmerksamkeit auf den Kletterer, der sonst kaum das erste Drittel der Stange keuchend, mit rotem Gesicht und bösen Augen erklomm. »Bravo, Gruber!« ruft jemand aus der ersten Riege herüber. Da wenden viele ihre Blicke aufwärts, und es wird eine Weile still im Saal, – aber gerade in diesem Augenblick, da alle Blicke an der Gestalt Grubers hängen, macht er hoch oben unter der Decke eine Bewegung, als wollte er sie abschütteln; und da ihm das offenbar nicht gelingt, bindet er alle diese Blicke oben an den nackten eisernen Haken und saust die glatte Stange herunter, so daß alle immer noch hinaufsehen, als er schon längst, schwindelnd und heiß, unten steht und mit seltsam glanzlosen Augen in seine glühenden Handflächen schaut. Da fragt ihn der eine oder der andere der ihm zunächst stehenden Kameraden, was denn heute in ihn gefahren sei. »Willst wohl in die erste Riege kommen?« Gruber lacht und scheint etwas antworten zu wollen, aber er überlegt es sich und senkt schnell die Augen. Und dann, als das Geräusch und Getöse wieder seinen Fortgang hat, zieht er sich leise in die Nische zurück, setzt sich nieder, schaut ängstlich um sich und holt Atem, zweimal rasch, und lacht wieder und will was sagen . . . aber schon achtet niemand mehr seiner. Nur Jerome, der auch in der vierten Riege ist, sieht, daß er wieder seine Hände betrachtet, ganz darüber gebückt wie einer, der bei wenig Licht einen Brief entziffern will. Und

er tritt nach einer Weile zu ihm hin und fragt: »Hast du dir weh getan?« Gruber erschrickt. »Was?« macht er mit seiner gewöhnlichen, in Speichel watenden Stimme. »Zeig mal!« Jerome nimmt die eine Hand Grubers und neigt sie gegen das Licht. Sie ist am Ballen ein wenig abgeschürft. »Weißt du, ich habe etwas dafür«, sagt Jerome, der immer Englisches Pflaster von zu Hause geschickt bekommt, »komm dann nachher zu mir.« Aber es ist, als hätte Gruber nicht gehört; er schaut geradeaus in den Saal hinein, aber so, als sähe er etwas Unbestimmtes, vielleicht nicht im Saal, draußen vielleicht, vor den Fenstern, obwohl es dunkel ist, spät und Herbst.
In diesem Augenblick schreit der Unteroffizier in seiner hochfahrenden Art: »Gruber!« Gruber bleibt unverändert, nur seine Füße, die vor ihm ausgestreckt sind, gleiten, steif und ungeschickt, ein wenig auf dem glatten Parkett vorwärts. »Gruber!« brüllt der Unteroffizier und die Stimme schlägt ihm über. Dann wartet er eine Weile und sagt rasch und heiser, ohne den Gerufenen anzusehen: »Sie melden sich nach der Stunde. Ich werde Ihnen schon . . .« Und die Stunde geht weiter. »Gruber«, sagt Jerome und neigt sich zu dem Kameraden, der sich immer tiefer in die Nische zurücklehnt, »es war schon wieder an dir, zu klettern, auf dem Strick, geh mal, versuchs, sonst macht dir der Jastersky irgend eine Geschichte, weißt du . . .« Gruber nickt. Aber statt aufzustehen, schließt er plötzlich die Augen und gleitet unter den Worten Jeromes durch, als ob eine Welle ihn trüge, fort, gleitet langsam und lautlos tiefer, tiefer, gleitet vom Sitz, und Jerome weiß erst, was geschieht, als er hört, wie der Kopf Grubers hart an das Holz des Sitzes prallt und dann vornüberfällt . . . »Gruber!« ruft er heiser. Erst merkt es niemand. Und Jerome steht ratlos mit hängenden Händen und ruft: »Gruber, Gruber!« Es fällt ihm nicht ein, den anderen aufzurichten. Da erhält er einen Stoß, jemand sagt ihm: »Schaf«, ein anderer schiebt ihn fort, und er sieht, wie sie den Reglosen aufheben. Sie tragen ihn vorbei, irgend wohin, wahrscheinlich in die Kammer nebenan. Der Oberlieutenant springt herzu. Er gibt mit harter, lauter Stimme sehr kurze Befehle. Sein Kommando schneidet das Summen der vielen schwatzenden Knaben scharf ab. Stille. Man sieht nur da und dort noch Bewegungen, ein Ausschwingen am Gerät, einen leisen Absprung, ein verspätetes Lachen von einem, der nicht weiß, um was es sich handelt. Dann hastige Fragen: »Was? Was? Wer? Der Gruber? Wo?« Und immer mehr Fragen. Dann sagt jemand laut: »Ohnmächtig.« Und der Zugführer Jastersky läuft mit rotem Kopf hinter dem Oberlieutenant her und schreit mit seiner boshaften Stimme, zitternd vor Wut: »Ein Simulant, Herr Oberlieutenant, ein Simulant!« Der Oberlieutenant beachtet ihn gar nicht. Er sieht geradeaus, nagt an seinem Schnurrbart, wodurch das harte Kinn noch eckiger und energischer vortritt, und gibt von Zeit zu Zeit eine knappe Weisung. Vier Zöglinge, die Gruber tragen, und der Oberlieutenant verschwinden in der Kammer. Gleich darauf kommen die vier Zöglinge zurück. Ein Diener läuft durch den Saal.

Die vier werden groß angeschaut und mit Fragen bedrängt: »Wie sieht er aus? Was ist mit ihm? Ist er schon zu sich gekommen?« Keiner von ihnen weiß eigentlich was. Und da ruft auch schon der Oberlieutenant herein, das Turnen möge weitergehen, und übergibt dem Feldwebel Goldstein das Kommando. Also wird wieder geturnt, beim Barren, beim Reck, und die kleinen dicken Leute der dritten Riege kriechen mit weitgekretschten Beinen über den hohen Bock. Aber doch sind alle Bewegungen anders als vorher; als hätte ein Horchen sich über sie gelegt. Die Schwingungen am Reck brechen so plötzlich ab und am Barren werden nur lauter kleine Übungen gemacht. Die Stimmen sind weniger verworren und ihre Summe summt feiner, als ob alle immer nur ein Wort sagen: »*Ess, Ess, Ess* . . .« Der kleine schlaue Krix horcht inzwischen an der Kammertür. Der Unteroffizier der zweiten Riege jagt ihn davon, indem er zu einem Schlage auf seinen Hintern ausholt. Krix springt zurück, katzenhaft, mit hinterlistig blitzenden Augen. Er weiß schon genug. Und nach einer Weile, als ihn niemand betrachtet, gibt er dem Pawlowitsch weiter: »Der Regimentsarzt ist gekommen.« Nun, man kennt ja den Pawlowitsch; mit seiner ganzen Frechheit geht er, als hätte ihm irgendwer einen Befehl gegeben, quer durch den Saal von Riege zu Riege und sagt ziemlich laut: »Der Regimentsarzt ist drin.« Und es scheint, auch die Unteroffiziere interessieren sich für diese Nachricht. Immer häufiger wenden sich die Blicke nach der Tür, immer langsamer werden die Übungen; und ein Kleiner mit schwarzen Augen ist oben auf dem Bock hocken geblieben und starrt mit offenem Mund nach der Kammer. Etwas Lähmendes scheint in der Luft zu liegen. Die Stärksten bei der ersten Riege machen zwar noch einige Anstrengungen, gehen dagegen an, kreisen mit den Beinen; und Pombert, der kräftige Tiroler, biegt seinen Arm und betrachtet seine Muskeln, die sich durch den Zwillich hindurch breit und straff ausprägen. Ja, der kleine, gelenkige Baum schlägt sogar noch einige Armwellen, – und plötzlich ist diese heftige Bewegung die einzige im ganzen Saal, ein großer flimmernder Kreis, der etwas Unheimliches hat inmitten der allgemeinen Ruhe. Und mit einem Ruck bringt sich der kleine Mensch zum Stehen, läßt sich einfach unwillig in die Knie fallen und macht ein Gesicht, als ob er alle verachte. Aber auch seine kleinen stumpfen Augen bleiben schließlich an der Kammertür hängen.
Jetzt hört man das Singen der Gasflammen und das Gehen der Wanduhr. Und dann schnarrt die Glocke, die das Stundenzeichen gibt. Fremd und eigentümlich ist heute ihr Ton; sie hört auch ganz unvermittelt auf, unterbricht sich mitten im Wort. Feldwebel Goldstein aber kennt seine Pflicht. Er ruft: »Antreten!« Kein Mensch hört ihn. Keiner kann sich erinnern, welchen Sinn dieses Wort besaß, – vorher. Wann vorher? »Antreten!« krächzt der Feldwebel böse und gleich schreien jetzt die anderen Unteroffiziere ihm nach: »Antreten!« Und auch mancher von den Zöglingen sagt wie zu sich selbst, wie im Schlaf: »Antreten! Antreten!« Aber im Grunde wissen alle, daß sie noch

etwas abwarten müssen. Und da geht auch schon die Kammertür auf; eine Weile nichts; dann tritt Oberlieutenant Wehl heraus und seine Augen sind groß und zornig und seine Schritte fest. Er marschiert wie beim Defilieren und sagt heiser: »Antreten!« Mit unbeschreiblicher Geschwindigkeit findet sich alles in Reihe und Glied. Keiner rührt sich. Als wenn ein Feldzeugmeister da wäre. Und jetzt das Kommando: »Achtung!« Pause und dann, trocken und hart: »Euer Kamerad Gruber ist soeben gestorben. Herzschlag. Abmarsch!« Pause.

Und erst nach einer Weile die Stimme des diensttuenden Zöglings, klein und leise: »Links um! Marschieren: Compagnie, Marsch!« Ohne Schritt und langsam wendet sich der Jahrgang zur Tür. Jerome als der letzte. Keiner sieht sich um. Die Luft aus dem Gang kommt, kalt und dumpfig, den Knaben entgegen. Einer meint, es rieche nach Karbol. Pombert macht laut einen gemeinen Witz in Bezug auf den Gestank. Niemand lacht. Jerome fühlt sich plötzlich am Arm gefaßt, so angesprungen. Krix hängt daran. Seine Augen glänzen und seine Zähne schimmern, als ob er beißen wollte. »Ich hab ihn gesehen«, flüstert er atemlos und preßt Jeromes Arm und ein Lachen ist innen in ihm und rüttelt ihn hin und her. Er kann kaum weiter: »Ganz nackt ist er und eingefallen und ganz lang. Und an den Fußsohlen ist er versiegelt . . .« Und dann kichert er, spitz und kitzlich, kichert und beißt sich in den Ärmel Jeromes hinein.

JOSEF REDING

Mister Cagneys Komplex

»Ich komme zu keinem ungetrübten Genuß mehr«, sagte der Mann.

»Welchen Genuß meinen Sie?« fragte der Psychiater.

»Jedweden«, sagte der Mann. Und er fragte schnell: »Muß ich mich entkleiden?«

»Nein«, sagte der Arzt. »Beantworten Sie nur meine Fragen. Wann haben Sie das letzte Mal empfunden, daß Ihr Genuß getrübt wurde?«

»Gestern abend. Wir Aktionäre des Britton-Konzerns hatten eine Tagung im ›Stork‹ mit anschließendem Essen. Und da – nach der Mockturtle-Suppe spürte ich es schon – irritierte mich der Kellner.«

»Was tat er?« fragte der Arzt.

»Nichts Ungewöhnliches«, sagte Mister Cagney. »Er trug die Speisen auf, dezent, fast geräuschlos, wie in allen gepflegten Häusern. Aber er lenkte mich ab. Er steckte mir gewissermaßen einen Kloß in den Hals. Immer, wenn ich diesen schmalbrüstigen Kellner anschaute, dann mußte ich daran denken, daß er wahrscheinlich am Abend das übriggebliebene Hühnerfleisch für seine Familie einpackte. Ich sah es förmlich vor mir, wie er die Speisen in Cellophan wickelt und dabei zischelt: ›Diese feisten Wänste.‹ Und da konnte ich nicht mehr weiteressen.«

»Interessant«, sagte der Arzt. »Und vorher?«

»Ich muß noch einfügen, daß ich dem Mann ein besonders gut bemessenes Trinkgeld gegeben habe. Nachher. Aber dieses Pourboirieren[1] half nicht. Die Appetitlosigkeit blieb. – Und vorher? Warten Sie, ja. Da war in der gesamten letzten Woche die Sache mit meinem Fahrer. Ich habe mich dreimal bei ihm entschuldigt, als er 28 Minuten warten mußte. Im Betrieb hatte ich noch eine Besprechung mit dem leitenden Ingenieur. Irgendeine neue Sortiermaschine. Aber als ich draußen war und der Chauffeur riß wie immer den Schlag auf und rief devot[2] ›Guten Abend, Herr Generaldirektor‹, da kam es mir vor, als habe er geschrien: ›Du Geldschrankhyäne weißt auch nicht, wann ein Familienvater Feierabend haben muß!‹ – Dabei hatte der Fahrer nichts von alledem gesagt. Keinen Ton! So etwas abgestanden Klassenkämpferisches sagt ohnehin kein Mensch mehr. Das wäre doch aus der Mottenkiste. Aber ich höre solche Sachen. – Und dann, vor einem Monat, habe ich einen Pagen weggejagt, als er mir aus dem Mantel helfen wollte. ›Nicht nötig‹, habe ich gesagt. ›Mache ich selbst.‹ Aber es fiel mir schwer, aus dem Paletot[3] zu kommen, und ich fuchtelte lange mit dem Ärmel in der Luft, so daß sich schon der Geschäftsführer mit hochgezogenen Augenbrauen geflissen in Trab setzte. Außerordentlich genant[4], diese Situation, sage ich Ihnen. – Und so kann ich Ihnen Hunderte solcher Dinge aufzählen, die mir den Genuß verderben, die mich gehemmt und verkrampft machen. Immer sehe ich die anderen, die im Hintergrund. Das ist doch nicht richtig. Das ist doch Ballast! Keiner meiner Konkurrenten schleppt so etwas mit sich herum. Die sind alle mit einer beneidenswerten merkantilen[5] Unbekümmertheit gesegnet. Aber ich bin schlapp, müde, grüblerisch. Nicht knarsch genug, verstehen Sie? Da kommt man zu nichts mehr! – So, Herr Doktor, und jetzt helfen Sie mir.«

»Was war Ihr Vater?« fragte der Arzt.

Mister Cagney druckste etwas. Dann sagte er: »Hafenarbeiter in New Orleans.«

»Ich kann Ihnen nicht helfen«, sagte der Arzt. »Fälle wie der Ihre sind selten. Sie haben eine zu gute Erinnerung, das ist alles. Ich kann zwar versuchen, verschüttete Ereignisse wieder aus dem Unterschwelligen hervorzuholen, aber

[1] Pourboirieren = Trinkgeld geben
[2] devot = unterwürfig
[3] Paletot = Mantel
[4] genant = peinlich
[5] merkantil = geschäftlich

allzu plastische Reminiszenzen[6] nicht künstlich überlagern. Insofern ist Hilfe nicht möglich. Ich kann Ihnen nur einen Rat geben. Haben Sie Kinder?«
»Einen Sohn.«
»Erzählen Sie Ihrem Jungen nie etwas von Ihrem Komplex. Dann ist wenigstens er unbelastet und kann sich ungetrübt den Genüssen hingeben. Sie selbst müssen weiterleben wie bisher.«
»Das ist alles?« fragte Mister Cagney leise.
»Das ist alles«, sagte der Arzt.
»Schicken Sie Ihre Rechnung an meine Privatanschrift«, sagte der Mann und legte seine Karte auf den Schreibtisch.
»Leben Sie wohl«, sagte der Arzt.

M. STÄHELIN

Das Freuspiel

Diese Geschichte hatten wir in einem alten Zeitschriftenband entdeckt, der zum Inventar unserer Ferienwohnung in einem Schweizer Bergbauerndorf gehörte. Unsere Meinungen über das »Freuspiel« gingen hin und her. Sicher waren die Erlebnisse der Hauptfigur Pollyanna ein wenig zu rührend geschildert und der Moral zuliebe auf den unentwegten Sieg des Guten hin arrangiert. Solche kritischen Eindrücke wurden jedoch zweitrangig angesichts der eigenartigen Wirksamkeit, mit der uns die Erzählung immer wieder neu zu denken gab. Deshalb sei sie hier in knapperer Form wiedergegeben.

Pollyanna war das einzige Kind eines sehr armen Predigers in Amerika. So gering war sein Gehalt, daß nach dem Tode seiner Frau nicht einmal der kleine Haushalt ganz damit bestritten werden konnte. Die Damen des Frauenvereins sorgten dafür, daß hie und da jemand kam, um Ordnung zu schaffen; die Mahlzeiten mußten außer dem Hause genommen werden. Die Kleider lieferte die sogenannte Gemeindekiste, die der Frauenverein jeden Monat dem Prediger zuschickte, gefüllt mit allerhand getragenen Kleidern und andern mehr oder weniger gut erhaltenen Gegenständen, unter denen der Prediger für sich und sein Kind zuerst das Nötige wählen und das übrige an die Armen der Gemeinde verteilen durfte. Daß Pollyanna dabei nicht immer aufs beste gekleidet war, läßt sich denken, denn oft enthielt die Kiste nur Kleider für Erwachsene, oft nur für Knaben oder kleine Kinder. Wenn aber das

[6] Reminiszenz = Erinnerung

Röckchen aus der letzten Kiste schon ganz zerrissen war, weil keine Mutterhand es flickte, was blieb da anders übrig, als eben ein zu großes notdürftig aufzustecken, oder über ein zu kurzes eine lange Schürze zu binden? Zwar durfte der Prediger auch Wünsche äußern, die Damen des Frauenvereins betonten das immer ausdrücklich; befriedigt konnten sie aber nur werden, wenn das Gewünschte an der Sammelstelle vorhanden war.
Auch kleine Wünsche für Pollyanna sollten stets wenn möglich berücksichtigt werden, versicherten die gütigen Mitglieder des Frauenvereins immer wieder. Und so ließ sich der Vater einmal zu der kühnen Bitte bewegen, der nächsten Kiste eine Puppe für Pollyanna beizufügen.
Eine Puppe! Eine richtige, eigene Puppe! Pollyannas Herz klopfte vor freudiger Erwartung! Wie sie wohl aussah? Wie groß sie wohl war? Was für Kleider sie wohl trug? Fast konnte sie den Tag nicht erwarten, der die Kiste brachte. Und endlich, als sie ankam, welche Spannung, bis sie geöffnet wurde! Und dann – ja! Hier war etwas Hartes! Das Bein – der Arm der Puppe? Sorgfältig nahm der Vater es heraus, wickelte es aus dem Papier, und – hielt zwei Krücken, zwei hölzerne Krücken in der Hand! Ein paar Worte waren beigefügt, daß leider keine Puppe an der Sammelstelle sei, und daß diese Krücken gewiß irgendeinem Krüppel in der Gemeinde erwünscht seien.
Pollyannas Augen füllten sich mit Tränen; aber der Vater hatte schon einen Trost bereit.
»Nun wollen wir ein schönes Spiel spielen mit diesen Krücken!« schlug er vor.
Ein Spiel mit Krücken? Verwundert schaute Pollyanna den Vater an, er pflegte sonst nicht mit derlei Dingen zu scherzen. Aber er nickte ermunternd: »Ja, ja, ein Spiel. Stütze dich recht fest auf die Krücken! So! Und nun geh im Zimmer herum, als ob du ganz steife Beine hättest und gar nicht ohne Krücken gehen könntest.«
Mühsam humpelte Pollyanna ein paar Schritte. Das war doch kein Spiel! Das war doch gar nicht schön! Aber Vater sah so vergnügt aus, als ob es doch eines wäre.
»So, nun lege die Krücken wieder weg«, gebot er, »und hüpfe ohne sie herum!«
Zwar war es Pollyanna immer noch nicht ums Hüpfen und Fröhlichsein; aber sie gehorchte. Und wirklich war das Springen mit den befreiten Gliedern nun eine rechte Freude, sie hörte gar nicht mehr auf.
»Siehst du!« rief der Vater triumphierend, »nun kannst du dich herzlich freuen, daß du deine gesunden Glieder hast und nicht an Krücken zu gehen brauchst, wie der Kranke, der sie bisher gebrauchte, oder der, dem sie in Zukunft dienen müssen! Das ist nun das *Freuspiel*, das wir von jetzt an immer miteinander spielen wollen: immer bei allem, was uns ärgern oder betrüben oder bekümmern will, uns fragen: was ist hier dabei, über das ich mich freuen kann! Du wirst sehen, wie schön das wird.«

Gleich das Mittagessen in der Volksküche gab ihnen Gelegenheit, den Anfang zu machen. Wieder, wie schon oft seit mehreren Wochen, gab es Klöße von Fischresten und Hülsenbohnen. »Wie gut, Pollyanna, daß wir Hülsenbohnen gerne mögen!« sagte der Vater vergnügt, »und daß wir einen guten Magen haben und Fischreste vertragen! Denk, wenn wir krank wären und könnten uns doch nichts anderes verschaffen. Wir wollen uns freuen, daß wir gesund sind!«

Das Spiel fing wirklich an, Pollyanna zu interessieren. Immer neue Anlässe dazu fanden sich täglich und stündlich. Vater verstand sich so herrlich auf dieses Spiel. Wenn es recht schwer wurde, daß Pollyanna bei einer unangenehmen Sache gar nichts mehr finden konnte, worüber man sich freuen könnte, so wußte Vater immer noch etwas besonders Gutes zu entdecken. »Je schwerer das Spiel ist, desto interessanter«, sagte er dann.

Noch nie hatten sie eine so schöne, freudenreiche Zeit zusammen gehabt. Wenn sie nur immer hätte weiter dauern können! Aber Pollyannas Vater wurde krank, und sein erschöpfter Körper vermochte nicht, der Krankheit Widerstand zu leisten. Bis zuletzt ermahnte er Pollyanna, das Spiel nicht zu vergessen, es weiter zu spielen, auch wenn er nicht mehr bei ihr sei. Und als er gestorben war, da lag auf seinem Gesicht ein so frohes Lächeln, als ob er es jetzt erst recht spielte.

Hiermit fing die alte Geschichte eigentlich erst an: mit Pollyannas Trauer, der Ratlosigkeit der Damen vom Frauenverein, wie das Mädchen weiter zu versorgen wäre, und deren Entschluß, sie in die Obhut einer grämlichen Tante in der fernen Stadt zu geben, mit allen Bitterkeiten und Bewährungsmöglichkeiten, die es dort mit dem »Freuspiel« zu bestehen gab. Aber wie gesagt: wir meinten, von hier an könnten wir getrost Pollyanna ihrem Schicksal überlassen, um uns selber zu fragen, wieweit wir mit dem »Freuspiel« etwas anzufangen wissen.

Schicksal und Schuld

SHIRLEY JACKSON

Die Lotterie

Der Morgen des 27. Juni war klar und sonnig und hatte die frische Wärme eines Hochsommertags; Blumen blühten in Überfluß und das Gras war reich und grün. Gegen zehn Uhr begannen sich die Dorfleute zwischen dem Postamt und der Bank auf dem Platz zu versammeln; in einigen Städten gab es so viele Leute, daß die Lotterie zwei Tage in Anspruch nahm und schon am 26. Juni begonnen werden mußte; aber in diesem Dorf, das nur an die dreihundert Seelen zählte, dauerte die ganze Lotterie nicht mehr als ungefähr zwei Stunden; man konnte um zehn Uhr vormittags beginnen und doch so rechtzeitig schließen, daß die Leute noch zum Mittagessen nach Hause kamen.

Natürlich versammelten sich die Kinder zuerst. Erst vor wenigen Tagen war die Schule für den Sommer geschlossen worden und das Gefühl einer unbehaglichen Freiheit stand noch auf den Gesichtern der meisten; noch scharten sie sich für eine Weile ruhig zusammen, bevor sie in ihre lärmenden Spiele ausbrachen, und ihre Gespräche drehten sich noch um Klasse und Lehrer, Bücher und Tadel. Bobby Martin hatte seine Taschen schon mit Steinen vollgestopft, und die anderen Jungen folgten bald seinem Beispiel und sammelten die glattesten und rundesten Steine; Bobby und Harry Jones und Dickie Delacroix häuften schließlich eine große Masse von Steinen in einer Ecke des Platzes auf und bewachten sie gegen die Überfälle der anderen Jungen. Die Mädchen standen abseits und sprachen untereinander, schauten über die Schultern nach den Jungen und die ganz kleinen Kinder rollten im Staub oder hefteten sich an ihre älteren Geschwister.

Bald darauf begannen sich die Männer zu versammeln, sie hielten nach ihren Kindern Ausschau, sprachen von Saat und Regen, Traktoren und Steuern. Sie standen beisammen, weit weg vom Steinhaufen in der Ecke des Platzes, ihre Witze waren verhalten und sie lachten nicht, sondern lächelten. Die Frauen, in ihren verblaßten Hauskleidern und Sweatern, kamen kurz nach ihren Männern. Sie grüßten einander, und während sie zu den Männern traten, tauschten sie Klatsch aus. Bald begannen sie, die nun bei den Männer standen, nach den Kindern zu rufen, und die Kinder mußten vier- oder fünfmal gerufen werden, ehe sie zögernd kamen. Bobby Martin duckte sich unter dem Griff seiner Mutter und rannte lachend zu dem Steinhaufen zurück. Sein Vater erhob scharf die Stimme und Bobby kam rasch und stellte sich zwischen seinem Vater und dem ältesten Bruder auf.

Herr Summers, der genug Zeit und Energie hatte, um sich öffentlichen Veranstaltungen zu widmen, leitete die Lotterie. (Er leitete auch die Tänze auf dem Dorfplatz, die Pfadfinder und das Karnevalsprogramm.) Er war ein jovialer Mann mit einem runden Gesicht, der Direktor einer Kohlenfirma, und die Leute bedauerten ihn, weil er keine Kinder und seine Frau eine böse Zunge hatte. Ein Murmeln erhob sich unter den Dorfleuten auf dem Platz, als er mit der schwarzen Holzkiste erschien, winkte und rief: »Hab mich halt ein bißchen verspätet.« Herr Graves, der Postmeister, folgte ihm auf dem Fuß; er trug einen Schemel mit drei Beinen, und sie stellten den Schemel in der Mitte des Platzes auf und Herr Summers setzte die schwarze Kiste auf den Schemel. Die Dorfleute blieben in einiger Entfernung stehen, ließen einen Zwischenraum zwischen sich und dem Schemel, und als Herr Summers fragte: »Vielleicht hilft mir wer?«, zögerten sie, ehe zwei Männer, Herr Martin und sein ältester Sohn, vortraten und die Kiste auf dem Schemel festhielten, während Herr Summers in den Zetteln, die darinnen waren, herumrührte.

Die ursprünglichen Behelfe für die Lotterie waren vor langen Jahren verlorengegangen und die schwarze Kiste, die nun auf dem Schemel stand, war schon gebraucht worden, bevor der alte Warner, der Dorfälteste, geboren war. Herr Summers hatte oft zu den Dorfleuten über die Herstellung einer neuen Kiste gesprochen, aber niemand schien damit einverstanden, auch nur einen Bruchteil der von der schwarzen Kiste verkörperten Tradition aufzugeben. Es gab eine Geschichte, nach der die gegenwärtige Kiste aus einigen Stücken ihrer Vorgängerin verfertigt worden war, jener Kiste, die man gebaut hatte, als sich die ersten Siedler hier niederließen und das Dorf gründeten. Jedes Jahr begann Herr Summers, wenn die Lotterie vorüber war, wieder von einer neuen Kiste zu sprechen, und jedes Jahr ließen sie die Rede im Sand verlaufen und nichts wurde getan. Von Jahr zu Jahr wurde die schwarze Kiste schäbiger; sie war nun nicht mehr völlig schwarz, sondern an einer Seite arg beschädigt, so daß man die ursprüngliche Farbe des Holzes sehen konnte, während an anderen Stellen wieder die Farbe entweder verblaßt oder mit Schmutzflecken durchsetzt war.

Herr Martin und sein Ältester hielten die schwarze Kiste fest auf dem Schemel, bis Herr Summers die Zettel gründlich mit der Hand umgerührt hatte. Da man beträchtliche Teile des Rituals entweder vergessen oder aufgegeben hatte, war es Herrn Summers gelungen, die Zustimmung der Dorfleute zu erhalten, Papierzettel an Stelle jener Holzstücke einzuführen, die zuvor von ganzen Generationen benützt worden waren. Holzspäne, hatte Herr Summers behauptet, wären zwar das rechte gewesen, solange das Dorf noch winzig war, aber jetzt, da es mehr als dreihundert Seelen zählte und wahrscheinlich weiter wachsen würde, sei es notwendig geworden, Material zu benützen, das besser in die schwarze Kiste passen würde. Herr Summers und Herr Graves bereiteten die Zettel in der Nacht vor der Lotterie vor und steckten sie in die Kiste, worauf diese dann in der Stahlkasse von Herrn Summers' Kohlenfirma abgestellt und verschlossen wurde, bis er am nächsten Morgen kam und sie abholte. Für den Rest des Jahres wurde die Kiste dann irgendwo abgestellt, einmal hier, einmal da; ein Jahr hatte sie in der Scheune von Herrn Graves zugebracht, ein anderes Mal stand sie im Postamt herum, und manchmal schob man sie auf ein Brett in Martins Gemüsegeschäft und ließ sie dort stehen.

Ehe Herr Summers die Lotterie eröffnete, mußte viel Aufhebens gemacht werden. Man mußte Listen verfertigen, Listen der Familienoberhäupter, der Haushaltungsvorstände (wenn eine Familie sich durch Heirat der Kinder auf mehrere Haushalte erstreckte), und schließlich der Haushaltungsmitglieder, aus denen die Familien bestanden. Herr Summers mußte formell durch den Postmeister als Lotteriebeamter vereidigt werden; früher einmal, so erinnerten sich einige, hatte es auch irgendeine Art Vortrag gegeben, der dem Lotteriebeamten oblag, ein mechanischer Singsang ohne Melodie, der pflichtgemäß jedes Jahr heruntergeleiert wurde; einige Leute glaubten, daß der Lotteriebeamte ungezwungen dagestanden sei, wenn er jene Worte gesagt oder gesungen habe, während andere der Meinung waren, es sei seine Pflicht und Gewohnheit gewesen, unter den Leuten herumzugehen; aber seit langen Jahren hatte man diesen Teil der Zeremonie mehr oder weniger absichtlich fallen lassen. Es hatte auch eine Begrüßungsformel des Lotteriebeamten für jede Person gegeben, die hinaufging, um ihr Los aus der Kiste zu ziehen; aber auch dies hatte sich mit der Zeit geändert und jetzt war es so weit gekommen, daß der Lotteriebeamte nur einige Worte an jeden zu richten brauchte, der sich ihm näherte. Herr Summers unterzog sich seiner Aufgabe mit viel Geschick; in seinem sauberen, weißen Hemd und den blauen Arbeitshosen sah er sehr formell und bedeutend aus, wie er, eine Hand nachlässig auf der schwarzen Kiste, dastand und ununterbrochen mit Herrn Graves und den beiden Martins redete.

Gerade als Herr Summers endlich zu sprechen aufhörte und sich zu der Versammlung der Dorfleute wandte, kam Frau Hutchinson den Fußweg herunter auf den Platz gelaufen. Sie hatte ihren Sweater von der Schulter hängen und mischte sich hinten in die Menge. »Hab den Tag rein vergessen«, sagte sie zu Frau Delacroix, die neben ihr stand, und beide lachten leise. »Dachte, mein Alter ist hinausgegangen, um Holz zu stapeln, und dann schau ich aus dem Fenster und kein Kind ist mehr da, und da erinnere ich mich, es ist der Siebenundzwanzigste; da bin ich aber gelaufen.« Sie trocknete ihre Hand an der Schürze und Frau Delacroix sagte: »Zeit genug. Die da oben sprechen noch, als ob sie dafür bezahlt würden.«

Frau Hutchinson reckte ihren Hals, um die Menge zu überblicken, und sah, daß Mann und Kinder ganz vorne standen. Sie klopfte Frau Delacroix leicht auf den Arm und begann, sich durch die Menge vorwärtszuschlängeln. Die

Leute traten gutmütig auseinander; zwei oder drei Leute sagten, gerade laut genug, um in der Menge verständlich zu bleiben: »Hutchinson, hier kommt Mutter«, und »Bill, sie hat's geschafft.« Frau Hutchinson erreichte ihren Mann und Herr Summers, der gewartet hatte, sagte fröhlich: »Hab schon geglaubt, wir werden ohne dich anfangen müssen, Tessie.« Frau Hutchinson grinste: »Ich soll wohl mein schmutziges Geschirr in der Küche stehen lassen? He, Joe?« und ein leises Lachen lief durch die Menge, als die Leute sich rührten und nun, da Frau Hutchinson gekommen war, ihre alten Plätze wieder einnahmen.

»Na, is ja in Ordnung«, sagte Herr Summers nüchtern. »Wahrscheinlich sollten wir jetzt anfangen und machen, daß wir fertig werden, damit wir zur Arbeit zurückkönnen. Irgendwer abwesend?«

»Dunbar«, sagten einige. »Dunbar, Dunbar.«

Herr Summers sah auf der Liste nach: »Clyde Dunbar. Richtig. Hat ein Bein gebrochen. Stimmt's? Wer zieht für ihn?«

»Wahrscheinlich ich«, sagte eine Frau, und Herr Summers drehte sich zu ihr hin. »Eheweib zieht für Ehemann. Hast du nicht einen erwachsenen Sohn, der's für dich tun kann, Janey?« Obwohl Herr Summers die Antwort so genau wußte wie jeder andere im Dorf, mußte der Lotteriebeamte doch solche Formfragen pflichtgemäß stellen. Herr Summers wartete mit einem Ausdruck höflichen Interesses, während Frau Dunbar antwortete: »Horace ist erst sechzehn.« Bedauern lag in ihrer Stimme. »Da muß ich wohl heuer für den Alten einspringen.«

»Gewiß«, sagte Herr Summers. Er machte eine Eintragung in die Liste, die er hielt. Dann fragte er: »Zieht der kleine Watson heuer?«

Ein aufgeschossener Junge hob seine Hand. »Hier«, sagte er. »Ich zieh für Mama und mich.« Er zwinkerte nervös und duckte den Kopf, als mehrere Stimmen um ihn herum sagten: »Guter Junge, Jack«, und »Na, endlich hat deine Mutter einen Mann, der's für sie tut.«

»Gut«, sagte Herr Summers. »Alle sind hier, nehm ich an. Der alte Warner hat's auch geschafft?«

»Hier«, sagte eine Stimme, und Herr Summers nickte.

Eine plötzliche Stille fiel über die Menge, als Herr Summers sich räusperte und auf die Liste sah. »Fertig?« rief er. »Ich lese jetzt die Namen – Familienoberhäupter zuerst – und dann kommen die Männer hier herauf und nehmen einen Zettel aus der Kiste. Das Papier bleibt zusammengefaltet in der Hand und keiner liest, bevor alle an der Reihe gewesen sind. Verstanden?«

Die Leute hatten das alles schon so oft gemacht, daß sie den Vorschriften nur mit halbem Ohr zuhörten; die meisten waren still, feuchteten ihre Lippen und vermieden es, sich umzuschauen. Dann hob Herr Summers die eine Hand und sagte: »Adams.« Ein Mann löste sich aus der Menge und trat vor. »Grüß di, Steve«, sagte Herr Summers und Herr Adams sagte: »Grüß di, Joe.« Humorlos und nervös grinste der eine den andern an. Dann langte Herr Adams in die schwarze Kiste und nahm ein gefaltetes Papier heraus. Er hielt es an der einen Ecke fest, drehte sich um und ging auf seinen Platz in der Menge zurück; dort stand er, ein wenig abseits von seiner Familie, und vermied es, auf seine Hand hinunterzublicken.

»Allen«, sagte Herr Summers. »Anderson . . . Bentham.«

»Mir scheint, es vergeht überhaupt keine Zeit mehr von einer Lotterie zu der andern«, sagte Frau Delacroix zu Frau Graves in der letzten Reihe. »Mir scheint, die letzte ist erst vorige Woche gewesen.«

»Unglaublich, wie die Zeit vergeht«, antwortete Frau Graves.

»Clark . . . Delacroix.«

»Da geht mein Alter«, sagte Frau Delacroix. Sie hielt ihren Atem an, als ihr Mann vortrat.

»Dunbar«, sagte Herr Summers, und Frau Dunbar ging mit ruhigen Schritten zu der Kiste, während eine der Frauen rief: »Mach schnell, Janey«, und eine andere: »Na, da geht sie.«

»Wir sind die nächsten«, sagte Frau Graves. Sie wartete, bis Herr Graves von der Kiste zurückgekommen war, grüßte Herrn Summers ernsthaft und wählte aus der Kiste einen Zettel. Überall in der Menge standen jetzt schon Männer, die kleine, gefaltete Papiere in großen Händen hielten und sie nervös um- und umwandten. Frau Dunbar stand bei ihren beiden Söhnen und hielt ihren Zettel.

»Harburt . . . Hutchinson.«

»Los, Bill, dort hinauf«, sagte Frau Hutchinson, und die Leute in ihrer Nähe lachten.

»Jones.«

Herr Adams wandte sich zu dem alten Warner, der neben ihm stand: »Drüben im Norddorf sprechen sie angeblich davon, die Lotterie aufzugeben.«

Der alte Warner schnaufte. »Idiotenpack, die nichts tun, als auf die Jungen hören: für *die* ist nix gut genug. Bevor du Amen gesagt hast, werden sie wieder in die Höhlen gehen und dort leben. Niemand will mehr arbeiten. Paß auf, sie versuchen wieder einmal *so* zu leben. War ein Sprichwort: ›Junilotterie – Kornernte früh.‹ Bevor du Amen sagst, fressen wir alle wieder Eicheln. Die Lotterie hat es *immer* gegeben«, seine Laune verschlechterte sich zusehends. »Es ist schon arg genug, wie der junge Joe Summers dort oben steht und mit allen Witze reißt.«

»An ein paar Stellen haben sie die Lotterie schon aufgegeben«, sagte Frau Adams.

»Die werden schon sehen«, sagte der alte Warner unerbittlich. »Idiotenpack, diese Jungen.«

»Martin.« Und Bobby Martin sah zu, wie sein Vater vortrat. »Overdyke . . . Percy.«

»Sie sollen machen, daß sie fertig werden«, sagte Frau Dunbar zu ihrem älteren Sohn. »Wenn sie doch nur schon fertig wären!«
»Sind schon fast fertig«, antwortete ihr Sohn.
»Du läufst dann sofort und sagst es Papa«, befahl Frau Dunbar.
Herr Summers rief seinen eigenen Namen, trat gemessenen Schritts vor und wählte einen Zettel. Dann rief er: »Warner.«
»Das siebenundsiebzigste Jahr, daß ich dabei bin«, sagte der alte Warner, als er durch die Menge schritt. »Zum siebenundsiebzigsten Mal.«
»Watson.« Der aufgeschossene Junge kam linkisch durch die Menge. Jemand sagte: »Sei nicht nervös, Jack«, und Herr Summers: »Nimm dir Zeit, Kleiner.«
»Zanini.«
Danach war eine lange Pause, atemlos, bis Herr Summers seinen Zettel in die Luft hielt und sagte: »Jetzt.« Eine Minute lang rührte sich niemand und dann machten sie alle ihre Papiere auf. Plötzlich fingen die Frauen an, durcheinander zu sprechen, und sagten: »Wer ist es?« »Wer hat's bekommen?« »Die Dunbars?« »Die Watsons?« Dann begannen die Stimmen: »Es ist Hutchinson. Es ist Bill.« »Bill Hutchinson hat es bekommen.«
»Lauf, sag's dem Vater«, sagte Frau Dunbar zu ihrem älteren Sohn.
Die Leute begannen sich nach den Hutchinsons umzuschauen. Bill Hutchinson stand still und starrte auf den Zettel in seiner Hand. Plötzlich schrie Tessie Hutchinson zu Herrn Summers hinauf: »Du hast ihm nicht genug Zeit gegeben. Er hat sich nicht den Zettel nehmen können, den er wollte. Ich hab dir zugeschaut. Es war nicht gerecht.«
»Sei keine Spielverderberin«, schrie Frau Delacroix und Frau Graves sagte: »Wir alle haben das gleiche riskiert.«
»Halt den Mund, Tessie«, sagte Bill Hutchinson.
»Na, ihr Leute«, sagte Herr Summers, »das ist ja schön schnell gegangen, vielleicht beeilen wir uns noch ein bißchen, damit wir zur Zeit fertig sind.« Er befragte seine nächste Liste. »Bill«, sagte er, »du ziehst für die Hutchinson-Familie. Hast du noch einen anderen Haushalt in deiner Familie?«
»Natürlich, Don und Eva!« schrie Frau Hutchinson. Ihre Stimme überschlug sich. »Laß *sie's* riskieren!«
»Töchter ziehen mit der Familie ihrer Ehegatten, Tessie«, sagte Herr Summers freundlich. »Du weißt das so gut, wie wir alle.«
»Es war *gegen die Regel*«, sagte Tessie.
»Ich glaub, ich habe keine, Joe«, beantwortete Bill Hutchinson Herrn Summers' Frage, Bedauern in der Stimme. »Meine Tochter zieht mit der Familie ihres Mannes, das ist nur gerecht und nach der Regel. Außer den Kindern hab ich sonst keine Familie.«
»Dann bist du es, was das Los für Familien betrifft«, erklärte Herr Summers, »und was das Los für Haushalte betrifft, bist du's wiederum. In Ordnung?«

»In Ordnung«, sagte Bill Hutchinson.
»Wieviel Kinder, Bill?« fragte Herr Summers förmlich.
»Drei«, sagte Bill Hutchinson. »Bill Junior und Nancy und der kleine Dave. Und Tessie und ich.«
»Fein«, sagte Herr Summers. »Harry, hast du alle Lose zurückbekommen?«
Herr Graves nickte und hielt die Zettel hoch. »In die Kiste«, befahl Herr Summers. »Nimm Bills Lose und steck sie in die Kiste.«
»Ich glaube, wir sollten das Ganze wiederholen«, sagte Frau Hutchinson, so ruhig sie konnte. »Ich sage euch, es war nicht *gerecht.* Du hast ihm nicht Zeit genug gelassen zu wählen. Jeder hat's gesehn.«
Herr Graves hatte die fünf Zettel herausgesucht und in die Kiste geschoben, dann ließ er alle anderen Papiere zur Erde fallen, wo der Wind sie ergriff und in die Höhe wirbelte.
»Hört doch zu«, sagte Frau Hutchinson zu ihren Nachbarn.
»Fertig, Bill?« fragte Herr Summers, und Bill Hutchinson nickte, nachdem er sich rasch nach Weib und Kindern umgeblickt hatte.
»Nicht vergessen!« sagte Herr Summers, »ihr nehmt die Zettel und laßt sie zusammengefaltet, bis jeder einen genommen hat. Harry, du hilfst dem kleinen Dave.«
Herr Graves nahm die Hand des Kleinen, der ihm ohne Widerstand zur Kiste hinauf gefolgt war. »Nimm einen Zettel aus der Kiste, Davy«, sagte Herr Summers. Davy steckte seine Hand in die Kiste und lachte. »Nur *ein* Papier«, sagte Herr Summers. »Harry, du hebst es für ihn auf.« Herr Graves nahm die Hand des Kindes, löste das gefaltete Papier aus der geballten Faust und hielt es fest, während Dave neben ihm stand und fragend zu ihm aufblickte.
»Nancy ist die nächste«, sagte Herr Summers. Nancy war zwölf und ihre Schulfreundinnen atmeten hörbar, als sie vortrat, ihren Rock zurechtstrich und dann der Kiste wählerisch einen Zettel entnahm. »Bill Junior«, sagte Herr Summers. Billy, mit seinem roten Gesicht und den übergroßen Füßen, stieß die Kiste beinahe um, als er sein Papier herausholte. »Tessie«, sagte Herr Summers. Sie zögerte eine Minute lang, schaute herausfordernd herum, verkniff dann die Lippen und ging zu der Kiste. Sie fischte hastig einen Zettel heraus und hielt ihn hinterm Rücken.
»Bill«, sagte Herr Summers und Bill Hutchinson langte in die Kiste und tastete darin umher. Endlich zog er die Hand und in ihr das Papier heraus.
Die Menge war ruhig. Ein Mädchen flüsterte: »Hoffentlich nicht Nancy!« und der geflüsterte Laut drang bis an den Rand der Menge.
»So ist es doch früher nicht gewesen«, sagte der alte Warner sehr deutlich. »Die Menschen sind nicht mehr, was sie waren.«
»Schön«, sagte Herr Summers. »Öffnet die Zettel. Harry, du öffnest den von Davy.«

Herr Graves öffnete den Zettel; ein allgemeiner Seufzer der Erleichterung ging durch die Menge, als er ihn hochhielt und jeder sehen konnte, daß er leer war. Nancy und Bill Junior öffneten zu gleicher Zeit die ihren; strahlend und lachend wandten sie sich zu der Menge zurück und hielten ihre Zettel über die Köpfe.

»Tessie«, sagte Herr Summers. Eine Pause folgte, und dann sah Herr Summers Bill Hutchinson an und Bill entfaltete seinen Zettel. Er war leer.

»Es ist Tessie«, sagte Herr Summers gedämpft. »Zeig uns ihren Zettel, Bill.«

Bill Hutchinson ging zu seinem Weib hinüber und nahm ihr mit Gewalt das Stück Papier aus der Hand. Es trug einen Fleck, den schwarzen Fleck, den in der Nacht zuvor Herr Summers im Büro der Kohlenhandlung mit seinem schweren Bleistift darauf gemalt hatte. Bill Hutchinson hielt ihn hoch und eine Bewegung lief durch die Menge.

»Genug«, sagte Herr Summers. »Wir wollen rasch Schluß machen.«

Obgleich die Dorfleute die Zeremonie vergessen und die ursprüngliche Kiste verloren hatten, erinnerten sie sich noch genau an die Steine. Der Steinhaufen, den die Jungen früher errichtet hatten, stand bereit; Steine lagen auf dem Boden und die Zettel, die aus der Kiste gekommen waren, flatterten darum herum. Frau Delacroix wählte einen Stein, so groß, daß sie ihn nur mit beiden Händen aufheben konnte, und wandte sich an Frau Dunbar. »Los!« sagte sie. »Mach schnell!«

Frau Dunbar hielt in beiden Händen kleine Steine. Sie rang nach Atem: »Ich kann nicht mehr rennen. Nimm keine Rücksicht auf mich, ich hol dich schon ein.«

Die Kinder hatten schon Steine und jemand gab dem kleinen Davy ein paar Kiesel.

Tessie Hutchinson stand jetzt im Zentrum eines freien Platzes und streckte verzweifelt ihre Hände den Dorfleuten entgegen, die sich auf sie zubewegten. »Es ist nicht gerecht«, sagte sie. Ein Stein traf sie an der Schläfe.

Der alte Warner sagte: »Los! Los! Alle!« Steve Adams war an der Spitze der Dorfleute und neben ihm Frau Graves.

»Es ist nicht gerecht, es ist nicht recht!« schrie Frau Hutchinson, und dann waren sie schon über ihr.

ERNST EGGIMANN

Radstand

Großmutter sagte: Man hätte ihm das rote Motorrad nicht kaufen sollen. Vater sagte: Wir haben es ihm gar nicht gekauft. Er hat es sich selber verdient. Vom ersten Jahresgehalt der Lehre hat er es sich zusammengespart. Was kann man da tun? Wenn man ein wenig besser auf ihn aufgepaßt hätte, sagte die Großmutter, wenn man ihn ein Jahr ins Welschland geschickt hätte. Die Mutter sagte: Wenn er nur an diesem Abend zuhause geblieben wäre! Er war besonders müde heimgekommen und hatte eigentlich gleich ins Bett gewollt nach der Tagesschau, er hat es streng gehabt bei Sollberger und Co. Wenn nur nicht auf einmal dieses Telefon! Wenn er nicht diese Lederjacke und die Stiefel angezogen hätte und wenn diesen Abend kein Benzin im Tank gewesen wäre. Auf den Tank hatte er Sterne geklebt. Wenn er nur von Zeit zu Zeit zum Haarschneider gegangen wäre, sagten die Nachbarn. Wenn, wenn, wenn! sagte der Vater, wenn nützt gar nichts, es ist zu spät, wenn macht ihn nicht wieder lebendig. Sonst schwieg er und hatte ein graues Gesicht und graue Augen, und die Arbeitskollegen wagten ihn nicht anzusprechen. Wenn er nur nicht immer diese Platten gehört hätte, fuhr die Großmutter fort. Erst als der Pfarrer mit ihr gesprochen hatte, schwieg sie mehr, und die Mutter sagte: Ist das noch ein lieber Gott? Der aber, der ihn angefahren hatte, ein Vertreter, war nicht einmal zur Beerdigung gekommen, hatte nur ein billiges Beileidskärtchen geschickt, mit Trauerweide drauf.

Er war nicht schuld. Das Gericht hatte ihn freigesprochen. Er war durchaus korrekt gefahren, so korrekt, wie man überhaupt fahren kann, in diesem Augenblick wenigstens, und darauf kam es ja an. Wie er vorher zu fahren pflegte, manchmal sogar ein wenig angeheitert, und wie er jetzt wieder fuhr, wenngleich er nun schon ein bißchen besser aufpaßte, das war bedeutungslos, wenn er nur in der schwarzen Sekunde korrekt gewesen war, und das war er. Ich kann rein nichts dafür, wenn mir so ein Raser in den neuen Wagen hineinfährt, sagte er dem Dorfpolizisten, sagte er seiner Frau, sagte er am Stammtisch. Mein schöner, neuer Wagen! Ich habe ihn erst ein halbes Jahr und noch kein Kratzer daran! Die Versicherung muß bezahlen. Schauen Sie einmal: der linke Scheinwerfer, der Kotflügel, alles hin! Ich fahre seit zehn Jahren unfallfrei, und ich fahre viel, bei meinem Beruf, versteht sich.

Er fuhr die Straße hinauf, nicht schnell, es ist dort recht steil, dann schoß plötzlich ein Licht hinter dem Felsen hervor, er trat auf die Bremse, hing im Sicherheitsgurt, es knallte im Blech. Der Raser mußte hundertdreißig gehabt haben. Die linke Lampe brannte nicht mehr. Beim Aussteigen sah er zuerst den weißen Sturzhelm. Ein Sturzhelm schützt auch nicht immer. Er war schon tot, und der Helm enthielt wohl einen Liter Blut. Die langen Haare dampften.

Ein schreckliches Erlebnis für ihn, aber davon sprach niemand. Wie die Eltern und die Großmutter ihn anstarrten, als er ihnen am andern Tag einen Besuch machte! Wenn nur dieser Vertreter nicht, dachten sie alle. Aber das Leben geht weiter. Die hatten wohl erwartet, daß er sie in Weinkrämpfen um Verzeihung bitten würde! Und als er mit seinem immer noch verbeulten Wagen, von dem man in einer kleinen Garage die Blutspuren weggewaschen hatte, davonfahren wollte, sagte die Mutter: Sie fahren immer noch Auto?
Der einzige Sohn. Er hatte keinen Sohn. Ach Gott, wir müssen alle einmal sterben. Die Sicherheitslinie darf nun einmal nicht überfahren werden, daran muß sich jeder halten, die Sicherheitslinie ist eine Mauer. Noch am andern Tag konnte man den Fleck sehen, obschon sie das Blut mit Sägemehl weggewischt hatten. Hätte er die Kurve nicht geschnitten, wäre nichts geschehen, rein gar nichts. Sicherheitslinien sind nicht zur Verzierung der Straßen da. Er hatte sich sehr korrekt benommen, hatte einen kühlen Kopf bewahrt, hatte sogar nicht vergessen, das Pannendreieck aufzustellen, auf seiner Seite. Oben hätte man vielleicht auch eines aufstellen sollen, weil in der Nacht dort viele die Kurve schneiden, aber er hatte nur eins. Der Polizist hatte ihn gelobt. Nun, er fuhr schon lange Auto, sein Beruf schließlich, und, wie gesagt, noch nie ein ernsthafter Unfall, dieser ausgenommen, aber das war eigentlich nicht sein Unfall, das war ein Zufall. Nur gut, daß er sofort tot war, erste Hilfe hätte er nicht leisten können, ihm wurde übel von nur einigen Tropfen Blut beim Rasieren. Aber in diesem Falle sah man es auf den ersten Blick. Er konnte diesen Blick lange nicht mehr vergessen, ob ihm das geglaubt wurde oder nicht.
Wenn ich ihn nur nicht angerufen hätte, sagte seine Freundin und weinte. Sie ist an allem schuld, sagte die Mutter. Wir waren immer schon dagegen, daß er mit so einer geht. Schade, daß sie nicht auch draufgesessen ist, wie meistens. Ihretwegen hat er das Motorrad gekauft, nur um ihr zu gefallen. Er wollte Rennfahrer werden, sagte die Freundin, und wenn er fuhr, flüsterte er sich Radioreportagen zu: Kühni legt sich in die Kurve, seine Kurventechnik ist in der Tat unerreicht, Kühni überholt seinen schärfsten Rivalen Taveri, Kühni auf Honda. Sie kam auch nicht zur Beerdigung, sie war auch gar nicht erwünscht.
Wie schrecklich, wie schrecklich! sagten die Leute und sandten Blumen und einige Kränze. Das Bild von Taveri mit dem Siegerkranz um den Hals hing immer noch über seinem Bett. Auf einmal riß es der Vater herunter. Nun hingen nur noch die Beatles an den Wänden und andere mit langen Haaren und eine große Hondareklame mit dem Fujiyama im Hintergrund. Warum, fragte die Mutter, warum gerade er? Warum kam genau in diesem Augenblick der Vertreter um die Ecke gefahren, warum hat er einen so breiten Wagen? Warum habe ich es nicht geahnt? Irgend etwas habe ich schon geahnt. Als er noch weggehen wollte, bat ich ihn flehentlich, er solle doch diesmal zuhause

bleiben. Warum habe ich es ihm nicht befohlen, habe ich ihn nicht eingeschlossen? Warum hat er nicht gehorcht? Es war ja nur ein Augenblick, warum gibt es diesen Augenblick? Soll man da noch an Gott glauben können, sagte die Mutter öfters, aber die Großmutter sagte: Sein Wille ist unerforschlich, versündige dich nicht. Auch ich habe meinen Mann früh verloren, das war auch nicht leicht.

Der Vertreter hatte nicht einmal einen Kranz geschickt, nur ein billiges Kärtchen. Er ging weiter seiner Arbeit nach, mit einem Austauschwagen für vier Tage, dann wieder mit dem eigenen. Der linke Kotflügel und die Lampe waren ausgewechselt worden, die Rechnung der Versicherung geschickt, somit war die Sache erledigt. Als er nach Hause gekommen war und es seiner Frau erzählt hatte, hatte sie die Hände verworfen und geschrien, und seitdem blickte sie ihn immer so besinnlich an, doch das kannte er seit Jahren an ihr, war sie doch neurotisch und grübelte immer über die nebensächlichsten Dinge nach. In der Zeitung las man jeden Tag von solchen Fällen, und überhaupt, davon war nur eine winzige Notiz erschienen. Ach, es war auf der Straße nach Luswil, sagte seine Frau, nachdem sie es in der Zeitung gelesen hatte, nun verwundert mich nichts mehr, und sie bekam ihre Schweigezeit. Er ist wirklich nach dem Unfall noch nach Luswil hinaufgefahren, er hat in Luswil übernachtet, dachte sie so deutlich, daß er es merken mußte.

Da war Margrit anders gewesen. Sie hatte ihn verstanden, als er noch mit den Händen gezittert hatte, sie hatte ihn getröstet, sie hatte gleich wieder gelacht, sie hatte den Fall sachlich behandelt.

Am besten war er für einige Tage geschäftlich abwesend. Seine Frau schaute ihm nach und dachte: So kurz nach dem Unfall fährt er gleich wieder Auto. Vielleicht hätte er noch schwarz tragen sollen oder den Todeswagen (wo kam ihm plötzlich dieses Wort her?) schwarz streichen.

In der letzten Zeit hatte die Anzahl der Pilzköpfe zugenommen. Überall sah er langhaarige Kerle herumstehen, einige sogar mit Motorrädern, die sie an Ort sehr laut laufen ließen.

Etwa eine Woche nachher klingelte mitten in der Nacht das Telephon. Seine Frau schrie hoch auf. Aus dem Hörer kam eine Männerstimme: Sie sind ein Mörder. Und, ehe er, schlaftrunken wie er war, Worte finden konnte, der Summton. Der Anruf wiederholte sich noch mehrere Male, immer zu einer andern Nachtzeit. Bald wartete er darauf. Der Vater stritt alles ab. Die hatten nicht einmal ein Telephon. Die Telephondirektion gab sich auch keine Mühe. Sie sind ein Mörder Sie sind ein Mörder Sie sind ein Mörder, manchmal kam es drei oder vier Nächte nicht, dann gerade dreimal in derselben Nacht, immer dann, wenn er beinahe eingeschlafen war. Bald konnte er überhaupt nicht mehr schlafen. Es kam vor, daß er am Morgen nicht mehr wußte, ob er diese Nacht in Wirklichkeit angerufen worden war oder nur im Traum.

Er schlief mehr und mehr in Hotelzimmern, wo er sich sicher fühlte, aber eines

Nachts läutete auch da das Telephon. Er schrie und spuckte in den Hörer, er habe nichts mit dem Tode dieses Halbstarken zu tun, gar nichts, und überhaupt sei er nun schon längst beerdigt und nichts tue ihm mehr weh, er beneide ihn gewissermaßen, denn das sei doch kein Leben mehr, das er führe, er mache gleich selber Schluß. Und überhaupt solle man ihm doch sagen, was er hätte tun sollen: das war nicht eine Sekunde, das war eine Hundertstelsekunde. Zu allen Stunden seines Lebens stehe er, und er gebe gerne zu, manches falsch gemacht zu haben, aber diese Hundertstelsekunde streiche er jetzt aus seinem Leben, jawohl, er weigere sich, sie anzuerkennen.
Sein Freund sagte: Wie dumm, daß du dir darüber Gedanken machst! Soll ich etwas dafür können, wenn in einem Hochhaus, das ich gebaut habe, ein Kind vom dreiundzwanzigsten Stock fällt?
In der obern Etage links wohnte ein Junge, der sah kaum aus den Augen, der Haare wegen. Er grüßte auch nie, nickte nur ein wenig und zuckte die Achseln. Auch stellte er sein Motorvelo immer an die Garagetür. Um einen solchen war es wirklich nicht schade gewesen.
Diese blutleeren Schleicher, sagte er am Stammtisch, wohin geht es mit unserer Nation, wenn eine solche Jugend aufwächst?
Der Anruf war nun schon die vierte Nacht ausgeblieben. Seine Frau schwieg immer noch, aber vielleicht jetzt wieder aus den üblichen Gründen. Als der von obenan sein Motorvelo das nächste Mal an seine Garagetür stellte, gab er ihm eine Ohrfeige. Wir sind noch zu Fuß gegangen, schrie er zu seiner Mutter hinauf, die gleich am Küchenfenster erschienen war, und schneiden Sie dem Lümmel einmal die Haare!
Eines Abends klingelte es, und zwei Männer standen draußen. Der eine war der Vater. Sie wollten alleine mit ihm sprechen und drängten sich gleich zur Türe herein. Er führte sie ins Büro, hieß sie sitzen, und seine Frau mußte einen Aperitif bringen. Wir trinken nicht, wenn wir fahren, sagte der andere, und der Vater grinste. Mein Bruder hat seinen einzigen Sohn verloren, fuhr er fort, und der Vater nickte. Dann schwieg er lange. So ein Begräbnis kostet viel, nicht wahr, Hans? Der Vater nickte wieder.
Aber meine Herren, Sie glauben doch nicht etwa?
Sie können sich einen großen Wagen leisten, eine sehr schöne Wohnung. Sie sind glücklich. Mein Bruder hat sein einziges Kind verloren. Es wäre Ihnen eine Kleinigkeit, wenigstens das Begräbnis . . . So eine Frechheit! Hinaus mit Ihnen, aber gleich! Das war nun doch die Höhe, kein Wunder, daß der einen solchen Sohn hatte!
Bei der Türe aber blieb der Bruder des Vaters ganz nahe an ihm stehen. Nicht einmal rasiert war er. Er kam noch näher und flüsterte ihm ins Gesicht: Margrit läßt Sie grüßen. Er puffte ihn mit dem Ellbogen in die Seite. Wir kennen sie gut, nicht wahr, Hans, hat die Temperament! Nur ihretwegen geht man in Luswil in den Jäger. Der Vertreter spielte aber offenbar immer noch

den Hasen. Sollen wir Ihre Frau rufen, vielleicht hat sie ein besseres Herz? Der Vater nickte und musterte seinen Bruder voll Bewunderung. Der Vertreter schrie: das ist Erpressung! und die beiden schwiegen. Dann rief er seine Frau, die ja schon längst das meiste wußte, sagte: die Herren wollen dir noch etwas erklären, und bat sie in den Salon, wo sie unschlüssig herumstanden und bald darauf gingen. Die Telephonanrufe wiederholten sich nun wieder und seine Frau blieb weiterhin stumm.
Jeden Tag las er in der Zeitung die Verkehrsunfälle. Die Polizei sollte strenger sein. Sie ist verantwortlich, wenn nicht korrekt gefahren wird.
Er bremste. Autostopper nahm er prinzipiell keine mit, aber es gab Ausnahmen. Diese Kleine zum Beispiel mit den langen blonden Haaren am Straßenrand. Aber dann kam noch ihr Kerl aus dem Gebüsch hervor und setzte sich mit dem schmutzigen Gepäck und seinen Blue Jeans auf den Hintersitz. Das Mädchen war aus Schweden und begann sehr freundlich auf englisch mit ihm zu plaudern, fand die Schweiz ein sehr schönes Land, fuhr aber gleich weiter nach Ibizza. In Ibizza mußte es sehr schön sein. Er sagte einige Male yes, dann sagte er nichts mehr: Der Kerl hinter ihm hatte sich auf dem Sitz ausgestreckt, den Rucksack als Kopfkissen, fehlte nur noch, daß er die Füße heraufnahm. Obwohl er sehr stolz war auf sein Englisch, sprach er kein Wort, trat nur aufs Gas.
Schließlich wandte sich das Mädchen zum Langhaarigen auf dem Hintersitz und begann mit ihm zu schwatzen. Der Kerl aber machte sich offensichtlich über ihn lustig, das hörte er aus dem Ton der Stimme, die Blonde verteidigte ihn erst ein wenig, begann aber dann gleich schallend zu lachen, schaute ihn von der Seite an und lachte noch mehr. In der Meinung, er verstünde kein Schwedisch – er verstand auch keines –, witzelten sie nun so unverblümt über ihn, daß er alles erahnte und noch mehr aufs Gas trat. Der Gammler hatte jetzt gewiß die Füße auf dem Sitz und streute Zigarettenasche, wohin es ihm gefiel.
Bald wurde ihnen auch das zu viel, und das Mädchen kniete rückwärts hin, beugte sich über die Lehne nach hinten, um den Kerl stundenlang zu küssen.
In diesem Augenblick schwankte das große Auto ein wenig über die Mittellinie, als ihm auf offener Strecke im Zwielicht des Abends ein Wagen sehr rasch entgegenkam, der sich völlig korrekt auf der rechten Straßenseite hielt.
Nehmen wir an, bei der unvermeidlichen Kollision sei der Tod des Vertreters, – er fuhr Höchstgeschwindigkeit! – sofort eingetreten. Die Mutter erfuhr davon schon am andern Tag. Es gibt noch eine Gerechtigkeit auf dieser Welt, rief sie aus und ging sogar am nächsten Sonntag mit der Großmutter in die Kirche. Der Vater bestellte mit seinem Bruder am Feierabend einen Liter vom bessern.
Die beiden Stopper erlitten, sich immer noch und in Ewigkeit küssend, ein

romantisches Ende. Der sehr korrekt fahrende Entgegenkommende aber wurde wie durch ein Wunder hinausgeschleudert und gerettet. Er machte sich große Vorwürfe, doch vielleicht zu schnell gefahren zu sein.
Oder: Der korrekt auf der rechten Seite Entgegenkommende wich geistesgegenwärtig im letzten Augenblick nach rechts aus. Er geriet über den Straßenrand, der Wagen prallte an einen Stein, überschlug sich und fing Feuer. Der Vertreter aber fuhr, ohne sich umzublicken, weiter. Das schwedische Paar küßte sich immer noch und hatte vom ganzen Unglück überhaupt nichts gemerkt.
Oder: Der korrekt auf der rechten Seite Fahrende wich im letzten Augenblick geistesgegenwärtig aus und flitzte haarscharf am Wagen des Vertreters vorbei, dem aber nach diesem Nu der kalte Todesschweiß ausbrach. Mit zitternden Gliedern und nur noch sehr langsam fuhr er ins Dorf. Dort lud er die beiden Stopper zu einem reichlichen Abendessen ein, erzählte ihnen seinen Fall und nahm sich vor, ein neues Leben zu beginnen.

ANTON TSCHECHOW

Ein Fall aus der Praxis

Der Professor hatte ein Telegramm von der Ljalikowschen Fabrik erhalten – man bat ihn, so schnell wie möglich zu kommen. Die Tochter der Frau Ljalikowa, offenbar der Besitzerin der Fabrik, war krank; mehr konnte man dem langen, unverständlich abgefaßten Telegramm nicht entnehmen. Der Professor fuhr nicht selbst, sondern schickte seinen Stationsarzt Koroljow.

Von Moskau aus mußte er zwei Stationen mit der Eisenbahn und dann noch etwa vier Werst[1] mit dem Pferdewagen zurücklegen. Auf dem Bahnhof wurde Koroljow von einer Troika[2] abgeholt; der Kutscher trug einen Hut mit einer Pfauenfeder und antwortete auf alle Fragen laut und militärisch: »Zu Befehl, nein!« und »Jawohl!« Es war ein Samstagabend, die Sonne ging gerade unter. In Scharen strömten die Arbeiter von der Fabrik zum Bahnhof und grüßten die Kutsche, in der Koroljow fuhr. Ihn bezauberten der Abend, die Gutshöfe und Landhäuser zu beiden Seiten, die Birken und diese ruhige Stimmung ringsum; es schien, als wollten sich jetzt, am Vorabend des Feiertages, zusammen mit den Arbeitern auch das Feld, der Wald und die Sonne ausruhen – ausruhen und vielleicht beten . . .

[1] Werst = russ. Längenmaß, etwa über 1 km
[2] Troika = Dreigespann

Er war in Moskau geboren und aufgewachsen, kannte das Land nicht, hatte sich nie für Fabriken interessiert und auch nie eine besucht. Es geschah jedoch des öfteren, daß er etwas über Fabriken las, bei Fabrikanten zu Gast war und sich mit ihnen unterhielt. Wenn er von ferne oder aus der Nähe eine Fabrik sah, mußte er jedesmal daran denken, daß von außen alles ruhig und friedlich aussah, daß es aber drinnen wahrscheinlich hoffnungslose Unwissenheit gab, stumpfsinnigen Egoismus der Besitzer, ungesunde Tätigkeit der Arbeiter, Zänkerei, Wodka und Ungeziefer. Auch jetzt, da die Arbeiter ehrerbietig und furchtsam der Kutsche auswichen, glaubte er an ihren Gesichtern, ihren Schirmmützen und ihrem Gang körperliche Unsauberkeit, Trunkenheit, Nervosität und Verwirrung ablesen zu können.
Sie fuhren durch das Fabriktor. Zu beiden Seiten tauchten die Häuschen der Arbeiter auf, Gesichter von Frauen, auf Treppengeländern hängende Wäsche und Decken. »Vorsicht!« schrie der Kutscher, ohne die Pferde zu zügeln. Da war auch schon der weite Hof, auf dem kein Grashalm wuchs; hier standen, etwas voneinander entfernt, fünf gewaltige Fabrikgebäude mit Schornsteinen, Warenlager, Baracken – über allem lag eine graue Schicht wie von Staub. Hier und da sah man, wie Oasen in der Wüste, kümmerliche Gärtchen und die grünen oder roten Dächer der Häuser, in denen die Verwaltung untergebracht war. Der Kutscher riß plötzlich an den Zügeln, und die Pferde hielten vor einem Haus, das mit grauer Farbe frisch gestrichen war; hier gab es einen Vorgarten mit staubbedeckten Fliederbüschen, auf der gelben Freitreppe roch es stark nach Farbe.
»Bitte, Herr Doktor!« sagten weibliche Stimmen im Flur und im Vorzimmer, und man hörte dabei Seufzer und Geflüster. »Bitte, Sie werden schon sehnsüchtig erwartet . . . Wir sind in großer Sorge. Hierher, bitte.«
Frau Ljalikowa, eine üppige, bejahrte Dame in einem schwarzen Seidenkleid mit modischen Ärmeln, die aber, ihrem Gesicht nach zu urteilen, eine einfache, kaum gebildete Frau sein mußte, blickte den Arzt sorgenvoll an und konnte sich nicht entschließen, ihm die Hand zu geben – sie wagte es nicht. Neben ihr stand eine hagere, nicht mehr ganz junge Frauensperson, mit kurzem Haar, einem Kneifer und in einer bunten geblümten Bluse. Das Dienstmädchen nannte sie Christina Dmitrijewna, und Koroljow vermutete, daß dies die Gouvernante war. Wahrscheinlich oblag es ihr als der Gebildetsten im Haus, den Arzt zu empfangen, denn sie begann sofort hastig und mit kleinen, überflüssigen Details die Ursachen der Krankheit zu schildern, ohne davon zu sprechen, wer krank war und worum es sich handelte.
Der Doktor und die Gouvernante saßen da und unterhielten sich, während die Hausfrau abwartend und unbeweglich an der Tür stand. Dem Gespräch konnte Koroljow entnehmen, daß Lisa, ein junges Mädchen von zwanzig Jahren, die einzige Tochter der Frau Ljalikowa und Erbin der Fabrik, krank sei. Sie kränkelte schon lange und .wurde von verschiedenen Ärzten behan-

delt; in der letzten Nacht hatte sie vom Abend bis zum Morgen derartiges Herzklopfen gehabt, daß niemand im Haus zur Ruhe kam, man fürchtete, sie könnte sterben.
»Sie ist schon von Kindheit an so kränklich, kann man wohl sagen«, berichtete Christina Dmitrijewna in singendem Tonfall und fuhr sich dabei ab und zu mit der Hand über die Lippen. »Die Ärzte sagen, es seien die Nerven, aber als sie noch klein war, haben ihr die Ärzte die Skrofeln[3] nach innen getrieben, und ich meine, es könnte davon kommen.«
Sie gingen zu der Kranken. Schon völlig erwachsen, groß, von gutem Wuchs, doch unschön, der Mutter ähnlich, mit ebenso kleinen Augen und einer breiten, übermäßig entwickelten unteren Gesichtshälfte, unfrisiert, bis zum Kinn zugedeckt, machte sie im ersten Augenblick auf Koroljow den Eindruck eines unglücklichen, armseligen Geschöpfes, dem man aus Mitleid Schutz und Wärme bot, und man mochte nicht glauben, daß dies die Erbin dieser fünf gewaltigen Fabrikgebäude war.
»Wir sind gekommen«, begann Koroljow, »um Sie zu behandeln. Guten Tag.«
Er stellte sich vor und drückte ihr die Hand – eine große, kalte, unschöne Hand. Sie setzte sich auf und ließ sich, offensichtlich schon seit langem an Ärzte gewöhnt, ruhig abhorchen, obwohl ihre Schultern und ihre Brust unbekleidet waren.
»Ich habe Herzklopfen«, sagte sie. »Die ganze Nacht hatte ich solche Angst . . . Ich wäre fast gestorben vor Angst! Geben Sie mir irgend etwas.«
»Ja, gewiß! Beruhigen Sie sich.«
Koroljow untersuchte sie und zuckte mit den Achseln.
»Das Herz ist, wie es sein soll«, sagte er, »alles ist in Ordnung. Die Nerven sind wohl ein wenig angegriffen, aber das ist normal. Der Anfall ist offenbar schon vorbei, Sie können sich schlafen legen.«
In diesem Augenblick brachte man eine Lampe ins Schlafzimmer. Die Kranke blinzelte ins Licht, schlug die Hände vors Gesicht und schluchzte. Der Eindruck eines armseligen, unschönen Geschöpfes verschwand sofort, und Koroljow sah schon nicht mehr die kleinen Augen und die grobe, stark entwickelte untere Gesichtshälfte. Er bemerkte einen weichen, leidenden Ausdruck, der so vernünftig und so rührend war, und nun erschien sie ihm schlank, fraulich und schlicht; er hätte sie am liebsten nicht mit Arzneien beruhigt, nicht mit einem Rat, sondern einfach mit einem freundlichen Wort. Die Mutter umfaßte ihren Kopf und preßte ihn an sich. Wieviel Verzweiflung, wieviel Leid malte sich auf dem Gesicht der alten Frau! Sie, die Mutter, hatte ihre Tochter genährt und aufgezogen, hatte keine Mühe gescheut, ihr ganzes Leben dafür hingegeben, um sie in Französisch, Tanzen und Musik unterrichten zu lassen, ein Dutzend Lehrer hatte sie herangezogen, die besten Ärzte, sie

[3] Skrofeln = Hautausschlag bei Tuberkulose im Kindesalter

hielt eine Gouvernante, und nun konnte sie nicht begreifen, woher diese Tränen kamen, wozu es soviel Leid gab, sie verstand es nicht und war verwirrt, sie zeigte eine schuldbewußte, beunruhigte, verzweifelte Miene, als habe sie etwas sehr Wichtiges versäumt, etwas noch nicht getan, jemanden noch nicht herangezogen, aber wen – das wußte sie nicht.

»Lisanka, schon wieder ... schon wieder«, sagte sie und preßte die Tochter an sich. »Meine Liebe, mein Täubchen, mein Kindchen, sag, was ist dir? Hab Mitleid mit mir, sag es.«

Beide weinten bitterlich. Koroljow setzte sich auf den Bettrand und nahm Lisas Hand.

»Genug, wozu denn weinen?« sagte er zärtlich. »Es gibt doch nichts auf der Welt, was diese Tränen lohnt. Nun, wir werden doch nicht weinen, das ist doch nicht nötig ...«

Bei sich aber dachte er: Es wäre Zeit für sie zu heiraten ...

»Unser Fabrikarzt hat ihr Bromkalium verschrieben«, berichtete die Gouvernante, »aber davon ist es nur noch schlimmer geworden mit ihr, möchte ich bemerken. Meines Erachtens sollte man, wenn man ihr schon etwas für das Herz geben will, dann nur solche Tropfen ... ich habe vergessen, wie sie heißen ... Maiglöckchentropfen wohl.«

Und wieder folgten verschiedene Einzelheiten. Sie fiel dem Arzt ins Wort und hinderte ihn am Sprechen, und auf ihrem Gesicht malte sich Eifer, als glaube sie, daß sie als die gebildetste Frau im Haus verpflichtet sei, mit dem Doktor ein ununterbrochenes Gespräch über medizinische Dinge zu führen.

Koroljow hatte genug davon.

»Ich kann nichts Besonderes finden«, sagte er zu der Mutter, als er das Schlafzimmer verließ. »Wenn der Fabrikarzt Ihre Tochter behandelt hat, so soll er es auch weiterhin tun. Die Behandlung war bis jetzt richtig, und ich sehe keine Notwendigkeit, den Arzt zu wechseln. Wozu wechseln? Die Krankheit ist so alltäglich, es ist nichts Ernstes ...«

Er sprach bedächtig, während er sich die Handschuhe überstreifte, und Frau Ljalikowa stand unbeweglich und schaute ihn mit verweinten Augen an.

»Bis zum Zehnuhrzug ist noch eine halbe Stunde Zeit«, sagte er, »ich hoffe, ich schaffe es noch.«

»Aber können Sie denn nicht bei uns bleiben?« fragte sie, und wieder liefen ihr die Tränen über die Wangen. »Es ist mir peinlich, Sie zu belästigen, aber seien Sie so gut ... um Christi willen«, fuhr sie halblaut fort, wobei sie sich nach der Tür umsah, »übernachten Sie bei uns. Sie ist doch meine ... meine einzige Tochter ... Sie hat mich letzte Nacht so erschreckt, ich darf gar nicht daran denken ... Fahren Sie nicht weg, um Christi willen ...«

Er wollte ihr sagen, daß er in Moskau viel Arbeit habe, daß zu Hause seine Familie auf ihn warte; es fiel ihm schwer, in einem fremden Haus ohne jeden zwingenden Grund den ganzen Abend und die ganze Nacht zu verbringen,

aber er schaute ihr ins Gesicht, seufzte und zog schweigend die Handschuhe wieder aus.
Im Saal und im Salon hatte man für ihn alle Lampen und Kerzen angezündet. Er saß am Klavier und blätterte in den Noten, dann betrachtete er die Bilder an den Wänden und die Porträts. Goldgerahmte Ölgemälde zeigten die Krim, das stürmische Meer mit einem Schiffchen, einen katholischen Mönch mit einem Weinglas, und das alles wirkte trocken, seicht, talentlos. Auf den Porträts gab es kein einziges schönes, interessantes Gesicht, nur breite Backenknochen und erstaunte Augen. Ljalikow, Lisas Vater, hatte eine niedrige Stirn und ein selbstzufriedenes Gesicht, die Uniform hing wie ein Sack an seinem großen Körper, der keine Rasse verriet. Auf der Brust glänzten eine Medaille und das Ehrenzeichen des Roten Kreuzes. Eine armselige Kultur, ein zufälliger Luxus, unüberlegt, unpassend wie diese Uniform; die Fußböden reizten ihn durch ihren Glanz, der Kronleuchter reizte, und ihm fiel die Anekdote von dem Kaufmann ein, der mit einer Medaille um den Hals ins Dampfbad ging . . .
Aus dem Vorzimmer drang Flüstern, jemand schnarchte leise. Plötzlich erklangen vom Hof her schrille, abgehackte, metallische Töne, wie sie Koroljow niemals vorher gehört hatte und die er nicht deuten konnte; sie hallten in seiner Seele seltsam und unangenehm wider.
Ich glaube, um nichts in der Welt würde ich hier leben wollen, dachte er und machte sich wieder an die Noten.
»Herr Doktor, bitte zum Imbiß!« rief die Gouvernante mit halblauter Stimme.
Er ging zum Abendessen. Der Tisch war groß und reich gedeckt, mit einer Vielzahl von Speisen und Weinen, doch es aßen nur zwei – er und Christina Dmitrijewna. Sie trank Madeira, aß hastig und sagte, ihn durch den Kneifer anblickend: »Die Arbeiter sind sehr zufrieden mit uns. In unserer Fabrik gibt es jeden Winter Theatervorstellungen, die Arbeiter spielen selbst, ferner gibt es Lichtbildervorträge, eine prächtige Teestube und noch manches andere. Sie sind uns sehr zugetan, und als sie erfuhren, daß es mit Lisanka schlimmer geworden ist, bestellten sie ein Bittgebet. Sie sind ungebildet, aber sie haben Gefühl.«
»Es sieht so aus, als sei in Ihrem Hause kein einziger Mann«, sagte Koroljow.
»Kein einziger. Pjotr Nikanorytsch ist vor anderthalb Jahren gestorben, und nun sind wir allein. So leben wir zu dritt. Im Sommer hier, im Winter in Moskau auf der Poljanka. Ich lebe schon elf Jahre bei ihnen, ich gehöre zur Familie.«
Zum Abendessen gab es Sterlet[4], Hühnerkoteletts und Kompott; dazu teure französische Weine.

[4] Sterlet = Stör

»Greifen Sie bitte zu, genieren Sie sich nicht, Herr Doktor«, sagte Christina Dmitrijewna, während sie aß und sich mit der Faust den Mund abwischte, es war ihr anzusehen, daß sie mit dem Leben hier sehr zufrieden war. »Bitte essen Sie.«

Nach dem Essen führte man den Arzt in das Zimmer, in dem man für ihn ein Nachtlager bereitet hatte. Er wollte jedoch noch nicht schlafen gehen, es war schwül, und im Zimmer roch es nach Farbe; er zog sich den Mantel an und ging hinaus.

Auf dem Hof war es kühl; es dämmerte bereits, und in der feuchten Luft zeichneten sich alle fünf Fabrikgebäude mit ihren langen Schornsteinen, die Baracken und die Speicher deutlich ab. Wegen des Feiertages wurde nicht gearbeitet, die Fenster waren dunkel, und nur in einem der Fabrikgebäude brannte noch ein Ofen, zwei Fenster leuchteten purpurrot, und aus dem Schornstein schlug von Zeit zu Zeit mit dem Rauch eine Flamme. Weit hinter dem Hof quakten Frösche, und eine Nachtigall sang.

Als er die Fabrikgebäude und die Baracken betrachtete, in denen die Arbeiter schliefen, dachte er wieder das gleiche, was er immer dachte, wenn er Fabriken sah. Mochte es auch Theatervorstellungen für die Arbeiter, Lichtbildervorträge, Fabrikärzte und allerlei Verbesserungen geben, so unterschieden sich doch alle die Arbeiter, denen er heute auf dem Weg vom Bahnhof begegnet war, trotz alledem ihrem Aussehen nach nicht von jenen, die er vor langer Zeit, in seiner Kindheit, gesehen hatte, als es in den Fabriken noch keine Theatervorstellungen und Verbesserungen gab. Er als Mediziner, der richtig über chronische Krankheiten urteilte, deren eigentliche Ursache unverständlich und unheilbar war, sah auch die Fabriken als ein Mißverständnis an, dessen Ursache ebenfalls unklar und nicht zu beseitigen war, und alle Verbesserungen im Leben der Fabrikarbeiter hielt er zwar nicht für überflüssig, verglich sie aber mit der Behandlung unheilbarer Krankheiten.

Hier liegt natürlich ein Mißverständnis vor ... dachte er, während er die purpurroten Fenster betrachtete. – Anderthalbtausend oder zweitausend Menschen arbeiten ohne Ruhepause, in einer ungesunden Umgebung, erzeugen schlechten Kattun, fristen ein Hungerdasein und befreien sich nur zuweilen in der Schenke von diesem Alpdruck; hundert Menschen beaufsichtigen diese Arbeit, und diese hundert machen ihr ganzes Leben lang weiter nichts als Strafen verhängen, schimpfen und Ungerechtigkeiten begehen, und nur zwei oder drei, die sogenannten Besitzer, genießen die Vorteile, obwohl sie überhaupt nicht arbeiten und den schlechten Kattun verachten. Aber was für Vorteile sind das, was für einen Gebrauch machen sie davon? Die Ljalikowa und ihre Tochter sind unglücklich, es tut einem leid, sie anzusehen; mit dem Leben zufrieden ist allein Christina Dmitrijewna, die dümmliche alte Jungfer mit dem Kneifer. Und es läuft darauf hinaus, daß alle diese fünf Fabrikgebäude nur deshalb arbeiten und daß der schlechte Kattun auf den östlichen

Märkten nur deshalb verkauft wird, damit Christina Dmitrijewna Sterlet essen und Madeira trinken kann.
Plötzlich erschollen seltsame Töne, die gleichen, die Koroljow vor dem Abendessen gehört hatte. An einem der Gebäude schlug jemand auf eine Metallplatte; gleich nach dem Schlag wurde der Ton wieder angehalten, so daß er kurz, schrill und unsauber klang und sich wie »derr ... derr ... derr ...« anhörte. Darauf war es eine halbe Minute still, und dann erklangen die Töne an einem anderen Gebäude, genauso abgehackt und unangenehm, schon tiefer, im Baß – »drünn ... drünn ... drünn ...«. Elfmal. Offenbar schlugen die Wächter die elfte Stunde.
An dem dritten Gebäude hörte man: »shak ... shak ... shak ...«, und so ging es weiter, an allen Fabrikgebäuden, und dann hinter den Baracken und dem Tor. Und ihm schien, als würden diese Töne in der nächtlichen Stille von einem Ungeheuer mit blutroten Augen hervorgebracht, vom Teufel selbst, der hier über Besitzer und Arbeiter herrschte und die einen wie die anderen betrog.
Koroljow ging vom Hof aufs freie Feld hinaus.
»Wer da?« rief man ihn am Tor grob an.
Wie im Gefängnis ... dachte er und gab keine Antwort.
Hier waren die Nachtigallen und die Frösche noch besser zu hören, man spürte die Mainacht. Vom Bahnhof drang das Geräusch eines Zuges herüber, irgendwo krähten verschlafen die Hähne, trotzdem aber war die Nacht still, die Welt schlief friedlich. Auf dem Feld, nicht weit von der Fabrik, stand ein Holzgerüst, daneben hatte man Baumaterial gestapelt. Koroljow setzte sich auf die Bretter und überlegte weiter.
Hier fühlt sich nur die Gouvernante wohl, und die Fabrik arbeitet, um sie zufriedenzustellen. Aber das scheint nur so, sie ist hier nur eine vorgeschobene Person. Die Hauptperson, für die hier alles geschieht, das ist der Teufel.
Und er dachte an den Teufel, an den er nicht glaubte, und sah sich nach den beiden Fenstern um, in denen das Feuer leuchtete. Es schien ihm, der Teufel selbst schaue ihn mit diesen blutroten Augen an, jene unbekannte Macht, die die Beziehungen zwischen den Starken und den Schwachen geschaffen hatte, diesen groben Irrtum, den man nun durch nichts wiedergutmachen kann. Es ist nötig, daß der Starke den Schwachen am Leben hindert, das besagt das Gesetz der Natur, doch verständlich und einleuchtend ist es nur in einem Lehrbuch oder in einem Zeitungsartikel; in dem Wirrwarr aber, als den sich das Alltagsleben präsentiert, in dem Durcheinander all jener Kleinigkeiten, aus denen die menschlichen Beziehungen gewebt sind, ist es kein Gesetz mehr, sondern logischer Unsinn, wenn der Starke sowie der Schwache gleichermaßen ihren gegenseitigen Beziehungen zum Opfer fallen und sich unwillkürlich einer unbekannten, lenkenden Macht unterwerfen, die außerhalb des Lebens steht und dem Menschen fremd ist. So dachte Koroljow, während

er auf den Brettern saß, und allmählich überkam ihn eine Stimmung, als sei diese unbekannte, geheimnisvolle Macht in Wirklichkeit nahe und schaue zu. Inzwischen wurde der Himmel im Osten immer blasser, die Zeit war schnell vergangen. Die fünf Fabrikgebäude und die Schornsteine sahen vor dem grauen Hintergrund der Morgendämmerung, da ringsum alles erstorben schien, eigenartig aus, anders als am Tage. Man dachte gar nicht mehr daran, daß es in ihrem Innern Dampfmotoren, Elektrizität und Telefone gab, sondern man dachte an Pfahlbauten, an die Steinzeit, und man spürte die Gegenwart einer rohen, unbewußten Macht ...

Und wieder hörte man: »Derr ... derr ... derr ...«

Zwölfmal. Danach war es still, eine halbe Minute lang, dann ertönte am anderen Ende des Hofes: »Drünn ... drünn ... drünn ...«

Furchtbar unangenehm! dachte Koroljow.

»Shak ... shak ...« klang es von einer dritten Stelle, abgehackt, schrill, gleichsam ärgerlich, »shak ... shak ...«

Um zwölf Uhr zu schlagen, brauchte man vier Minuten. Dann verstummte alles, und wieder schien es, als sei ringsum alles erstorben.

Koroljow blieb noch ein Weilchen sitzen und kehrte dann ins Haus zurück, aber er legte sich noch lange nicht schlafen. In den Nebenzimmern wurde geflüstert, und man hörte das Schlurfen von Pantoffeln und bloßen Füßen.

Ob sie etwa wieder einen Anfall hat? dachte Koroljow.

Er ging hinaus, um nach der Kranken zu sehen. In den Zimmern war es schon ganz hell, im Saal zitterte an der Wand und auf dem Fußboden bleiches Sonnenlicht, das durch den Frühnebel gedrungen war. Die Tür zu Lisas Zimmer stand offen, sie selbst saß in einem Lehnstuhl neben dem Bett, im Morgenkleid, einen Schal um die Schultern und unfrisiert. Die Vorhänge an den Fenstern waren heruntergelassen.

»Wie geht es Ihnen?« fragte Koroljow.

»Ich danke.«

Er fühlte ihr den Puls, darauf strich er das Haar zurück, das ihr in die Stirn gefallen war.

»Sie schlafen nicht«, sagte er. »Draußen ist herrliches Wetter, die Nachtigallen schlagen, und Sie sitzen hier im Dunkeln und grübeln.«

Sie hörte zu und blickte ihm dabei ins Gesicht; sie hatte traurige, kluge Augen, und man spürte, daß sie ihm etwas sagen wollte.

»Geht Ihnen das oft so?« fragte er.

Sie bewegte die Lippen und antwortete: »Ja. Beinahe jede Nacht ist mir so schwer ums Herz.«

In diesem Augenblick begannen die Wächter auf dem Hof zwei Uhr zu schlagen. Es ertönte das »derr ... derr ...«, und sie fuhr zusammen.

»Beunruhigt Sie dieses Klopfen?« fragte er.

»Ich weiß nicht. Mich beunruhigt hier alles«, erwiderte sie und versank in

Nachdenken. »Alles beunruhigt mich. Aus Ihrer Stimme höre ich Anteilnahme, gleich als ich Sie zum erstenmal sah, hatte ich den Eindruck, daß man mit Ihnen über alles reden kann.«

»Reden Sie, ich bitte Sie darum.«

»Ich möchte Ihnen meine Meinung sagen. Mir scheint, ich bin nicht krank, sondern ich beunruhige und ängstige mich, weil es so sein muß und nicht anders sein kann. Sogar der allergesündeste Mensch muß unruhig werden, wenn zum Beispiel unter seinem Fenster ein Räuber herumstreicht. Ich werde oft von Ärzten behandelt«, fuhr sie fort und blickte verlegen lächelnd auf ihre Knie, »ich bin natürlich sehr dankbar dafür und bestreite nicht den Nutzen der Behandlung, aber ich möchte nicht mit einem Arzt sprechen, sondern mit einem mir nahestehenden Menschen, mit einem Freund, der mich versteht, der mir bestätigt, ob ich recht habe oder nicht.«

»Haben Sie denn keine Freunde?« fragte Koroljow.

»Ich bin einsam. Ich habe meine Mutter, ich liebe sie, trotzdem bin ich einsam. So hat es das Leben gefügt. Einsame Menschen lesen viel, aber sie sprechen wenig und hören wenig, das Leben ist für sie geheimnisvoll; sie sind Mystiker und sehen oft den Teufel dort, wo er gar nicht ist. Lermontows Tamara war einsam und sah den Teufel.«

»Und Sie lesen viel?«

»Ja. Ich habe immer freie Zeit, vom Morgen bis zum Abend. Tagsüber lese ich, des Nachts aber ist mein Kopf leer, statt der Gedanken sind nur allerlei Schatten darin.«

»Sehen Sie irgend etwas in der Nacht?« fragte Koroljow.

»Nein, aber ich fühle . . .«

Sie lächelte wieder, blickte den Doktor an und sah so traurig aus, so klug; es schien ihm, daß sie ihm vertraute, aufrichtig mit ihm reden wollte und genauso dachte wie er. Doch sie schwieg und wartete wohl, ob er nicht anfangen würde zu sprechen.

Und er wußte, was er ihr sagen sollte; für ihn war es klar, sie mußte so schnell wie möglich die fünf Fabrikgebäude und die Million, wenn sie sie besäße, aufgeben und diesen Teufel verlassen, der in der Nacht zuschaute; es war ihm auch klar, daß sie so dachte und nur darauf wartete, daß jemand, dem sie vertraute, sie darin bestätigte.

Aber er wußte nicht, wie er das sagen sollte. Wie nur? Verurteilte scheut man sich zu fragen, wofür sie verurteilt wurden; genauso peinlich ist es, sehr reiche Leute zu fragen, weshalb sie soviel Geld besitzen, warum sie von ihrem Reichtum so schlechten Gebrauch machen, weshalb sie ihn nicht aufgeben, nicht einmal dann, wenn sie darin ihr Unglück erkennen; und wenn man darüber zu sprechen beginnt, so wird das Gespräch gewöhnlich dumm, peinlich und qualvoll lang.

Wie soll ich es sagen? überlegte Koroljow. Und ist es überhaupt nötig zu reden?

Und er sagte das, was er sagen wollte, nicht direkt, sondern umschrieben: »Sie sind mit Ihrer Lage als Besitzerin einer Fabrik und als reiche Erbin unzufrieden, Sie glauben nicht an Ihr Recht, und daher können Sie jetzt nicht schlafen. Das ist natürlich besser, als wenn Sie zufrieden wären, fest schliefen und dächten, alles sei in Ordnung. Ihre Schlaflosigkeit ist ehrenhaft; wie dem auch sei, sie ist ein gutes Zeichen. In der Tat, unseren Eltern wäre ein solches Gespräch, wie wir es jetzt führen, unsinnig vorgekommen; sie haben nachts nicht diskutiert, sondern fest geschlafen, wir aber, unsere Generation, wir schlafen schlecht, wir leiden seelisch, reden viel und versuchen immer zu entscheiden, ob wir recht haben oder nicht. Für unsere Kinder und unsere Enkel aber wird die Frage, ob sie recht haben oder unrecht, bereits entschieden sein. Sie werden klarer sehen als wir. Schön wird das Leben in fünfzig Jahren sein, nur schade, daß wir es nicht mehr erleben. Es wäre interessant, das mit anzusehen.«
»Was werden denn unsere Kinder und Enkel tun?« fragte Lisa.
»Ich weiß es nicht . . . Vielleicht werden sie alles hinwerfen und fortgehen.«
»Wohin werden sie gehen?«
»Wohin? Wohin sie wollen . . .« sagte Koroljow und lachte. »Wo kann ein guter, kluger Mensch nicht überall hingehen!«
Er schaute auf die Uhr.
»Die Sonne ist inzwischen schon aufgegangen«, sagte er. »Sie müssen nun schlafen. Ziehen Sie sich aus und schlafen Sie sich gesund. Ich freue mich sehr, daß ich Sie kennengelernt habe«, fuhr er fort und drückte ihr die Hand. »Sie sind ein prachtvoller, ein interessanter Mensch. Gute Nacht!«
Er ging in sein Zimmer und legte sich schlafen.
Als am nächsten Morgen die Kutsche vorfuhr, kamen alle auf die Freitreppe, um ihn zu verabschieden. Lisa, in einem weißen Kleid und mit einer Blume im Haar, sah feiertäglich aus, sie war bleich und erschöpft. Sie blickte ihn an wie gestern, traurig und klug, sie lächelte und sprach mit einem Ausdruck, als wolle sie ihm etwas Besonderes, etwas Wichtiges sagen – nur ihm allein. Man hörte die Lerchen singen und die Kirchenglocken läuten. An den Fabrikgebäuden glänzten fröhlich die Fenster, und als Koroljow durch den Hof und dann auf der Straße zum Bahnhof fuhr, dachte er weder an die Arbeiter noch an die Pfahlbauten noch an den Teufel, sondern er dachte an die vielleicht schon nahe Zeit, da das Leben ebenso hell und freudig sein würde wie dieser stille Sonntagmorgen, und er dachte daran, wie angenehm es sei, an einem solchen Frühlingsmorgen in einer schönen dreispännigen Kutsche zu fahren und sich in der Sonne zu wärmen.

ALFRED ANDERSCH

Grausiges Erlebnis eines venezianischen Ofensetzers

Giuseppe Rossi, der Ofensetzer und Kaminspezialist, war hereingekommen, gestern abend, in Ugos Bar und hatte einen Grappa[1] bestellt. Alle, die zu Ugos Bar gehörten, mochten Giuseppe gern, obwohl er etwas unheimlich aussah, mit seinem bleichen, mageren Gesicht und den schwarzen Rissen darin. Giuseppe hatte keine Falten im Gesicht, sondern Risse. Er sah aus wie einer, der viel mit Eisen arbeitet, vor allem aber sah er aus wie das Innere eines Kamins, wie eine dieser Höhlen, die bleich und verwischt sind und in deren Spalten und Mauerfugen sich der Ruß absetzt. Giuseppe kannte viele von diesen geheimen Gängen in Venedigs Häusern.

»Seit wann trinkst du denn eigentlich Schnaps?« hatte Ugo ihn erstaunt gefragt. »Kenn' ich ja gar nicht an dir!«

Alle sahen, wie Giuseppe sich schüttelte, nachdem er einen Schluck von dem Grappa getrunken hatte.

»Mein ganzes Abendessen hab' ich heute wieder ausgekotzt«, sagte er.

»Geh zum Doktor!« hatte Fabio gemeint, »wenn du was am Magen hast.« Man kann es Giuseppe Rossi nicht ansehen, ob er krank ist, hatte er überlegt; er sieht so bleich aus wie immer.

»Ich war für heute nachmittag zu den Salesianern in San Alvise bestellt«, sagte Giuseppe, anstatt Fabios Aufforderung zu beantworten.

»Hat das was mit deinem Unwohlsein zu tun?« fragte Ugo.

»An der Pforte erwartete mich einer, der war so groß wie du«, sagte Giuseppe, zu Ugo gewendet. »Aber er sah ganz anders aus. Er sah aus wie der liebe Gott persönlich.«

»Einen lieben Gott gibt's nicht«, sagte Ugo gekränkt und beinahe wütend. Seine weiße Goliathschürze bewegte sich heftig, aber seine Pranken spülten die Gläser so zart wie immer. »Den hat's noch nie gegeben. Und wenn's ihn gibt, dann möchte ich nicht so aussehen wie der.«

»Nachher hab' ich gemerkt, daß er der Prior ist«, erzählte Giuseppe. »Er führte mich ins Refektorium[2] und sagte mir, der Kamin zöge seit ein paar Wochen nicht mehr richtig, der Rauch drücke in den Saal. Als wir im Refektorium standen, kam der Kater herein«, fügte er hinzu.

»Ein Kater?« fragte Fabio verwundert, weil Giuseppe Rossi eine so alltägliche Sache so betont vorbrachte.

»Ein gelbes Riesenvieh«, antwortete Giuseppe. »Ich kann diese gelbe Sorte Katzen nicht leiden.«

[1] Grappa = it. Obstschnaps
[2] Refektorium = Speisesaal im Kloster

»Weil sie keine Weiber haben, die Schwarzen, haben sie Katzen«, sagte Ugo.
»Er strich erst um den Prior herum. Die Salesianer tragen diese glatten schwarzen Kutten. Es sind eigentlich keine Kutten, es sind Soutanen.« Nachdenklich sagte er: »Die Salesianer sind sehr gelehrte Patres. Der Prior sah aus wie ein sehr gelehrter Herr.«
»Ich denke, er sah aus wie der liebe Gott, den es gar nicht gibt?« warf Ugo spöttisch dazwischen.
»Ja, wie der liebe Gott und wie ein sehr gelehrter Herr. Er sah nicht aus wie . . .« Fabio bemerkte, daß Giuseppe einen Moment zögerte, ». . . wie Petrus.«
»Aha«, sagte Ugo, »und davon ist dir also schlecht geworden?«
»Aber nein«, sagte Giuseppe. »Kannst du nicht warten?« Er war mit seinen Gedanken so sehr bei seiner Geschichte, daß er die Verachtung in Ugos Stimme überhaupt nicht bemerkte. »Der Kater«, berichtete er, »strich einmal mit seinem ekelhaften Gelb um die Soutane des Priors herum, und dann stellte er sich vor den Kamin und schrie mit seiner widerwärtigen Stimme den Kamin an. Natürlich habe ich zu diesem Zeitpunkt gar nicht darauf geachtet, es fiel mir erst nachher auf. Ich sah mir den Kamin an, es war kein richtiger, ganz offener Kamin mehr, sondern sie hatten einen dieser eisernen Ventilationskästen eingebaut und ihn nach oben dicht gemacht, bis auf eine Klappe über dem Feuerrost, der Kamin mußte also ziehen. Ich fragte den Prior, wie lange sie den Kasten schon drin hätten, und er sagte ›Drei Jahre‹, und da sagte ich, dann wären wahrscheinlich nur die Rohre und die Öffnung, die durch die Mauer nach außen führe, hinter dem Kasten, verschmutzt. Er sagte, das habe er sich auch gedacht. Ich fragte ihn, was hinter der Mauer sei, und er antwortete ›Der Rione‹, und die Öffnung sei mindestens drei Meter über dem Wasser in der Wand, man käme von außen nicht dran. Ich sagte, wenn das so sei, dann müsse ich den ganzen Kasten herausnehmen. Ich solle nur das machen, was ich für richtig halte, sagte er, aber ich solle mich beeilen, sie könnten kaum noch essen im Refektorium vor Qualm. Und während der ganzen Zeit, in der wir uns unterhielten, schrie das gelbe Vieh von Zeit zu Zeit vor dem Kamin herum. Wenn nicht dieser vornehme Pater Prior dabeigewesen wäre, hätte ich ihm einen Tritt gegeben.«
Alle, die gerade in Ugos Bar waren, hörten jetzt Giuseppe zu. Der Ofensetzer trank den Grappa aus und schüttelte sich wieder. Ohne ein Wort zu sagen, schob Ugo ihm ein Glas Rotwein hin.
»Ich untersuchte den Kasten. Bei solchen Kästen sollte nur die Basis mit dem Feuerrost einzementiert sein und der Kasten soll darauf gesetzt und gut eingepaßt werden, so daß man ihn jederzeit abnehmen kann. Aber die meisten machen es falsch und schmieren auch um die untere Fuge des Kastens Zement. Stümper!« Er schwieg einen Augenblick erbittert, ehe er fortfuhr:

»Ich fing also an, den Zementkranz unten wegzuschlagen. Der Prior war hinausgegangen, aber ein paar Mönche waren hereingekommen und sahen mir bei der Arbeit zu, weshalb ich den Kater nicht hinausjagen konnte, der sich ein paarmal wie ein Verrückter benahm und den glatten Eisenkasten hinaufwollte. Er war so groß wie ein Hund . . .«

». . . und so fett wie ein Schwein«, unterbrach ihn Ugo. »Er war sicher so fett wie alle diese fetten, kastrierten Kloster-Kater.«

»Nein«, sagte Giuseppe, »er war überhaupt nicht fett. Er war auch bestimmt nicht kastriert. Alles an ihm war Muskeln, und er war so groß wie ein mittlerer Hund, und auf einmal bekam ich Angst vor ihm. Ich mußte ihn auf einmal ansehen, und als ich sein Gesicht sah und seine Muskeln, da sah ich, daß ich ihn nicht hätte verjagen können. In diesem Augenblick bemerkte ich, daß wieder der Pater Prior neben mir stand, obwohl ich nur seine Füße sehen konnte, denn ich kniete unter dem Kaminbalken, und ich hörte, wie er sagte: ›Was hat das Tier nur?‹ ›Vielleicht wittert es Mäuse‹, hörte ich einen von den Mönchen sagen. Ich mußte grinsen, da unten, in meinem Kamin, und ich wollte schon etwas sagen, aber der Prior nahm es mir ab. ›Unsinn‹, sagte er, ›wenn eine Katze Mäuse wittert, verhält sie sich ganz still.‹ Ich dachte, das ist nicht nur ein gelehrter Herr, sondern ein Mann, der wirklich etwas weiß. Man kann sehr gelehrt sein und doch nicht wissen, wie eine Katze sich benimmt, wenn sie ein Mäuseloch findet.«

»Mach weiter!« sagte Ugo. »Wir wissen schon, daß er der liebe Gott persönlich war.«

»Ich hatte den Zementkranz bald losgeschlagen und richtete mich auf, um den Kasten herauszuheben, aber das war gar nicht so einfach, er war schwer und das Eisen war eingerostet und ich brauchte eine ganze Weile, bis ich ihn richtig gelockert hatte. Während der ganzen Zeit stand dieses gelbe Vieh neben mir, ich sage, es stand, es saß nicht, wie eine normale Katze, die auf etwas wartet, sondern es stand auf gestreckten Beinen, und ich sah, daß es die Krallen herausgestreckt hatte. Ich bat einen der Mönche, mir zu helfen, den Kasten wegzurücken, und während wir ihn anfaßten und begannen, ihn zur Seite zu schieben, mußte ich nun doch dem Kater einen Tritt geben, weil er nicht von meinen Füßen wegging. Er flog ein paar Meter in den Saal hinein, richtete sich fauchend wieder auf und sah mich an, als wolle er sich auf mich stürzen.« Giuseppe Rossi unterbrach sich. »Ich glaube, ich sollte doch nicht weitererzählen«, sagte er. »Es ist zu unappetitlich.«

»Wir sind hier alle sehr zart besaitet«, sagte Ugo und blickte auf die Männer, die vor dem Bartisch standen. »Und vor allem haben wir es sehr gern, wenn einer mitten in einer Geschichte aufhört.«

»Nun bring schon die Leiche hinter deinem Kamin heraus!« sagte Fabio. »Wir sind darauf gefaßt.«

»Keine Leiche«, sagte Giuseppe. »Wir hatten also gerade den Kasten wegge-

rückt, der Mönch und ich, da sah ich schon, daß die Luftöffnung nach draußen ganz verstopft war. Der Kamin konnte nicht mehr ziehen, so verstopft war sie. Mit Stroh und allerhand Dreck. Und ich merkte, daß sich etwas darin bewegte. Zuerst konnte ich nichts erkennen, weil der Luftschacht ganz dunkel war von all dem Zeug, das sich darin befand, aber dann sah ich etwas Spitzes, Helles, das sich bewegte. Eine Rattenschnauze.«
Er griff nach dem Weinglas, aber er trank nicht daraus, sondern setzte es nach einer Weile wieder auf die Zinkplatte des Tisches.
»Ich zog mich ein wenig zurück«, fuhr er fort, »und war gerade dabei, dem Prior zu sagen, was ich bemerkt hatte, als der Kater auch schon heran war. Er schoß wie eine Kugel auf die jetzt freigelegte hintere Wand des Kamins zu, und ich dachte, er wäre mit einem Satz im Luftschacht drin, aber statt dessen bremste er ganz plötzlich ab und duckte sich unter dem Loch auf den Boden, er lag mit dem Bauch auf dem Boden, hatte seine Vorderpfoten ausgestreckt und den Kopf nach oben gerichtet, während sein Schwanz ganz gerade von ihm abstand. Er war völlig unbeweglich, und ich glaube, die Mönche und der Prior und ich, wir alle waren genauso erstarrt, denn im Eingang des Schachts war eine Ratte erschienen . . . eine Ratte, sage ich . . .«
Der Ofensetzer starrte auf die Wand hinter Ugo, und Fabio hätte sich nicht gewundert, wenn in seinen Pupillen das Doppelbildnis der Ratte, die er gesehen hatte, erschienen wäre.
»In meinem Beruf hat man häufig mit Ratten zu tun«, sagte Giuseppe. »In meinem Beruf und in einer Stadt wie der unseren. Aber ihr dürft mir glauben, wenn ich sage, daß ich so ein Trumm von einer Ratte noch nie gesehen habe. Sie stand da oben, im Eingang ihres Lochs, und sie füllte das Loch völlig aus. Wie sie jemals hinter dem Ofen herausgekommen ist – denn sie muß ja nachts herausgekommen sein –, ist mir völlig schleierhaft. Na, jedenfalls sie stand da oben, ihr Fell war nicht grau, sondern weiß, ein schmutziges, scheußliches Weiß, und der gelbe Kater stand unter ihr und stieß ein Knurren aus. Aber während ich nicht den Kopf wegdrehen konnte, sagte der Pater Prior zu einem der Mönche ›Pater Bruno, holen Sie eine Schaufel!‹ Und er fügte hinzu: ›Schließen Sie die Türe, wenn Sie hinausgehen und wenn Sie wieder hereinkommen!‹ Ich muß schon sagen, der Mann hatte die Ruhe weg.«
»Dann ging alles sehr schnell, und ich kann euch sagen, die schwarzen Soutanen der Mönche tanzten nur so an den weißen Wänden des Refektoriums entlang, als die Ratte herunterkam. Ich bin auch gesprungen, und nur der Pater Prior ist ganz ruhig stehengeblieben und sah sich die Sache an. Die Ratte machte zuerst einen Fluchtversuch, aber der Kater hatte natürlich ganz schnell seine Krallen in ihrem Rücken, und da entschloß sie sich und griff ihn an. Sie hatte einfach keine andere Wahl. Jetzt, wo sie im Saal war, konnte man sehen, wie groß sie war. Sie war natürlich nicht so groß wie der Kater, aber für eine Ratte war sie enorm groß. Sie war ein Ungeheuer, sie war ein schmutziges

weißes Ungeheuer, fett und rasend, und der Kater war ein Ungetüm, ein gelbes, widerwärtiges, muskulöses Ungetüm. Habt ihr schon mal gesehen, wie eine Ratte eine Katze angreift?«
Niemand gab ihm eine Antwort. Ugo hatte mit seinem ewigen Gläserspülen aufgehört, und alle sahen angeekelt auf das bleiche Gesicht des Ofensetzers.
»Sie kommen von unten«, sagte er. »Diese da drehte sich um und wühlte sich mit ein paar Bewegungen unter den Kater und verbiß sich in seinem Hals. Der Kater raste wie ein Irrsinniger ein paarmal durch den Saal, aber er bekam die Ratte nicht von seinem Hals weg, und zuerst schoß das Blut aus seinem Hals wie eine kleine Fontäne hoch, aber dann sickerte es nur noch, und er konnte nichts anderes tun, als die Kopfhaut und die Rückenhaut der Ratte mit seinen Krallen und seinen Zähnen aufreißen. Das Katzenblut und das Rattenblut versauten den ganzen Saal. Ein paar von den Mönchen schrien geradezu vor Entsetzen.«
»Mach's kurz!« sagte einer von Ugos Gästen, und ein anderer: »So genau wollten wir's nicht wissen.«
»Ich hab' euch ja gewarnt«, erwiderte Giuseppe. »Ich bin auch schon fertig. Nur von dem Prior muß ich noch etwas erzählen. Als wir es beinahe nicht mehr ausgehalten hätten, hörten wir Schritte auf dem Gang, und der Pater Bruno kam mit der Schaufel herein. Er blieb erschrocken stehen, als er sah, was vorging, aber der Pater Prior war mit ein paar Schritten bei ihm und nahm ihm die Schaufel aus der Hand. Ich hatte gedacht, er wolle die Schaufel, um die Ratte damit totzuschlagen, aber er tat etwas ganz anderes. Er schob die Schaufel unter die beiden Tiere, die jetzt in der Mitte des Saales miteinander kämpften, sie kämpften nun schon langsamer, ineinander vergraben, die Schaufel war zu klein, um die beiden verrückten Riesenviecher zu fassen, aber sie ließen nicht voneinander ab, und so hingen sie rechts und links von der Schaufel herunter, das eine ekelhaft gelb und das andere dreckig weiß und beide von Blut überströmt, und der Prior schrie uns plötzlich an ›Steht doch nicht herum! Öffnet ein Fenster!‹ und ich riß eines der großen Fenster im Refektorium auf, und der Prior trug die Schaufel zum Fenster und kippte die Tiere hinaus. Wir hörten das Klatschen, mit dem sie unten auf das Wasser des Kanals aufschlugen. Keiner schaute hinaus, nur der Prior, und dann drehte er sich wieder zu uns um, gab dem Pater Bruno die Schaufel zurück und sagte ›Waschen Sie das Blut ab!‹, und zu den anderen sagte er: ›Holt Eimer und Besen, damit wir das Refektorium schnell wieder sauber kriegen!‹, und zu mir sagte er: ›Glauben Sie, daß Sie den Kamin heute abend in Ordnung haben?‹ und ich sagte ›ja‹ und fing gleich mit der Arbeit an, aber eine Weile später mußte ich hinaus auf die Toilette, weil es mir hoch kam.«
»Salute«, sagte Ugo, »ich gebe eine Runde Grappa aus. Wer will keinen?«
Niemand sagte nein, und Ugo stellte die Gläser auf den Tisch.
»Das ist ein Mann, der Prior«, sagte Giuseppe, »er ist nicht nur gelehrt, er

weiß auch wirklich etwas, und nicht nur das: er tut auch etwas. Er war der einzige von uns, der sich die Sache ansah und im voraus wußte, was zu tun war, und etwas tat.«

»Kurz und gut – ein Mann wie der liebe Gott. Du brauchst es nicht noch einmal zu betonen«, sagte Ugo.

»Ihr werdet es komisch finden«, sagte Giuseppe Rossi, der Ofensetzer, »als er so ruhig im Saal stand, mit gekreuzten Armen, während die Viecher herumtobten und wir von einer Ecke in die andere sprangen, da dachte ich einen Moment lang: das ist kein Mensch.«

Spät in der Nacht ging Fabio mit Giuseppe nach Hause. Rossi wohnte in der Nähe von San Samuele, so daß sie ein Stück weit den gleichen Weg hatten. Als sie sich verabschiedeten, vor der Türe, hinter der sich seine Werkstatt befand, sagte der Ofensetzer unvermittelt: »Er ist aber doch ein Mensch.«

»Du meinst den Prior?« fragte Fabio. Ohne eine Antwort abzuwarten, fügte er hinzu: »Sicherlich ist er ein Mensch.«

»Er äußerte etwas Seltsames«, sagte Giuseppe. »Als ich ging, gab er mir die Hand und fragte: ›Geht's Ihnen wieder besser?‹, und als ich nickte, sagte er bedauernd: ›Diese unvernünftigen Tiere!‹ Und dann fragte er mich: ›Finden Sie nicht, daß Gott den Tieren etwas mehr Vernunft hätte verleihen können?‹«

Fabio stieß einen Laut der Verwunderung aus.

»Nicht wahr, das ist doch eine merkwürdige Frage?« sagte Giuseppe.

»Für einen Mönch ist sie ungewöhnlich«, stimmte Fabio zu. »Und dabei sieht er aus wie ein wirklich frommer Mann«, sagte Giuseppe. »Ich wußte nicht, was ich ihm antworten sollte, und er hat auch, glaube ich, keine Antwort erwartet. Aber ich frage mich jetzt, Fabio, ob man fromm sein kann, richtig fromm, und doch nicht alles für richtig zu halten braucht, was Gott tut.«

Die Nacht war, wie die Nächte in Venedig sind: still. Still, aber nicht tot. Fabio hörte das Wasser des Canalazzo an den Landesteg von San Samuele klatschen.

»Ich weiß es nicht«, antwortete er.

AGATHE KELLER

Frische Blutwürste

Und dann kam der Donnerstag. Onkel Albert ließ mich ausschlafen. »Wir fangen erst gegen neun an«, hatte er gesagt. Um neun waren alle schon auf. Tante Bertha, Hans, Ursula, der kleine Albert, Alfred der Knecht und Martha die Magd. »Freust du dich?« fragten sie alle. Und lachten. »Gleich wird's losgehn!« Ich freute mich nicht. Ich hatte Angst. Ich liebte Schweine nicht sehr, das schon.

Auf der Straße vor dem Bauernhaus warteten viele Leute. Vor allem Kinder. Onkel Albert war Bauer. Tante Bertha Bäuerin. Über Nacht war Schnee gefallen. »Der bleibt aber nicht. Ist ja viel zu früh. Ein gutes Zeichen. Ein gutes Zeichen!« sagten die Leute. Ich war das erstemal bei Onkel Albert und Tante Bertha in den Ferien. Mitten auf der Straße vor dem Bauernhaus stand ein großer Bottich. Für die Sau. Onkel Albert und Alfred der Knecht schleiften sie heraus. Sie grunzte. Sträubte sich. Grunzte jämmerlich. »Die weiß bestimmt, was auf sie wartet«, dachte ich. »Die weiß es. Die sieht ja den Bottich auch.« Onkel Albert und der Knecht redeten ihr zu: »Ruhig, he, he, ganz schön ruhig. Und da hinein«, sagten sie. Und sie stand drin. »Jetzt knallt's dann«, sagte ein Junge neben mir. Und strahlte. Und mit der Hand ahmte er ein Gewehr nach: »Poing, poing!« Dann kam der Metzger. Er hatte eine weiße Schürze an mit roten Flecken drauf. Ein Zipfel war schräg nach oben gebunden. Alle Metzger binden die Schürze so. Er krempelte sich die gestreiften Hemdsärmel hoch. Onkel Albert gab dem Metzger das Gewehr. Es war ein richtiges Gewehr. Vielleicht rannte die Sau im letzten Augenblick davon. Hoffte ich.

Rechts und links bildeten die Leute eine lange Reihe. Und vorn, mitten auf der Straße, war der Bottich. Drin immer noch die Sau. Schmutzig. Häßlich. Sie grunzte laut und aufgeregt. Der Bottich verdeckte die Beine und einen Teil des Bauches. »Bereit«, sagte der Metzger. Und entsicherte das Gewehr. Mein Herz klopfte. Ich schloß die Augen. Öffnete sie wieder. Die Sau stand im Bottich. Es war kein Traum.

Jetzt war es ganz still vor dem Bauernhaus. Und kalt. Nur die Sau machte Lärm. Dann der Knall. Sie grunzte. Sackte in sich zusammen. Der Kopf hing über den Rand hinaus. Die Leute klatschten in die Hände. Wir liefen zum Bottich. Ich fast zuerst. Ich sah das Loch, schräg oben. »Mitten ins Herz!« staunten die Leute. Ein rundes Loch. Und darum herum alles rosa. Und plötzlich quoll es rot heraus, sprudelte. Alle Kinder jauchzten jetzt. Warmes, richtiges Blut. Die Sau war tot. Der Kopf lag schräg auf dem Bottichrand.

Es dünkte mich furchtbar widerlich. Und doch konnte ich nicht wegschaun. Ich hatte die Schweine nie sehr geliebt, das schon. Sie waren so häßlich, wohnten im Dreck. Hatten eine breite Schnüffelnase.

»Christine, Christine«, riefen sie jetzt, »komm, wir schrubben die Sau. Das machen immer die Kinder.« Sie blutete jetzt nicht mehr. Man hatte sie in einen andern Bottich gelegt. Und kochendes Wasser über sie gegossen. Und irgendein Waschmittel dazugegeben. Wir seiften sie tüchtig ein. Und bürsteten und schrubbten. Und manchmal vergaß ich ganz, wen ich da saubermachte. Aber als ich das Schwänzchen über den Bottichrand hängen sah, wurde ich doch wieder ganz traurig. Es war jetzt zwar keine richtige Sau mehr. Viel zu rosa. Und sie duftete nach Seife. Ein duftendes Schwein.
»So«, sagte der Metzger. Er trug Holzschuhe. Und eine braunrote Gummischürze. Mit einem Schlauch spritzte er die Sau ab. »Zum Anbeißen sauber«, lachte er.
»Wir trinken in der Stube etwas Warmes«, sagte Tante Bertha und zog mich hinein. »Der Schnee war ganz rot vom Blut«, sagte ich.
»Die war aber gleich tot. Knall. Tot«, sagte der kleine Albert.
»Ich will zuschaun«, sagte Hans, »wie sie die Sau aufschneiden. Das gefällt mir, wenn alles so rauskommt.«
In der Küche rührte Martha die Magd in zwei großen, hohen Pfannen. Frauen aus dem Dorf hackten Zwiebeln. Tante Bertha drückte mir eine Holzkelle in die Hand. »Immer in der gleichen Richtung, nicht vergessen!« In den Töpfen kochte Blut. Mit Zwiebeln, Knoblauch, Gewürzen, Salz. Blut von der Sau. Die eben noch gegrunzt hatte, stinkig, dreckig gewesen war. Für Blutwürste. »Christine! Rühren, rühren!« Sie nahm mir die Kelle weg. Machte energisch einige Umdrehungen, sagte: »So geht das! Hier wird nicht geträumt. Ein Schwein ist ein Schwein!« Andere Frauen brachten Wursthäute. Die mußte ich jetzt halten, und meine Tante füllte mit einer Schöpfkelle die Blutsuppe ein. »Das dickt dann ein, ganz langsam.« Erklärte sie.
Hans kam in die Küche. Er tauchte seinen Finger in die Blutbrühe und schleckte ihn dann ab. »Die hat was hergegeben! Das hat der Metzger gesagt«, sagte er. Am Mittag gab es eine kräftige Fleischsuppe. Ich hatte keinen Hunger. Am Nachmittag teilten sie die Sau noch fertig auf. Tante Bertha sagte: »Die Schweinsfüße und den Schwanz koche ich morgen aus.« Und Onkel Albert fragte: »Na, Christine, wie hat's dir gefallen?« Ich war sehr traurig, daß das Schwein kein Schwein mehr war.
Als ich in der Nacht dalag und nicht schlafen konnte, sah ich immer wieder die Sau mit dem Loch. Und das Blut floß und floß. Und der Kopf war weg. Der lag im Schaufenster der Metzgerei auf einem weißen Tablett. Und in den beiden Schnuffellöchern steckte grüne Petersilie.

Zuversicht und Verzweiflung

HEINRICH BÖLL

Steh auf, steh doch auf

Ihr Name auf dem roh zusammengehauenen Kreuz war nicht mehr zu lesen; der Pappdeckel des Sarges war schon eingebrochen, und wo vor wenigen Wochen noch ein Hügel gewesen war, war nun eine Mulde, in der die schmutzigen verfaulten Blumen, verwaschene Schleifen, mit Tannennadeln und kahlen Ästen vermengt, einen grauenhaften Klumpen bildeten. Die Kerzenstummel mußten gestohlen worden sein . . .

»Steh auf«, sagte ich leise, »steh doch auf«, und meine Tränen mischten sich mit dem Regen, diesem eintönig murmelnden Regen, der schon seit Wochen niederrann.

Dann schloß ich die Augen: ich fürchtete, mein Wunsch könne erfüllt werden. Hinter meinen geschlossenen Lidern sah ich deutlich den eingeknickten Pappdeckel, der nun auf ihrer Brust liegen mußte, eingedrückt von den nassen Erdmassen, die an ihm vorbei kalt und gierig sich in den Sarg drängten.

Ich bückte mich nieder, um den schmutzigen Grabschmuck von der klebrigen Erde aufzuheben, da spürte ich plötzlich, wie hinter mir ein Schatten aus der Erde brach, jäh und heftig, so wie aus einem zugedeckten Feuer manchmal die Flamme hochschlägt.

Ich bekreuzigte mich hastig, warf die Blumen hin und eilte dem Ausgang zu. Aus den schmalen, mit dichten Büschen umgebenen Gängen quoll der dicke Dämmer, und als ich den Hauptweg erreicht hatte, hörte ich den Klang jener Glocke, die die Besucher aus dem Friedhof zurückruft. Aber von nirgendwoher hörte ich Schritte, nirgendwo auch sah ich jemanden, nur spürte ich hinter mir jenen gestaltlosen, doch wirklichen Schatten, der mich verfolgte . . .

Ich beschleunigte meinen Schritt, warf die rostig klirrende Pforte hinter mir zu, überquerte das Rondell, auf dem ein gestürzter Straßenbahnwagen seinen aufgequollenen Bauch dem Regen hinhielt; und die verwünschte Sanftmut des Regen trommelte auf dem blechernen Kasten . . .

Schon lange hatte der Regen meine Schuhe durchdrungen, aber ich spürte weder Kälte noch Feuchtigkeit, ein wildes Fieber jagte mein Blut bis in die äußersten Spitzen meiner Glieder, und zwischen der Angst, die mich von hinten anwehte, spürte ich jene seltsame Lust von Krankheit und Trauer . . .

Zwischen elenden Wohnhütten, deren Schornsteine kümmerlichen Rauch ausstießen, abenteuerlich zusammengeflickten Zäunen, die schwärzliche Äk-

ker umschlossen, vorbei an morschen Telegrafenstangen, die im Dämmer zu schwanken schienen, führte mein Weg durch die scheinbar endlosen Verzweiflungsstätten der Vorstadt; achtlos in Pfützen tretend, schritt ich immer hastiger der fernen, zerrissenen Silhouette der Stadt zu, die in schmutzigen Dämmerwolken am Horizont hingestreckt lag wie ein Labyrinth der Trübsal.
Schwarze riesige Ruinen tauchten links und rechts auf, seltsam schwüler Lärm aus schwach erhellten Fenstern drang auf mich ein; wieder Äcker aus schwarzer Erde, wieder Häuser, verfallene Villen – und immer tiefer fraß sich das Entsetzen neben meiner fiebrischen Krankheit in mir fest, denn ich spürte etwas Ungeheuerliches: hinter mir wurde es dunkel, während vor meinen Augen der Dämmer sich in der üblichen Weise verdichtete; hinter mir wurde Nacht; ich schleifte die Nacht hinter mir her, zog sie über den fernen Rand des Horizontes, und wo mein Fuß hingetreten war, wurde es dunkel. Nichts sah ich von alledem, aber ich wußte es: vom Grab der Geliebten her, wo ich den Schatten beschworen, schleppte ich das unerbittlich schlappe Segel der Nacht hinter mir her.
Die Welt schien menschenleer zu sein: eine ungeheure, mit Schmutz angefüllte Ebene die Vorstadt, ein niedriges Gebirge aus Trümmern die Stadt, die so ferne geschienen hatte und nun unheimlich schnell näher gerückt war. Einige Male blieb ich stehen, und ich spürte, wie das Dunkle hinter mir verhielt, sich staute und höhnisch zögerte, mich dann mit sanftem und zwingendem Druck weiterschob.
Nun erst spürte ich auch, daß der Schweiß in Strömen an meinem ganzen Körper herunterlief; mein Gang war mühsam geworden, schwer war die Last, die ich zu schleppen hatte, die Last der Welt. Mit unsichtbaren Seilen war ich daran gebunden, sie an mich, und es zog nun und zerrte an mir, wie eine abgerutschte Last das ausgemergelte Maultier unweigerlich in den Abgrund zwingt. Mit allen Kräften stemmte ich mich an gegen jene unsichtbaren Schnüre, meine Schritte wurden kurz und unsicher, wie ein verzweifeltes Tier warf ich mich in die drosselnde Schnürung: meine Beine schienen in der Erde zu versinken, während ich noch Kraft fand, meinen Oberkörper aufrecht zu halten; bis ich plötzlich spürte, daß ich nicht durchhalten konnte, daß ich auf der Stelle zu verhalten gezwungen war, die Last schon so wirksam, mich am Ort zu bannen; und schon glaubte ich zu spüren, daß ich den Halt verlor, ich tat einen Schrei und warf mich noch einmal in die gestaltlosen Zügel – ich fiel vornüber aufs Gesicht, die Bindung war zerrissen, eine unsagbar köstliche Freiheit hinter mir, und vor meinen Augen eine helle Ebene, auf der nun sie stand, sie, die dort hinten in dem kümmerlichen Grab unter schmutzigen Blumen gelegen hatte, und nun war sie es, die mit lächelndem Gesicht zu mir sagte: »Steh auf, steh doch auf ...«, aber ich war schon aufgestanden und ihr entgegengegangen ...

GÜNTER SPANG

Seine große Chance

Wiese war schon an der Tür, da rief ihn die Frau zurück. »Wissen Sie«, sagte sie, »daß sich der Sakowski umgebracht hat?«
»Sakowski?« fragte Wiese. »Der Pianist?« Er hatte seit Jahren mit dieser Möglichkeit gerechnet, dennoch traf es ihn.
»Gestern abend!« sagte die Frau. »Er hat doch so viele Schulden gehabt, und mit den Konzerten hat's ja nicht mehr geklappt, seit der Wechselfälschung damals. Und auch das Mädchen, das ihn verlassen hat, die Blonde, die immer so gefällig war. Wie sie's erfahren hat, hat sie den Gashahn aufgedreht. Und er hat's mit Gift getan!«
Wiese zog die Schultern hoch; ihn fröstelte. »Es ist gleichgültig womit!« sagte er. »Nur, daß einer an sich selber stirbt!« Er ging, ohne die Ladentür zu schließen.
Draußen lag das Leben; es störte sich nicht an einem toten Sakowski, an einem toten Mädchen. »Es ist meine Schuld!« dachte Wiese. »Meine verdammte Schuld!«
Vor drei Tagen, abends, war Sakowski bei ihm gewesen und hatte ihn um Geld gebeten, um lumpige fünfzig Mark. Er könne endlich wieder spielen, hatte er behauptet; irgendwo, in der Provinz. Man würde ihm mindestens dreihundert Mark dafür geben; auch die Fahrt bezahle man ihm und die Übernachtung. Leider erhalte er das Geld erst dort, und einen Vorschuß könne er, der doch immer noch einen Namen habe, ja nicht fordern. Kein Mensch dürfe wissen, wie es finanziell mit ihm stehe. Es wäre seine große Chance. Sei erst wieder ein Anfang gemacht, bemühten sich bestimmt auch wieder die Konzertagenturen um ihn. »Nur fünfzig Mark für die Fahrt!« hatte er gesagt. »Ich gebe sie dir am Mittwoch zurück!«
Das Konzert hatte heute stattfinden sollen . . .
»Lächerliche fünfzig Mark!« dachte Wiese. Wegen fünfzig Mark, die ihm niemand gegeben hatte, hatte sich Sakowski umgebracht. So billig war sein Leben gewesen, sein Tod? Und auch das Mädchen. Aber das Mädchen kümmerte ihn nicht.
Wiese schlug den Mantelkragen hoch und versuchte sich auszumalen, ob für Sakowski ein vorgetäuschter Tod als Reklametrick noch wirksam sein könne. Aber seine Gedanken gingen ihre eigenen Wege, wanderten zurück zu jenem Abend. Er war wütend gewesen, hatte Sakowski die paar hundert Mark vorgehalten, die er ihm im Laufe der Zeit in kleinen Beträgen geliehen, geschenkt, auf den Tisch geworfen hatte, ohne daß er auch nur einen einzigen Pfennig davon wiedergesehen hätte. »Du bist ein Schnorrer!« hatte er gerufen. »Ein ganz erbärmlicher, elender Schnorrer! Und warum gerade ich? Ist mein Leben nicht ebenso riskant wie deines, ist es nicht reiner Zufall, daß ich

meine Kompositionen an den Mann bringe? Warum soll gerade ich immer in die Tasche langen? Weil ich so dumm war, dir irgendwann einmal ein Bier zu spendieren, weil mir deine Witze gefallen haben, weil ich glaubte, du seiest ein feiner Kerl? Warum versäufst du auch alles? Ja, ich weiß, daß dir keiner mehr etwas gibt, daß du dich in keiner Kneipe mehr blicken lassen kannst! Du mußt dir andere suchen. Geschäftsleute, Snobs, die dich interessant finden mit deiner glorreichen Vergangenheit, mit deinen dummen, traurigen Hundeaugen!«
»Die verstehen mich nicht!« hatte Sakowski erwidert, leise, hochmütig. »Auch du verstehst mich nicht. Keiner.« Lächelnd, mit seinem hundstraurigen Schnorrerlächeln, hatte er sich an seinem Stock aufgerichtet und war gegangen.
»Sein Stock!« dachte Wiese. »Wo mag er jetzt sein? Was wird aus ihm?« Nicht ein einziges Mal, daß er Sakowski ohne ihn gesehen hatte, ein Stock aus Ebenholz, mit kunstvoll graviertem silbernem Griff, das einzige Requisit, das Sakowski aus seiner Glanzzeit geblieben war. Sogar im Sitzen hatte er ihn bei sich behalten, die weißen, zerbrechlichen Hände verschlungen auf den Griff gelegt, ängstlich, als ziehe er aus ihm allein die Kraft, die das Leben ihm abforderte. Der Stock hatte ihn auch noch im betrunkenen Zustand einen Herrn sein lassen, einen Gentleman, einen Edelmann; sogar beim Schnorren. »Ohne ihn«, dachte Wiese, »wäre Sakowski ein Stück Dreck gewesen! Was kümmert mich dieser Mensch eigentlich? War er etwa mein Freund?«
Nur: als die Frau es ihm gesagt hatte, war das nicht wie im Krieg gewesen, vorn im Graben, wenn die Nachricht gekommen war, einer von der Kompanie sei draußen geblieben? Gehörten nicht auch sie alle ein und derselben Kompanie an? Sie, die sich außerhalb der Gesellschaft stellten, nur ihrer Kunst frönten? Wie viele von ihnen, die sich berufen glaubten, meisterten dieses Leben? Einer von hundert, von zweihundert. Zu welcher Gruppe er gehörte, würde sich erst noch zeigen; der Augenblick zählte nicht. Sakowski aber gehörte zu den anderen.
Jetzt wußte Wiese auch, warum er Sakowski im Grunde seines Herzens immer gehaßt hatte: weil Sakowskis Vergessensein, sein Untergang, sein Betrunkensein eine Möglichkeit seines eigenen Lebens war. Eine Möglichkeit, die er nicht wahrhaben wollte, vor der ihm grauste, wie es ihm manchmal vor Sakowski gegraust hatte. Damals, als Sakowski ihn zu seinem Geburtstag eingeladen hatte, wie ungern war er doch hingegangen! Und war es nicht die Furcht gewesen, damit zu bekunden, daß er zu jenen gehörte, deren einer Sakowski gewesen war?
Eine merkwürdige Feier. Sakowski hatte seit langem wieder Geld gehabt, hatte es bis auf den letzten Pfennig in Bier, Würstchen, Brot und Zigaretten umgesetzt. Alle, die er schätzte, waren eingeladen. Er hatte keine Ahnung, von was er in den kommenden Wochen leben sollte, aber er wollte ein Fest

geben, wollte Menschen um sich haben, die sich daran freuten. Und er gab dieses Fest. Er trank an diesem Abend das Bier wie Sekt, verspeiste die Würstchen, das Brot wie Hummer und Kaviar, er, ein Edelmann, ein Fürst unter Kerlen. Als sie ihm hinterher Geld anboten, hatte er sie hinausgeworfen.

Wiese schämte sich, nun, da er daran dachte. Was warf er Sakowski eigentlich vor? Hätte er Steine klopfen, sein Brot als Handlanger verdienen sollen, er, der einmal eine Berühmtheit gewesen war? Gab es denn für seinesgleichen überhaupt eine Möglichkeit, sich dem Untergang zu entziehen? Nein. Auch er selber wäre nicht fähig dazu, nicht heute, nicht morgen.

Der Kontakt zum Leben bestand aus Fünfzigmarkscheinen; fehlte aber einer, blieb der Strom weg. Sakowski war daran gestorben. »An einem Fünfzigmarkschein«, dachte Wiese, »der in meiner Brieftasche steckt!«

Zu Hause suchte er in der Zeitung nach der Nachricht über Sakowskis Tod. Ob sie ihm nun, nachdem sie jahrelang seine Konzerte totgeschwiegen hatten, wenigstens einen Nachruf widmeten? Nein. Auch im Polizeibericht war er nicht erwähnt. Kein Selbstmord, kein »Unfall« dieser Art. Es war noch zu früh. Wer am Montag starb, wurde erst am Mittwoch für tot erklärt.

Am nächsten Morgen – »Der Tag«, dachte er, »an dem Sakowski mir das Geld zurückgeben wollte!« – fand er in der Zeitung eine Notiz über den Selbstmord einer Siebenundzwanzigjährigen; das Motiv sei nicht bekannt. Über Sakowski wieder keine Silbe.

Auch die Frau in der Musikalienhandlung zweifelte jetzt an Sakowskis Tod. »Vorhin hat jemand behauptet, er hätte sich doch nicht umgebracht!« sagte sie. »Nun weiß ich überhaupt nicht mehr, was stimmt!«

»Was sagte ich?« meinte Wiese. »Ein Reklametrick!« Und doch war er überzeugt, daß Sakowskis Tod bewußt geheimgehalten wurde. »Eine neue Tour von ihm, Mitleid zu erregen. Aber das Mädchen bleibt tot!«

»Und sie hat es doch nur getan, weil sie geglaubt hat, daß er sich umgebracht hat! Wenn er noch lebt, war ja alles umsonst. Mein Gott!« Die Frau stützte die Arme auf die Theke. »Es wäre dem armen Mädchen zu wünschen, daß er wirklich tot ist. Herr im Himmel!« rief sie erschrocken. »Was sage ich?!«

»Man könnte zu ihm gehen!« sagte Wiese. »Man könnte in seine Wohnung gehen und nachsehen!« Doch war ihm klar, daß er das nie tun würde. Er ließ sich, ohne zu wissen, was er damit anfangen sollte, die Adresse von den Eltern des Mädchens geben und ging aus dem Laden. Daß sich das Mädchen umgebracht hatte, war nicht seine Schuld. Die Möglichkeit zum Selbstmord, die in Sakowskis Leben gelegen hatte, war Schuld daran. Das war Sakowskis Sache. Der Gedankengang war logisch. Daß er Wiese nicht überzeugte, änderte nichts.

Am nächsten Morgen war im Bestattungskalender die Beerdigung des Mädchens angezeigt. »14 Uhr, Hauptfriedhof.« Wiese fand sich verspätet dort ein;

ob aus Anteilnahme, ob in der Hoffnung, Sakowski vorzufinden, den toten, den lebendigen – er hätte es nicht zu sagen gewußt.
Es war, zumal der Geistliche fehlte, ein farbloses Begräbnis, ohne Redner, ohne Musikanten, mit armseligen Kränzen und zerfledderten Blumensträußen. Das Publikum war recht zahlreich; Neugierige, viele Frauen. Der Sarg war schon in der Erde, als sich Wiese dazugesellte, alles erledigt, ehe es für ihn begonnen hatte.
Wiese fühlte sich nicht wohl. Als die ersten den Eltern der Toten, alten Leuten in schlechtsitzenden Kleidern, kondolierten, kam er sich schofel vor in seinem grauen Anzug, mit dem Regenmantel, ohne Blumen. So nahm er heimlich einen Fünfzigmarkschein aus der Brieftasche, faltete ihn zu einem winzigen Viereck zusammen und trat damit zu dem Vater des Mädchens hin. »Es tut mir leid!« sagte er und drückte dem Alten das Geld in die Hand. »Es tut mir sehr leid!« Dann wandte er sich hastig um.
Er war nur wenige Schritte gegangen, als er einen schwarz gekleideten Herrn gewahrte, der links hinter einem Grabstein auftauchte. Wiese sah ihn auf sich zukommen, hielt an, und ehe er ihn erkannte, wußte er, daß es Sakowski war. Aber nicht – und das bestürzte ihn! – ein neuer Sakowski, sondern der alte: Sakowski mit dem Stock aus Ebenholz, mit dem hundstraurigen Schnorrerlächeln. Es war Sakowski, vor dem ihm graute. Und Wiese hob den Kopf und ging an ihm vorbei, als sähe er ihn nicht, als habe er ihn nie gesehen.

ALAN SILLITOE

Samstagnachmittag

Ich hab mal einem zugesehen, der sich umbringen wollte. Nie werde ich den Tag vergessen, denn ich saß an diesem Samstagnachmittag zu Hause und war sauer und wütend, weil die ganze Familie ins Kino gegangen war außer mir, mich hatten sie aus irgendeinem Grund nicht mitgenommen. Natürlich wußte ich da noch nicht, daß ich bald was sehen würde, was man im Kintopp niemals zu sehen kriegt, nämlich einen wirklichen Menschen, der sich aufhängt. Ich war damals noch ein Knirps, und ihr könnt euch vorstellen, was für'n Spaß mir das machte.
Ich kenne keine Familie, die so stocksauer ist wie unsere, wenn ihr das Leben zum Hals raushängt. Ich habe das Gesicht meines Alten so düster und mordlustig gesehen, weil er keine Glimmstengel hatte, oder den Tee mit Sacharin süßen mußte, oder auch ganz ohne Grund, daß ich mich aus dem Haus verdrückte für den Fall, daß er von seinem Stuhl am Herd aufstehen und

auf mich losgehen würde. Er sitzt dann nur so da, als wenn er in den Herd reinkriechen wollte, seine mit Öl verschmierten, sonntäglich gefalteten Flossen vor sich, die Finger einander zugekehrt, die schweren Schultern nach vorne gedrückt, und seine dunkelbraunen Augen starren ins Feuer. Von Zeit zu Zeit sagt er ganz ohne besonderen Grund ein ganz dreckiges Wort, wirklich ganz was Schlimmes, und wenn er damit anfängt, dann weiß man, es ist Zeit, sich dünne zu machen. Ist Mama zu Hause, dann wird es am allerschlimmsten, weil sie ihn stichelt: »Warum siehste bloß so verdammt finster drein?« – als ob der Grund vielleicht irgendwas ist, was sie getan hat, und bevor man sich's versieht, hat er einen Tisch voll Geschirr umgeschmissen und Mama ist heulend aus dem Haus gelaufen. Papa beugt sich wieder übers Feuer und flucht weiter. Alles wegen einem Päckchen Zigaretten!

Einmal war er noch saurer, als ich ihn je gesehen hatte, so daß ich schon dachte, er sei stillschweigend übergeschnappt – bis eine Fliege ganz in seine Nähe kam. Da streckte er blitzschnell die Hand aus, packte sie und schmiß sie ins Feuer. Danach war seine Laune ein bißchen besser, und er braute sich einen Tee.

Da seht ihr also, woher wir alle die miesen Launen haben. Ist doch klar, daß wir so sind, wenn unser Vater so'n Zirkus macht, nicht? Miese Laune liegt bei uns in der Familie. Manche Familien haben sie, manche nicht. Unsere Familie ist damit gesegnet, aber nicht zu knapp, das steht fest. Wenn wir also sauer sind, dann sind wir's richtig. Niemand weiß, warum uns so leicht alles zum Hals raushängt und warum wir dann so finster aussehen. Manche Leute haben die Nase voll und sehen gar nicht danach aus. Sie scheinen auf eine komische Art sogar vergnügt, als ob sie gerade aus dem Kittchen freigekommen wären, wo man sie für was eingelocht hat, das sie gar nicht getan haben; oder als ob sie gerade aus dem Kino gekommen wären, in dem sie acht Stunden mit 'nem schlechten Film eingepfercht waren; oder als hätten sie gerade einen Autobus versäumt, dem sie schon 'ne halbe Meile weit nachgelaufen sind, und in dem Moment, wo sie es aufgeben, sehen sie, daß es der verkehrte ist. Aber in unserer Familie bedeutet es Mord und Totschlag für die andern, wenn einer die Nase voll hat. Ich hab mich schon x-mal gefragt, woran das liegt, ich kann aber nie irgendeine Antwort finden, auch wenn ich stundenlang sitze und nachdenke; das tue ich zwar nicht, wie ich zugeben muß, aber es macht doch einen guten Eindruck, wenn ich es sage. Ich sitze wohl manchmal und denke so lange nach, bis Mama, wenn sie mich so am Feuer zusammengekauert sieht wie Papa, zu mir sagt: »Was schaust'n du so düster drein?« Na, dann muß ich aufhören, darüber nachzudenken, damit ich nicht wirklich trübselig und sauer werde und damit ich's nicht genauso mache wie Papa und einen ganzen Tisch mit Geschirr umschmeiße.

Meist, glaube ich, ist kein Grund vorhanden, so sauer zu sein, obwohl niemand was dafür kann und man niemand einen Vorwurf daraus machen soll, wenn er

sauer ist, denn es liegt ganz bestimmt irgendwie im Blut. Aber an dem Samstagnachmittag war ich so wütend, daß Papa mich fragte, als er vom Buchmacher nach Hause kam: »Wassen mit dir los?«
»Mir ist schlecht«, schwindelte ich. Er hätte einen Wutanfall bekommen, wenn ich gesagt hätte, ich wär nur so elender Stimmung, weil ich nicht mit war im Kino.
»Geh dich waschen«, sagte er.
»Ich will mich nicht waschen«, sagte ich, und wirklich, es war so.
»Na, dann geh raus an die frische Luft!« brüllte er.
Ich tat, was er sagte, ganz schnell, denn immer, wenn Papa soweit kommt, mir zu sagen, ich soll an die Luft gehen, ist es Zeit, ihm aus dem Weg zu gehen. Aber gar so frisch war die Luft draußen nicht, wo die verdammte große Fahrradfabrik am Ende der Gasse solchen Krach machte und die Luft verpestete. Ich wußte nicht, wohin ich gehen sollte, und so ging ich ein Stück die Gasse rauf und setzte mich an eine Hintertür.
Dann sah ich den Mann, der noch nicht lang in unserer Gasse wohnte. Er war groß und mager und hatte ein Gesicht wie ein Pfarrer, nur trug er eine flache Mütze und hatte einen herabhängenden Schnurrbart, und er sah aus, als hätte er seit einem Jahr nicht richtig gegessen. Damals dachte ich mir nicht viel dabei, aber jetzt erinnere ich mich, daß eines der neugierigen Klatschweiber, die den ganzen Tag auf der Straße rumstehen, außer, wenn sie das Fahrrad ihres Mannes oder seinen Sonntagsanzug zum Pfandleiher bringen, ihm zurief, als er am Ende der Gasse einbog: »Wozu brauchen Sie denn den Strick, Herr Nachbar?« Er rief zurück: »Mich dran aufzuhängen!«, und sie lachte über den verdammt guten Witz, so laut und so lang, als ob sie noch nie so was Komisches gehört hätte; aber am nächsten Tag verging ihr das Lachen.
Er kam, einen Glimmstengel rauchend, an mir vorbei und trug einen nagelneuen Strick zusammengerollt überm Arm. Er mußte über mich wegsteigen, um vorbeizukommen. Sein Stiefel hat mir beinahe die Schulter ausgekugelt, und wie ich ihm zurief, er soll doch aufpassen, wo er geht, da hat er mich, glaub ich, überhaupt nicht gehört, denn er sah sich nicht mal um. Es war kaum jemand zu sehen. Alle Kinder waren noch im Kino und die meisten Papas und Mamas machten Besorgungen in der Stadt.
Der Mann ging die Gasse lang zu seiner Hintertür, und da ich nichts Besseres zu tun hatte, weil ich doch nicht mit ins Kino gegangen war, trottete ich hinterher. Er ließ seine Tür nämlich ein wenig offen, und so stieß ich sie auf und ging rein. Da stand ich und sah ihm zu; ich lutschte am Daumen, die andere Hand hatte ich in der Hosentasche. Ich glaube, er wußte, daß ich da war, denn sein Blick kam mir jetzt wieder ganz normal vor, aber es schien ihn nicht zu stören. »Was wollen Sie denn mit dem Strick?« fragte ich ihn.
»Ich häng mich auf, mein Junge«, sagte er, als ob er es schon öfters getan und man ihn das immer gefragt hätte.

»Und warum?« – Er hat mich bestimmt für ’nen ziemlich neugierigen Lausebengel gehalten.
»Weil ich will, darum!« sagte er, räumte alles Geschirr vom Tisch und zog ihn in die Mitte des Zimmers. Dann stieg er rauf, um den Strick an der Lampe festzumachen. Der Tisch krachte und sah nicht sehr vertrauenerweckend aus, aber für seine Zwecke genügte er ihm.
»Das wird nicht halten«, sagte ich und dachte, wieviel interessanter dies hier war, als im Kino zu sitzen und die Fortsetzung von Dschungel-Jim zu sehen. Aber er wurde ärgerlich und schrie mich an: »Kümmre dich um deinen eigenen Dreck!«
Ich dachte, jetzt wird er sagen, ich soll mich zum Kuckuck scheren, aber das sagte er nicht. Er machte einen so verschlungenen Knoten mit dem Strick, als ob er Matrose oder so was gewesen wäre, und dabei pfiff er eine Schlagermelodie vor sich hin. Dann stieg er vom Tisch runter, schob ihn an die Wand zurück und stellte dafür ’nen Stuhl hin. Er sah kein bißchen düster aus, mit irgendeinem in unserer Familie gar nicht zu vergleichen, wenn wir sauer sind. Hätte der je nur halb so finster dreingeschaut wie unser Papa zweimal in der Woche, dann hätte er sich schon vor Jahren aufgehängt, mußte ich denken. Aber das mit dem Strick, das machte er wirklich gut, als ob er lange drüber nachgedacht hätte und als ob es das letzte war, was er im Leben machen würde. Ich aber wußte etwas, was er nicht wußte, weil er nicht dort stand, wo ich stand: Ich wußte, der Strick würde nicht halten, und ich sagte es ihm noch mal.
»Halt’s Maul«, sagte er, aber ganz ruhig, »oder ich schmeiß dich raus.«
Na, ich wollte die Hauptsache nicht versäumen, so sagte ich nichts weiter. Er nahm die Mütze ab und legte sie auf die Anrichte, dann zog er den Rock aus und den Schal und legte beides auf das Sofa. Ich war kein bißchen erschreckt, wie ich es vielleicht heute mit sechzehn wäre, denn es war wirklich interessant. Und da ich erst zehn war, hatte ich noch nie Gelegenheit gehabt zu sehen, wie sich einer aufhängt. Bevor er sich den Strick um den Hals legte, freundeten wir beide uns richtig miteinander an.
»Mach die Tür zu«, sagte er, und ich tat, was er verlangte. »Für dein Alter bist du ein netter Junge«, sagte er, während ich an meinem Daumen lutschte, und dann griff er in die Taschen und holte alles raus, was drin war, und warf die Handvoll Kleinigkeiten auf den Tisch: ein Päckchen Zigaretten, Pfefferminz, einen Pfandschein, einen alten Kamm und ein paar Pennies. Er nahm einen Penny und gab ihn mir, dann sagte er: »Jetzt hör gut zu, Kleiner: Ich häng mich jetzt auf, und wenn ich baumle, dann gibst du dem Stuhl einen ordentlichen Fußtritt, daß er wegfliegt, verstanden?« – Ich nickte.
Er legte sich den Strick um den Hals, dann nahm er ihn wieder ab, als ob es ein Schlips wäre, der nicht paßt. »Warum wollen Sie’s denn tun?« fragte ich noch mal.

»Weil ich es satt habe«, sagte er und sah sehr unglücklich aus, »und weil ich will! Die Frau ist mir weggelaufen, und ich bin arbeitslos.«
Ich wollte nicht mit ihm streiten, denn aus der Art, wie er es sagte, begriff ich, daß ihm wirklich nichts anderes übrig blieb, als sich aufzuhängen. Sein Gesicht hatte auch so 'nen komischen Ausdruck. Ich möchte schwören, er sah mich nicht, auch während er mit mir sprach. Es war was anderes als das mißmutige Aussehen, das mein Alter kriegt, und ich glaube, das ist der Grund, weshalb mein Alter sich eben leider nie aufhängen wird, weil er nie so einen Ausdruck auf der Flabbe hat wie dieser Mann. Mein Alter starrt einen an, daß man sich verstecken und aus dem Haus rennen muß. Der Blick dieses Mannes ging durch mich durch, so daß ich ruhig hinsehen konnte, weil ich wußte, mir passiert dabei gar nichts. Und so sah ich ein, daß Papa sich nie aufhängen würde, weil er nie den richtigen Ausdruck im Gesicht haben würde, wenn er auch oft genug arbeitslos war. Vielleicht müßte meine Mutter ihm weglaufen, damit er's auch tat. Aber nein, ich schüttelte den Kopf, da war wenig Aussicht, obwohl sie wirklich ein Hundeleben bei ihm hatte.
»Wirst du bestimmt nicht vergessen, dem Stuhl einen Tritt zu geben?« mahnte er mich, und ich schüttelte den Kopf, um zu sagen, ich würde es nicht vergessen. Meine Augen fielen mir fast heraus, so gespannt beobachtete ich jede Bewegung von ihm. Er stieg auf den Stuhl, schlang den Strick so um den Hals, daß er diesmal gut paßte, und dabei pfiff er noch immer die Schlagermelodie. Ich wollte den Knoten gern besser sehen, denn ich hatte einen Freund bei den Pfadfindern und der fragte mich bestimmt, wie er ihn gemacht hatte, und wenn ich es ihm dann sagte, würde er mir erzählen, was im Kino in der Dschungel-Jim-Fortsetzung los gewesen war, und so konnte ich beides haben. Eine Hand wäscht die andere, wie Mama immer sagt. Aber fragen wollte ich den Mann auch nicht direkt, und so blieb ich hinten in meiner Ecke. Ganz zuletzt nahm er den schmutzigen, nassen Stummel aus dem Mund und schmiß ihn auf den leeren Kaminrost. Er sah ihm nach, bis er an der schwarzen Hinterwand landete. Der Mann sah aus, als ob er jetzt eine Störung in der Lichtleitung reparieren wollte wie irgendein Elektriker.
Plötzlich strampelten seine langen Beine, und seine Füße versuchten, den Stuhl wegzustoßen, und da half ich ihm, wie ich es versprochen hatte; ich rannte dagegen an, wie wenn ich Mittelstürmer für Nottingham gewesen wäre, und der Stuhl flog gegen das Sofa und riß den Schal im Sturz mit auf den Boden. Dann baumelte der Mann einen Augenblick lang, fuchtelte mit den Armen wie eine Vogelscheuche und machte im Hals ein Geräusch, als hätte er gerade Bittersalz genommen und versuchte, es bei sich zu behalten.
Dann hörte ich ein anderes Geräusch, ich sah auf und bemerkte einen großen Sprung in der Decke, wie im Kino bei einem Erdbeben, und die Birne fing an, sich zu drehen wie ein Raumschiff. Ich begann gerade schwindlig davon zu werden, als er gottlob mit einem fürchterlichen Krach zu Boden plumpste, so

daß ich glaubte, er hat alle Knochen im Leibe gebrochen. Er strampelte am Boden rum wie ein Hund, der Gift gefressen hat, dann lag er still.
Ich blieb nicht da, um ihn anzusehen. Ich hab's ihm ja gleich gesagt, so wird der Strick nicht halten, sagte ich mir immerfort, wie ich aus dem Haus wegging. Ich schnalzte bedauernd mit der Zunge, weil er seine Sache so schlecht gemacht hatte. Die Hände hatte ich in den Taschen vergraben und war dem Weinen nah wegen seiner Stümperei. Vor lauter Enttäuschung schmiß ich seine Tür so fest zu, daß sie beinahe aus den Angeln sprang.
Wie ich gerade die Gasse zurückging, um zu Hause Tee zu trinken, und hoffte, die anderen würden inzwischen aus dem Kino zurück sein, damit ich meine schlechte Laune los würde, ging ein Polyp an mir vorüber auf die Tür des Mannes zu. Er ging schnell mit vorgebeugtem Kopf, und ich wußte gleich, daß jemand spioniert hatte. Wahrscheinlich hatte jemand gesehen, wie er den Strick kaufte, und der hatte dem Polypen einen Wink gegeben. Vielleicht auch hatte die alte Ziege am Ende der Gasse schließlich doch gemerkt, was los war, vielleicht hatte er es auch selbst irgendwem gesagt, denn mir schien, der Mann, der sich aufgeknüpft hatte, wußte nicht recht, was er tat, besonders, wenn ich an den Blick in seinen Augen denke. Aber so ist das eben, sagte ich mir, wie ich dem Polypen zu dem Haus des Mannes nachging: Ein armer Teufel kann sich heutzutage nicht mal in Ruhe aufhängen.
Als ich hinkam, schnitt der Polyp gerade den Strick mit einem Taschenmesser von seinem Hals ab, dann gab er dem Mann Wasser zu trinken, und der machte die Augen auf. Ich konnte den Polypen nicht leiden, denn er hat ein paar von meinen Kumpels in Fürsorgeanstalten geschickt, weil sie Bleirohre aus Klosetts geklemmt hatten.
»Warum wollten Sie sich aufhängen?« fragte er den Mann und versuchte, ihn aufzurichten. Er konnte kaum sprechen, und eine Hand blutete, wo die zerbrochene Birne ihn getroffen hatte. Ich wußte ja, der Strick würde nicht halten, aber er wollte nicht auf mich hören! – Ich werde mich auf keinen Fall aufhängen, aber wenn's doch dazu kommen sollte, dann an einem Baum oder so, nicht an einer Lampe. »Sagen Sie mal, warum haben Sie es getan?«
»Weil ich wollte«, krächzte der Mann.
»Dafür kriegen Sie fünf Jahre«, sagte der Polyp. Ich war in das Haus zurückgeschlichen und lutschte in der gleichen Ecke am Daumen.
»Was Sie sich nicht alles einbilden!« sagte der Mann, und jetzt sah er ganz normal und erschrocken aus. »Ich wollte mich ja nur aufhängen.«
»Na ja«, sagte der Polyp und nahm sein Buch raus, »das ist aber gegen das Gesetz.«
»Nee«, sagte der Mann, »das kann doch nicht sein, es ist doch mein eigenes Leben, oder vielleicht nicht?«
»Das denken Sie so«, sagte der Polyp, »is aber nich.«
Der Mann begann das Blut von seiner Hand abzulecken, es war aber ein so

kleiner Kratzer, daß er kaum zu sehen war. »Das ist aber wirklich das erste, was ich höre!« sagte er. »Glauben Sie mir nur«, sagte der Polyp.
Natürlich hab ich dem Polypen nicht verraten, daß ich dem Mann geholfen hatte, sich aufzuknüpfen. Ich bin ja nicht von gestern – und von vorgestern erst recht nicht.
»Das ist aber komisch, wenn einer sich nicht mal sein eigenes Leben nehmen kann«, sagte der Mann, der begriff, daß er in der Falle saß.
»Ja, so ist es aber«, sagte der Polyp, als ob er aus seinem Buch vorläse und Gefallen daran fände. »Es ist nicht Ihr Leben, und es ist ein Verbrechen, sich das Leben zu nehmen: Es ist Selbstmord.«
Der Mann starrte vor sich hin, als ob jedes Wort des Polypen sechs Monate Knast bedeute. Er tat mir wirklich leid, aber wenn er nur auf mich gehört hätte und sich nicht auf die Lampe verlassen hätte! An einem Baum hätte er es machen sollen oder an so was.
Sanft wie 'n Lamm ging er mit dem Polypen die Gasse entlang, und wir dachten alle, damit hat sich's nun.
Aber ein paar Tage später verbreitete sich wie ein Lauffeuer bei uns die Nachricht, noch bevor die ›Post‹ sie hatte, weil nämlich eine Frau in unserer Gasse im Krankenhaus arbeitete. Sie richtete das Essen an und wusch das Geschirr. Ich hörte, wie sie es jemandem am Ende der Gasse erzählte: »Ich hätte es nie gedacht! Ich dachte, er hat sich den verrückten Gedanken aus dem Kopf geschlagen, wie er abgeführt wurde. Aber nein! Die Wunder hören niemals auf: Schmeißt er sich doch aus dem Krankenhausfenster, als der Polyp neben seinem Bett mal rausgeht, um zu pinkeln! Ist das zu glauben? – Tot? – Natürlich!«
Er hatte sich aufs Fenster raufgeschwungen und fiel wie ein Stein auf die Straße. Einerseits tat es mir leid, daß er es getan hatte, aber anderseits war ich froh, denn er hatte der Polente und jedem andern gezeigt, ob es wirklich sein eigenes Leben war oder nicht. Wunderbar ist es aber doch, daß diese Blödmänner ihn in einen Krankensaal im sechsten Stock gelegt hatten, so daß er richtig hin war, sogar noch besser als an einem Baum.
Das alles macht, daß ich es mir zweimal überlegen werde, wie jämmerlich mir auch manchmal zumute ist. Der schwarze Kohlensack, der einem aufs Herz drückt, und das düstere Aussehen, das man dadurch bekommt, bedeutet noch nicht, daß man sich aufhängen oder unter einen zweistöckigen Autobus werfen, aus dem Fenster springen, sich die Kehle mit einer Sardinenbüchse durchschneiden, den Kopf in den Gasofen stecken, den verdammten Balg auf die Eisenbahnschienen legen wird, denn wenn einem so jämmerlich zumute ist, kann man nicht mal vom Stuhl aufstehen. Jedenfalls weiß ich, ich werde nie so lebensüberdrüssig sein, daß ich mich aufhänge, denn Aufhängen reizt mich nicht sehr und wird's wohl auch nie tun, je mehr ich an den ollen Dingsda denke, wie er von der Lampe herunterbaumelte.

Mehr als alles andere freut es mich jetzt, daß ich damals am Samstagnachmittag nicht ins Kino mitgegangen bin, als ich so elender Laune war und bereit, mich umzubringen. Denn ich werde mir niemals das Leben nehmen, ihr könnt's mir glauben. Ich bleibe am Leben, bis ich hundertfünf und halbverblödet bin, und dann schreie ich noch Mord und Totschlag beim Abgehen, weil ich bleiben will, wo ich bin.

LUKAS HARTMANN

Katzentrost

Wälchlis Frau starb im März, als noch Schnee lag. Zweiundvierzig Jahre hatten sie zusammengelebt.

»Sie ist immer eine gute Hausfrau gewesen«, sagte er dem Pfarrer. »Ich habe nie etwas an ihr auszusetzen gehabt.« Er verlangte, daß in der Kirche ihr Lieblingschoral gesungen werde. Stumm ging er hinter dem Sarg her; man sah, daß er die Tränen zurückhielt. Viele erinnerten sich an seine Frau. Sie hatte den Anzeiger vertragen und war oft bei den Gartenzäunen stehengeblieben, um mit den Leuten zu plaudern. Man kannte ihr schallendes Lachen. Hunde, die sich ihr näherten, verscheuchte sie mit Fußtritten. Wenn sie auf ihren kränkelnden Mann zu sprechen kam, pflegte sie zu betonen, wie sehr sie ihn umsorge; ein Prinz habe es gewiß nicht besser als er.

In ihrem Wesenskern, sagte der Pfarrer, habe echte Güte geschlummert.

»Jöggu«, sagte Wälchli nach der Beerdigung, »ist jetzt mein einziger Trost.«

Jöggu war ein ausgewachsener Kater mit rötlichem Fell; die Frau hatte ihn vor Jahren ins Haus genommen.

Wälchli verbrachte den Tag mit den kleinen Verrichtungen, die sein Gesundheitszustand noch zuließ: er jätete den Garten, spaltete Holz, wischte den Vorplatz. Eine Nachbarin kochte ihm das Mittagessen. Wenn er ums Haus schlurfte, folgte ihm manchmal der Kater.

Wälchli fütterte ihn mit Büchsenfleisch und Speiseresten; er stellte den vollen Futternapf neben den Küchentisch und sah zu, wie das Tier die Nahrung herunterschlang.

Jöggu war der Frau nach dem Abendessen jeweils auf den Schoß gesprungen und hatte sich schnurrend streicheln lassen. Wälchli behielt diese Gewohnheit bei: seine Finger fuhren allabendlich durchs Katzenfell, und er wunderte sich, daß das Tier von seinen Liebkosungen nie genug bekam.

Im Haus veränderte sich nichts; Wälchli bewegte sich zwischen den Möbelstücken, deren Anordnung seine Frau bestimmt hatte, mit der Vorsicht eines Museumsbesuchers.

Wenn er den Schrank öffnete, schlug ihm der vertraute Geruch ihrer Kleider entgegen. Die Schächtelchen auf dem Nachttisch erinnerten ihn daran, wie sie vor dem Schlafengehen ihre Tabletten geschluckt hatte, mit einem immer gleichen Rülpsgeräusch, das er, wenn er dorthin sah, wieder zu hören glaubte. Die beiden Betten waren nebeneinander geschoben. In den letzten Jahren hatte Jöggu zusammengierollt am Fußende ihres Betts geschlafen; Wälchli klang der gurrende Laut, mit dem sie den Kater herbeigelockt hatte, noch in den Ohren. Er selber hätte es vorgezogen, Jöggu in der Küche schlafen zu lassen. Aber das Tier schlich hinter ihm her ins Zimmer und machte sich's am angestammten Platz bequem. Das geschah so lautlos, daß Wälchli regelmäßig erschrak, wenn er Jöggu plötzlich neben sich wahrnahm.

Manchmal erwachte Wälchli schon sehr früh. Er sah schlaftrunken zum Nachbarbett hinüber und glaubte, da es noch dämmrig war, in der Wölbung des Duvets[1] die Umrisse seiner schlafenden Frau zu erkennen, und er wartete darauf, daß sich der schwere Leib zu bewegen beginne und die Frau sich, wie jeden Tag, mit vorwurfsvollem Seufzen erhebe. Sie sprach, während sie sich anzog, zum Kater, und obschon sie ihre Stimme dämpfte, verstand Wälchli beinahe jedes Wort; sie klagte über die Last der Pflichten, über den Faulenzer von Mann, der noch neben ihr schnarche, über seine Unbeholfenheit; sie hob ihre unermüdliche Schaffenskraft und ihre Güte hervor, die ihr nichts als Undank einbringe; und Jöggu, der seinen Platz am Fußende nicht verließ, schien ihr aufmerksam zuzuhören.

Wälchli versuchte gegen das Gemurmel anzukämpfen, das aus allen Ecken des Raumes zu kommen schien; er sehnte sich danach, in die Gegenwart zurückzugelangen. Allmählich stellte sich die Überzeugung wieder ein, daß seine Frau tot war.

Gegen acht kochte er sich in der Küche seinen Kaffee. Jöggu strich ihm um die Beine, schmiegte sich mit aufgestelltem Schwanz an seine Hosenstöße. Nach ein paar Wochen begann ihn die Aufdringlichkeit des Tieres zu ärgern. Er schob Jöggu mit dem Fuß sachte von sich weg, versetzte ihm bei einem neuerlichen Annäherungsversuch sogar einen leichten Tritt. Seine Frau, das wußte er, hätte ihn als Tierquäler beschimpft.

Während Wälchli aß, lauerte Jöggu auf Reste, die ihm hingeworfen wurden. Die Katzenaugen folgten jeder Bewegung von Gabel und Messer. Sobald Jöggu merkte, daß Wälchli etwas für ihn zurechtschnitt, sprang er auf seinen Schoß und schnappte nach den Brocken. Wälchli stieß ihn weg. »Hab doch Geduld, du dummer Kerl«, mahnte er, und der Stoß war manchmal so heftig,

[1] Duvet = Bettdecke

daß Jöggu von Wälchlis Schoß auf den Boden kugelte. Aber sogleich rieb er sich wieder schmeichelnd an den Beinen seines Herrn und versuchte, an ihnen emporzuklettern.
Bei einer solchen Gelegenheit stieß Wälchli den Kater erneut zurück; Jöggu aber, um sich vor dem Sturz zu retten, schlug seine Krallen durch den Hosenstoff in Wälchlis Haut. »Wart nur, du Mistvieh!« schrie Wälchli. Er packte Jöggu am Nacken und warf ihn, noch in der gleichen Bewegung, zum offenen Fenster hinaus. Das Tier fiel nicht tief; ein paar Sekunden später war es vor der Haustür und begehrte miauend Einlaß. Wälchli, von Reue ergriffen, ließ Jöggu herein und kraulte ihm eine Zeitlang das Fell.
Aber der Kater brachte ihn jetzt fast täglich in Zorn; Wälchli erschrak über das erstickende Gefühl, das in solchen Momenten in ihm aufstieg: es war wie eine fremdartige Macht, die nach ihm griff. Die Freßgier des Katers ekelte ihn an und erfüllte ihn gleichzeitig mit Erbitterung. Wenn Wälchli vom täglichen Spaziergang heimkehrte, schoß aus irgendeinem Winkel Jöggu herbei, drängte sich mit Wälchli durch die Tür und bettelte darum, daß sein Meister ihm etwas zum Fraß vorwerfe.
»Fressen willst du«, sagte Wälchli empört, »nichts als fressen.« Bisher hatte er die Futterzeiten, wie ehemals die Frau, pünktlich eingehalten. Nun begann er sie hinauszuzögern. »Geh«, sagte er, »such dir eine Maus!« Immer häufiger ließ er Jöggu zwei, drei Tage lang fasten. Wenn Wälchli dann zum Kühlschrank ging, gebärdete sich Jöggu wie unsinnig, sprang am Schüttstein hoch, stieß Laute aus, die an Kindergewimmer erinnerten. Wälchli öffnete den Kühlschrank, schloß ihn wieder, ohne etwas herausgenommen zu haben, und warf dabei einen triumphierenden Blick auf Jöggu. »Nun?« sagte er, »was willst du? Jetzt ist's eben aus mit der Schlemmerei. Du bist zu fett, lern das Jagen wieder.«
Er täuschte Jöggu auch auf andere Weise: indem er ihm den leeren Napf vors Maul hielt oder ihm eine tiefgefrorene Wurst gab, mit der sich der Kater vergeblich abmühte.
All dies bereitete Wälchli eine seltsame Freude; es trieb ihn dazu, die Gewißheit, dem Tier überlegen zu sein, ständig neu auszukosten.
An einem Juniabend suchte er im Kühlschrank nach Suppenwürfeln; hinter Reis- und Mehlpackungen fand er die angeschimmelten Resten einer Crèmeschnitte. Seine Frau hatte oft Süßigkeiten gegessen, und er sah sie einen Moment lang vor sich, wie sie beim Kauen die feuchte Unterlippe vorschob, wie sich im Genießen ihre Augen halb schlossen; und er sah überdeutlich die Vanillecrème, die an ihren Mundwinkeln klebte.
Ihr zuliebe hatte er aufs Rauchen verzichtet; an Süßem lag ihm nichts.
Er hörte ihre Stimme: »Ständig der Rauch in den Vorhängen. Und deiner Gesundheit schadet es auch. Aber ich bin's ja gewohnt, daß der Herr nur für sich schaut.« Als er noch arbeiten gegangen war, hatte er ihr am Zahltag

Pralinés heimgebracht. Er rief sich in Erinnerung, daß sie immer zwei oder drei zusammen in den Mund gestopft hatte.
An diesem Abend beschloß er, Jöggu draußen zu lassen. Aber das Tier klagte so lange vor der Tür, bis sein Erbarmen ihn nötigte, sie zu öffnen; doch tat er's, geschüttelt von plötzlicher Wut, nur einen Spalt breit. Blitzschnell schob sich Jöggu herein; ebenso schnell schmetterte Wälchli die Tür wieder zu. Dabei wurde Jöggus Schwanz eingeklemmt. Der Kater, in den höchsten Lagen wimmernd, versuchte sich loszuzerren, warf sich verängstigt hin und her. Wälchli schaute ihm eine Weile zu und ließ ihn dann frei. »Jetzt siehst du«, sagte er, »wie's einem Mistvieh wie dir ergeht. Du mit deiner dummen Gier.«
Jöggu verkroch sich unter dem Küchentisch und beleckte seinen Schwanz.
Ein paar Tage später briet Wälchli sich Spiegeleier mit Speck. Jöggu, der seit jenem Abend wieder gehungert hatte, geriet außer sich: er sprang auf den Herd, um den Speck aus der Pfanne zu reißen. Wälchli fluchte und schlug nach ihm, und als dies nichts nützte, drückte er eine Pfote des Katers mit aller Kraft auf die glühende Herdplatte. Jöggu wand sich schreiend unter seinem Griff; aber Wälchli, der selber vor Anstrengung stöhnte, ließ ihn erst los, als ihm der Geruch nach verbranntem Haar und Fleisch in die Nase stieg. »Wer nicht hören will, muß fühlen«, keuchte Wälchli. Er vermochte nur mit Mühe seine ungeheure Erregung zu bezähmen.
Nachher pinselte er die Brandwunde des Katers mit Jod aus und klebte ein Pflaster darüber; lange behielt er Jöggu auf dem Schoß und liebkoste ihn.
Wälchli geizte in den nächsten Tagen nicht mit Milch und Büchsenfleisch.
Anfangs Juli, nach einer erbarmungslos heißen Woche, erwachte er wiederum viel zu früh, voller Ärger. Es war noch Nacht, mit einer ersten Ahnung von Morgengrauen. Wälchli schlug die Decke zurück. Die Nacht hatte keine Erfrischung gebracht; er fühlte sich im durchgeschwitzten Pyjama von Hitze gequält.
Wälchli dachte an seine Frau und daran, daß er erst einmal auf dem Friedhof gewesen war. Er griff ins Nachbarbett hinüber. Zwischen seinen Fingern spürte er die Nachgiebigkeit des Duvets, und er drückte zu, immer weiter zu, bis die Finger ihn schmerzten. Die Vorstellung, daß in der Kommode ihre Unterwäsche lag, weiß und frisch gewaschen, ließ ihn schwerer atmen. »Wozu taugst du eigentlich noch?« hatte sie manchmal gefragt, wenn sie ihm, seines Asthmas wegen, das Essen ans Bett bringen mußte.
In der Küche stolperte er über Jöggu. Mit einem Fußtritt schleuderte er ihn an die Wand. Jammernd kroch Jöggu wieder näher. Er versuchte, während Wälchli die Pfanne vom Herd nahm, zwischen dessen Beinen hindurch zum Napf zu gelangen, der neben den Platten stand. Wälchli geriet erneut ins Stolpern; er ließ die Pfanne fallen; das kochende Wasser ergoß sich über seine Schuhe, über den Küchenboden.

»Mistvieh! Mistvieh! Mistvieh!« gellte Wälchlis Stimme durchs Haus. Er bückte sich nach dem strampelnden Kater, riß ihn am Fell zu sich heran und begann ihn mit beiden Händen zu würgen. Er fühlte in sich eine gewaltige Kraft, die ihm befahl, zuzudrücken und den Hals nicht mehr loszulassen. Er hörte erst auf, als Jöggu sich nicht mehr rührte.
Der Körper glitt ihm aus den Händen; er ließ ihn achtlos liegen. Plötzlich brach er in Schluchzen aus und rief nach der verstorbenen Frau.

CAROLINE MUHR

Der blaue Fritz

»Er schläft.« – »Ja, er schläft. Er hat nichts davon gemerkt. Die Ärztin war sehr vorsichtig mit der Spritze.«
»Fritz«, sagte sie, »armer Fritz.«
Sie hielt ihn in ihren hohlen Händen, vorsichtig, als könnte sie ihm noch wehtun. Er nahm den runden Spielzeugspiegel vom Käfig und hielt ihn sich vor das Gesicht. Er sah ein törichtes Auge und ein Stück seiner Nase.
»Die tägliche Schlacht mit seinem Ebenbild. Mal war es sein Rivale, mal war es seine Frau.«
»Fritz, armer, kleiner Fritz. Seine Hosen sind immer noch preußisch blau.«
»Und seine Frackschöße kariert wie ein Schachbrett.«
»Eigentlich war er nur am Kopf ein richtiger Wellensittich.«
Sie hob die Hände mit dem Vogelkörper an ihren Hals. »Er ist noch warm. Vielleicht ist er noch gar nicht tot. Vielleicht schläft er noch.«
Der Mann legte seinen Daumen auf den Vogel. Der Daumen sah riesig aus auf dem kleinen Bauch, gar nicht wie ein menschlicher Daumen, sondern wie ein fremdartiges Weichtier, das sich des Vogels bemächtigt und sein Blut ausgesaugt hatte.
Erschrocken zog er den Daumen zurück. »Das Herz schlägt nicht mehr.«
»Ich wollte, er lebte noch.«
»Dann wäre er wieder krank. Wir haben doch die Ärztin geholt, damit er nicht mehr leiden mußte.«
»Er hat seinen Blick verloren«, sagte sie leise. Sein jettschwarzer Blick war zu einem haarfeinen Strich im weißgrau gemaserten Rund seiner Lider geworden. Zwischen diesen geschlossenen Lidern und dem Schnabel hatte Fritz einen Zug von Verdrossenheit.
»Eigentlich sieht er aus wie ein alter Mann, der vom Leben genug hatte«, sagte er. »Mit neun Jahren ist man als Wellensittich ein alter Mann.«
»Er war allerhöchstens in deinem Alter.«

»Ja, eben, das meine ich ja.« Der Mann holte eine Pappschachtel und einen Bogen weißen Seidenpapiers aus der Küche. »Er wird ein schönes Begräbnis haben. Er hat hier bei uns ein sehr fröhliches Leben gehabt: Himmel, Ahornbaum, Wetenkamps Dachrinne, seine Freunde, die Spatzen, und sogar den verdorrten Weihnachtsbaum unten auf der Veranda wird er noch gesehen haben, zuletzt. Ich wollte, ich hätte auch so einen Tod.«
Er legte das Seidenpapier so in die Schachtel, daß sie aussah wie ein kleiner, weißausgeschlagener Sarg. Sie legte den leblosen Körper behutsam hinein.
»Wie die Pharaonen«, sagte sie und legte das Spiegelchen an seine linke Seite, »die bekamen auch Beigaben ins Grab, damit sie sich im Jenseits nicht langweilten.«
»Ich wollte, ich hätte auch so einen Tod«, sagte der Mann noch einmal.
Sie schwiegen und blickten den Vogel an, der in seinem Sarg auf dem Rücken lag, sein Lieblingsspielzeug neben sich.
»Wir waren so etwas wie der liebe Gott für Fritz. Sein Leben war in unserer Hand. Fünfzehn Zentimeter von Kopf bis Schwanzende, höchstens vierzig Gramm schwer.«
»Wir werden einen neuen Fritz kaufen.«
»Einen neuen Fritz?« fragte die Frau. »Das kannst du doch nicht ernst meinen.«
»Doch«, sagte er, »einen neuen Fritz. Einen grünen zur Abwechslung.«
»Ich verstehe dich nicht«, flüsterte sie.
Sie strich mit ihren Händen ratlos über die Kanten der Schachtel, in der der blaue Fritz lag. Sie streifte mit einem Finger seine Flügel.
»Ich verstehe dich nicht«, wiederholte sie laut.
»Das Tier ist tot«, sagte der Mann. »Das Tier hat ein schönes Leben gehabt. Wir haben ihm einen sanften Tod bereitet. Jetzt wird es Zeit, daß das Tier im Garten begraben wird. Wir gehören ja nicht zu den Leuten, die sowas in die Aschentonne werfen.«
»Sowas«, wiederholte die Frau mit steifen Lippen.
»Wetenkamps haben ihren in die Aschentonne geworfen, als er tot war.«
»Wetenkamps haben vier Kinder. Da war der Coco nur ein Spielzeug für die Kinder.« In ihrer Empörung legte sie die ganze rechte Hand auf den Vogel, der mehr als ein Spielzeug gewesen war.
»Laß das«, sagte er heftig. »Das Tier ist jetzt länger als eine halbe Stunde tot.«
»Warum sagst du ›das Tier‹? Wo er gerade eine halbe Stunde tot ist?«
»Was soll ich denn sonst sagen?«
»Fritz sollst du sagen. So wie er heißt.«
»Wie er geheißen hat.«
Der Mann griff nach dem Deckel der Schachtel mit einer so unvermutet heftigen Bewegung, daß die Hand der Frau von dem Vogel zurückzuckte. Er

sah jetzt wie ein mechanisches Spielzeug aus, wie er da auf dem Rücken lag, metallisch glänzend, die kleinen Beine mit den Krallen starr in die Luft gestreckt, darauf angewiesen, daß jemand ihn aus der Rückenlage befreite, ihn mit einem Schlüssel aufdrehte, damit er sich wieder bewegen konnte.
Der Mann machte die Schachtel mit dem Deckel zu. »Schluß mit den Feierlichkeiten!« rief er. »Ich hasse Krankenhäuser«, stieß er dann plötzlich mit einer ganz anderen als der gewohnten Stimme hervor. »Wenn ich irgend etwas hasse, dann sind das Krankenhäuser. Wir beide werden auf weiße Kachelwände starren, wenn wir sterben, oder auf eine weiße Schwesternhaube oder auf einen Arzt, der aus Gewissensgründen mit dem Morphium spart.«
Die Frau sah bestürzt hoch. Die letzte halbe Stunde hatte etwas in dem Gesicht angerichtet. Vom rechten Nasenflügel bis zum Kinn verlief eine Narbe, die vorher nicht dagewesen war. Natürlich war es keine Narbe, aber es war etwas völlig Neues in dem Gesicht, etwas – das erkannte sie erst jetzt – was sie vorher entbehrt hatte.
»Wir sind Menschen«, sagte sie. »Uns kann man nicht einfach einschläfern.«
»Nein, das kann man nicht«, sagte der Mann voller Bitterkeit. »Wir müssen vorher geläutert werden.«
Er schlug mit der flachen Hand gegen die Schachtel, als hätte der tote Vogel ihm ein großes Unrecht zugefügt, für das er sich rächen mußte. Dann verließ er mit der Schachtel das Zimmer.
Die Frau hörte einige Minuten später die Kellertür zum Garten zuschlagen. Das Sofa, auf dem sie saß, erzitterte. In der Küche fiel etwas von der Wand. Er war immer ein Mann gewesen, der Türen ausgesprochen leise schloß.

ELISABETH GÜRT

Eine Tasche voll Einsamkeit

Wer darauf achtete, der konnte ihn tagtäglich fast um die gleiche Zeit dahingehen sehen, mitten durch den Park, in dem die Kinder spielten und ältere Damen auf den Bänken miteinander schwatzten. Groß, hager und etwas vorgebeugt ging er mit leicht schleifenden Schritten den Weg entlang, ziemlich rasch und geschäftig wie jemand, der an einem bestimmten Ort erwartet wird und sich keinesfalls verspäten möchte.
Die sackartige Ledertasche mit Schnappschloß, ein Modell aus längst vergangenen Tagen, war runzelig und verknittert, aber bauschig gefüllt, und wie er

sie trug, war nicht zu bezweifeln, daß sie Wichtiges enthielt, etwas Bedeutungsvolles, ihm Anvertrautes, worauf man irgendwo dringend wartete.
Diese Tasche schien eine heimliche Beziehung zu seinen Schuhen zu haben, sauber polierten braunen, abgetragenen Schuhen mit gelblicher Verfärbung an Kappen und Fersen. Tasche wie Schuhe wiederum paßten gut zu dem etwas schäbigen, aber sorgfältig gebürsteten Anzug, der die hohe Gestalt faltig umgab und bloß an der Rundung des Rückens ein wenig spannte. Das Gesicht des Mannes war zerfurcht und bleich, aber die wachsamen klugen Augen gaben ihm eine rührende Lebendigkeit und den hartnäckig zur Schau getragenen Ausdruck: Seht nur, eine beachtenswerte Persönlichkeit war ich nicht nur, die bin ich noch immer!

Nie schien er Zeit zum Verweilen zu haben, nie eine Begegnung zu wünschen. Doch dann und wann vertrat ihm jemand den Weg und suchte nach ein paar abgebrauchten Wendungen: »Hallo! Noch immer der alte, stets frisch und fidel, nicht wahr? Diese bewundernswerte Unverwüstlichkeit . . .« Dann kam flüchtig etwas Farbe in die vergilbten Züge; der alte Herr lächelte fein und war bemüht, nicht zu zeigen, daß ihm diese Worte wohltaten.
Ein gründlicher Beobachter hätte bemerkt, daß der alte Herr nach einer guten Weile denselben Weg zurückkam, ebenso geschäftig wie zuvor, die Tasche in der Hand. Wenn es im Park schon abendlich still wurde, dann ließ er sich zumeist auf einer der Bänke nieder, blickte hinauf ins lispelnde Laub der Baumkronen oder auf den dunklen Wasserspiegel, wo die Entenmutter schnatternd ihre Jungen zur Ordnung rief. Manchmal entfaltete er eine Papierserviette und streute lässig ein paar Brösel vor die Spatzen hin. Es rührte ihn ein bißchen, wie sie sich da der Reihe nach vor ihm aufpflanzten und herausfordernd tschilpten; aber natürlich kamen sie des Futters wegen, nicht aus Liebe. Hie und da streifte eine schnuppernde Hundeschnauze sein Bein und ein fragender Tierblick suchte den seinen. Das gab ihm einen kurzen, heißen Schlag aufs Herz, und wenn der Hund sich abwandte, um seinem Herrn zu folgen, dann spürte er Neid, der aber rasch verflog. Einmal hatte er selbst einen Hund besessen, einen drolligen kleinen Kerl von unglaublicher Anhänglichkeit; der war schon lange tot. Gewiß hätte er sich wieder einen Hund anschaffen können, aber die Mühe mit so einem Schützling, das Füttern und Treppensteigen und – wer sagte ihm schon, daß er nicht auch diesen Hund überleben würde? Nein, nur keinen Abschied mehr, davon hatte er schon genügend gehabt.
Die Lücke, die sein Hund hinterlassen hatte, war auf geheimnisvolle Weise langsam geschlossen worden, aufgefüllt von der Zeit, von der wachsenden Gleichgültigkeit, so wie andere Lücken, die sich nur dann und wann noch klaffend auftaten, wenn die Erinnerung an ihnen zerrte. Die Frau – dereinst ein vergöttertes Wesen, zärtlich und launenhaft, anspruchsvoll und zuletzt

häufig zänkisch, aber warm und nahe, vertraut geworden in der Gemeinsamkeit eines langen Lebens –, daß sie ihn allein zurückgelassen hatte, verzieh er ihr noch immer nicht.

Doch er hatte ja Kinder, irgendwo, auch Enkelkinder, ja, muntere kleine Rangen mit lauten, schrillen Stimmen, die brauchte er nur herbeizurufen und schon würden sie kommen, war es nicht so? Aber vermutlich würden sie ihm mit ihrem Lärm zur Last fallen. Und die Jungen von heute, die sich so wichtig machten, nur von ihren Problemen sprachen und nicht zuhören konnten – war es nicht, als stünden sie am jenseitigen Ufer eines breiten Stromes, über den keine tragfeste Brücke führt? Wozu sollte es im Grunde gut sein, mit ihnen Kontakt zu halten und sie vielleicht noch in dem eitlen Glauben zu wiegen, man käme ohne sie nicht zurecht?
Manchmal freilich, wenn er am Teich saß, wünschte er sich, daß es anders wäre. Dann stellte er sich vor, von Wesen umgeben zu sein, die ihn verstanden, anerkannten und wärmten. Diese Wünsche waren traumhaft und schön, aber sie hatten keine Kraft, waren wie eingesponnen in starre Kokons[1], unfähig, ihre Hülle zu sprengen und Wirklichkeit zu werden. Es war dann recht schwer, sich aufzuraffen und zu beweisen, daß man nicht aufgegeben hatte und sein Gesicht wahrte, daß man sich selber treu blieb und auf keinen angewiesen war.

Auf einer Bank am Teich fand man ihn dann einmal am späten Abend. Er war leicht vornüber gesunken, als wäre er nur eingeschlafen, und lächelte wie einer, der von einer Wiese voll von Schmetterlingen träumt. Als man seine schäbige Ledertasche öffnete, fand man darin nur zerknüllte alte Zeitungen und etwas Butterbrotpapier mit ein paar fettigen Bröseln.
Aber das interessierte keinen mehr.

[1] Kokon = Gespinst als Schutzhülle

JOSEF REDING

Reste einer gestrigen Mitteilung

»Wasser drauf. Massig Wasser drauf«, sagte der Gärtner. »So ein Ballen Torfmull schluckt das Wasser wie 'ne Elefantenherde. 500 Liter, ohne abzusetzen. Haben Sie jetzt alles verstanden, Herr Henschel, alles auf der Reihe?«

»So ziemlich«, sagte Henschel.

»Na, wiederholen Sie mal, sonst geht noch alles durcheinander wie Kraut und Rüben«, sagte der Gärtner.

Henschel schaute belustigt auf, wurde aber unter dem Blick des Gärtners zum gehorsamen Schüler: »Also, noch 5 Kilo Kalkstickstoff für jeden Ballen dazugeben und 7 Kilo schwefelsaure – wie heißt das Zeug?«

»Schwefelsaure Kalimagnesia[1] . . .«

»Ja, das und 7 Kilo Thomasmehl. Alles möglichst gleichmäßig mischen und mit Erde abdecken. Nach 4 Wochen umsetzen!«

»So kommt's hin«, sagte der Gärtner. »Hast du's auch behalten, Ivo?«

»Nein«, sagte Henschels Junge.

»Na, du gehst doch bald in die Schule!« sagte der Gärtner.

»In anderthalb Jahren erst«, sagte Henschel. »Und schwefelsaure Kalimagnesia, das muß er ja noch nicht können.«

»Aber Sie können's jetzt prima dahersagen, Herr Henschel, große Klasse! Ivo, so mußt du's in der Schule auch machen!«

Henschels Junge nickte zögernd, mit schiefem Kopf. Er war froh, daß sein Vater ein Lob bekommen hatte. Vater bekam gern ein Lob. Aber von der Mutter bekam er keins. Das hatte er gestern abend noch gesagt, sehr laut, zur Mutter. Bevor er das schlimme Märchen erzählt hatte. Das Märchen, das den Schlaf wegjagte.

»Und wie gesagt: Immer Wasser, marsch in den Torf, wie bei der Feuerwehr. Trockener Torf ist pures Gift für den Boden. Torf ist egoistisch. Der klaut sich sonst die Feuchtigkeit von den Pflanzen und macht sie kaputt. Richtig patschig machen mit Wasser . . .«

»Was muß ich zahlen?«

»Hab' schon alles zusammengeschrieben«, sagte der Gärtner. »Drei Ballen Torfmull, Kalkstickstoff, Kali und Thomasmehl. Hier!«

»Na, na, na«, sagte Henschel, »wenn Sie mit den Preisen so weitermachen, nage ich mit meiner Familie bald am Hungertuch.«

»Ihre Brieftasche möchte ich haben«, sagte der Gärtner.

»Meine Brieftasche ist abgemagert«, erwiderte Henschel. »So viel Geld wie auf der Rechnung steht, habe ich nicht bei mir. Muß ich Ihnen überweisen. Ist

[1] Schwefelsaure Kalimagnesia, Thomasmehl = Düngemittel

ja fast ein Vermögen. Wo der Torf doch so wild vorkommt. Ganze Moore sind voll davon. Braucht ja nur ausgestochen zu werden . . .«
»Was Sie da haben, ist Moostorf, Herr Henschel. Moostorf wird von Hand zerkleinert und gesiebt, damit die Flockengrößen gleich sind. Was Sie da haben, ist besonders fein behandelt. Da brauchen Sie sich beim Mischen nicht groß anzustrengen.« Henschel schaute noch einmal auf die Rechnung. Er sah, daß am Kopf des Zettels ein gärtnerischer Werbespruch in roten Buchstaben auf grünem Grund zu lesen war: ›Gib deine Beete dem Gärtner zur Kur! Er ist der Raumpfleger in Gottes Natur.‹ »Von kassieren steht in dieser Gärtnerweisheit nichts drin«, sagte Henschel. »Na ja, bringen Sie den ganzen Schamott ins Auto. Ich hab' die Klappe schon runtergelassen. Da müßten die Ballen alle Platz haben.«
»Kann nichts rausfallen?« fragte der Gärtner.
»Ich setze den Jungen drauf«, sagte Henschel. »Der paßt auf.«
Henschels robuster Landrover fraß die Ladung wie eine Vorkost.
»Kannst du richtig sitzen, Ivo?«
»Ja.«
»Die Ballen sind ja schön weich«, sagte Henschel. »Und wenn was verrutscht, tippst du mir sofort auf die Schulter.«
Henschels Junge hockte sich auf die Plastikhülle des oberen Torfballens.
Henschel beugte sich noch einmal zum Gärtner hinaus. »An den Bettelstab bringen Sie meine Familie! Das sind gesalzene Nepp-Rechnungen.«
»Dafür werden Ihre Rhododendren die prächtigsten vom Ort. Sie kriegen dafür noch 'ne Medaille vom Schrebergartenverein Freizeitlust. Denken Sie an meine Worte!«
»Ich denke immer dran«, sagte Henschel.
»Sie können auch noch 'n bißchen Laub dazwischentun. Dann kriegt der Torf gut Luft und verfilzt nicht.«
»Mach' ich«, sagte Henschel. »Bis die Tage.« Und in das Anbrummen des Motors hinein murmelte er: »Dieser Halsabschneider.«
Henschels Junge stemmte sich mit beiden Händen fest in den Torf, um während der schuckligen Fahrt über den schlaglöcherigen Sandweg aus der Gärtnerei heraus Halt zu haben. Auf der Asphaltstraße beruhigte sich der Wagen, glitt ohne Erschütterung dahin. Die Fahrt war langsam. Sie hörte bald ganz auf.
»Stauung«, sagte Henschel, ohne den Kopf zum Jungen zu wenden. »Der Gärtner hat zu lange geschwätzt. Jetzt haben wir Stoßzeit. Bis sich die Schlange durch die Stadt geschlichen hat, ist Abend.« Henschel schaltete, ließ die Lichthupe blinzeln, schaltete zurück.
»Ist kein Durchkommen, Ivo. Ich biege gleich links ab und nehme die Strecke durch den Schwerter Wald.« Der Junge erschrak so, daß er sich mit den Fingernägeln in die Plastikhülle des Torfballens krallte. Die Folie riß.

»Ist zwar ein Umweg, aber wir kommen flotter voran«, sagte Henschel. »Ich kenne da ein paar ruhige Wege.«

Das ist es, dachte der Junge. ›Der arme Holzhacker hatte wenig zu beißen und zu brechen, und einmal, als große Teuerung ins Land kam, konnte er auch das tägliche Brot nicht mehr schaffen.‹ So hat es Vater gestern erzählt. Und heute hat Vater zum Gärtner gesagt, daß wir am Hungertuch . . .

Der Wagen bog in die Waldhöhle ein. Alles hat Flecken, dachte Henschels Junge. Der Waldboden, das Auto, der Vater, die Aschendecke auf der Straße, alles hat Flecken wie Masern, damals bei Heike.

Die Lichtflecken wurden weniger. Die dichten Baumkronen filterten die Sonne. Der Junge blickte eine Weile nach oben; dann schmerzte ihn das gelegentliche Lichtblitzen. Er sah wieder auf die Straße.

Und die Mutter vom Jungen, der Hans hieß, und vom Mädchen, das man Gretel nannte, hatte gesagt: ›Weißt du was, Mann, wir wollen morgen in aller Frühe die Kinder hinaus in den Wald führen, wo er am dicksten ist. Da machen wir ihnen ein Feuer an und geben jedem noch ein Stückchen Brot. Dann gehen wir an unsere Arbeit und lassen sie allein. Sie finden den Weg nicht wieder nach Haus, und wir sind sie los . . .‹

Bettelstab hatte Vater gesagt. Und jetzt fährt er mit mir hierher, und es ist nur Wald um uns. Es paßt alles zusammen. Wenn auch das Auto gestern nicht vorkam und der Torf. Und es gibt auch kein Schwesterchen, das Gretel heißt. Aber sonst ist alles genauso.

Ich muß sehen, wie ich zurückkomme. Ich hab' keine Kieselsteine wie der Hänsel. Aber ich hab' den Torf.

Der Junge blickte auf seinen Vater. Er sah von ihm nur die Umrisse der Schultern und einen nackenlosen Hinterkopf, der fast ganz hinter dem hochgedrückten Jackenkragen verschwand.

Henschels Junge drückte seine Finger tiefer in den Torf. Er spürte die Krumen; nachgiebig wie zerpflücktes Brot. Ohne seine Hockstellung zu verändern, brach er behutsam eine Handvoll Torf heraus. Wieder ein Blick zur breiten Schulterpartie des ruhig steuernden Vaters.

Jetzt warf der Junge den Torf aus seinem feuchten Handteller über die herabhängende Klappe auf das graurote Aschenband. Der zerbröselte Klumpen tanzte noch einmal von der Straßendecke hoch, geriet in eine Lichtsäule und wurde zu Goldstaub. Gehört hatte der Junge den Aufschlag nicht. Das Summen des Automotors schluckte alle Geräusche, die unter dem Pegel seines Lärms lagen.

Der Junge warf die Torfstücke jetzt in gleichmäßigen Abständen aus dem Wagen. An den Fingerkuppen und den Handballen glaubte er Pflanzenteile zu spüren: Stengel, Würzelchen, ineinander verknäulte Blattrippen.

Das dunkle Braun zeichnete eine deutliche Spur. Unregelmäßig zwar und an manchen Stellen verwehend, aber eine Spur. Der Torf in der halbleeren

Plastikhülle rutschte nach. Der Junge kam aus dem Gleichgewicht, ruderte mit den Händen und hielt sich jetzt an der Klappenkette.
»Ist was, Ivo?« fragte Henschel, dem einige Holzstöße dicht am Fahrbahnrand alle Aufmerksamkeit abforderten. »Kannst du noch?«
»Ja, ich kann noch«, sagte der Junge. Er ließ den Rest des ersten Torfballens ausrieseln und die schlaffe Plastikhülle hinterhersegeln.
Als der Junge die Folie des zweiten Ballens aufriß, hielt ein berittener Polizist den Wagen an. »Ist eigentlich nur für Anlieger«, sagte der Polizist, als er vom Rappen herab Henschels Papiere geprüft hatte. »Und Anlieger sind Sie nicht, die kenn' ich nämlich alle, weil's nur sieben gibt, und ich bin einer davon. Oder haben Sie seit heute Ihre Anschrift gewechselt?«
»Ich wollte abkürzen«, sagte Henschel. »Sie wissen ja, wie man zwischen halb vier und halb sieben auf den Stadtstraßen klebt. Und ich will heute abend noch in den Garten . . .«
»Sieht man«, sagte der Berittene. »Und da meinen Sie, ich soll Ihnen nicht noch ein paar Mark für 'ne gebührenpflichtige Verwarnung abknöpfen?«
»So ähnlich, Herr Wachtmeister«, sagte Henschel und versuchte, bieder auszusehen. »Wenn ich jetzt noch draufzahlen muß, dann hätte ich auch gleich Tabakballen kaufen können. Der Torf war schon sündhaft teuer.«
Der Polizist ließ den Knopf seiner Brusttasche zu, an dem er während des Gesprächs spielerisch herumgefingert hatte. »Aber kein Gewohnheitsrecht daraus machen«, sagte der Polizist und grüßte lässig vom Rappen herunter. Das Pferd hatte unverwandt den Jungen angeblickt. Als der Landrover sacht wieder anfuhr, nickte der Rappe.
Der Junge hätte gern gehabt, wenn das Pferd und der Polizist noch bei ihm geblieben wären. Aber er mußte es auch so schaffen. Ohne Gretel und ohne Pferd und ohne Polizist. Bald würde Vater anhalten und ein Feuer machen und ihm ein Stück Brot geben.
Vater hielt an: »Ich will mir die Beine ein bißchen vertreten und an den Strauch gehen. Mußt du auch?«
Der Junge schüttelte den Kopf. Er blieb auf dem angerissenen Torfballen sitzen und blieb gefaßt, als sein Vater vom Ginsterstrauch wiederkam. Henschel kramte im Handschuhfach, holte eine angebrochene Schachtel Kekse heraus und schüttelte dem Jungen zwei Plättchen in die Hand. Der Junge war verlegen. In seinen Handrillen klebten noch einige Fasern Torf, die er in der Eile nicht hatte abwischen können. Aber sein Vater merkte nichts.
»Kannst du in Ruhe auffuttern«, sagte Henschel. »Willst du nicht rauskommen und 'nen kurzen Waldspaziergang machen? Vielleicht siehst du einen Hasen oder einen Fasan.«
Der Junge rollte sich ergeben über die Wagenklappe, stand einige Augenblikke taumelig auf der Straße und lehnte sich dann gegen die Wetterseite einer Buche.

Als der Junge in den Keks biß, steckte Henschel sich eine Zigarette an. Während die Flammenzunge noch die Zigarette beleckte, fragte der Junge: »Willst du kein Lagerfeuer machen?«

»Keine schlechte Idee«, sagte Henschel und lächelte knapp. »Ziemlich kalt hier. Und Reisig gibt's genug.« Henschel ließ die Feuerzeugflamme vom Messingdeckel ersticken und ging zum Wagen. Prüfend rüttelte er an den Ketten der hinteren Klappe. Dann stand er bewegungslos.

»Kann der Gärtner noch nicht einmal bis drei zählen?« rief Henschel. »Hohe Rechnungen, die kann er pinnen. Aber wenn er mir drei Torfballen auf den Wagen laden soll, dann sind's nur zwei. Oder wollte mich der Bursche vielleicht sogar betuppen? Soll ich jetzt umkehren oder von zu Hause anru . . .«

»Ich habe den Torf gebraucht. Für Spuren machen.«

»Spuren? Was für Spuren, Ivo?«

»Damit ich wieder herausfinde aus dem Wald, wenn du mich gleich hier stehenläßt und alleine wegfährst.«

Der Junge hatte die Sätze sachlich gesagt. Jetzt wischte er sich ein paar Kekskrümel von den Lippen. Aß weiter.

Wenn er jetzt schimpft und mich verhaut, dann wollte er mich nicht allein lassen, dachte der Junge. Aber wenn er jetzt freundlich zu mir ist, dann wollte er dasselbe tun wie der Holzhacker, von dem er gestern gesprochen hat.

Der Junge wartete. Zwischen seinen Zähnen krachte die Keksscheibe auseinander.

Als der Junge den Keks aufgegessen hatte, regte sich Henschel noch immer nicht. Er stand neben dem Auto auf der Asche, stützte sich auf die Motorhaube und sah aus wie ein krummer Baum.

Glaube und Unglaube

WERNER BERGENGRUEN

Der Arzt von Weißenhasel

Einem niederhessischen Landedelmanne, der seit langem krank war, träumte es in der Nacht vor Pauli Bekehrung als seinem Namenstage, seine Erlösung sei nahe.

Er grübelte lange darüber nach, was unter der nahen Erlösung zu verstehen sei, und je nach seiner wechselnden Gemütsverfassung meinte er bald, es werde ihm sein bevorstehender Tod, und bald, es werde ihm seine Heilung angezeigt. Manchmal verschmolzen sich ihm auch diese beiden Möglichkeiten zu einem einzigen Gedankengebilde.

An eine Heilung hatte er seit längerem keinen Glauben mehr, und wenn er sie mitunter dennoch für möglich gehalten hatte, so meinte er gleich danach, einem Selbstbetruge erlegen zu sein. Die Krankheit bestand in einer unförmigen, bald weicheren, bald härteren Geschwulst zwischen dem linken Hüftknochen und dem Brustkorb; aber sie war längst über ihren ursprünglichen Ort hinausgewuchert, sichtbarlich nach außen hin, aber, wie es schien und wie die Ärzte annahmen, auch nach innen, denn anders vermochte man sich die furchtbaren Schmerzen, die Beklemmungen des Atems, die Schlaflosigkeit und die häufigen Fieberanfälle, denen er ausgesetzt war, nicht zu erklären.

Er konnte nicht gehen, der Wechsel zwischen Bett und Lehnsessel war ihm zur Qual geworden, und er hatte alle Lebenshoffnung verloren. Die Ärzte, die er zu sich kommen ließ, versuchten mancherlei, aber zuletzt lief es doch immer auf Bäder, Umschläge, Blutegel, Aderlaß oder Medikamente hinaus. All das tat keine Wirkung. Zum Schneiden mochten sie sich nicht entschließen, indem sie der Meinung waren, die Kräfte und insbesondere das Herz des Kranken seien bereits so geschwächt, daß der Eingriff tödlich verlaufen müsse.

Während er in seinen einsamen Nachtstunden bald mit Hoffnung, bald mit Schauder, bald mit einer schwermütig friedvollen Ergebenheit der angekündigten Erlösung nachsann, kam es ihm in den Sinn, daß er vielleicht, was nun jenes Wort auch bedeuten mochte, nicht recht tue, seiner Erwahrung untätig entgegenzuharren. Ja, es wurde ihm gewiß, daß er zum Handeln aufgefordert worden war, so sehr auch jegliches Handeln außerhalb der Bedingungen seines Zustandes gelegen schien.

Diese Gedanken beschäftigten ihn durch eine Reihe seiner elenden Tage. Dann fiel ihm ein, daß ihm seine in Ziegenhain lebende Schwester bei ihrem letzten nun schon ein Jahr zurückliegenden Besuche von der medizinischen Fakultät der Universität Marburg gesprochen hatte; dort gebe es gelehrte

Heilkünstler von Ruhm und Geschick, vielleicht würden die ihm helfen können. Damals hatte er nur schwermütig geseufzt und eine abschätzige Handbewegung gemacht, denn er hatte ja Ärzte genug bei sich gehabt, und es war doch nicht denkbar, daß er eine so weite Reise unternahm. Jetzt aber sagte er sich: »Ist mit meiner Erlösung die Heilung von meinem Leiden gemeint, warum sollte ich sie nicht in Marburg finden? Und alsdann werden auch die Beschwerlichkeiten der Reise sie nicht hindern. Ist aber mein Tod gemeint, so können sie ihn beschleunigen, und was begehre ich denn Besseres?«

Er begann nun mit den Zurüstungen zur Reise. Sie bestanden vor allem darin, daß eine große Kutsche dergestalt umgebaut wurde, daß sie eine Art Bett aufnehmen konnte.

Endlich, es waren seit jenem Traum zwei Monate verflossen, und das zeitige Frühjahr hatte viel Milde und Sonnenschein, ließ er sich auf einem Mittelding zwischen Bahre und Bett zur Kutsche tragen, die vor dem Portal seines bescheidenen Schlößchens hielt. Außer dem Kutscher sollten zwei Bediente seine Reise teilen.

Da jeder Stoß, sei es nun auf Landstraßen oder auf dem ungleichen Pflaster der Städte, ihm heftige Schmerzen verursachte, wurde nur Schritt gefahren, und die Reise ging mit großer Langsamkeit vonstatten.

Es war das erste Mal seit vielen Jahren, daß er seinen Besitz verließ, und die Fahrt geschah in Trübseligkeit wie die eines Leichenwagens. Allein, allen Behinderungen zum Trotz kam doch ein wenig von jener ahnungsvollen Bereitschaft über ihn, die von jedem Aufbruch aus dem seßhaften und scheinbar unabänderlichen Zustande erzeugt wird. Und hierzu trug wohl auch eine Gepflogenheit bei, die sich bereits am zweiten Reisetag entwickelte. Denn wenn es ihm in der Dumpfheit des geschlossenen Wagens nicht mehr recht erträglich scheinen wollte, dann ließ er halten, ließ sich hinaustragen und sich auf einige Decken und Kissen in das junge, hell glänzende Gras am Straßenrande niederlegen. Da erquickte er sich an der linden Luft, am Sonnenschein und an den Tönen der Lerchen, welche über den Saatäckern sangen. Er sah den Kiebitzen und Bachstelzen zu, und einmal, als ein hüpfender Frosch mit dem Hinterbein seine offen liegende Hand streifte, da erschütterte ihn eine rätselhafte Freude, und er sprach von diesem unbedeutenden Vorfall noch am folgenden Tage viel zu seinen Bedienten.

Er hatte ursprünglich vorgehabt, in Ziegenhain einzukehren und bei seiner Schwester eine Reihe von Tagen zu rasten. Dann jedoch dünkte es ihn unleidlich, jetzt Ratschläge und Mitleidsbezeugungen anhören zu müssen, und er beschloß, den Besuch bis auf die Rückfahrt von Marburg zu verschieben, wenn ihm dann eine solche Rückfahrt beschieden sein sollte.

Er näherte sich bereits der Eder, als er, im Fahren eingenickt, abermals einen Traum hatte, welcher jenem ersten verwandt zu sein, ja ihn gar fortzusetzen und zu ergänzen schien. Nämlich es wurde ihm, und wiederum in einer Weise, deren er sich nach dem Erwachen nicht mehr zu entsinnen vermochte, die Mitteilung gemacht, er möge sich nach Weißenhasel begeben; dort sei der Arzt, der ihn heilen könne.

Dieser Traum erregte ihn sehr. Der Ortsname Weißenhasel war ihm fremd, ja er war sich nicht einmal sicher, daß es einen Ort solcher Benennung überhaupt gebe. Er fragte seine Leute, aber auch die hatten ihn noch nicht erwähnen hören. Da trug er ihnen auf, sich unterwegs zu erkundigen. Nicht lange, und es wird ihm gemeldet, dies sei ein Ort zwischen Fulda und Werra, an einem Fluß namens Hasel gelegen. Jetzt meinte der Kranke, es sei ja möglich, daß er den Namen einmal gehört und wieder vergessen, in einer verschwiegenen Kammer seines Inneren aber unwissentlich aufbewahrt habe, aus der er nun auf irgendeine Art emporgestiegen oder emporgetragen worden sei. So sagte er sich bald darauf, es wäre ja töricht, wollte er sich von der Marburger Reise abbringen lassen. Wo käme man hin, meinte er, wenn man in den bunten Tollheiten eines jeden Traumes eine Leitschnur für das Handeln des wachen Tages erblicken wollte? Allein, er fühlte, wie sich hiermit die Sache nicht abtun lassen wollte. Je mehr er sich der Stelle näherte, an welcher er, wäre er anders zur Reise nach Weißenhasel entschlossen gewesen, von der Landstraße nach Osten hätte abbiegen müssen, um so mehr nahm eine eigentümliche Unruhe von ihm Besitz. Konnte er nicht den Versuch machen, war er denn wirklich aussichtsloser als die Reise nach Marburg, die er doch auch ins Ungefähre hinein unternahm? Und kam es denn auf den Umweg an? Wie aber, wenn sich der Umweg als sinnlos erwies, und vielleicht kam er gerade um die Zeit, die er auf ihn verwandt hatte, in Marburg zu spät an? Und was für ein Arzt denn konnte in einem elenden kleinen Ort gefunden werden? So beschloß er zuletzt, seine Reise in ihrer vorgeplanten Richtung fortzusetzen.

Er hatte nun schon Eder und Schwalm überschritten, auf einem Teil ihres Laufes begleitet und hatte sich unweit des Dorfes Schlierbach ins Gras legen lassen. Die Straße, welche ja den großen Post- und Handelsweg nach Oberhessen und nach den Maingegenden bildete, war recht belebt, doch kümmerte es den Kranken wenig, daß viele Fußgänger, Reiter und Wagenfahrer aus allen Ständen neugierig oder verwundert zu ihm hinüberblickten. Er war in unruhigen Gedanken und bedrückt von der Vorstellung einer Versäumnis, doch mochte er gleichwohl nicht den Befehl zur Umkehr und zum Abzweigen von der Straße geben.

Während er dort so lag, schien es ihm, als wollten jenseits des Wagens seine Bedienten einem Heranstrebenden mit einiger Grobheit den Weg verstellen und ihn davonjagen. Er rief sie an, was es denn gäbe, und als sie kamen, da drängte hinter ihnen gleich jener Mensch nach, dem sie den Zugang zu ihrem Herrn hatten verlegen wollen. Es war ein noch sehr junges, ja kindhaftes zigeunerisches Mädchen, mehr luftig als lumpig gekleidet, und die Grellheit der Farben hatte nichts Verletzendes. Auch ihre Gebärden und Bewegungen hatten nicht die Andringlichkeit, welche in ihrem Stamme gewöhnlich ist. Mit ihrer fremdartig klingenden Stimme und Aussprache redete sie ihn »armer Herr« an. Er erfaßte nicht, da sie »gnädiger Herr« oder nach zigeunerischer Art »schöner Herr« zu ihm sagte, sondern ihn »armer Herr« nannte. Er erfaßte nicht jedes ihrer Worte, doch verstand er, daß sie ihm Zukunftsaufschlüsse anbot. Er hatte, schwankend, noch nicht antworten können, da kniete sie schon und griff nach der linken Hand des Liegenden, und er mußte denken, dieses geschwinde Hinknien erinnerte an den natürlichen und übertriebenen Eifer, mit welchem ein Kind sich niederhockt, um mit Murmeln zu spielen.

Der Kranke, wohl ein wenig verwundert, nicht aber abgestoßen, hatte ihr die Hand überlassen. Sie schaute aufmerksam hinein, gab sie wieder frei und nahm dann seine Rechte. Während sie sich über diese beugte, sah er auf ihren gesenkten Kopf, dessen strähniges, schwarzes Haar unter dem roten Kopftuch vorschaute und in der Sonne einen bläulichen Glanz hatte. Plötzlich hörte er sie sagen: »Armer Herr muß nach Weißenhasel gehen, da ist der Arzt, was armen Herrn gesund machen wird.«

Er zuckte zusammen und fragte sie hastig, woher sie das wisse und wie sie auf einen solchen Rat verfallen sei.

Aber sie vermochte diese noch mehrfach wiederholte Frage nicht zu beantworten, sei es nun, daß es ihr Schwierigkeiten machte, sich auszudrücken, sei es, daß sie die Frage nicht verstanden hatte; vielleicht war ihr auch noch nie der Gedanke gekommen, man könne versuchen, etwas zu erklären, was ihr wie das Atemholen natürlich, keiner Erklärung bedürftig und darum auch unerklärlich schien. So lächelte sie nur und sagte ein zweites Mal: »Armer Herr nach Weißenhasel.«

Sie kniete immer noch. Der Kranke starrte sie verwirrt an, und es war ein sonderbarer Anblick, wie ihre Blicke sich so begegneten. Dann griff er in die Tasche, zog einige Münzen hervor und schüttete die Belohnung in ihre Hand. Sie stieß einen freudigen Ruf aus, lachte mit blitzenden Augen, sprang auf und lief sehr geschwind davon.

Eine große Betroffenheit hatte nun vom Herrn Besitz ergriffen. Nach langem Grübeln nahm er endlich an, die Zigeunerin, der er keinesfalls einen Prophetenrang zugestehen wollte, müsse eine Gabe haben, die Gedanken anderer Menschen zu erraten. Dergleichen, so sagte er sich, gibt es ja, wie unerklärlich es auch scheinen mag. Er erinnerte sich an einen seiner Lehrer und auch an einen Jagdjunker, mit dem er in seiner Jugend am landgräflichen Hof zusammen gewesen war. Da nun Weißenhasel und sein Arzt in seinen Gedanken so häufig zugegen war, so nahm er an, dieser Gedankeninhalt sei solchergestalt zur Kenntnis der Zigeunerin gekommen und ihr Rat mithin nicht eine bestätigende Ergänzung, sondern eine umwegige Folge seines Traumes.

Aber alle solchen Überlegungen, die ja aus seinem grübelnden Verstande kamen, konnten die freudige Anfrischung nicht ertöten, welche sein Herz aus dieser Begegnung empfangen hatte. Immer wieder sagte er den Namen Weißenhasel vor sich hin, und immer mehr nahm das Wort den Klang einer geheimnisvollen Verheißung an. Noch wog er ab. Marburg, so ungewiß es schien, war das vergleichsweise Gewisse. Nun aber erfaßte ihn plötzlich die Vorstellung, auf keine andere Weise könne er gewinnen, als indem er sich von dem Gewissen lossage und sich dem Ungewissen überlasse. Ja, selbst auf die Gefahr hin, die Marburger Hoffnung zu versäumen, war er nun jählings zur Fahrt nach Weißenhasel entschlossen. Er gab seine Befehle und kümmerte sich nicht um die Befremdung, ja um den stummen Widerstand seiner Leute. Er ließ augenblicklich aufbrechen.
Die Reise ging in der gewohnten Art vor sich. Sie überquerten die Fulda, sie kamen durch allerlei Ortschaften und durch hügeliges, durch bergiges Waldland, in welchem die Buchen nun schon ihre ersten, lichtgrün schimmernden Blätter zu entfalten begannen.
Die Gemarkung von Weißenhasel war erreicht, der Kirchturm, die ersten Häuser waren bereits sichtbar; bis in das Dorf mochte es kaum mehr eine Viertelstunde Weges sein. Der Reisende ließ halten und sich ins Gras legen. Dann schickte er den einen der Diener in den Ort; er sollte anfragen, was es denn dort für einen Arzt gebe. Er kam zurück und meldete, es sei ein bescheidenes Dorf, das weder Arzt noch Bäder habe. Ein Gasthaus freilich sei vorhanden, eine jämmerliche Bauernschenke; es werde einem nichts übrigbleiben, als sich dort zur Nacht einzurichten.
Der Kranke nickte trübselig. Hatte er denn in der Tat erwarten können, ein Arzt, und gar etwa einer von Ruf, werde sich gerade Weißenhasel zum Wohnsitz gewählt haben? Aber dann sagte er sich, es könne ja sein, daß ein durchreisender Heilkünstler sich dort aufhalten, vielleicht erst nach ihm selbst eintreffen werde. Und mußte es denn überhaupt ein Arzt im gewöhnlichen Wortverstande sein? Konnte nicht, wie es doch bisweilen vorkommt, der Pfarrer Heilkenntnisse haben und glückliche Kuren machen? Auch hatte man ja schon von ungelehrten Schäfern oder alten Frauen gehört, denen eine Heilgabe verliehen war.
Und doch fühlte er jetzt eine große Ungetröstetheit und Ermattung, so daß er sich nicht entschließen konnte, seine Rast zu beenden und hineinzufahren. In seinem Geschwür schien sich ihm alle Bresthaftigkeit der Welt überhaupt darzutun, dieser unzulänglichen, kranken Welt – wie konnte er da Hoffnung haben, wie gar einen Anspruch erheben, seines Leidens ledig zu werden, es sei denn um den Preis der Lösung von dieser Welt? Er schrak auf, das jähe Dröhnen der Kirchenglocke riß ihn aus seiner Versunkenheit. Gleich danach kam der Kutscher, der sich die Füße vertreten hatte, und berichtete, weiter vorn sähe man Rauchwolken; im Dorf müsse Feuer aufgekommen sein.

»Schirrt die Pferde an, reitet hinein und legt Hand an!« befahl der Kranke. Die drei widersprachen; der Herr könne doch nicht allein hier liegen, wenigstens einer müsse bei ihm zurückbleiben. Er bestand auf seinem Willen und Befehl. Vielleicht, so sagte er schwermütig, sei dort manches Leben in Gefahr, das mehr Wert und Zukunft habe als das seine. Als sie fortfuhren, sich zu sträuben, da meinte er lächelnd, wenn sie so ängstlich seien, dann könnten sie ja eine der Pistolen zu seinem Schutze neben ihn legen. Dies geschah, und nun sah er sich allein.

Da lag er denn im Grase auf dem Rücken und blickte hinauf in den blauen Himmel. Man weiß ja, was für sonderbare Änderungen des Gemütszustandes eine solche Lage und ein solcher starr in die Höhe gerichteter Blick erzeugen, und sei es auch nur durch ihre Ungewohnheit. Nun war dem Kranken freilich die Lage nicht fremd, wohl aber die gänzliche Einsamkeit, in welcher er sich jetzt befand, in einer fremden, von unbestimmten Hoffnungen, Zweifeln und Ahnungen belebten Gegend und angesichts eines vom Feuer erfaßten Ortes. Er sah ein paar winzige flockenartige Wölkchen, an die heftete er seinen Blick und seine Gedanken, und es kam ihm allmählich so vor, als sei sein eigenes Dasein bereits ausgelöscht und als ziehe er in Wölkchengestalt langsam und ohne Gewicht über den blauen Frühjahrshimmel hin. Dazwischen hörte er einen fernen, verworrenen Lärm, Glockenläuten und Menschenstimmen aus dem Ort, aber es war ihm, als habe das alles keine rechte Wirklichkeit und Bedeutung. Er hatte sich, so meinte er, hingetan und preisgegeben, und ob ihm nun Heilung oder Tod bestimmt sein mochte, es dünkte ihn, als sei zwischen diesen beiden nicht mehr zu unterscheiden.

So war er wohl eine längere Zeit gelegen, als ihm plötzlich ein Schatten von der Seite heranzugleiten schien. Er löste den Blick vom Himmel und sah sich um. Ein zerlumpter Mann mit bärtigem, wüstem Gesicht beugte sich über ihn, murmelte einige Worte fordernden und drohenden Klanges und streckte die Hände nach ihm aus. Die Freiwilligkeit, mit welcher der Edelmann sich seinem Schicksal heimgegeben hatte, konnte nicht hindern, daß er sich in diesem Augenblick wie absichtslos seiner natürlichen Gewöhnungen und Gepflogenheiten entsann und nach der neben ihm liegenden Pistole griff. Aber er hatte sie noch nicht erlangt, da blitzte vor seinen Augen ein Messer, und fast gleichzeitig schon spürte er einen jäh aufleuchtenden Schmerz, der ihn spaltete, zerriß und einer geschwind sich ausbreitenden Schwärze überantwortete. Und doch hatte der winzige, nicht länger als das Auf- und Vorüberzucken eines Blitzes währende Augenblick noch Raum gehabt für eine freudige Empfindung, als komme die verheißende Erlösung nun überwältigend auf ihn hernieder.

Die Bedienten hatten an der Bekämpfung des Feuers teilgenommen, sich aber, kaum daß das Ärgste abgewendet schien, geschwind wieder davongemacht. Sie fanden ihren Herrn ohne Bewußtsein, mit Blut besudelt, ja, seine

Kleidung schien über und über von Blut, Eiter und wässeriger Flüssigkeit getränkt. Sie hielten ihn für tot, sie schrien und redeten durcheinander, endlich entblößten sie ihn und fanden die immer noch Blut ausscheidende Wunde. Sie meinten, das Geschwür habe sich geöffnet, aber da schrie der Kutscher: »Er ist gestochen, gestochen ist er, das ist ein Loch von einem Messer!«

Und nun rief einer der anderen: »Wo ist die Pistole? Die Pistole fehlt!« Und der dritte vermißte den Pelzrock, den er über die Füße des Herrn gebreitet hatte. Außer dem Pelzrock und der Pistole fehlte nichts. So mußte man annehmen, der Untäter habe den näherkommenden Hufschlag gehört und die Flucht ergriffen.

Der Kutscher sprang aufs Pferd und jagte die Straße in der dem Dorfe abgekehrten Richtung hinunter. Aber da begann rechts und links bald der große Wald, wie hätte er den aufs Geratewohl durchsuchen können, und so kehrte er zuletzt um. Inzwischen hatten die beiden anderen mit Tüchern und Wäschestücken die Wunde verbunden, und sie riefen ihm entgegen: »Das Leben hat er noch, das Leben hat er behalten!«

Am Abend, es war in der Gaststube des Wirtshauses von Weißenhasel, kam der Kranke zu sich. Er war sehr geschwächt und hatte Mühe, sich zu erinnern. Er hatte Wundfieber und er hatte Schmerzen, aber es waren nicht die Schmerzen der hinter ihm liegenden Jahre. Der Wirt sorgte sich um ihn und holte die Frau des Pfarrers, die in der Krankenpflege erfahren war. Einen anderen Heilkundigen gab es nicht am Orte, allein, der Kranke wußte ja nun, wer der Arzt war, um dessentwillen er nach Weißenhasel hatte kommen müssen. Das Geschwür hatte sich entleert und sonderte nur noch in geringen Stößen Blut und Materie aus. In aller Schwäche spürte er eine Erleichterung und Befreiung, die ihm Tränen in Kehle und Augen treiben wollten und ein neues Dasein verhießen.

Eine Reihe von Tagen blieb er in Weißenhasel liegen. Die Wunde begann sich zu schließen. Fast von einer Stunde zur andern fühlte er die Erleichterung zunehmen. Er versuchte vom Bett aus ein paar Schritte zu tun. Ja, als er aufbrach, da ging er, auf die beiden Diener gestützt, bis zur Kutsche, die vor der Tür des Gasthauses hielt.

Er fuhr nach Ziegenhain zu seiner Schwester, um hier die Genesung sich vollenden zu lassen. Sie sah aus dem Fenster, als der Wagen vorfuhr; sie schrie auf, als sie ihn aussteigen sah.

Unterwegs hatte er viel über das ihm Widerfahrene nachgedacht und zuletzt die Meinung gewonnen, es gebe wohl einen verborgenen Heilmeister im Gemüt und Geblüt des Menschen, dem mitunter auch ein Blick in die Zukunft freistehen möge; dieser habe ihm den Weg zeigen wollen. Zugleich aber dünkte ihn, er habe nur darum seine Heilung finden können, weil er sich freien Willens des Schutzes und der Sicherheit entblößte und den Fährlichkei-

ten der Stunde freistellte; und er fühlte, daß seinem Leben eine neue Richtung angewiesen worden war.
Seine Schwester mochte dergleichen nicht gelten lassen. Doch ließ sie sich seinen Dank gefallen; denn mit ihrem Rat, er möge nach Marburg reisen, hatte sie sich ja unter den Ursachen seiner Heilung einen Platz geschaffen. Sonst aber sagte sie mehrfach in ihrer entschiedenen Art und mit ihrem immer noch hübschen Lächeln: »Mit Feuer und Eisen bist du geheilt worden!«
Er war die dritte Woche bei ihr und hatte sich schon weit in das Leben der Gesunden zurückgefunden, als ein Bote von seinem Besitz anlangte. Dieser brachte ein Schreiben des Rotenburger Gerichts, es sei ein verdächtiger Mann ergriffen und eingeliefert worden, er habe versucht, eine kostbare, mit eingelegtem Silber gezierte Pistole zu veräußern, welche sein, des Briefempfängers, Familienwappen trage. Die Angaben des Häftlings seien unklar und voller Widersprüche; bevor man ihm den Prozeß mache, werde er um Äußerung gebeten.
Der Edelmann schrieb zurück, der Mann habe ihm einen wichtigen Dienst geleistet, und so habe er ihm aus Dankbarkeit außer einem Pelzrock auch diese Pistole geschenkt; wenn er sonst nichts auf dem Kerbholz habe, bitte er, ihn laufen zu lassen.

DINO BUZZATI

Die Herausforderung des Zauberkünstlers

Nach der letzten Abendvorstellung fand Smith, Direktor und Mitbesitzer des Varietétheaters »Eldorado«, einen Brief auf seinem Schreibtisch, in welchem ihm der Meister der Zauberkünstler, Omar er Bazan – der mit seinen Kunststücken schon über ein Jahr mindestens ein Viertel des Erfolges der ganzen Vorstellung bestritten hatte –, mitteilte, daß er beabsichtige, in ein anderes Theater überzuwechseln, wo – wie er schrieb – »seine Talente eine entsprechendere finanzielle Würdigung finden würden«. Das war ein schwerer und unerwarteter Schlag. Wen konnte man als Ersatz bekommen? Smith ließ sich in Gedanken die berühmtesten Namen durch den Kopf gehen. Der Graf Dela Monaco, auch der Graf des Unmöglichen genannt? Ja, es war wohl das beste, wenn man Dela Monaco sofort telegraphieren würde, aber was sollte er in der Zwischenzeit machen? Im günstigsten Falle könnte der Zauberkünstler erst in acht Tagen hier eintreffen.
Es klopfte; ein kleines Männchen mit rundem lächelndem, ein wenig ängstli-

chem Gesicht steckte seinen Kopf herein: »Sind Sie der Herr Direktor?« – »Ja.« – »Verzeihen Sie vielmals, aber wäre hier nicht zufällig die Stelle eines Zauberkünstlers, eines Magiers, eine . . .« – »Hat Sie etwa dieser Schuft von Omar geschickt?« – »Nein, mein Herr, ich kenne Omar überhaupt nicht.« – »Woher haben Sie es dann aber gewußt?« – »Was gewußt? Ich bin zufällig hier vorbeigekommen. Erlauben Sie, daß ich mich vorstelle, Professor Sepulcrus!«

Smith betrachtete ihn von Kopf bis Fuß. Es mußte sich um einen ganz bescheidenen Zauberkünstler handeln, von der Sorte, wie sie im Sommer in den Kurorten zu finden sind, um in Familienpensionen und kleinen Hotels ihre Kunststücke zu zeigen, aber besser als gar keiner war er. »Wir können es ja einmal probieren«, sagte Smith. Er begann am nächsten Abend. Wie Smith es erwartet hatte, war das Programm des Neuen ziemlich banal: die üblichen Scherze mit Taschentüchern, die aus dem Ärmel gezogen wurden, mit Spielkarten, die in der Handfläche verschwanden, die Taschenuhr eines Zuschauers, die dann in der Westentasche eines Dritten am Ende des Saales wiedergefunden wurde . . . Doch konstatierte Smith zwei merkwürdige Dinge: Das Publikum hing, statt gleichgültig zuzuschauen, geradezu begierig an den Lippen Sepulcrus' und applaudierte ihm mit unerklärlichem Enthusiasmus, viel stärker sogar als vorher Omar, der doch zu ganz anderen Dingen fähig war. Ebenso seltsam war auch das Verhalten des Zauberkünstlers selbst. Er sah sich bei jeder neuen Nummer ängstlich und schüchtern um, stotterte und blickte hilfesuchend zu der blonden Assistentin, Fräulein Yvonne.

Der Abend endete besser, als man gedacht hatte. Während sich Sepulcrus umzog, begegnete Yvonne dem Direktor hinter den Kulissen und rief ihm erregt entgegen: »Haben Sie gesehen, was für ein außergewöhnlicher Mann dieser Sepulcrus ist?« – »Na, es ging ja ganz leidlich, aber etwas Außergewöhnliches habe ich nun gerade nicht bemerkt.« – »Nichts Außergewöhnliches, dann haben Sie also nichts gesehen?« – »Wieso, nichts gesehen?« – »Ja, die Blumen, die Taschentücher, die weißen Hasen . . .« – »Na, und was ist mit ihnen?« – »Er hatte sie gar nicht!« – »Was soll das nun wieder heißen, er hatte sie gar nicht?« – »Bevor er auftrat, waren sie nicht da, es war gar kein Trick dabei – und ich verstehe mich auf diese Dinge!«

Bald wurde der schüchterne und lächelnde Professor zu einer Quelle des Vergnügens für seine Theaterkollegen. Sich nach der Vorstellung im Café Circe, wo sich alles traf, über den Zauberkünstler lustig zu machen, war ein beliebtes Spiel. Wenn er einmal nicht da war, schien der Abend eintönig. Klein, rund und bescheiden, steckte er alle Neckereien gelassen ein und nahm niemandem etwas übel.

Eines Abends nun, als sie alle im Café zusammensaßen, Smith, Sepulcrus, die falschen japanischen Gaukler, der Komiker, die Miami-Girls, der Schlangenmensch, die Sängerin und der Mundharmonikasolist, trat ein hochgewachsener, großer, dunkelgekleideter Herr mit ergrauten Schläfen, einem Monokel und einem Spazierstock mit goldenem Knauf und dem Gehabe eines indischen Großen ein. Smith und mehrere Anwesende erhoben sich ehrerbietig und boten ihm Platz an. Es war Graf Dela Monaco, der mit dem Flugzeug aus London gekommen war, um den Platz eines festengagierten Zauberkünstlers im »Eldorado« zu übernehmen. So war der letzte Abend für den noch ahnungslosen Sepulcrus gekommen.

Unterdrücktes Lachen wurde laut und alle spitzten die Ohren in Erwartung der Begegnung zwischen den beiden, denn es war kaum glaublich, daß der sehr von sich eingenommene Graf sich die Gelegenheit, seinen bescheidenen Kollegen zu beschämen, entgehen lassen würde. Und es waren keine fünf Minuten vergangen, als schon Dela Monaco zum Angriff überging: »Ich habe wohl die Ehre, mit dem Herrn Professor Sepulcrus zu sprechen?« Der Kleine nickte lächelnd.

»Das ist eine außerordentliche, wirklich außerordentlich freudige Begegnung für mich, denn ich habe schon Wunderdinge über Sie zu hören bekommen. Man erzählt sich nämlich, wenn ich nicht irre, daß Sie sozusagen ohne Vorbereitungen, ohne Tricks arbeiten, kurz, daß es sich bei Ihnen um authentische[1] Magie handele.« – »So ist es.« Smith unterbrach die beiden mit einem lauten Lachen: »Und wozu halten Sie dann weiße Kaninchen in Ihrem Zimmer? Ich habe sie gesehen!« – »Ich habe sie der größeren Wahrscheinlichkeit wegen kaufen müssen«, antwortete Sepulcrus bescheiden. – »Ich muß gestehen«, sagte jetzt Dela Monaco mit gespieltem Ernst, »daß ich nicht ganz verstanden habe.« – Sepulcrus gab bereitwilligst Auskunft: »Ich wollte damit nur sagen, daß ich mir sie zulegen mußte, um weniger Erklärungen zu geben, eben der größeren Wahrscheinlichkeit wegen.« – »Soll das heißen, daß im Grunde die Kaninchen überflüssig sind?« – »Ja«, bestätigte der kleine Mann mit selbstverständlicher Sicherheit. Dela Monaco heftete langsam sein Monokel in das rechte Auge, um dieses merkwürdige Individuum besser betrachten zu können: »So müssen wir also daraus die Schlüsse ziehen, daß Sie, Herr Professor, über wirkliche magische Kräfte verfügen.« – »Wenn Sie so wollen ...« – »... die Sie aber verstecken, um die andern glauben zu lassen, es handele sich um die üblichen Tricks, die üblichen Zauberstückchen.« – »Sie haben meine Gedanken vollständig in Worten ausgedrückt«, antwortete Sepulcrus, ganz unempfindlich für den Sarkasmus des anderen. »Wäre es deswegen unbescheiden, wenn wir Sie, Herr Professor, bitten würden, uns heute abend im Freundeskreis eine Probe – wie gesagt – Ihrer übernatürlichen Fähigkeiten zu geben?« Sepulcrus schien einen Augenblick lang wie abwesend, dann sagte er: »Ich würde vorziehen, es lieber nicht tun zu müssen, vielleicht wäre es für alle besser ...« – »Aha«, entgegnete Dela Monaco

[1] authentisch = echt

ironisch. – »So habe ich es nicht gemeint.« – »Warum also nicht?« – »Weil ich selbst die Grenzen meiner Kraft nicht kenne, ich habe sie noch nie ausprobiert.« – »Niemals? Aber mein Bester, dann wäre es doch wirklich schade, wenn Sie uns nicht gestatten würden, heute einem Experiment beizuwohnen.« – Sepulcrus schüttelte lächelnd seinen runden Kopf. Aller Blicke waren auf ihn gerichtet, und die meisten genossen schon im voraus die lächerliche Figur, die er im Begriffe war zu spielen. Fast tat ihnen der kleine Mann in den Klauen des Grafen Dela Monaco leid. Endlich murmelte Sepulcrus: »Wenn Sie, mein Herr, es absolut wünschen . . .« Ein Chor von »Bravo, das Wunder, Herr Professor, lassen Sie uns das Wunder sehen!« ertönte von allen Seiten. Der Graf war aufgestanden und wies die andern zur Ruhe: »Ich spreche Ihnen im Namen aller unseren Dank aus. Was für eine Probe dürfen wir Ihnen nun auferlegen?« Smith mischte sich ein: »Bitten Sie ihn doch, daß er diese verfluchten Motoren draußen zum Schweigen bringt, die meine Nerven zerrütten.« Von der Straße her hörte man den ununterbrochenen Lärm vorüberrasselnder Lastwagen: »Können Sie das, Professor?« – »Ich will es versuchen«, antwortete Sepulcrus ruhig. – »Und mit was, wenn man fragen darf?« – »Mit diesem«, und er zog einen dünnen weißen Stab aus einer Innentasche. »Bravo, der Zauberstab, bravo, Professor«, und alle lachten belustigt. – »Also dann kann es ja losgehen«, ermutigte der Theaterdirektor, »heißen Sie einmal alle Motoren stillstehen.« Sepulcrus sah sich mit dem Blick eines von Hunden gehetzten Wildes um und sagte, in sein Schicksal ergeben: »Sie haben es so gewollt.« Dann hob er den Stab, murmelte einige unverständliche Worte und schlug mit ihm auf den Tischrand. »Halt, halt«, rief der Graf Dela Monaco und lachte diesmal sehr aus vollem Halse, »in diesem Moment fliegt meine Frau über den Ozean und ich möchte nicht, daß sie gerade . . .« Sepulcrus sah ihn so demütig und bescheiden wie je an, doch in seinen Augen stand Schrecken: »Es ist zu spät, Herr Graf.« Dann stand er von seinem Stuhl auf, grüßte die im Kreise Sitzenden und ging mit kleinen Schritten zur Tür, während ihm das Lachen seiner Kollegen folgte. Im nächsten Augenblick überfiel sie die Stille. Kein Laut drang mehr von außen, als sei die Stadt plötzlich von einer tödlichen Lähmung ergriffen worden. Sie schauten durch die Fenster des Cafés. Sie liefen hinaus und sahen nur am Ende der Straße die Lichter mehrerer Autos unbeweglich leuchten. Das Monokel entfiel dem Grafen Dela Monaco und blieb an einer Schnur baumeln. Sein Gesicht war auf einmal blaß. »Meine Frau«, murmelte er, »meine Frau im Flugzeug!« Klopfenden Herzens standen sie alle auf der Straße und hofften, das Opfer einer Autosuggestion[2] oder eines Zufalls geworden zu sein. »Gott im Himmel, laß nur ein einziges Auto vorbeifahren«, schluchzte der berühmte Zauberkünstler. Aber nichts rührte sich. In der ganzen Welt standen die Motoren still.

[2] Autosuggestion = Einbildung

ERNST SCHNYDRIG

Der geduldige Hiob und seine zwei Ferkel

Mein Vater war ein Bergbauer. Eigentlich war er Zimmermann, und wahrscheinlich habe ich davon meine Vorliebe für Holzgerüche. Aber er war mit seinem Gebälk in 1600 m Höhe zwischen zwei Kühen und ein paar Geißen aufgewachsen, und die Höhenluft, der Berg und der Viehgeruch gehen tiefer ins Blut als die abgeschabten Hobelspäne.

Und so ist ihm der Abschied denn auch sehr schwer geworden, als die sogenannte höhere Gewalt ihn von der Bergflanke weg ins Tal hinunterfegte. Er war gerade daran, seine Zimmermannskunst endlich auch für ein eigenes kleines Haus einzusetzen und hatte uns Kinder, drei Buben und ein Mädchen damals, auch schon notdürftig unter Dach gebracht. Da donnerte der Krieg in seine hübschen Pläne. Erster Weltkrieg, vier Jahre Wehrdienst. Und daheim zurückgeblieben die Mutter mit vier ahnungslosen strohblonden Kleinkindern. Sie taten, was sie konnten, die Mütter, in jenen schweren Jahren. Weiß nicht, wie sie es schaffte, uns mit Suppe, Geißenmilch und Weihwasser über die Jahre zu bringen, denn es gab damals noch keine geregelte Kriegsfürsorge.

Kurzum, als Vater zurückkehrte, verkaufte er das halbfertige Haus und zog mit seiner Familie ins Tal hinab, wo sich neue Industrien angesiedelt hatten.

War damals ein Bub von fünf Jahren und hatte großen Spaß am Umzug. Unser Hausrat wurde auf Waldschlitten den Berg hinabgeschleift bis zur nächsten Bahnstation. Diese Bahnstation wurde von einem roten Züglein bedient, das wußte ich. Habe die winzigen roten Wägelchen oft tief unten im Tal herumschlüpfen sehen, wenn ich in meines Vaters korngelben Bergäckerchen an der Sonne lag. Damals hatten die Bahnhöfe noch große Stahlglocken, die mit Hammerschlägen das Anfahren des Zuges bimmelten. Also bimmelte es plötzlich und Vater sagte: »Das ist unser Zug.« Wir haben einen Zug, dachte ich. Ich war mächtig stolz, daß wir einen Zug hatten, nicht bloß Ofen, Tisch und Stuhl und Bettstatt, sondern auch einen Zug.

Mein Vater hielt es nicht für nötig, mich aufzuklären. Er schob uns schweigend über das Trittbrett in den Wagen und hat auch nachher auf dem Holzbänkchen nicht viel gesprochen. Er schaute zum Fenster hinaus und sah, wie der fahrende Zug, dagedag – dagedag – dagedag, ihm die ganze gewohnte Umwelt mit Fels, Wäldern und Äckern wegstahl.

Erst später habe ich begriffen, was dieser Abschied für ihn war. Er hat noch lange abgeben müssen und hat sich von diesem Abblättern nie erholt. Es waren nicht bloß die Kühe und die Äckerchen, die er hergeben mußte. Zuletzt auch das gemeinsame Tischgebet, den abendlichen Rosenkranz und so vieles andere dazu, das am Berg die Familie zusammenhält und dann später von der

Fabrik mit ihren herrischen anderen Gesetzen und Zeiteinteilungen zerbrochen wurde.
Ich weiß nicht, wie mein Vater diesen Zerfall seelisch abgelagert hat. Man lernt vom Berg auch das Schweigen, und in der Großfamilie, wie sie früher üblich war, war für Intimität zwischen Eltern und Kindern ohnehin wenig Platz. Bloß, das fiel mir auf, seinen Bergschritt hat er nie verloren, mein Vater. Auch die giftigsten Fabriksirenen haben dieses bedächtige, knie-wippende Vorwärtsschreiten nicht aus dem Rhythmus geschlagen.
Und da waren dann noch als letztes übriggebliebenes, zäh verteidigtes Statussymbol zwei Ferkel. Zwei Ferkel, die jeweils im Frühjahr eingekauft und im Spätherbst dann geschlachtet wurden. Man kann es einem Mann, der schließlich für acht Kinder den Hunger vollstopfen muß, nicht übelnehmen, wenn er sich mit Ferkeln behilft, um über die Runden zu kommen. Aber wir Kinder wußten sehr wohl, daß diese Ferkel nicht bloß ernährungstechnisch fundiert, sondern auch eine Ersatzhandlung waren; letztes Auftrotzen eines Bauern, den man vom Vieh und den Feldern abgedrängt und in die Fabrik vor die Maschine befohlen hatte. Die Sorgfalt, mit der er seine Tiere betreute, war schon fast eine Kulthandlung.
Und da ist es dann eines Tages passiert. Er hatte, wie gewohnt, im Februar zwei neue quiekende rosafarbene Spanferkel ins Stroh gelegt, und ein paar Tage später, als er in den Stall kam, lag eines davon tot auf dem Strohhaufen.
Und jetzt ging das aber los: die Mutter kochte und dämpfte den ganzen Tag allerbestes Ferkelfressen, das man sich nur ausdenken kann. Und Vater lief in einer Art Ketteneinsatz mit dampfenden Kübeln. Vater lief mit den Kübeln und Mutter in dieser bedrohlichen schwierigen Zeit doppelt fleißig zur Messe.
Mutter war eine stämmige, breite Frau. Und so breit und stämmig stand sie eines Morgens am Hauseingang, unter dem Arm ein altes dickes Gebetbuch. Sie war gerade daran, mit ihren Kindersorgen und Ferkelängsten zur Messe zu gehen. Da erscheint der Vater mit seinen Kübeln am anderen Ende der Gasse und ruft ihr zu: »Brauchst nicht mehr zur Messe zu gehen, das zweite ist auch verreckt.« Mutter drehte sich, ging zurück in die Stube und legte das Meßbuch schweigend in die oberste Schublade einer Kommode, dorthin, wo die Gebetbücher lagen. »Brauchst nicht mehr zur Messe zu gehen, das zweite Ferkel ist verreckt.« Wir halbwüchsigen Kinder haben damals über diesen Satz gelächelt, über diesen abrupten, temperamentvollen Abbruch der himmlischen Beziehungen. Wahrscheinlich waren wir von der Schule schon verbildet und dachten, daß es doch wohl etwas gewagt sei, die christliche Frömmigkeit so offenkundig als Ferkelvorspann zu benutzen. Das war dumm von uns; wir hatten noch zu wenig Erfahrung, wir wußten es nicht besser. Später hat das Leben uns dieses Lachen über die Ferkel oft auf sehr bittere Art korrigiert.

Denn natürlich hatte mein Vater recht, wenn er mit einem Gott unzufrieden war, der ihm nun auch noch dieses letzte bäuerliche Überbleibsel, seine Ferkel, stahl. Er hat in einer Sprache geklagt, die ihm zugänglich war, über das Wenige, das ihm zuerst gegeben und dann wieder sinnlos abgenommen wurde. Es war sein gutes Recht, auf diese schlichte Bergbauernart den ungeduldig gewordenen Job zu spielen. Denn Gott hat uns nicht als himmlisch verfestigte Alleluja-Engel erschaffen, sondern als ein heißblütiges, vielbedürftiges, erdklumpenschweres Verbrauchervolk; und es bleibt uns doch wohl nichts anderes übrig, als einen Haushalt zu respektieren, dem wir mit unserem vielfältigen Hunger zugeordnet sind. Und wenn es wahr ist, daß wir unsere Tagesration und alles, gar alles – auch die beiden Ferkel – Gottes Hut und Willen anheimstellen sollen, dann muß ich doch zutiefst erschrecken, wenn dieser behütende Gott mir das, was er mir gegeben und für das ich schon gedankt habe, dann unversehens wieder aus der Hand schlägt. Es wäre unmenschlich und darum auch nicht gottgefällig, über eine solche Vaterordnung nicht zu erschrecken, darüber nicht doch wenigstens eine gute Weile traurig zu sein.
Wie mein Vater mit der Vorsehung dann jeweils wieder ins Gespräch kam, darüber haben wir Kinder wenig erfahren. Er war ein großer Schweiger. Wie jemand, der seinen Berg nicht vergessen kann, wo er sein tägliches Brot bedächtig aus der Furche pflücken, abwägen, zerkrümmeln und auskauen wollte.
Erst als es mit diesem Mann, der mein Vater war, dann ans Sterben ging, da erst ist einiges über sein verschwiegenes Seelenleben an den Tag gekommen. Er lag da wie eine gemarterte Kreatur, hatte schon längst die Besinnung verloren und betete in dieser geistigen Umnachtung nun mit lauter Stimme seine Gebetsformeln vor sich her, die ein Mensch auswendig lernt, um sie als wohlbehütetes Geheimnis in seiner Seele zu bewahren. Kurze Gebete für sich selbst, Gebete für die Mutter, Gebete für den Segen und das tägliche Brot seiner Kinder. Und zuletzt dann noch stundenlang, stundenlang – ich werde das nie vergessen – bloß noch dieses eine Wort: »in Gottes Namen, in Gottes Namen, in Gottes Namen« . . . In Gottes Namen, in allen Stimmhöhen und Tonarten. So wie man es spricht – in Gottes Namen – wenn man eine lästige Arbeit anpacken muß, wenn einem Unrecht geschieht, wenn die Kinder schwere Sorgen machen; und so stundenlang in Gottes Namen, in Gottes Namen, als müßte er alle »in Gottes Namen«, die er sein Leben lang hinuntergeschluckt hatte, nun wieder aus seinem Herzen würgen, um sie zusammenzulegen als gehäufte Gottergebenheit für seine allerletzte schwerste Stunde.
Auf dem Friedhof hat es mein Vater gut getroffen. Er wurde neben einem Mann begraben, der als Drehorgelspieler von Dorf zu Dorf seinen Lebensunterhalt einsammeln mußte, weil er beschädigte Hände hatte. Solche Nachbarschaft hätte ihm gefallen. Der Mensch spielt im Leben so selten die selbster-

träumte eigene Melodie. Er muß abkurbeln, was ihm ein anderer höherer Wille zugespielt hat. Und das ist kein schlechter Spielmann, der im Nachhinein in Gottes Namen dann auch für sein Herz den Rhythmus sucht für eine Musik, die ihm bloß in die Hände gelegt wurde.

MAX FRISCH

Glück

»Ich hatte Glück, Fjodor Iwanowitsch, ich wage kaum dran zu denken. Ein unheimliches Glück. Sie sehen, ich fahre in der ersten Klasse. Ich habe einen Paß, ich habe einen Titel, ich bin frei. Warum ich nicht nach Sibirien gekommen bin, verstehe ich heute noch nicht, denn es fehlte wenig, Gott weiß es, sehr wenig«, sagt er, indem er Tabak nicht in die Nase stopft, sondern in eine Charatan-Pfeife[1]; es summt auch kein Samowar, aber es ist Winter und in der Eisenbahn, und nachdem die Pfeife endlich zieht, sagt der Reisende, indem er zum Fenster hinausschaut: »Es schneit.« Es ist aber nicht Rußland, was man da draußen sieht. »Ich hatte keinen Grund zur Eifersucht«, sagt er, als wolle jemand seine Geschichte hören, »nicht den mindesten Grund. Natascha war verheiratet, aber das wußte ich von Anfang an. Jetzt denken Sie gewiß, das gehört sich nicht, weil Natascha verheiratet war. Aber das ist heutzutage anders, Fjodor Iwanowitsch. Ihr Mann war ein stiller und sanftmütiger Mensch, sogar jünger als ich, ein gerechter und bedrückter Mensch. Mag sein, daß Natascha ihn verkannt hat. Ihretwegen aber hatte ich Weib und Kinder verlassen. Das hielt ich damals nicht für moralisch, aber es machte mich doch glücklich. Ich liebte sie, Fjodor Iwanowitsch, ich liebte Natascha.« Es ist auch niemand im Abteil, der Fjodor Iwanowitsch heißen könnte oder Wassily Wassilikow oder irgendwie, und trotzdem muß er es einmal erzählen. »Sehen Sie, ich denke selten daran, um nicht zu erschrecken, eigentlich nie«, sagte er: »Ich war damals ein erwachsener Mensch, ein geachteter Mensch sozusagen, und ich glaube, Sie haben es erraten, Fjodor Iwanowitsch, ich könnte sehr wohl ein Mörder sein!« Auch der Schaffner, der einmal vorbeikommt und ins Abteil schaut, ist offenkundig kein Russe, sondern ein Kondukteur, ein junger und rosiger Bursche mit einer roten Tasche, die um sein Knie baumelt, kein unfreundlicher Mensch, aber auch er hat keine Zeit wie einst die Menschen in den russischen Eisenbahnen, die sich halbe Romane anhörten, und nachdem er

[1] Charatan-Pfeife = Franz. Firmenbezeichnung

das Abteil verlassen hat, sagt der Reisende: »Aber interessiert es Sie auch wirklich?« Vorher war er im Speisewagen; da blicken sie auf den Teller oder am andern vorbei, und wenn sie dann die Rechnung beglichen haben, nicken sie vielleicht, aber dann ist es zu spät, um sagen zu können: »Ich bin ein kranker Mensch . . . ein schlechter Mensch . . . Ein abstoßender Mensch bin ich. Ich glaube, ich bin leberleidend.« Wer will das wissen? »Gott weiß es, ich hatte das kleine Beil schon erhoben, und Natascha saß vor mir, ich wollte sie spalten wie ein Scheit. Ich wollte es natürlich nicht, aber das Beil wollte es, das kleine Beil, Fjodor Iwanowitsch, in meiner Hand.« Das sagt man nicht in einem Speisewagen, auch nicht im Abteil, nachdem ein Herr zugestiegen ist, der kaum Gutentag sagt und seine Zeitung lesen möchte. Vielleicht heißt er Hubacher oder Vogelsanger, ein einheimischer Herr, und es war ja auch nicht in Rußland, wo das Entsetzliche stattgefunden hat, sondern in Graubünden. »Kennen Sie die Gegend von Bivio?« Das läßt sich sagen, auch wenn der andere sich dann wundert und sagt: Wieso? Es summt kein Samowar, wie gesagt, es bruzzelt nur in seiner Charatan-Pfeife. »Eine schöne Pfeife«, sagt er, »nicht wahr?« Sicher ist der Herr, der hinter seiner offenen Zeitung nicht zu sehen ist, kein schlechter Mensch; sein Mantel ist ein guter Mantel mit feinem Futter. »Ich bin ein kranker Mensch, was ich vielleicht gar nicht bin; ich bin ein lächerlicher Mensch«, sagt er draußen im Korridor: »Übrigens habe ich vorher gelogen, Fjodor Iwanowitsch. Vielleicht haben Sie es bemerkt. Nicht ihretwegen habe ich Weib und Kind verlassen. Das ist Unsinn. Sondern meinetwegen! – später habe ich ja auch Natascha verlassen – und Wassa . . . Sie halten mich jetzt für einen gewissenlosen Menschen, Fjodor Iwanowitsch, aber das Gegenteil ist wahr. Sie war zu gut für mich, ich meine jetzt meine erste Frau. Ich prügelte sie nie, Gott sei mein Zeuge, aber es war ein Segen für sie, daß ich sie verlassen hatte. Heute geben alle es zu. Sie waren immer zu gut für mich, und ich mußte eines Tages erkennen, daß sie litten, Sie verstehen, früher oder später. Jedesmal gab es Geschwätz, das gleiche Geschwätz. Drum bin ich viel gereist. Heute weiß ich: Das Gegenteil ist wahr. Was heißt Gewissen! Im Gegenteil, die Frauen wurden entweder glücklicher, nachdem ich sie verlassen hatte, oder zumindest nicht unglücklicher – so viele sind es übrigens nicht gewesen, Fjodor Iwanowitsch, falls Sie das meinen . . . Jetzt sind wir in Biel, glaube ich«, sagt er und verbessert sich: »Bienne.« Es schneit noch immer. Heutzutage halten die Züge nicht lang; die Reisenden können nicht aussteigen, um sich heißes Wasser zu holen, und im Speisewagen gibt es auch keinen Tee mehr, nur noch das Menü. »Ich hatte keinen Grund zur Eifersucht«, sagt er, um in seiner Erzählung fortzufahren, »denn es waren ihre Brüder . . . Ich weiß nicht, wie es in jener Nacht über mich kam. Es war in einer Ski-Hütte. Sie machte also ihren Brüdern einen Glühwein, weil es kalt war, sie redete diesen ganzen Abend nur zu ihren Brüdern und die Brüder redeten nur zu ihr, denn ich gehörte nicht zur Familie. Ich fand es komisch, das heißt, ich versuchte es komisch zu finden, es war komisch, Fjodor Iwanowitsch, aber ich bin ein eitler Mensch. Denn ich konnte es nicht haben, daß Natascha ihren Brüdern verbundener wäre als mir. Bin ich ein habsüchtiger Mensch? Ich war nicht betrunken, denn sie machte ja den Glühwein für ihre Brüder; ich wollte nichts davon. Sie können sich denken, wie fröhlich es zuging. Ich sagte kein Wort, denn sie redeten jetzt nur französisch, Sie verstehen, das kam noch hinzu. Es ist lächerlich. Plötzlich haßte ich sie, beobachtete sie von der Seite und haßte sie vollkommen nüchtern. Oder so meinte ich wenigstens; tatsächlich liebte ich sie, aber ich haßte die Sippe in ihr. Die Sippe! – Ich finde eine Sippe immer gemein, zum Umbringen . . . Es kam über mich, als wir uns zum Schlafen legten, alle nebeneinander, Natascha und ihre Brüder und ich. Genau gesagt: Natascha zwischen ihren Brüdern und mir. Es war kalt. Ich hatte den ganzen langen Abend das Holzfeuer besorgt, aber den Glühwein machte sie für ihre Brüder. Sie schnarchten bereits, als die Wut mich packte, ich spürte, wie sie plötzlich meine Decke wegriß und mich packte wie von außen, die Wut, und wie sie mich aufsetzte im Dunkeln . . . Sagte ich schon, daß ihr Bruder, der ältere, ein Offizier war? Er war der dümmere, aber Natascha wies ihn nie zurecht. Der jüngere aber war ein Tänzer, Choreograph oder so etwas, ein Artist also. Vor allem ihn bewunderte Natascha sehr – ich begriff zum ersten Mal, wer ich war: ihr Liebhaber . . . Es ist wohl möglich, daß Natascha jetzt im Dunkeln fragte, ob mir unwohl sei, im Flüsterton, damit die Brüder weiter schnarchen konnten; ich hörte sie nicht. Ich bin auf hohe Schulen gegangen, aber ich bin und bleibe ein primitiver Mensch. Natascha traute es mir nicht zu. Und ihre Brüder, ohne mehr zu wissen, als die Tatsache, daß ich Natascha liebte, trauten es mir ebenfalls nicht zu . . . Es war Winter, das sagte ich schon, und es war Nacht, ich wußte nicht wohin. Hinaus in den tiefen Schnee. Ich wollte erfrieren, Sie verstehen, während sie in der Hütte schnarchten«, sagt er und hält inne, da wieder jemand durch den engen Korridor geht. »Fjodor Iwanowitsch, glauben Sie an Gott?« fragt er, ohne eine Antwort zu erwarten: »Jetzt wäre ich schon fünfzehn Jahre in Sibirien für einen blöden Mord. Vielleicht hätte ich's gelernt. Es braucht wenig, das ist alles, was ich genau weiß. Vielleicht hätte ich gelernt, Fjodor Iwanowitsch, an die Gnade zu glauben. Jetzt glaube ich bloß an Glück«, sagt er und kratzt die Charatan-Pfeife aus, während der Herr, der Vogelsanger heißen könnte oder Bärlocher oder so, seine Ledermappe nimmt und das Abteil freigibt, nicht ohne zu nicken. »Kurz und gut«, sagt er, als er sich wieder ins gepolsterte Abteil gesetzt hat, »ich wollte also erfrieren. Ich haßte mich, Fjodor Iwanowitsch, ich schämte mich. Es war nicht kalt genug, um zu erfrieren, nur unerträglich. Sternennacht. Meine steife Leiche im Schnee am andern Morgen, das war nicht nur ein lächerlicher und niederträchtiger Vorsatz, sondern auch undurchführbar, denn ich schlotterte bloß, als es im Osten über den Bergen schon dämmerte. Natascha schlief. Sie wußte nichts von meinem

Vorsatz, niemand unter dem Sternenhimmel wußte von meiner Lächerlichkeit. Nur ich! . . . Jetzt sind wir in Brugg, glaube ich«, sagt er, Blick zum Fenster hinaus, »Brugg oder Baden.« Das sind keine epischen Distanzen. »Ich langweile Sie vielleicht, Fjodor Iwanowitsch, aber Sie sind der erste Mensch, dem ich meine Geschichte erzähle . . . Als ich endlich in die Hütte zurückging, dünkte ich mich vollkommen bei Sinnen, vernünftig und kalt in meinem Entschluß, lautlos meine Skier zu nehmen und in der ersten Dämmerung abzufahren ins Tal, um Natascha einen Brief zu schreiben. Auch sie war zu gut für mich. Ein Engel! . . . Ich weiß ja nicht, Fjodor Iwanowitsch, ob Sie es kennen, dieses Bewußtsein der Lächerlichkeit, dieses Bewußtsein der Niedrigkeit, das grimmiger ist als eine Sternennacht im Schnee, oder so empfand ich es wenigstens, als ich die Brüder über mir schnarchen hörte. Was hatten sie mir denn getan, der Offizier und der Artist? Ihre Schwester hatte sie mit Glühwein bedient, und ich verstehe einigermaßen französisch . . . Ich nahm also das kleine Beil, um Holz zu hacken, weil ich fror in meiner Lächerlichkeit nach zwei Stunden im Schnee. Ich fror in den Knochen. Ich hatte Feuer gemacht für sie, jetzt machte ich Feuer für mich. Das kracht natürlich, so ein Kloben, wenn das Beil drin stecken bleibt und wenn man den Kloben mit Beil auf den Block haut. Das Schnarchen der Sippe ließ nach. Ich freute mich jetzt, daß ich schlotterte, denn das gab mir das Recht, die Kloben zu hauen und Scheite zu machen, Brennholz, wie unsereiner das tut, nicht ohne Selbstgefährdung. Es muß lustig ausgesehen haben, aber es war gar nicht lustig, Fjodor Iwanowitsch. Als Natascha herunter kam und fragte, was ich um Gotteswillen denn mache, sagte ich: Glühwein. Sie war schläfrig und nicht so schön wie sonst, wie am Abend zuvor, und da sie schläfrig war, wurde ich deutlicher: Glühwein für mich! Dabei schämte ich mich. Ihre Vernünftigkeit, Fjodor Iwanowitsch, ihre weibliche Vernünftigkeit! – Sie kennen Natascha ja nicht. Wir liebten uns schon drei Jahre, ich meine, sie ist die Unvernunft in Person, ein wahrer Mensch, aber jetzt ihre Vernünftigkeit um fünf Uhr morgens war aufreizend. Glühwein, schrie ich, geh weg! Natascha meinte mich zu kennen, sonst hätte sich Natascha nicht auf den Block gesetzt, als sei er dafür gemacht, Natascha in einem blauen Overall und mit offenem Haar und schlafwarm. Die Brüder, nachdem meine Hackerei sie geweckt hatte, hörten natürlich zu; sie sagte: Qu'est-ce que tu fais?[2] Ich sagte es noch einmal: Glühwein! so mit einer Betonung, Sie kennen das, Natascha hielt es für Ulk, ich weiß nicht, oder für eine sture Rücksichtslosigkeit gegenüber den andern, nicht nur gegenüber ihren beiden Brüdern. Ich habe vergessen zu sagen, daß auch noch andere in der Hütte waren, Töchter und Söhne und was weiß ich, eine ganze Sippe, als ich sagte: Geh weg! und das kleine Beil erhob«, sagt er, »um Brennholz zu machen, Kleinholz –«, sagt er und kratzt wieder die Pfeife aus, um zu

[2] Qu'est-ce que tu fais? = franz., Was machst du da?

schweigen, aber dann kann er's doch nicht: »Jetzt sind wir in Schlieren«, sagt er, Blick zum Fenster hinaus: »Fjodor Iwanowitsch, haben Sie schon einen Sessel auf die Straße hinuntergeworfen? und dann noch einen und noch einen? – ich habe mich nie gebessert, sehen Sie, das war mit Wassa, das war später, ich hatte Grund zur Eifersucht und war besoffen, ein besoffenes Schwein, es waren Sessel aus Eisen, die meine Wut packte und von der Terrasse hinunterschleuderte auf die Straße, und ich wurde kein Mörder, Fjodor Iwanowitsch. Wie erklären Sie das?« Er schweigt, bis die Pfeife wieder zieht. »Sie glauben an Gott, Fjodor Iwanowitsch, sonst würden Sie nicht über mich lächeln. Sagen Sie's ehrlich, daß ich Ihnen leidtue, Fjodor Iwanowitsch, als ein dummer und oberflächlicher Mensch. Ich tue mir nicht leid . . . Ich war nicht wahnsinnig, ich wußte in diesem Augenblick genau, daß alle meine Lächerlichkeit nichts zu tun hatte mit Natascha, die mich anblickte, und nichts mit ihren Brüdern, nur konnte ich das kleine Beil jetzt nicht mehr halten, obschon Natascha vor mir saß und mich anblickte. Ich glaube, ich konnte nicht einmal ihren Namen aussprechen, ihren so geliebten Namen, ich hörte bloß: Qu'est-ce que tu fais? Dann stak das kleine Beil in dem Block, sie stand daneben, ich hatte das Scheit noch in der Hand, das ich hatte spalten wollen – das war alles, Fjodor Iwanowitsch: Glück!« sagt er und blickt noch immer zum Fenster hinaus, wo die gelben Lichter einer Station vorüberfliehen: »Das war schon Altstetten«, sagt er gleichgültig, und es wird langsam Zeit, den Mantel herunterzuholen und was der Reisende sonst noch hat, nicht viel, ein kleines Paketchen, Parfum für seine Frau. Sein Mantel hat nie oder selten einen Aufhänger, so daß er ihn ins Gepäcknetz zu werfen pflegt, und als er sich umsieht, wo sein Mantel sich befinde, scheint es ihn zu verwundern, daß Fjodor Iwanowitsch gegenüber sitzt, gerade unter seinem Mantel, etwas lächelnd: »Väterchen, das ist deine ganze Geschichte?« Im Korridor drängen sich schon die Leute. »Nein«, sagt der Reisende, ohne jetzt seinen Mantel herunterzuholen, ebenfalls spöttisch: »Fjodor Iwanowitsch.« Dieser ist ein kleiner Herr, noch nicht alt, aber mit offenbar vorzeitig ergrautem krausen Haar und mit auffallend blitzenden Augen; er sitzt in einem abgetragenen, doch offenbar von einem sehr guten Schneider angefertigten Mantel mit Pelz am Kragen, Persianer, und trägt die Pelzmütze auf dem Kopf; wenn er den Mantel aufgeknöpft hat, sieht man darunter eine Poddiowka[3] und ein russisches Hemd mit bunten Stickereiborten: »Ich heiße Podsnyschew«, sagt er, als müßte man den Namen kennen, und dann: »Darf ich Ihnen meinen Tee anbieten? Er ist allerdings sehr stark.« Der Tee, den er auf der vorletzten Station aufgebrüht hat, ist wirklich wie Bier. »Podsnyschew«, wiederholt er bitter; er spricht mit einer hüstelnden Stimme: »Väterchen, warum erzählst du nicht deine ganze Geschichte, deine wirkliche Geschichte, wenn du doch

[3] Poddiowka = Ärmellose Stoffweste

siehst, daß jemand zuhört?« Man spürt jetzt in den Füßen, daß der Zug zu bremsen beginnt. »Gut«, sagt der Reisende, »ich will's Ihnen erzählen«, als habe er den Kondukteur nicht gehört, der in jedes Abteil sagt: Zürich Hauptbahnhof, alles aussteigen! – er schweigt einen Augenblick, reibt sich das Gesicht mit den Händen und fängt an: »Wenn ich erzählen soll, muß ich alles von Anfang an erzählen. Ich muß erzählen, wo ich geboren bin und wer mich erzogen hat, wer meine Freunde gewesen sind, was ich gelernt habe und alles, was zu meiner armseligen Geschichte geführt hat –«

WERNER BERGENGRUEN

Die Märchenkutsche

Von allen Erinnerungen des Menschen sind keine wunderbarer beschaffen als die aus seiner Kindheit; denn während sonst jeder Erinnerung ein Erlebnis zugrunde liegt, kann es hier geschehen, daß wir uns bis zur Schwurbereitschaft deutlich eines Vorfalles erinnern, von dem wir wissen, daß er sich unter gar keinen Umständen ereignet haben kann. Vielleicht entsinnt man sich aus Tolstois »Krieg und Frieden« jener bezaubernden Szene, in welcher die Geschwister Rostow, Nikolai und Natascha, nach längerer Zeit wieder im alten väterlichen Herrenhause von Otradnoje vereint, von Kindheitserlebnissen sprechen und darunter von jenem Mohren, der plötzlich in der Dämmerung im Zimmer des Onkels gestanden war. Die Eltern haben ihnen später bewiesen, daß da ganz unmöglich ein Mohr sein konnte, aber sie sehen ihn noch jetzt so gewiß vor sich, daß sie den Auftritt eidlich erhärten möchten.

Von Kindheitserinnerungen solcher Art sprachen wir eines Abends, als wir in Überlingen im »Hecht« saßen und Seewein tranken. Ich selbst habe mich lange Zeit im Besitz einer Erinnerung von ähnlicher Beschaffenheit geglaubt und erzählte sie an jenem Abend der kleinen Tischrunde.

Soweit ich zurückdenke, ich finde den Punkt nicht, da man mir nicht schon Märchen erzählt oder vorgelesen hätte. Auf kindliche Art glaubte ich an diese zauberischen, hexen- und feenhaften Vorfälle, wobei ich es freilich als ordnungsmäßig hinnahm, daß mir selbst noch nie die Begegnung mit einem Heinzelmännchen oder einer verzauberten Prinzessin zuteil geworden war. Als ich die Lesekunst erlernt hatte, erprobte ich sie zunächst an einigen Büchern, die ich auf meines Vaters Nachttisch fand. Es waren Shaws »Arzt am Scheidewege«, Sudermanns »Es lebe das Leben!« und das Textbuch zur »Weißen Dame«. Indessen waren diese Bücher mühsam zu lesen, und es schien mir in ihnen recht viel Entbehrliches gesagt und getan zu werden. Bald darauf machte ich die erlösende Entdeckung, daß man Märchen nicht nur erzählt oder vorgelesen bekommen, sondern ja auch selber lesen konnte und daß in diesen Büchern im Gegensatz zur Abendlektüre meines Vaters alles mit rechten oder doch mit besseren Dingen zuging. Von da an las ich Märchenbücher mit Leidenschaft, ja, ich hatte selbst ein Märchen in ein blaues Heft geschrieben und es mit selbstkolorierten Bildern verziert, die ich aus dem Weihnachtskatalog einer Buchhandlung ausgeschnitten und mit Bächen von Gummi arabicum in die sorgfältig ausgesparten Textlücken geklebt hatte. So befand ich mich denn in einer Verfassung des Wohlvorbereitetseins auf das Außerordentliche, das mir begegnen sollte.

Eines Nachmittags ging ich allein den Thronfolger-Boulevard entlang. Es war Schneeluft und Dämmerung, und ich fühlte mich von diesem Doppeleindruck zu einer ahnungsvollen Traumbereitschaft aufgefordert. Dazu begannen jetzt im Blauen die Gaslaternen ruckhaft aufzuflammen, denn in der Stadt gab es Gasbeleuchtung, während in den entfernteren Vorstädten auf hohen, ungestrichenen, viereckigen Holzpfosten noch Petroleumlampen standen, die wir, je nach Jahreszeit und Gelegenheit, mit unreifen Äpfeln, Kastanien, Fichtenzapfen oder Steinen in Scherben zu werfen liebten.

Es fuhren viele Droschken vorbei, ein paar Lastwagen und auch Radfahrer oder, wie wir damals sagten, »Velozipedisten«, und alle diese Fahrzeuge schienen mir etwas Unwirkliches und Verzaubertes zu haben; es war, als wollten sie etwas ganz anderes ausdrücken, als was sie meiner Alltagserfahrung nach zu sein hatten. Neben mir ging ein Soldat mit einer Fellmütze. Plötzlich stieß er einen Ruf aus, den ich damals noch nicht verstand; es wird jener etwas herzkräftige Ausruf gewesen sein, mit dem der Russe jede Art von Gemütserschütterung auszudrücken liebt. Sein Mund blieb offen, seine Augen quollen vor. Ich werde mit Mund und Augen ziemlich das gleiche Spiel getrieben haben, denn in diesem Moment war schellenklingelnd das sonderbarste Gefährt von der Welt um die Ecke der Nikolaistraße gebogen.

Zwei schneeweiße, goldgehörnte Ziegenböcke trabten vor einer gläsernen Kutsche von Mailcoach[1]-Größe. Daß vom Bock ein reichgalonierter Kutscherzwerg regierte, durfte nicht wundernehmen. Aber im Wagen selbst saßen, holdselig lächelnd, der Prinz und die Prinzessin, beide so groß wie die Puppen meiner Cousinen, buntleuchtend und goldflitternd gekleidet, wie eben Prinzen und Prinzessinnen gekleidet sein müssen, mit Barett und Federn, und in Seide und Samt. Und was tat die bezaubernde kleine Prinzessin? Sie sah mich an, mich, sie hob die Fingerspitzen an die Lippen, sie warf mir eine Kußhand zu, und da war die Märchenkutsche auch schon vorüber.

[1] Mailcoach = Postkutsche

Ich war so betäubt, daß mir nicht der Gedanke kam, ihr nachzulaufen. Ich kann mich auch nicht erinnern, wie ich den Rest dieses Tages verlebt habe und in welcher Verfassung ich nach Hause gekommen bin. Ich weiß nur, daß ich weder Eltern noch Geschwistern noch Dienstboten auch nur ein Wort von meinem Erlebnis erzählt habe. Denn ich fühlte zu deutlich, daß man mir den Glauben versagen, ja, daß man unerklärbarerweise mit diesem Versagen im Recht sein würde. Dennoch war es eine Wirklichkeit, die keinen Zweifel ließ, ich hatte die Märchenkutsche gesehen, und die Prinzessin hatte mich angelächelt und mir eine Kußhand zugeworfen. Auch heute noch kann ich mir jederzeit aus meinem Gedächtnis dies Bild vor Augen rufen und kann die Begebenheit mit meinem Eide bestätigen; und doch wußte ich in späteren Jahren, daß sie nicht stattgefunden haben kann, da ja auf dieser Welt solcherlei Kutschen nicht einmal durch die Nikolaistraße und den Thronfolger-Boulevard in Riga fahren. Und so war ich denn genötigt, an eine jener sonderbaren kindlichen Gedächtnistäuschungen zu glauben, wie deren eine das Mohrenerlebnis im Rostowschen Hause gewesen ist.
Allein die Geschichte fand eine gänzlich andere Auflösung, denn unter den Gefährten jenes Überlinger Seeweinabends war ein Landsmann, der mir um einige Jahre voraus ist, und der sagte: »Natürlich haben Sie die Kutsche gesehen, es war die Reklame-Umfahrt von Mirellis Liliputanertruppe, die damals in Riga gastierte, ich selbst war in der Vorstellung. Hätten Sie nur zu Hause den Mund aufgemacht, dann hätten Ihre Eltern Sie wahrscheinlich auch hingeschickt.«
Ich kann nicht leugnen, daß diese überraschende Aufklärung mir ein törichtes kleines Unvergnügen verursachte, aber beim Seewein haben ja Mißbehaglichkeiten keinen sehr langen Bestand. Noch heute freue ich mich indessen darüber, daß ich zu Hause geschwiegen und nicht in die Vorstellung gekommen bin. Länger als ein Dritteljahrhundert habe ich auf diese Weise in meiner Erinnerung das Lächeln und die Kußhand einer Zwergenprinzessin bewahren dürfen. Das ist ein Glück, das sicherlich wenigen Menschen gegönnt ist; ich wünschte es manchen. Indessen ist auch der Seewein nicht zu verachten.

WERNER REISER

Vom Engel, der am Weihnachtsabend weinte

Als die Menge der himmlischen Heerscharen schon unterwegs zur Geburt des Kindes war, blieb ein einsamer Engel noch eine Weile in der Höhe zurück. Das sollte ihn teuer zu stehen kommen.

Er fühlte sich in der himmlischen Einsamkeit wohl und zog in großen Bewegungen dahin. Dabei gelangte er zum »Palast der tiefsten Geheimnisse«. Er spürte es erst, als er in der Nähe war und ein unbekannter Sog ihn immer mehr gefangen nahm. Da blickte er auf und sah den Palast. Er war unbewacht und stand weit offen. Alle seine Wächter waren auf dem Weg zur Erde, um dort das schönste Geheimnis der Menschwerdung mit eigenen Augen anzusehen. Was gab es da noch weiteres zu bewachen und zu verbergen, wenn es doch jetzt aller Welt sichtbar werden sollte.

Das Geheimnis aus der Höhe begann jetzt eben in der Tiefe zu atmen und dazusein. So war der Palast unbewacht und schien leer. Dennoch ging eine seltsame Kraft von ihm aus und ließ dem einsamen Engel keine Ruhe. Er fühlte sich immer näher hinzugezogen und konnte der Kraft nicht mehr ausweichen. Zwar haben auch Engel ihre Befehle und fühlen sich mit ihnen eins. Bei ihnen gibt es keine Kluft zwischen Müssen und Können wie bei uns. Aber für dieses Mal siegte doch die Neugierde und es gelüstete ihn, in alles hineinzublicken.

Er trat in den offenen Palast und folgte den spiralförmig angelegten Gängen, die ihn immer tiefer nach innen führten. An ihren Wänden sah er Bilder und Zeichen, die ihn an vieles erinnerten, was er schon gehört hatte. Anderes wieder war ihm unbekannt und undurchschaubar. Da waren die Urbilder der Schöpfung, die Gesetze und Kräfte alles Lebendigen, Töne, Farben und Formen, da waren die vielen Grundrisse der Geschichte in der Natur und bei den Menschen. Sie standen nicht erstarrt da, sondern bewegten sich unaufhörlich, als ob gerade jetzt wieder Neues entstünde. Weiter innen flossen die Gestalten des menschlichen Zusammenlebens immer neu ineinander und alles strömte Lust und Leben aus. Dann kamen die Gänge des göttlichen Rufes, der durch alle Welt hin bis zu Abraham und Mose hallte. Dort schwebten die Hoffnungen der Menschen, die Ahnungen der Seher und die Weissagungen der Propheten.

Und dann, nach einer letzten Krümmung des Wegs, stand er vor dem Innersten, vor der Herzkammer der göttlichen Geheimnisse. Gott selber konnte er nicht sehen. Denn Er ist mehr als die Summe seiner Geheimnisse. Aber was er sah, durchfuhr ihn bis zuinnerst. Da waren drei Bilder ineinander verwoben. Er sah die Geburt eines Kindes, als ob es jetzt geschähe. Und er sah den Tod eines Mannes, und der Mann hatte dieselben Züge wie das Kind. Und zwischen beiden stand wie eine Gestalt mit zwei Armen die Liebe. Aber kaum hatte er die drei Bilder wahrgenommen, flossen sie ineinander über. Und jetzt sah er den Tod des Kindes und die Geburt des Mannes und das schreckliche Gesicht der Liebe. Er schrie entsetzt auf und fiel zu Boden.

Als er wieder zu sich kam, taumelte er durch die Gänge zurück. Überall stieß er an die Wände und ihm war, als ob ihm von allen Seiten nur Bilder von Schrecken und Tod entgegenströmten. Die Weissagungen tönten dumpf und drohend, die Hoffnungen zerfielen, die Rufe verhallten, die Gemeinschaften zerbrachen, Menschen und Völker welkten dahin, die Natur litt zu Tode und die Schöpfung barst auseinander. Ihm war, daß auch in seinem eigenen Innern etwas zerbrochen war. Sosehr er sich auch bemühte, das ursprüngliche Bild der Liebe zurückzurufen, es gelang ihm nicht. Es kam gegen die andern Eindrücke nicht auf.

Sogar als er wieder im Freien war, wurde ihm nicht besser. Auch der Himmel schien ihm gestört zu sein, und die Einsamkeit zermalmte ihn fast. Da durchfuhr es ihn plötzlich: »Ich muß es dem Kind sagen. Ich muß es warnen und beschützen.« So schnell er konnte, fuhr er zur Erde nieder. Je näher er ihr kam, desto stärker wurde der Gesang der lobenden Heerscharen. Er drängte sich keuchend durch den Jubel hindurch, und es gelang ihm, bis in die Nähe des Kindes vorzustoßen. Da lag es, wie er es eben gesehen hatte, und über seinem Gesicht stand lächelnd die Liebe. Er versuchte mitzulächeln, aber er vermochte es nicht. Und während er noch schaute, verwandelte sich das Bild und er sah das Ende. »Ich komme zu spät«, flüsterte er erschrocken, und eine abgrundtiefe Traurigkeit befiel ihn. So stand er und starrte, bis ihn ein anderer Engel fragte: »Warum weinst du?« Er konnte nicht antworten. Da sagte sein himmlischer Kamerad: »Du hast gewiß Trauriges erlebt. Schau doch auf das Kind in der Krippe und du wirst froh werden!« Der Engel antwortete: »Ich sehe kein Kind in der Krippe. Ich sehe einen Mann im Sarg.« Da schüttelte der fröhliche Engel hilflos den Kopf und wandte sich singend ab.

Andere traten herzu und blickten strahlend auf das Kind. Der traurige Engel aber stand da und weinte. Er merkte nicht, daß seine Tränen auf das Kind niedertropften. Ein anderer, auch ein fröhlicher Engel, sah es, unterbrach sein Lied und sagte halb freundlich, halb unwillig: »Wir alle haben unsere Sorgen mit den Menschen. Ich verstehe dich. Aber du darfst doch dieses Kind nicht mit dem Kummer der menschlichen Not taufen. Freue dich jetzt mit uns. Zum Trauern ist noch Zeit genug. Singe mit uns, du hast eine so schöne tiefe Stimme!« Doch der Engel schaute ihn nur traurig an und blieb stumm. Da antwortete der andere: »Ah, du willst nicht? Dann gib uns andern wenigstens deinen Platz an der Krippe frei. Wir wollen uns jetzt freuen. Du verdirbst uns nur das Fest.« Und sie drängten ihn fröhlich, aber langsam nach hinten. So wurde es inmitten der Menge der himmlischen Heerscharen einsam um ihn her. Er ließ sich niedersinken und blieb betrübt sitzen. Der Jubel flutete an ihm vorüber.

Endlich nahte sich ein hoher Engel und nahm ihn unter seine Fittiche. Er fragte ihn: »Warum freust du dich nicht? Das ist doch die schönste Stunde aller Ewigkeiten und Zeiten. Hast du das Kind nicht gesehen?« Er flüsterte: »Ich habe es gesehen. Aber ich habe auch den Tod des Mannes gesehen. Wir stehen vor der schrecklichsten Stunde aller Zeiten.«

Da erhob sich der hohe Engel zu seiner ganzen Höhe und sagte: »Du warst im ›Palast der tiefsten Geheimnisse‹ und hast geschaut, was nur die erlesenen Auserwählten sehen dürfen. Du bist ein Wissender geworden. Wissende aber müssen leiden. Je größer das Wissen, desto stärker der Schmerz. Das kann dir niemand abnehmen. Das wirst du von jetzt an zu tragen haben, solange Liebe sterben muß, um Leben zu geben.«

»Wird man mich strafen?« fragte der traurige Engel scheu. Der hohe Engel antwortete: »Der Himmel straft nicht. Das solltest du doch wissen. Er gibt nur neue Aufgaben. Höre: du wirst in dieser Nacht überall Menschen aufsuchen, die an sich und an der Welt leiden. Nicht alles Leid ist vorbestimmt, wie du meinst. Geh und suche, wo du Leid abwenden kannst. Du wirst die Menschen ermutigen, auszuharren. Du wirst ihre Herzen öffnen für neue Zuversicht und ihre Hände stärken zu neuen Taten. Du wirst ihnen zeigen, daß die Liebe größer ist als das Leben und stärker als der Tod. Ich sende dich. Geh!«

Da erhob sich der traurige Engel und ging. Wieder zog er einsam seines Weges. Aber er blieb nicht lange allein. Schon bald stürzte das Elend der Welt auf ihn ein. Denn weil sich alle Himmlischen um das Kind in der Krippe scharten, waren die Lebensräume der Menschen völlig engellos geworden. Und so stand der einzige himmlische Bote auf einmal der unverhüllten Not gegenüber, wie er sie noch nie erlebt hatte.

Er vergaß alles, was in ihm war, und fing an zu helfen, zu heilen und zu trösten. Er linderte Schmerzen und zog das Gift aus den Wunden der Seelen und der Leiber. Er versenkte in Schlaf, wer vor Kummer nicht schlafen konnte. Er ermutigte, wer verzweifeln wollte. Er tröstete die Trauernden, die nicht vergessen konnten, und mischte den Weinenden ein zaghaftes Lächeln unter die Tränen. Er zeigte den suchenden Gedanken neue Lösungen und gab den verwirrten Trieben neue Kanäle. Er entwirrte den Knäuel der Gefühle, die um Haß und Rache kreisten, und gab ihnen eine versöhnliche Richtung. Aber das gab viel zu tun und er wurde vor Mühe grau im Gesicht.

Als er sah, daß das Elend kein Ende nahm und er fast nicht weiterkam, begann er, die Menschen selber zu beleben und füreinander einzuspannen. Er gab den Satten böse Träume, daß sie erwachten und über die Hungernden erschraken. Er beunruhigte die Friedlichen, daß sie auf einmal den Streit um sich her sahen und aufstanden, um Frieden zu stiften. Er erregte die Sanften, daß sie das Unrecht entdeckten und um Abhilfe kämpften. Er schüttelte die Gleichgültigen, daß ihnen die Augen aufgingen und sie die Not derer sahen, die neben ihnen lebten. Die Menschen wußten kaum, was ihnen geschah, und sagten zueinander: »Was für eine seltsame Nacht, in der die Unruhigen ruhig und die Ruhigen unruhig werden, in der Verzweifelte getröstet und die Getrösteten aufgeweckt werden. Es ist etwas Neues unter uns.« Der Engel arbeitete bis zum Morgengrauen. Dann flüsterte er: »Ich werde noch manche Nacht kommen und uns trösten.« Und er verschwand. Er wußte noch nicht, daß er während der Nacht seinen Glanz verloren hatte. Von der Not, von der vielen Arbeit und den vielen Berührungen der Menschen war er ganz dunkel geworden.

Als er zum Kind zurückkam, war es um die Krippe still geworden. Die Engel hatten sich müde gejubelt und sich zurückgezogen oder schliefen. Auch die Mutter schlief und lächelte und weinte leise im Schlaf. Nur das Kind war wach und schaute dem dunkeln Engel entgegen. Er kniete neben dem Kind nieder und erzählte ihm, was er in dieser Nacht bei den Menschen gesehen hatte. Und er erzählte ihm, daß die Liebe mehr ist als das Wissen und größer als das Leben und stärker als der Tod. Und das Kind hörte zu.

Seither darf jeder, der am Weihnachtsabend von einem traurigen und dunkeln Engel gestreift wird, wissen, daß er ihn mit dem Elend der Welt und mit dem Kind in der Krippe verbindet.

MAXIM GORKI

Es war am Heiligen Abend

In den Weihnachtserzählungen ist es von alters her gebräuchlich, alljährlich mehrere arme Jungen und Mädchen den Erfrierungstod sterben zu lassen. Ich begreife die guten Absichten der Verfasser solcher Weihnachtserzählungen, ungeachtet der Grausamkeit, welche die handelnden Personen betrifft: Ich weiß, daß sie, diese Autoren, die armen Kinder nur deshalb erfrieren lassen, um die reichen Kinder an das Vorhandensein der armen zu erinnern. Ich selbst kann mich jedoch nicht dazu entschließen, auch nur einen einzigen Knaben oder ein armes Mädchen erfrieren zu lassen, auch einem solchen achtbaren Zweck zuliebe nicht.

Es war am Heiligen Abend ungefähr um sechs Uhr. Auf der Straße ging es laut und lebhaft zu. Traber rasten vorüber, Fußgänger kamen, von welchen einige eilten, andere gemächlich dahinschritten. Dieser Unterschied lag sichtlich darin begründet, daß die einen etwas vorhatten und sich Sorgen machten, oder keine warmen Mäntel besaßen, die anderen hingegen weder Geschäfte noch Sorgen hatten und nicht nur warme Mäntel, sondern sogar Pelze trugen.

Dem einen dieser Leute, die von keinen Sorgen gedrückt wurden und dafür noch Pelze mit üppigen Kragen trugen, kollerten plötzlich zwei kleine Lumpenbündel unmittelbar vor die Füße und begannen, sich vor ihm herumdrehend, zweistimmig zu wehklagen:
»Lieber guter Herr«, jammerte das hohe Stimmchen eines kleinen Mädchens.
»Euer Wohlgeboren«, unterstützte es die heisere Stimme eines Knaben.
»Geben Sie uns armseligen Kindern doch etwas!« »Ein Kopekchen[1] für Brot. Zum Feiertage!« schlossen die beiden vereint ihr Gejammer. Das waren meine zwei kleinen Helden.
Der Herr ging, ohne sie zu beachten, weiter, sie aber liefen behende vor seinen Füßen hin und her, wobei sie sich bemühten, ihm beständig im Wege zu sein, und Katjka flüsterte keuchend vor Aufregung immer wieder: »Geben Sie uns doch etwas!«, während Mischka bestrebt war, den Herrn so viel wie möglich am Gehen zu hindern.
Und da, als er ihrer endlich doch überdrüssig geworden war, schlug er seinen kostbaren Pelz weit auseinander, nahm sein Portemonnaie heraus, führte es an seine Nase und schnaufte. Darauf entnahm er ihm eine Münze und steckte sie in eine der unsagbar schmutzigen kleinen Hände, die sich ihm entgegenstreckten.
Augenblicklich gaben die beiden Lumpenbündel dem Herrn im Pelzmantel den Weg frei und fanden sich plötzlich in einem Torbogen wieder.
»Wieviel hat er denn gegeben, der noble Herr?« fragte Katjka schüchtern.
»Einen Zehner!« entgegnete Mischka gleichmütig.
»Und wieviel sind es jetzt im ganzen?« getraute sich Katjka kleinlaut zu fragen.
»Sieben Zehner und sieben Kopeken!« antwortete Mischka gleichgültig.
»Ach, schon so viel! – Gehen wir bald nach Hause? Es ist ja so kalt. Mich friert so sehr!« wimmerte das kleine Mädchen.
»Dazu ist noch Zeit!« meinte Mischka skeptisch.
Sie gingen nun im ruhigen, langsamen Schritt ernster und sorgenvoller Menschen nebeneinander her.
»Ich habe dir vorhin nicht die Wahrheit gesagt«, sagte Mischka nach einer Weile, »der Herr hat mir nämlich zwei Zehner gegeben, und vorher habe ich dich auch angelogen, damit du nicht sagen solltest, daß es schon Zeit sei, nach Hause zu gehen. Heute haben wir einen guten Tag! Weißt du, wieviel wir uns erbettelt haben? Einen Rubel und fünf Kopeken!«
»Oh ja-a-a!« flüsterte Katjka voll Staunen.
»Weißt du was, wir wollen gleich in eine Schenke gehen – ja? Willst du? Wir wollen uns ein Wirtshaus aussuchen, wo wir gänzlich unbekannt sind!«
»Ach so! Ja, wo uns niemand kennt«, flüsterte Katjka hoffnungsvoll.

[1] Kopeke = russische Münze von geringem Wert

»Also, vor allem wollen wir uns ein halbes Pfund Wurst kaufen, das macht acht Kopeken; ein Pfund Weißbrot für fünf Kopeken! Das sind schon dreizehn Kopeken. Dann zwei Stück Kuchen zu drei Kopeken – das sind sechs Kopeken und alles in allem bereits neunzehn Kopeken! Dann zahlen wir für zweimal Tee sechs Kopeken – das macht einen fünfundzwanziger. Dann essen wir noch etwas für acht Kopeken – dann sind es im ganzen dreiunddreißig! Essen wir fröhlich drauflos! Es ist ja nur einmal im Jahre Weihnachten!«
Sie faßten sich an den Händen und hüpften auf dem Gehsteig weiter.
»Da ist sie, die Schenke! Es sind sogar zwei! In welche wollen wir gehen?«
»Los, in die niedrige. Dort ist es wärmer. Und zuerst in den Laden – komm!«
Nachdem sie in dem Laden alles, was sie sich vorgenommen, gekauft hatten, betraten sie das niedrige Wirtshaus.
»Onkelchen«, sagte Mischka, »kann man zwei Glas Tee bekommen?«
Nach zwei Minuten saß er mit seiner Kameradin ehrbar am Tisch, im Stuhl zurückgelehnt mit der wichtigsten Miene eines Droschkenkutschers nach einem tüchtigen Arbeitstage – und drehte sich langsam und bedächtig eine Zigarette aus Machorka[2]. Katjka blickte ihn voller bewundernder Hochachtung für seine Haltung in einem öffentlichen Lokal an.
Dann begannen sie, ihr Abendessen zu verspeisen inmitten des feuchten, übelriechenden Dunkels, des schlechtbeleuchteten Wirtshauses, im Lärmen zynischer, bissiger und schamloser Schimpfreden und Lieder. Sie aßen beide mit Gefühl und Bedacht.
Das ist alles. Jetzt kann ich sie ruhig ihren Weihnachtsabend zu Ende feiern lassen. Glauben Sie nur, diese beiden werden nun nicht mehr erfrieren! Aus welchem Grunde sollte ich sie auch erfrieren lassen –?

[2] Machorka = grober Tabak

AUF DEM WEG ZUM ANDEREN

Beistand und Behinderung

KURT MARTI

Ja

Jaaa – sagt er, lang gedehnt.
Oder in einer Art von Stakkato: ja-ja-ja.
Nein zu sagen gelingt ihm nicht. Um zu verneinen, muß er den Kopf hin und her bewegen.
Der rechte Arm ist gelähmt, der linke geschwächt. Nur mühsam vermag er Worte durch Gesten zu ersetzen. Ich verstehe diese Gesten meistens nicht. Seine Frau übersetzt sie mir. Jaaa, bestätigt er die Übersetzung. Oder: ja-ja-ja. Manchmal muß er resigniert den Kopf hin und her bewegen. Er tut es langsam und traurig. Dann hat selbst seine Frau die Geste nicht verstanden. Wir wechseln rasch das Thema. Oder schweigen verlegen, wenn uns gerade nichts Neues einfällt.
Es kommt nur noch wenig Besuch, sagt seine Frau. Kollegen und Freunde blieben nach und nach aus, verständlicherweise. Mit jemandem zu reden, der seit sechs Jahren nichts außer ja sagen kann, ist schwierig. Man müßte erzählen können. Jeder der Freunde und Kollegen kann besser erzählen, wäre hier besser am Platz als ich.
Ich muß mir vorher zurechtlegen, wovon ich ihm erzählen will. Möglichst nichts vom Geschäft, auch nichts vom Klub. Das erinnert ihn an seine Kollegen und Freunde, die sich nicht mehr bei ihm sehen lassen. Also erzähle ich von andern Begebenheiten, von wildfremden Leuten, von Vorfällen, die ich aus der Zeitung habe, von einem Ausflug, den ich gemacht habe, vom Mondflug, von den neuen Billetautomaten der Verkehrsbetriebe, von der Amerikareise eines Schwagers, vom Autounfall eines Bekannten, der vielleicht auch ihm bekannt ist.
Was interessiert einen Mann, der dazu verurteilt ist, nur noch ja sagen zu können?
Ich versuche, mich in seine Lage, in seinen Rollstuhl, in seine Sprachlosigkeit, in sein untätiges Leben in immer derselben Wohnung mit immer derselben Aussicht durch das Fenster zu versetzen. Ich denke: das könnte ich nie aushalten. Lieber tot als so. Ein unsinniger Kurzschluß. Seine Situation ist gerade dadurch bestimmt, daß er keine Wahl hat, nicht einmal die Wahl zwischen Leben und Freitod. Eine Situation, in die niemand geraten möchte, an die er aber leibhaftig erinnert, deren Möglichkeit er unfreiwillig verkörpert. Vielleicht wollen seine Freunde und Kollegen an diese Möglichkeit nicht erinnert werden und meiden ihn deshalb, meiden also genau genommen nicht ihn persönlich, sondern die von ihm verkörperte Lebensform, die jeden von

uns erschreckt. Was auf eine Art Magie hinausliefe: indem wir den Anblick des Unerträglichen meiden, hoffen wir, ihm entgehen zu können.
Was ihn interessiert? Schwer, sich das auszudenken. Mich an seiner Stelle würde vermutlich überhaupt nichts mehr interessieren. So sitze ich da, erzähle an den Haaren Herbeigeholtes und denke, daß mich in seiner Situation mein Gerede anwidern müßte.
Ich besuchte ihn selten genug. Ich möchte ihn noch seltener besuchen.
Du bist gesprächiger geworden, stellte meine Frau neulich fest. Sie ist erfreut darüber. Sie ahnt nicht, daß ich nur übe, »Erzählen« übe, Geschichten ausprobiere. Einem Sprachlosen erzählen zu müssen, erfordert Vorbereitung, wenigstens bei mir. Er zwingt mich mit seiner Jaja-Sprachlosigkeit aus meiner Sprechunlust heraus.
Ich bin froh, daß Sie wiederum gekommen sind, sagt seine Frau jedesmal. Und lächelt. Es ist für sie eine Abwechslung. Ich kann mir nicht vorstellen, wie sie Tag und Nacht mit dem Verstummten zusammenlebt. Sie ist ein Dutzend Jahre jünger als er, Mitte vierzig.
Man redet ihr nach, sie hätte vor zwei, drei Jahren mit einem geschiedenen Mann im vierten Stockwerk ein Liebesverhältnis gehabt. Das hat ihr die Mißbilligung seiner Freunde und mancher Nachbarin eingetragen und war mit ein Grund dafür, daß die Besuche noch spärlicher wurden. Ich weiß nicht, ob an dem Gerücht etwas Wahres ist. Die, die ich davon reden hörte, hielten das, was sie zu wissen glaubten, für einen Verrat der Frau an ihrem Mann. Für viele gibt es in einem solchen Fall, jedenfalls wenn er nicht sie selber betrifft, nur gänzliche Selbstaufgabe und totalen Verzicht.
Was ich feststelle, ist, daß sie ihren Mann nicht verraten hat, mehr noch: daß sie weder bitter reagiert noch ihn durch Bemutterung demütigt, was bei einer kinderlosen Frau immerhin denkbar wäre. Sie legt ihre Hand auf seine Linke, in der noch Leben ist, oder streicht ihm über das Haar, jedoch nicht mütterlich, sondern, so scheint mir wenigstens, mit freundschaftlicher Zärtlichkeit.
Ich erzähle, wenn wir zu dritt im kleinen Wohnzimmer sitzen, was ich mir zu erzählen vorgenommen habe, und bald entwickelt sich dann ein Gespräch zwischen ihr und mir. Der Gelähmte im Rollstuhl nimmt an ihm teil: seine Augen gehen von mir zu ihr, von ihr zu mir, plötzlich sagt er jaaa. Oder dann wieder ja-ja-ja. Manchmal nickt er ein wenig ein. Je nach dem Wetter. Die voralpinen Staulagen und Druckwechsel machen ja auch Gesunden zu schaffen. Es ist deshalb nicht nur albern, vom Wetter zu reden. Ich tue es bei meinen Besuchen ab und zu. Zu vernehmen, daß gegenwärtig auch andere schlapp sind oder Kopfschmerzen haben, läßt die eigenen Beschwerden harmloser erscheinen. Ich erzähle von Guri Uldum, einer jungen Dänin, die einmal bei uns lebte und ebenfalls unter dem hiesigen Klima litt: »Ich bin ja soo s-läferig«, sagte sie immer wieder.
Uns stört es nicht, wenn er im Rollstuhl einnickt.

Im Tessin oder am Meer wäre es besser für ihn. Das meinte auch der Arzt. Aber die Rente reicht knapp für ein bescheidenes Leben hier. Ich getraute mich nie zu fragen, ob sie finanzielle Schwierigkeiten hätten, nur, ob ihm nicht ein Fernsehgerät etwas Abwechslung bringen könnte. Sie meint, es würde ihn zu sehr ermüden. Der Hauswart, der in einem Radio- und Fernsehgeschäft arbeitet, habe ihnen schon einen Apparat zu günstigem Preis angeboten.
Der Hauswart hilft jeden Abend, den Gelähmten ins Bett zu bringen. Am Vormittag, beim Verlassen des Bettes, hilft eine Krankenschwester, die vorbeikommt. Der Hauswart kann unangenehm sein, die meisten Mieter scheinen ihn nicht zu mögen, können aber nichts gegen ihn ausrichten. Mieter bekommen wir übergenug, doch einen Hauswart zu finden ist schwer, erklärt die Hausverwaltung. Die Machtstellung des Hauswartes ist unerschütterlich. Kommt es zum Streit, so wird dem betreffenden Mieter gekündigt, selbst wenn dieser im Recht ist. Doch seitdem ihr Mann gelähmt ist, sagt seine Frau, ist der Hauswart die Freundlichkeit und Hilfsbereitschaft in Person. Sie hätten von ihm nichts mehr zu befürchten, schon gar nicht eine Kündigung.
Jaa, sagt der Mann unversehens und nickt.
Hat mich dieses jaa und ja-ja-ja angesteckt? Eine Zeitlang achtete ich auf meine Ja's und Nein's. Ich glaubte dabei feststellen zu können, daß ich infolge dieser Selbstbeobachtung häufiger ja und weniger nein zu sagen begann. Ich gewöhnte mir sogar an, statt nein zu sagen den Kopf zu schütteln, was ich vorher kaum getan hatte.
Gewiß: man gewöhnt sich an alles, auch an den Umgang mit einem beinahe Stummen. Dennoch muß ich mich, wie unter einem Zwang, immer wieder in seine Lage versetzen, mache sozusagen Identifikationsübungen, versuche die Frau, das Wohnzimmer, die Fensteraussicht mit seinen Augen zu sehen, denke mir die Gedankengänge aus, die ich als Gelähmter im Gefängnis ähnlicher Sprachlosigkeit verfolgen würde: endlose Gedankengänge, so stelle ich mir vor, leere, unendliche Gedankengänge, die nie einen Ausgang in Sprache, in Mitteilung finden, die deshalb Angst und Panik erzeugen müssen. Allein schon die Vorstellung dieses kommunikationslosen Gedankenlebens erfüllt mich mit Verzweiflung. Warum verzweifelt er nicht? Doch ist auch das eine unüberlegte Frage. Verzweifeln kann vielleicht nur, wer Verzweiflung in Worten oder Handlungen äußern kann. Ihm ist selbst die Freiheit zur Verzweiflung genommen. Im Anfang ist das Wort, sagt man. Die Sprache macht den Menschen aus, las ich jüngst in einer Zeitschrift. Ihm bleibt sogar die Gebärdensprache versagt. Ist er kein Mensch mehr? Sicher hat der Professor, der den Aufsatz über den Menschen als Sprachwesen verfaßte, nicht an einen Fall wie diesen gedacht. Meine Frau meint allerdings: doch, der Professor hat schon recht, du darfst nicht nur an das eigene Sprechen denken, ebenso wichtig ist, daß mit uns gesprochen *wird*, daß du also zu ihm gehst, mit ihm sprichst, daß er dich mit seiner Frau sprechen hört, daß die Frau mit ihm redet.

Unmenschlich wäre alles erst, wenn niemand mehr mit ihm und in seiner Gegenwart sprechen würde.
Aber machmal spiele ich, wie gesagt, doch mit dem Gedanken, nicht mehr oder seltener hinzugehen. Er erinnert mich an Möglichkeiten, an die ich lieber nicht erinnert sein möchte.
Bin ich dann wieder im kleinen Wohnzimmer, so fällt mir diese und jene Veränderung auf. Einer der Stühle ist anders gestellt. Die Geranien auf dem Fenstersims sind verblüht, auf dem Dach des Nachbarhauses klettert ein Dachdecker herum, ein anderes Buch, aus dem ihm die Frau manchmal vorliest, liegt auf dem Tisch, die Radiozeitung ist aufgeschlagen. Ich registriere diese kleinen, unmerklichen Veränderungen, beachte Dinge, die ich früher nie beachtet hätte. Sie sind Anknüpfungspunkte für eine rasche Bemerkung, für eine kleine Reminiszenz[1]. Der Dachdecker auf dem Dache drüben bewegt sich unbefangen, doch mir fällt Arthur Spöhel ein, der im Aktivdienst unser Alpinspezialist gewesen war und dafür zum Gefreiten ernannt wurde, obgleich er sich um militärische Formen so wenig wie möglich kümmerte. Ein wortkarger, zuverlässiger Mann. Später ging er ganz allein nach Afrika und bestieg den Kilimandscharo. Er betrieb ein Dachdeckergeschäft. Eines Tages stürzte der Kletter- und Gipfelgewohnte von einem Dach auf die Straße hinunter und war tot.
Ja-ja-ja, sagt der Gelähmte. Hast du Spöhel gekannt, fragt ihn die Frau. Ja-ja-ja, sagt er nochmals und nickt eifrig. Mehr kann er nicht, kann er nie sagen.
Bleibt: der verstellte Stuhl, die Geranienstöcke, das Buch, die Radiozeitung. Ist jener kleine Fleck in der Tapete neu? Ich hatte ihn bisher noch nie beachtet. Sicher hat ihn der Gelähmte jedoch längst bemerkt. Er lebt, so vermute ich, von den Details, die er sieht, von den kleinen Veränderungen, die er feststellen kann. Mir fällt eine Ausstellung in der Kunsthalle ein: ein Häufchen Sand, ein Tau am Boden, Fett an der Wand, herausgeschlagener Verputz. Was solls? Mit den Augen des Gelähmten sehend begreife ich besser: Leben, Geheimnis, Sprache des banalen Details! Der seltsam geformte Fleck in der Tapete wird plötzlich anregender als daneben das Ölgemälde mit der üblichen Berglandschaft. Zugegeben: so denke *ich*! Doch er? Was bedeutet ihm der Fleck, das Bild? Ich werde es nie wissen. Ich habe mich an dieses Nicht-Wissen gewöhnt. Man gewöhnt sich an fast alles. Sicher hat auch er sich an seinen Zustand gewöhnt.
Ich freue mich, wenn Sie wiederkommen, sagt seine Frau. Jaaa, nickt er im Rollstuhl. Es tut auch mir gut, sagt sie, es macht mir neue Lust, zu sprechen, wissen Sie, wenn man sonst immer allein sprechen, alles selber sagen muß. Jaaa, sagt er. Jaa heißt: komm bald wieder.

[1] Reminiszenz = Erinnerung

CHRISTA REINIG

Skorpion

Er war sanftmütig und freundlich. Seine Augen standen dicht beieinander. Das bedeutete Hinterlist. Seine Brauen stießen über der Nase zusammen. Das bedeutete Jähzorn. Seine Nase war lang und spitz. Das bedeutete unstillbare Neugier. Seine Ohrläppchen waren angewachsen. Das bedeutete Hang zum Verbrechertum. Warum gehst du nicht unter die Leute? fragte man ihn. Er besah sich im Spiegel und bemerkte einen grausamen Zug um seinen Mund. Ich bin kein guter Mensch, sagte er. Er verbohrte sich in seine Bücher. Als er sie alle ausgelesen hatte, mußte er unter die Leute, sich ein neues Buch kaufen gehn. Hoffentlich gibt es kein Unheil, dachte er und ging unter die Leute. Eine Frau sprach ihn an und bat ihn, ihr einen Geldschein zu wechseln. Da sie sehr kurzsichtig war, mußte sie mehrmals hin- und zurücktauschen. Der Skorpion dachte an seine Augen, die dicht beieinander standen und verzichtete darauf, sein Geld hinterlistig zu verdoppeln. In der Straßenbahn trat ihm ein Fremder auf die Füße und beschimpfte ihn in einer fremden Sprache. Der Skorpion dachte an seine zusammengewachsenen Augenbrauen und ließ das Geschimpfe, das er ja nicht verstand, als Bitte um Entschuldigung gelten. Er stieg aus, und vor ihm lag eine Brieftasche auf der Straße. Der Skorpion dachte an seine Nase und bückte sich nicht und drehte sich auch nicht um. In der Buchhandlung fand er ein Buch, das hätte er gern gehabt. Aber es war zu teuer. Es hätte gut in seine Manteltasche gepaßt. Der Skorpion dachte an seine Ohrläppchen und stellte das Buch ins Regal zurück. Er nahm ein anderes. Als er es bezahlen wollte, klagte ein Bücherfreund: Das ist das Buch, das ich seit Jahren suche. Jetzt kaufts mir ein anderer weg. Der Skorpion dachte an den grausamen Zug um seinen Mund und sagte: Nehmen Sie das Buch. Ich trete zurück. Der Bücherfreund weinte fast. Er preßte das Buch mit beiden Händen an sein Herz und ging davon. Das war ein guter Kunde, sagte der Buchhändler, aber für Sie ist auch noch was da. Er zog aus dem Regal das Buch, das der Skorpion so gern gehabt hätte. Der Skorpion winkte ab: Das kann ich mir nicht leisten. – Doch, Sie können, sagte der Buchhändler, eine Liebe ist der anderen wert. Machen Sie den Preis. Der Skorpion weinte fast. Er preßte das Buch mit beiden Händen fest an sein Herz, und, da er nichts mehr frei hatte, reichte er dem Buchhändler zum Abschied seinen Stachel. Der Buchhändler drückte den Stachel und fiel tot um.

THEODOR WEISSENBORN

Die Welt im Haigerloh

Am Stadtrand draußen hinter Siepholz, Schlehdorf, Barnekamp, noch hinter der K 8, wo sich die Gleise trennen nach Großdettfurt, Rönne, Beckum, Rheda, inmitten Schienen, stillgelegten Zechen, Mülldepots und alten Halden, liegt eine Wüstenei mit Namen Haigerloh, ist unerforschtes Land für Indianerspiele, weht braunes Schottergras, brütet das Rebhuhn, kreuzen Fuchs und Hase ihre Wege, ringeln sich Nattern, huschen Salamander durchs Gesträuch und liegen im langen Mittag, sanft die Flanken hebend, still atmend auf den weißen Scherben aus Gestein. Dort ist der Himmel offen, weitgespannt mit Wolken, Vogelschwärmen in der Dämmerung, wenn im Dunst der Stadt am Horizont vergilbt die Sonne und wenn mit Tau auf Disteln früh der Tag aufsteht. Fern liegen Katen, geduckt in Mulden, alte Siedlungen in Basdorp, wo früher noch mit Pferden in kleinen Zechen Kohle sie gefördert, blüht kleiner Wohlstand noch für Selbstversorger mit Rind und Schwein, fünf Morgen Ackerland, ist kleine Industrie, wohnt man im eignen Haus.

Dort ist ein Mann geboren, den du nie gekannt. Heißt Josef Heinen, fünfzig Jahr ist's her, ging dort zur Schule, ist jetzt angestellt beim Bauamt in der Kreisstadt, tut seine Arbeit, geht einher als Bote in den Fluren, raucht Stumpen in der Mittagspause, schleift ein Bein, ist Junggeselle, lebt bei seiner ältren Schwester, bei Louise, im Dümpelfelde 9, fährt Mofa, kennen ihn alle dort als scheu und wortkarg, weil er stottert, nennen ihn Stottrerjosef schon von Kindheit an. Vater war Schmied, trank Schnaps wie viele dort, starb 46 schon am Selbstgebrannten, schlug ein auf Fleisch als wie auf Eisen, war als gewalttätig bekannt. Drei Kinder starben. Louise, frömmelnd in der Kongregation der Jungfraun, liegt leidend jetzt seit einem halben Jahr im Krankenhaus der Schwestern unsrer lieben Frau, hat nicht mehr lang zu leben, sorgt sich um den Bruder, der aus Dosen ißt, allein das Haus bewohnt, den Hund, die Katze hütet. Die Schwestern kennen ihn. Er kommt fast täglich, abends nach dem Dienst, samstags und sonntags früh am Vormittag, besucht die Kranke, sitzt an ihrem Bett, sie reden nie, schauen sich an und nicken mit dem Kopf, bedürfen Worte nicht.

Im Sommer, wenn es später dunkelt, und an den Wochenenden, täglich, ob es regnet oder nicht, nach dem Besuch im Krankenhaus fährt Stottrerjosef mit dem Mofa, ein Bein gestreckt und eins gewinkelt, hinaus ins Haigerloh; verläßt die asphaltierte Straße an Eckhoffs Weide, wo das Pestkreuz steht, fährt auf dem Feldweg weiter bis zur Heide, überquert das Gleis hoch auf dem Damm nach Beckum und ist im Ödland draußen, menschenfern, wo niemand ihn vermutet noch vermißt, wo keiner nach ihm fragt oder ihm sagt: »Laß das! – Tu dies!« Hier hat er einen Platz, der ihm behagt: im Niemandsland

zwischen den Gleisen, wo, verschleppt von Kindern, Wellblech rostet, die Distel wächst und Scherben blinken, hier, fern der Nachbarschaft, die immer redet, höhnt, ist lieblich ihm ein Ort, den keiner ihm bestreitet, wie er wähnt, da andren wertlos scheinen muß, was ihm die Welt bedeutet.
Als Kind schon hat er hier gespielt, war Zuflucht hier vor Spott und Zorn des Vaters, rettete er Sterbliche, Todkranke, Wunde, Sieche, unnütz Geborene, dem Tod Geweihte, mit Tod Bedrohte aus dem Dorf, dem Haus, dem Keller, aus der Futterkammer, dem Winkel an der Scheune hinter der Regentonne, da sie kläglich schrien, verbarg in Armen sie, wann immer es gelang, trug sie hinfort in alten Kisten, in Kartons, in Lumpen warm und weich, erbaute Hütten, Ställe ihnen im Gebüsch, Stätten der Zuflucht, der Geborgenheit, versorgte täglich sie mit Nahrung, bis sie, erwachsen und genesen, ihrer Wege gingen.
Fanden sich andre dann und wieder andere, die seiner so bedurften, denn immer drohte Unheil, soweit er denken konnte. Immer schlug es zu mit Fäusten, Hämmern, Beilen, schien Leben, schien Lebendiges nicht erwünscht, störte Geschrei den Rasenden, erregte Mitleid Zorn, ward ausgetilgt das Liebste mit Gewalt, regierte Terror (Vater war sein Name), ging die Mutter stumm und dumpf durchs Haus, weinte sie lautlos, in der Kirche kniend, dort geschützt für Stunden, wohin der Vater nicht zu folgen wagte. Immer hoben sich Arme, abwehrend Schläge, über Köpfe, waren Arme blau, gebrochen, lagen sie in Gips, in Binden, immer winselte der Hund an seiner Kette, stob die Katze über Stiegen, gingen in Nächten Seufzer aus und ein, gingen ums Haus die Seelen der Ermordeten, klagte es im Kamin, stiegen, zu nichts zerplatzend, in letzter Atemnot die Luftblasen Ertränkter in der Regentonne auf, schaufelten die Kinder Gräber hinterm Schweinestall, schreinerten sie Särge aus Zigarrenkisten, hallten verstohlen Trauerchöre durch den Garten, sangen sie dünn, daß er's nicht höre: »Ist das der Leib, Herr Jesu Christ, der tot im Grab gelegen ist?« Immer im Schlafen wie im Wachen hörten sie's scharren, kratzen rings ums Haus, saß es vorm Fenster draußen, um Einlaß flehend, ging nicht fort, kroch winselnd es heran gebrochnen Rückgrats auf den Vorderbeinen, daß er es ganz erschlüge, erlöse es von seiner Not.
Und hat gewimmert eines Tags, als Stottrerjosef aus der Schule kam. War lange nicht zu finden, wo's da lebte und sich regte noch, bis dann die Hündin, behängt mit prallen Zitzen, zum Fressen losgekettet, den Napf ließ stehen unbeachtet und mit den Zähnen am Griff der Mülltonne zu nagen anfing. Und er errettete das Leben, klaubte heraus das Warme, Atmende aus Unrat, Kehricht, Müll des Verwesenden und barg im Keller sie, die Jungen, auf Holzwolle, auf Lumpen im leeren Gurkenfaß, besuchte stündlich sie, noch jubelnd, wieder jubelnd, und brachte Milch in Babyflaschen – wußt es keines der Geschwister außer Louise, die ihm beistand, ihn selber oft verbarg in ihrer Kammer unterm Bett.

War nicht von langer Dauer der Kinder Glück. Es kam der Tag, an dem der Vater Gurken forderte, nach Gurken suchend, trunken wütend, das Haus durchtobte und, da alle, wie er sagte, unbotmäßig sich erwiesen, sich gegen ihn verschworen, sein eigen Fleisch und Blut, sich also selber mußt bemühn und in den Keller stieg, sein Sohn ihm nachschlich bis zur Treppe und in Ängsten, lauschend in den finstren Schacht hinab, stehend die Hosen nässend, das Entsetzliche vernahm: wie's drunten tobte, aus schwachen Kehlen bellte, schrie und wimmerte, dumpf gegen Mauern prallte, wimmernd erstarb und plötzlich Stille war wie Grabesruh, wie dann des Vaters Keuchen nur zu hören, erzitterten die Stufen und des Vaters Kopf, sein Haarkranz kam im Treppenschacht herauf – hing da ein Hammer zwischen Fuchsschwanzsägen mit dem Stiel nach unten am Nagelbrett rechts an der Treppenwange, sah das Kind den Hammer und seines Vaters Kopf, nahm rasch den Hammer, hob ihn, sah des Vaters Kopf und schlug nicht zu, nein, schlug nicht zu und schlug und schlug nicht zu. Entsetzte sich, ließ fallen, ließ Hammer Hammer sein und rannte, tief sich zu verbergen aus aller Menschen Nähe, barg sich hinaus und fort ins Haigerloh, lag blutend unter Dornen, lag den Nachmittag und Abend und folgte spät der Schwester erst, der Hündin, die ihn suchten, und ging zurück ins Haus.

Und blieb und rettete, was noch zu retten aller Gattung des Lebendigen, ward klüger nur, ward listenreich. Schlich Bauern, Kohlenhauern nach, die Säcke trugen, mit Steinen sie beschwerten und in den Mühlbach warfen. Wartete, bis die Mörder gingen, stieg barfuß dann ins Wasser, die Hosen hochgekrempelt, watete dorthin, wo's eingeschlossen lag, Blasen vom Grund aufstiegen, barg, was zu bergen war – und oft gelang's: fing's wieder an zu leben, hustete und keuchte aus kleiner Kehle, erbrach sich, krallte, klammerte sich an und wollte sein. Trug's rasch hinfort, ins Haigerloh, wo noch der Himmel offen, nicht Menschenlaut zu hören war, nicht Ruß dünstete noch Schnaps sie brannten, wo die Erde jung war wie am Schöpfungstag. Und überlebte, überdauerte die Tode, die er nicht verhindern konnte, ward zwanzig, dreißig, vierzig Jahr, fand keine Frau, da nie er eine suchte, ward fünfzig Jahr, heißt Stottrerjosef wie als Kind und hat des Kindes Welt in sich bewahrt, blieb voller Einfalt, wie sie's nennen, einfältig, und hat das Himmelreich auf Erden schon gefunden, im Haigerloh.

Hier baut Gehege er, erschafft aus Trümmern Bleibendes, versammelt um sich rost'ge Bettgestelle, Bretter, alten Maschendraht, die von der Kippe hinter der verfallnen Ziegelei er holt, aus Tümpeln fischt, aus Halden gräbt, errichtet Zäune im Geviert, im Niemandsland, im busch'gen Gleisdreieck zwischen den Schienenwegen nach Rönne, Dettfurt, Beckum, baut Gehege für die Wildkaninchen, die geduckt, mit blinden, eiterverklebten Augen in Mulden unter Dornen siechen. Hier wäscht er ihre Wunden, bringt Futter ihnen, bettet sie auf Stroh, daß sie genesen möchten von der Pest, hier auch begräbt er sie.

Sitzt, Stumpen rauchend, im Geviert, nickt mit dem Kopf, spricht – ohne je zu stottern – zu Fuchs und Hase, die ihn stumm beäugen, droht mit der Faust den Güterzügen, die, gleichmütig rumpelnd, rechts und links ihn liegenlassen, schaut ihnen nach, wie sie ins Weite ziehn, wie Stille sich ringsum verbreitet, wenn sie vorbei und fort, lauscht noch dem Wind im Schottergras, bis Krähen ihn zur Heimfahrt rufen.

Hier heilt die Welt er, daß inmitten allen Schlachtens ein Ort für Leben sei, Lebendiges kann sein inmitten Trümmerzäunen, ein Ort für Zeugung und Geburt, vor allem Tod, den er nicht hindern kann. Lieblich ist dieser Ort ihm, Oase in der Wüstenei des Daseins, das er anders nie begriff. Und gelingt's ihm, eins zu retten, steigt Jubel in ihm auf wie in den Kindertagen, genießt er allen Daseins Lust, Lust, dazusein, erblüht für Tage ihm ein sterblich Glück, sagt's ja in ihm zu Stern und Blume, hat er des Lebens Überfluß.

Doch hat er einen Feind. Er kennt ihn nicht, weiß nicht, woher, warum er kam und was ihn treibt, was ihn zerstören heißt, was er gebaut. Tagsüber brach er ein, im Frühjahr und im Herbst, verwüstete die Stätte, schlug die Kranken tot – muß menschlich Antlitz tragen.

Josef denkt lange nach. Es denkt in seinem Kopf, ist klug und listenreich, will Schaden wehren, siegreich sein. Das Jahr darauf im Frühjahr nimmt er Urlaub, birgt sich tagsüber im Gebüsch mit Thermosflasche, Butterbrot, und wartet, wartet lange Zeit, hat Zeit, hat Zeit zu leben und zu sterben.

Und Anfang Juni, eines Tags nach Mittag, kommt es von fern heran, kommt auf dem Schienendamm aus Richtung Rönne ein Mann mit langem Hammer, an dem es laut von Ringen klirrt und lauter, kommt flötend auf dem Gleis daher, mit kurzen Schritten Schwellen zählend, schaut herüber, sagt: »Aha!« – es ist der Streckenläufer. Kommt Kain, der Neider, schräg herab die Böschung, kommt, seine Keule schwingend, furchtbaren menschlichen Gesichts, Lebendiges zu mähen – springt Abel ihm entgegen, da die Keule zuschlägt, fällt ihm in den Arm, faßt Abel nach dem Hammer, wehrt ihn ab, trifft selbst genau mit einer kurzen Hacke, trifft und trifft, schlägt Abel Kain, entsetzt sich, rennt davon, sich zu verbergen tief in Dornen, liegt unter Dornen tage-, nächtelang, kommt keine Schwester, ihn zu rufen, geht er nimmer heim, kommen Gendarmen, ihn zu suchen, verbirgt er tiefer sich. Und kommen sie am nächsten Tag mit Hunden wieder, kommt eine Hundertschaft, wird's Haigerloh umstellt und durchgekämmt, schallen Posaunen, hört Posaunen er, die einen fremden Namen rufen: »Herr Heinen, kommen Sie heraus! Geben Sie auf, sonst lassen wir die Hunde los!« Die finden ihn.

Und wird nach amtsärztlicher Untersuchung von der Polizei in die geschlossene Abteilung für Männer, Pavillon 5, der Nervenklinik in der Stadt verbracht, gilt als gemeingefährlich, wird sediert und, wie in Zweifelsfällen üblich, mit Krampf behandelt aus der Steckdose. Wird friedlich, sanft und folgsam wie ein Lamm, empfindet Schmerz nicht mehr noch Jubel, kommt schon in die

Halboffne, kann im Garten helfen, horcht auf: »Tu dies! – Laß das!« Ist scharf auf Stumpen. Schwarze müssen's sein, nur Rößli, seine Marke! Als seine Schwester starb – war im Oktober dieses Jahres, desselben Jahrs –, hat ihn der Arzt gefragt, der weiße Todesbote, ob er sie sehen will. Kann Urlaub haben, fahren zur Beerdigung. Geht ihm ja besser nun. Hat Stottrerjosef, wie sie hier ihn nennen bei seinem Namen, nur den Kopf geschüttelt. Hat nur gefragt, ob er da Stumpen kaufen kann.

Weiß nichts vom Haigerloh. Sind alle seiner Welt entfallen, die er pflegte. Hört's nicht mehr rascheln, grapsen, scharren draußen, hört's nicht mehr klagen im Kamin, hat guten Schlaf, beweint, beerdigt nimmer hinterm Schweinestall in Basdorp noch im Haigerloh, wo nun die Pest kann wüten, wie sie will, der Himmel nicht mehr offen ist für Träume, Glücksentwürfe, des Herzens Jubelruf, nur mehr für Klagelaute, den Schrei des Unerlösten unter Dornen, im Gebüsch, wo Kämpfe toben, wo's erstickt in Qual, wo's zuckend endet in der Stille, offen fürs Schweigen, Sprache toter Seelen, und wo im Dornbusch, in der Luft, in Feuer, Wasser, Erde ist aller Schmerzen, aller Seelen Ruh.

Er wird noch überleben manches Jahr. Wird schlafen, essen, trinken, Stumpen rauchen, wird entlassen werden, wird nach Basdorp gehn, wird selber sich versorgen in seiner Eltern Haus, im Dümpelfelde 9.

Am Dienstag, helfend in der Gärtnerei, hat er gesehn, wie Clausewitz, der General, auf einen Maulwurf traf, siegreich ihn schlug, daß ihm die Lunge aus der spitzen Schnauze drang. Hat ruhig zugesehn.

Nun ist er bald geheilt.

JOSEF REDING

Neben dem blauen Seepferdchen

Erst mochte ich sie. Dann wieder gar nicht. Dann war alles ganz anders. Und jetzt bin ich ratlos.

Sie fiel mir auf, weil sie so angenehm lachte. Sie saß im Hallenbad neben den Keramikfliesen mit dem blauen Seepferdchen und lachte über eine Bemerkung ihrer Freundin.

Was Lachen angeht, bin ich überempfindlich. Leute mit miesem Lachen kann ich nicht ausstehen. Wenn da einem an der Schaschlikbude ein Pappbecher mit Fanta über die Jeanshose kippt, und ein anderer ist dabei und läßt ein schadenfrohes »Höhöhöhöhöhö!« los, dann hat er bei mir schon ausgepfiffen.

Auch die »Hihihihihi«-Lacher sind nicht mein Fall. Und am Meckerlachen »Hehehehehe« von Elvira ist unsere Freundschaft zu Bruch gegangen.
Aber das Mädchen neben dem blauen Seepferdchen lachte gut. Es war kein lautes Lachen, was da aus dem schmalen Mund kam. Eher ein herzliches Glucksen.
Ich schwamm zum Beckenrand in die Nähe des blauen Seepferdchens, um noch mehr von dem Lachen zu haben. Aber das Lachen hatte schon aufgehört. Die Freundin war vom Dreimeterbrett ins Wasser gehechtet.
Das Mädchen saß jetzt allein da. Es griff in die Badetasche und holte einen angefangenen Pullover mit Stricknadeln und Wollknäuel heraus. Der Pullover mußte schick werden: orange und schwarz. Gestreift. Immer zwei Finger breit orange und dann wieder zwei Finger breit schwarz.
Die Stricknadeln begannen leicht zu klicken. Prima und flink machte die Kleine neben dem Seepferdchen das. Sie war so sicher in ihren raschen Fingerbewegungen, daß sie gar nicht auf ihr Strickzeug schauen mußte. Sie hatte Zeit, mit ihrer Sonnenbrille auf das Schwimmbecken zu blicken. Und jetzt auf mich. Ich rief »Hei!« Und dann rief ich noch mal »Hei!« und schickte einen Wasserspritzer mit zu der Kleinen hinüber.
Sie verrieb mit einer Hand das plötzliche Wasser im honiggelben Frottee ihres Bademantels. Dann sagte sie zögernd zu mir herüber: »Hei!«
Ich freute mich. Ich freute mich, daß sie wegen der Handvoll Wasser nicht geschimpft hatte. Und ich freute mich über die gelassene, gleichmäßige Handbewegung, mit der sie den kleinen Guß Wasser verrieb. Und natürlich freute ich mich über ihren Gegengruß.
Zepps schwamm an mir vorbei. »Du, sie lächelt! Kauf Möbel!« grinste er. Dann war er schon wieder am Wasserball.
Ich stieß mich vom Beckenrand ab und schwamm auf dem Rücken, um das Mädchen, das weiterstrickte, nicht aus den Augen zu verlieren.
Ich überlegte mir einen Gesprächsanfang. Gesprächsanfänge sind wichtig. Steigt man flott in ein Gespräch ein, gibt man die Sätze wie Ping-Pong-Bälle so an den anderen ab, daß er sie gut auffangen und zurückgeben kann, dann läuft der Karren schon gut weiter. Natürlich: man kann auch am Anfang so dämlich daherreden, daß man sich gleich eine kalte Schulter einhandelt. Ich spielte ein paar Anfänge durch, wie sie wohl für die Kleine neben dem Seepferdchen passen könnten.
Also ich sage: Klasse Pullover, den du da machst. Spitze Geschmack!
Dann sagt sie wahrscheinlich: Danke!
Und ich wieder: Beneide den, der den Pulli kriegt! Bruder? Oder Freund?
Jetzt höre ich scharf hin. Wenn sie Freund sagt, muß ich fragen: fester?
Für lockere Freunde stricke ich keinen Pullover! Sagt sie das und lächelt dabei? Oder macht wieder ihr Lachen an?
Mir steht der Pullover viel besser, werde ich dann . . . ach Quatsch!

Der Wasserball tickt mir aufs hochgereckte Kinn. Zepps hat ihn geworfen. »Nilpferd!« rufe ich. Zepps bringt sein blechernes Lachen, das meine Trommelfelle beunruhigt.
Jetzt sehe ich wohl nicht gut aus, so mißgelaunt und auf dem Rücken. Mein Bauch ist wie eine kaffeebraune Insel. Sagen wir mal milchkaffeebraun! Wirklich, ich hab' einen kleinen Speckbauch. Angefuttert, als ich nach Fahrradsturz und Armbruch vier Wochen im Krankenhaus war. Wenig Bewegung, viel Besuch mit Schokolade und Sahneteilchen! Da hat man auf einmal mit fünfzehn einen durchlaufenden Wulst von Hüfte zu Hüfte. Ich drehe mich rasch und kraule unentschlossen und richtungslos. Eigentlich möchte ich der Kleinen neben dem blauen Seepferd Eindruck machen. Springen? Beim Springen wirke ich wie ein Mehlsack. Mir fehlt das durchgedrückte Kreuz, das Federnde beim Absprung. Zepps ist ein Springer. Ich bin ein Faller.
Aber ich bin ein ausdauernder Taucher. Wenn bei uns zu Hause oder in der Klasse gespielt wird »Wer kann am längsten die Luft anhalten?«, dann hab' ich mit Abstand die beste Puste. Brustkorb und Ökonomie! Die meisten machen beim Tauchen den Fehler, sich die Lunge bis zum Gehtnichtmehr mit Luft vollzusaugen. Ich atme nur normal ein und komme so besser hin.
Wenn ich jetzt tauche, muß mich das Mädchen neben dem Seepferd sehen. Ich rufe »Hei!«
Aber das Gesicht des Mädchens ist zum Sprungturm gerichtet, wo Zepps mit »Hepphepp!« die vordere Brettkante auf- und abjumpen läßt.
Noch einmal rufe ich »Heihei!«
Die muß dich ja für blöd halten, denke ich. Immer nur »Hei!« Ich rufe: »Auf Tauchstation!«, winke und bringe mich mit ein paar Armstößen bis knapp über den Grund.
Einmal quer durch das Becken war bisher mein Rekord. Ich schwimme ohne Hast unter Wasser. Manchmal öffne ich die Augen; nicht zu lange, wegen des Chlors. Ein zappelndes Beinpaar. Jetzt erkenne ich die Fliesen auf der gegenüberliegenden Seite. Noch zwei Armbewegungen, noch eine – jetzt berühre ich den Rand.
Aber ich kann noch weiter, drehe, schwimme unter Wasser zurück. Gelange bis zur Mitte des Beckens. Da lasse ich mich hochtreiben und japse und hechele glücklich. Eineinhalbmal quer!
Hat das Mädchen mein Rekordtauchen gesehen? Sicher. Es schaut mit ihrer Sonnenbrille auf mich.
Ich winke dem Mädchen zu. Es reagiert nicht. Na ja, beim Stricken kann man schlecht winken.
»Wie war ich?« frage ich, als ich mich neben es setze, ein wenig bibbernd.
Das Mädchen unterbricht das Stricken für einen Augenblick. »Wenn du schon danach fragst, wirst du gut gewesen sein!«
»Ich möcht's von dir wissen«, sage ich.

»Kann ich nicht beurteilen«, sagt das Mädchen.
»Na, anderthalbmal, das ist doch schon ein Stremel!« sage ich. »Soll ich noch mal?«
»Warum nicht, wenn's dir Spaß macht«, sagt das Mädchen.
Mit etwas Unmut mache ich einen Bauchplanscher und tauche wieder die Strecke. Vielleicht spornt mich der Ärger besonders an. Jedenfalls beschließe ich beim Rückweg in der Bassinmitte, bis zum Rand durchzuhalten. Es klopft an den Schläfen. Vor den Augen flimmert's. In der Lunge ist es wie ein Stechen. Noch ein Zug. Noch einer. Aus.
Ich kann nicht mehr und bringe mich schräg zur Wasseroberfläche. Dabei berührt meine Hand unverhofft die Wand. Ich hab's zweimal geschafft.
Als ich über Wasser die Augen öffne, bin ich empört. Das Mädchen ist nicht mehr neben dem Seepferdchen, sondern planscht mit der Freundin im Nichtschwimmerbecken. Ausgerechnet im Nichtschwimmerbecken. Mindestens in der 10. Klasse und noch im Nichtschwimmerbecken. Und dann läßt sie das Händchen ihrer Freundin nicht los. So ein Getue! Händchenhalten mit Freundin. Da gehört – wenn schon – eine Männerhand hin! Meine zum Beispiel. Aber Händchenhalten mit der Freundin! Im Nichtschwimmerbekken! Und ich tauche mir die Lunge aus dem Hals – für nichts und wieder nichts!
Aber schön ist die Wasserscheue! Selbst jetzt, wo sie das Gesicht unter den Spritzern verkneift, sieht sie schön aus. Was heißt das eigentlich, schön? Sie ist angenehm anzusehen. Man möchte sie bei sich haben. Als Kumpel. Zum Sprechen, zum Miteinandergehen, zum Miteinander-was-Erleben!
Aber wie bringe ich das fertig, sie zu meinem Kumpel zu machen? Mein Tauchen sollte ein Anfang sein. Aber die Wasserscheue hat meinen Rekord überhaupt nicht wahrgenommen. Und ich kann sie schließlich nicht dazu zwingen, hinzuschauen, wenn ich auf Tauchstation gehe.
Vielleicht sollte ich es mal über ihre Freundin versuchen? Ich schaue sie an, wie sie mit der Wasserscheuen durch das Nichtschwimmerbecken stakst. Ein lieblicher Pummel mit Stupsnase ist diese Freundin. Aber ich will sie ja nur benutzen als – als Katalysator. Hab' ich aus der Chemiestunde in der Berufsschule behalten. Katalysator ist ein Stoff, der eine Verbindung anderer Stoffe ermöglicht, ohne diese Verbindung selbst einzugehen. Richtig: die mollige Freundin soll mich möglichst rasch mit der angenehmen Wasserscheuen verbinden und sich dann aus unserer Verbindung heraushalten.
Ich mache eine Rolle über das Seil, mit dem das Nichtschwimmerbecken abgetrennt ist, und bewege mich auf die Wasserscheue und ihre Freundin zu. Ungern latsche ich durch das flache Wasser. Zwischen den kleinen Krabblern mit den bunten Pusteringen kommt man sich vor wie ein Opa im Kindergarten. Gerade will ich die Freundin der Wasserscheuen ansprechen, da dreht sie

sich herum und zieht die Wasserscheue mit. Die beiden Mädchen gehen wieder zu ihrem Platz neben dem blauen Seepferdchen.
Ich stehe steif da wie ein Spazierstock im Fundbüro. Wollen beide nichts von mir wissen?
Ärger und Zweifel lösen sich ständig bei mir ab. Ich bin kein Schönling mit meinem Bauchansatz und meiner Stirn, die nur drei Daumen hoch ist, Daumenbreiten, wohlgemerkt. Aber mit dem beginnenden Bäuchlein, das läßt sich herunterfasten. Und mancher Kahlkopf wäre froh, wenn ihm noch mal Haare bis fast an die Augenbrauen wachsen würden! Und dann meine anderen Vorteile: bin ein prima Teiler, weil ich aus 'ner kinderreichen Familie komme! Teile sogar 'ne Salmiakpastille, wenn's darauf ankommt.
Und dann noch meine Hilfsbereitschaft! Bei mir würde jeder erschöpfte Steppenläufer ein Pferd geliehen bekommen, wenn ich eins hätte. Und würde mich der benachbarte Farmer mitten in der Nacht um Beistand gegen die Smellsox-Banditen bitten, auf mein Gewehr könnte er sich verlassen. Das sind ja schließlich auch Werte, innere und so! Ich kann doch nichts dafür, daß sich in unsere Straße weder erschöpfte Steppenläufer noch bedrängte Farmer verirren.
Ich nehme wieder die Richtung blaues Seepferd, setze mich vor die beiden Mädchen auf die Fliesen und sage zu der Molligen: »Hallihallo!«
Die hält beim Abtrocknen nur kurz inne, schaut über die Schulter zurück, ob ich wohl jemand anders gemeint haben könnte, und rubbelt mit ihrem Handtuch weiter.
»Hallihallo!« sage ich noch einmal. Ich wollte es lauter sagen. Aber es kommt leiser heraus.
Die Mollige schweigt. Ich ziehe die Knie hoch und lege die verschränkten Finger auf die Schienbeine.
Da sagt die Schöne etwas. Sie sagt: »Ich mag deinen wunderbaren Reichtum an Begrüßungsworten!«
»Ja?« frage ich verwirrt und erfreut.
»Ja«, sagt die Schöne. »Erst dieses umwerfende Heihei und jetzt das berauschende Hallihallo!«
»Du sprichst so druckreif«, sage ich. »Bist du ein Einzelkind?«
Ich frage das mit dem Einzelkind, weil ich mal gelesen habe, daß die Eltern sich mit Einzelkindern mehr befassen und mit ihnen sprechen.
»Wir sind zu zweit«, sagt die Schöne. »Das ist meine Schwester.« Und sie zeigt auf die Mollige.
»Wäre ich nicht drauf gekommen«, sage ich. »Du siehst so anders aus«, sage ich zu der Schönen. »Ich meine, ihr beide seht anders aus . . .« Mensch, was rede ich dußlig daher. Aber bei den Mädchen ist gar keine Ähnlichkeit. Die Figur, die Gesichter, die Augen? Welche Augenfarbe hat überhaupt die Schöne? Ach, ist nicht zu sehen, sie hat schon wieder ihre Sonnenbrille auf.

Ich stehe da wie ein begossener Pudel. Nur um etwas zu sagen, frage ich: »Ich geh' zum Kiosk. Soll ich euch was mitbringen?«
»Im Moment nicht«, sagt die Schöne. Ich bin froh, daß sie nicht nur ›Nein!‹ gesagt hat. »Im Moment nicht!« Das gibt Hoffnung.
Ich kaufe am Kiosk eine Zeitung. Erst hatte ich Zitronenbonbons kaufen wollen. Aber Zitronenbonbons vor den beiden Mädchen? Zeitung sieht besser aus. Am besten eine Zeitung von auswärts. Eine ausländische? An ausländischen Zeitungen hat der Hallenbad-Kiosk nur italienische und türkische. Englische nicht. Und ich kann nur leidlich englisch. Also bleibt's bei der Zeitung aus Deutschland.
Das Suchen nach der richtigen Zeitung hat ein paar Minuten gekostet. Als ich in die Schwimmhalle zurückkomme, ist die Stelle neben dem blauen Seepferdchen leer. Die beiden Mädchen sind auch nicht im Becken.
Ich möchte wissen, wohin die Schöne geht, wo sie wohnt. In der Umkleidekabine mache ich schnell, trockne mich kaum ab, ziehe die Sachen über die feuchte Haut.
Am Ausgang warte ich. So schnell können die Mädchen nicht gewesen sein. Oder doch? Sind sie schon weg?
Da kommen sie. Die Schöne hält wieder das Händchen der Molligen. In der anderen Hand hat die Schöne einen weißen Stock.
Die Schöne stößt mich beinahe an, als sie an mir vorbeigeht. Ihr Gesicht mit der Sonnenbrille ist aufmerksam und etwas nach oben gerichtet. Mich nimmt die Schöne nicht wahr.
Die Mollige schaut nur auf die Schöne. Die Mollige führt die Schöne.
Du willst doch wissen, wohin die Schöne geht, wo sie wohnt. Also, geh los!
Aber ich kann meinem eigenen Befehl nicht gehorchen. Ich stehe neben der Kasse am Ausgang. Die klamme Wäsche klebt.
»Wollen Sie nun rein oder raus?« fragt die Kassiererin.
Ich sage nichts. Ich stehe einfach da und sage nichts.

Engagement und Passivität

Am seidenen Faden

Der indische Yogi Swami Vivekananda erzählt folgendes Gleichnis: »Ein hoher Beamter fiel bei seinem König in Ungnade. Der König ließ ihn im obersten Stockwerk eines Turmes gefangensetzen. In einer schönen Nacht bei Vollmond stand der Gefangene oben auf der Zinne des Turmes und schaute nach unten. Dort sah er seine Frau stehen. Sie machte ein Zeichen und berührte die Mauer des Turmes. Gespannt schaute der Mann nach unten, um zu sehen, was seine Frau dort tat. Aber er konnte nicht dahinterkommen, und so wartete er geduldig, was wohl geschehen würde.

Die Frau am Fuße des Turmes hatte ein Insekt gefangen, das gerne Honig aß. Sie bestrich die Fühlhörner des Käfers mit Honig. Dann befestigte sie das Ende eines Seidenfadens am Körper des Käfers und setzte das Tierchen mit dem Kopf nach oben auf die Turmmauer, genau an der Stelle, über der sie ganz oben ihren Mann stehen sah. Der Käfer kroch langsam dem Duft des Honigs nach, immer höher hinauf, bis er schließlich bei dem Gefangenen ankam. Der Gefangene paßte gut auf, schaute konzentriert in die Nacht hinein und sah nach unten. Dann sah er das kleine Tier über die Brüstung klettern. Er nahm es behutsam in seine Hand, machte den Seidenfaden los, befreite das Insekt und zog den Seidenfaden langsam und vorsichtig zu sich. Der Faden wurde aber immer schwerer. Es sah so aus, als ob etwas daran hing. Und als der Mann den Seidenfaden ganz bei sich hatte, sah er, daß am Ende des turmlangen Fadens ein Garnfaden befestigt war. Der Mann zog auch diesen Faden nach oben. Der Faden wurde immer schwerer, und siehe, an seinem Ende sah er einen Bindfaden befestigt. Langsam und vorsichtig zog der Mann diesen Bindfaden zu sich. Auch dieser wurde schwerer und schwerer und an seinem Ende bekam der Mann ein starkes Seil in die Hand. Der Mann zog das Seil zu sich, dessen Gewicht ebenfalls immer schwerer und schwerer wurde. Als er das Ende in der Hand hatte, sah er, daß daran wieder ein starkes Tau geknüpft war. Dieses starke Tau machte der Mann an den Zinnen des Turmes fest. Was weiter geschah, ist einfach und selbstverständlich. Der Mann ließ sich an dem Tau nach unten und war frei. Er ging mit seiner Frau schweigend in die stille Nacht und verließ das Land des ungerechten Königs.«

Zwei Menschen wollten Hochzeit halten

Die Brautleute hatten nicht viel Geld, aber dennoch waren sie der Meinung, daß viele Menschen mitfeiern sollten. Geteilte Freude ist doppelte Freude, dachten sie. Es sollte ein großes Fest werden, beschlossen sie, mit vielen Gästen. Denn warum sollte unsere Freude nicht ansteckend sein? – fragten sie sich. Es herrscht unter den Menschen ohnehin mehr Leid als Freude. Also baten sie die Eingeladenen, je eine Flasche Wein mitzubringen. Am Eingang würde ein großes Faß stehen, in das sie ihren Wein gießen könnten; und so sollte jeder die Gabe des anderen trinken und jeder mit jedem froh und ausgelassen sein.

Als nun das große Fest eröffnet wurde, liefen die Kellner zu dem großen Faß und schöpften daraus. Doch wie groß war das Erschrecken aller, als sie merkten, daß es Wasser war. Versteinert saßen oder standen sie da, als ihnen allen bewußt wurde, daß eben jeder gedacht hatte: Die eine Flasche Wasser, die ich hineingieße, wird niemand merken oder schmecken. Nun aber wußten sie, daß jeder so gedacht hatte. Jeder von ihnen hatte gedacht: Heute will ich einmal auf Kosten anderer feiern.

Unruhe, Scham und Unsicherheit erfaßte alle, nicht nur, weil es lediglich Wasser zu trinken gab. Und als um Mitternacht das Flötenspiel verstummte, gingen alle schweigend nach Hause, und jeder wußte: Das Fest hatte *nicht* stattgefunden.

Chinesische Parabel

JOSEF REDING

Ordentlich auf Null . . .

Wettarck rührte das Suppenpulver an und goß es in den Aluminiumtopf. Eine Löffelspitze des gelben, körnigen Pulvers war vor den Elektroherd auf den Bodenbelag gefallen. Wettarck wischte die Mehlspur mit einem Papiertaschentuch auf den Löffel zurück. Er prüfte, ob Schmutz im Mehl war. Es war keiner darin. So gab er auch diese Prise in den Topf.

Als Wettarck den Knopf des Elektrokochers bei II einrasten lassen wollte, hörte er den Sprechchor: STRA -SSEN – BAHN – DREIMAL – SO – TEUER? – WIR – MACHEN – KRACH – WIR – GEBEN – FEUER!

Vom Fenster aus sah Wettarck den Demonstrationszug: eine Reihung locke-

rer Rudel. Mal gingen fünf nebeneinander, mal acht, mal vier. Einige Transparente über den Köpfen: FAHRGELDWUCHER – ERPRESSUNG MIT DEM FAHRSCHEIN?
Die unregelmäßige Kolonne schob sich durch die Casparystraße dem Rathaus zu. Polizisten flankierten den Menschenzug.
»Schön, daß Sie den Krawall da unten nicht mitmachen, Herr Wettarck«, sagte die Wirtin. Die Frau stand plötzlich im Zimmer. Sie ging neugierig zum Fenster. Es war das einzige Fenster ihrer Wohnung, das den Blick auf die Straße erlaubte. »So jung noch und alles Radaubrüder!« Die Frau schüttelte den Kopf. Ihre Haare sahen verschossen aus; die blonde Färbung verblaßte, und fleckig kam der graue Grund durch. »Sie sind vernünftig«, fuhr sie fort. »Sie sorgen wenigstens für Ihren Magen. Was gibt's denn heute?«
»Spargelcremesuppe«, antwortete Wettarck.
»Na, dann guten Appetit, und das Fenster machen Sie besser zu. Das Gejohle dringt bis ins Bad.«
»Ist denn gerade jemand im Bad?« fragte Wettarck.
»Nein«, erwiderte die Wirtin. »Aber wenn einer drin ist, erschrickt er vor dem Lärm. Und im Bad ist das so eine Sache. Da kann es glatt zum Herzschlag kommen. Der Mann von Frau Jöckle gegenüber ist auf ähnliche Weise umgekommen – in der Wanne. Damals grölten Spartakisten oder irgendwelche anderen Radikalen plötzlich los – ist schon lange her, nach dem Ersten Weltkrieg. Ich war damals noch ein Schulkind – hat's geschellt? Ich glaub', es hat geschellt; ich komm' gleich zurück!« Die Frau war nicht mehr im Zimmer. Man hätte nicht sagen können, ob sie durch die Tür hinausgegangen war. Sie ist da, sie ist weg, dachte Wettarck. Man hört kein Kommen und kein Gehen. Ich glaub', die hat Flügel.
Draußen hielt jemand eine Rede. Der Lautsprecher drückte die Stimme durch die Straßenschlucht. Wettarck verstand nur Satzfetzen: ». . . zeigen, daß man mit uns nicht beliebig . . . was auf der einen Seite an finanziellen Hilfen gewährt wird, holt man durch überteuerte Fahrpreise . . . den Verantwortlichen durch diese Demonstrationen . . .«
Es geht auch um meine Pfennige, dachte Wettarck. Zweimal am Tag Straßenbahn. Und abends Bus. Ich sollte da unten mitmachen.
Wettarck drehte sich um. War die Wirtin wieder da? Nein. Jetzt haue ich ab. Bevor sie wieder zurückschwebt.
Weiße Adern in der Scheibe. Der Stein fiel in den Schotter zurück. Der abgedrehte Griff eines Spazierstocks durchschlug das gesprungene Glas, klatschte auf die Rückenlehne des Fahrersitzes und polterte in die leere Straßenbahn.
Als jetzt ein Steinhagel auf den strohgelben Waggonkörper prasselte, zuckten Wettarcks Hände zum Schotter hin. Er wollte auch werfen, seinen Zorn am verlassenen Triebwagen auslassen.

Aber er kam nicht zum Wurf. Von einem Holzplatz wurden Bohlen herangeschafft. Ein paar kräftige Burschen keilten die geschälten, gedrungenen Pfähle unter das Chassis des Waggons und versuchten ihn mit Hebelwirkung zu kippen. Jemand rief: »Zuuuuuuuugleich! – Zuuuuuuuugleich! – Zuuuuuuuugleich!«
Der Triebwagen neigte sich ein paarmal zur Seite, schlug aber immer wieder hart auf den Gleisstrang zurück.
In diesem Augenblick empfand Wettarck die Straßenbahn als persönlichen Gegner. Weil sie nicht kippen wollte. Weil sie mit kaputten Fenstern dastand und sich nur unwillig schüttelte.
Der Junge neben Wettarck blies in eine Blechflöte. Ein knallgrünes Ding, wie Wettarck es von den Lumpensammlern seiner Heimatstadt im Kohlenpott kannte. Es klang auch so wie eine Klüngelskerlflöte, munter und traurig zugleich: Tüüüüdelüüüdelüüütüüütüüü!
Trillerpfeife wäre angebrachter, dachte Wettarck. Ihm gefiel der Flötist, auch wenn er so etwas Zahmes auf seinem Blechröhrchen blies.
Der Flötenspieler steckte sein einfaches Instrument in die Brusttasche seines Sporthemdes und reihte sich in die Gruppe der Umwerfer ein.
Wettarck beobachtete den Jungen. Der Drang, mitzumachen, war in Wettarck zerbröckelt. Er sah den Jungen die Bohlenkante in die Ellenbeuge drücken und das kompakte Holz hochwuchten. Er sah, wie der Pfahl an den gesägten Enden tief ins Fleisch schnitt.
Verdammt, jetzt gehen die hier zu weit, dachte Wettarck. Über die Straße gehen und sagen, daß der dreifache Fahrpreis für Lehrlinge, Schüler, Studenten, Rentner und was weiß ich zu happig ist, das darf man. Aber jetzt den Waggon demolieren! Das ist doch Zerstörung. Verbrechen. Und vorhin wäre ich beinah so weit gewesen . . .
Der Flötenspieler verzog sein Gesicht. Lachte er? Nur nicht lachen, dachte Wettarck. Wenn man schwer hebt und dabei lacht, kann man sich einen Bruch holen. Doppelten Leistenbruch oder was ähnliches. Operationen. Bruchband tragen. Miese Sache. Vater hatte das: Leistenbruch. Als er noch lebte . . . Ob Vater damit einverstanden wäre, daß ich hier . . .? Mutter sicher nicht. Mutter ist ängstlich, daß ihrem einzigen Kind was zustoßen könnte. Darum hat sie mich hierher geschickt, in diese Stadt, auf diese Schule. Soll später nicht draußen arbeiten müssen wie der Vater in der Rotte bei der Eisenbahn, in Wind und Wetter, sondern mit weißem Kragen an einem Verwaltungsschreibtisch. Mutter glaubt an mich. Ich bin Mutters Rente. Darum hat sie mich auch so hoch versichert. Wenn mir was passiert, kriegt sie so viel Geld, daß sie für ihren Lebensabend ausgesorgt hat!
Die Straßenbahn krachte auf das Pflaster. Die letzten Scherben klirrten aus dem Rahmen. Ein Reklameschild – es warb für Hundefutter – löste sich aus dem Scharnier und pendelte hin und her.

Es gab keinen Jubelruf. Jetzt, wo die Straßenbahn auf der Seite lag und ihren sonst unsichtbaren grauen Bauch zeigte, fand die Wut der Demonstranten für Augenblicke keine Stütze mehr. Nicht, daß die Hilflosigkeit des gekippten Wagens jemanden rührte. Sie befriedigte, das war alles.
»Schmeieieieiß weg!« rief einer. Er rief das ›weg‹ wie ›weck‹, mit ck, knapp und trocken. Die jungen Männer an den Bohlen sprangen zurück und ließen die Bohlen fallen.
Der Junge blies weiter auf seiner Kinderflöte. Es war, als bringe er der gestürzten Bahn ein Ständchen.
Auf dem Dach eines Kombiwagens stand ein Blonder mit einem Megaphon. »Weiterziehen bis zum Depot!« rief er.
Der Menschenzug setzte sich zögernd in Bewegung.
Der Junge hörte nicht auf, die Flöte zu spielen. Auch während des Gehens nicht. Wenn er nicht so jung wäre, könnte man ihn glatt für den Rattenfänger von Hameln halten, dachte Wettarck. Höchstens 14 kann er sein. Na, geben wir noch ein Jährchen drauf: 15 also.
»Was machst du?« fragte Wettarck den Flötenspieler.
Der Junge klopfte am Absatz ein bißchen Spucke aus der Flöte. Es mußte schnell gehen, weil die anderen nachrückten.
»Was machst du?« fragte Wettarck noch mal.
»Siehste doch«, grinste der Junge. »Straßenbahnen umkippen.«
»Und sonst?«
»Studieren.«
»Was?«
»Jura.«
Wettarcks ›Was?‹ war nicht die Frage nach der Fakultät, sondern ein Ausdruck schieren Staunens.
»Ich dachte, Sie wären erst vierzehn oder fünf . . .«
»Nun bleib mal beim Du«, sagte der Flötenspieler. »Ich bin zweiundzwanzig.«
»Wie ich«, sagte Wettarck. Er wollte sich vorstellen, aber die Sirene eines Polizeiwagens schrillte dazwischen. Die Demonstranten rückten enger zusammen. Ein paar verschränkten ihre Arme mit denen ihrer Nachbarn.
Ein Wasserwerfer spie seinen Strahl gegen die Transparente. Die Träger schlugen hin. Die Aufschriften zerliefen.
Einige Gruppen von Polizisten stießen keilförmig in die Flanken des Zuges, griffen sich Einzelne heraus und brachten sie in einen geschlossenen Transportwagen. »Abhauen!« rief es von hinten.
Es kam zum Handgemenge. Knüppel tauchten über den Köpfen der Demonstranten auf und fuhren wuchtig herunter. Schreie. Schreie aus Wut, Angst, Rauflust und Empörung.
»Jetzt gibts Remmidemmi!« sagte der Flötenspieler.

Wettarck versuchte zu scherzen: »Bin hoch versichert.«
»Das nützt hier nichts«, sagte der Flötenspieler. »Wenn du bei dieser Geschichte was abkriegst, springt kein Pfennig dabei raus!«
»Wieso? Mutter hat alle Prämien pünktlich bezahlt!«
»Guck mal genau rein in deinen Versicherungsvertrag, auch ins Kleingedruckte«, sagte der Flötenspieler.
»Was steht denn im Kleingedruckten?« fragte Wettarck.
Der Flötenspieler wich einer Hand aus, die nach ihm griff. Dann sagte er betont: »Die Versicherung ist von ihrer Leistungspflicht entbunden bei Unfällen, die der Versicherte erleidet bei der Ausführung oder dem Versuche von Verbrechen oder Vergehen, ferner durch bürgerliche Unruhen, sofern der Versicherte auf Seiten der Unruhestifter teilgenommen hat . . .«
»Aber was wir hier machen, ist doch kein Verbrechen«, sagte Wettarck.
»Und ob. Vorhin die Straßenbahn. Und jetzt . . . siehst du, wie sich unsere Jungs da vorn mit der Polizei wämsen . . .? Das ist 'ne ganze Menge. Auflehnung gegen die Staatsgewalt, Unruhestiftung, Körperverletzung.«
»Mußte das sein, das scharfe Rangehen von euch? Die Straßenbahn zerdeppern und . . .«
»Die knöppen dir deinen letzten Pfennig ab, wenn du nicht schreist«, sagte der Flötenspieler. »Einem bösen Hund gibt man gern ein Stück Brot, damit er ruhig ist, einem friedlichen Köter gibt man einen Fußtritt. Kapiert? Wir müssen hier Lärm machen, Wirbel, Rabbatz!«
»Ich weiß nicht . . .« Wettarck war schon am Rande des Zuges. Er hatte eine Lücke im Kordon der Polizei erspäht. Dort ruderte er sich im Strom der Zappelnden hin. Ein Ellenbogen stieß ihm hart in die Rippen. Ein Fuß trat ihm gegen das Schienbein.
Vom Bordstein aus blickte Wettarck auf die Straße zurück. Einen Augenblick lang sah er den Flötenspieler. Ein Schlagstock prallte gegen die Stirn des Jungen. Jetzt sah auch der Junge den gemächlich fliehenden Wettarck. »Denk dran«, rief der Junge, »nichts gibt's, gar nichts bei bürgerlichen Unruhen! Keinen Pfennig bei bür . . .«
Wettarck kam unangefochten zu seinem möblierten Zimmer. Unten hatte er eine Mettwurst gekauft. Erst auf der Treppe fragte er sich, ob Mettwurst und Spargelcremesuppe zusammenpassen.
In seinem Zimmer stand die Wirtin. Sie schaute Wettarck vorwurfsvoll an.
»War ja nur kurz dabei«, sagte Wettarck. »Hab's mir noch rechtzeitig überlegt. Zu unsicher. Bringt nichts ein.«
»Wenn ich nicht dagewesen wäre, hätten Sie jetzt keine Suppe, sondern einen verschmorten Topf und einen ruinierten Herd. Sie waren verschwunden und hatten den Knopf auf Brand stehen lassen. Ich hab's aber rechtzeitig gerochen und den Schalter wieder ordentlich auf Null gestellt. Die Suppe ist gerettet.«

»Ich bin Ihnen sehr dankbar«, sagte Wettarck. Und er dachte, mir fällt nur so etwas Steifes ein: ›Ich bin Ihnen sehr dankbar‹, meine Güte, wie blöd.
»Und nächstes Mal nicht so lange wegbleiben, wenn der Herd an ist. In ein paar Minuten kann viel passieren, Herr Wettarck. Und Sie sind doch mein Mustermieter und wollen es doch wohl auch bleiben, oder?«
»Sicher«, sagte Wettarck.
»Also, dann lassen Sie sich die Suppe in Ruhe schmecken.«
Wettarck wickelte die Mettwurst aus. Als er aufsah, war die Wirtin nicht mehr da. Plötzlich hatte Wettarck das Bedürfnis, den Schalter von Null auf III zu stellen. Er ging hin und stellte den Schalter wirklich auf III. Die Suppe brodelte auf. Was für ein Quatsch, dachte Wettarck. Ich mache heute nur Quatsch. Er nahm den Suppentopf herunter. Schaltete zurück auf Null. Die Mettwurst esse ich so, aus der Hand, dachte Wettarck. Er begann die Suppe zu löffeln. Anfangs horchte er häufig nach draußen. Aber bald vergaß er das Horchen und aß mit Genuß.

JOSEF REDING

Den Unsrigen nachlaufen?

Der kleine Mannschaftswagen wird geschickt zwischen den zersplitterten Möbelstücken und geborstenem Gerät auf der menschenleeren Hauptstraße gesteuert. Das leicht gepanzerte, wendige Fahrzeug hält an der unteren Fensterreihe eines Hochhauses. In einem der geöffneten Fenster steht eine Frau, deren Alter schwer auszumachen ist. Sie trägt einen grünen Kittel, hat die Arme vor der Brust gekreuzt.
»Sie sind die letzte!« ruft ein junger Mann mit einer beschrifteten weißen Armbinde aus dem Fond des Wagens. »Sie müssen sich beeilen!«
Die Frau schaut beiläufig auf den Mann, als habe dieser ›Schöner Nachmittag heute!‹ gesagt.
»Wir vom Bürgerschutz patrouillieren nur noch einmal Ihre Straße ab!« ruft der junge Mann dringlicher. »Wenn Sie nicht gleich mit uns kommen, zu den Unsrigen, sind Sie ausgeliefert – den anderen!«
Der Mannschaftswagen nimmt seinen Slalom durch die Gassen im Sperrmüll wieder auf.

Ausgeliefert? Ich bin müde, das ist alles. Ich bin müde, hinter den Unsrigen herzuziehen auf der Flucht vor den anderen.

Die Unsrigen? Die Leute hier im Viertel waren für mich keine Unsrigen, wie die anderen für mich keine anderen sind.
Als ich vor 23 Jahren hierherzog, waren meine Unsrigen die Säuglinge. Ich hatte mein Examen als Säuglingspflegerin gerade bestanden und wollte jetzt richtig arbeiten. Keine Zelluloid-Puppen zum Üben mehr in den Händen spüren, sondern Babypopos mit allem Drum und Dran, auch mit dem unangenehmen Drum und Dran.
Ich hatte keine Rosinen im Kopf, erwartete keine Vorzeige-Säuglinge aus der Reklame. Nein, ich habe mich in dieses Viertel gemeldet, weil ich wußte, daß es für mich hier mehr zu tun gab als nur Pudern und Windeln.
Wann fing ich hier an? Mitte der 70er Jahre. Damals hatten sich schon viele daran gewöhnt, üppig bis mies zu leben. Gleichzeitig üppig und mies. Eine miese Üppigkeit, die auch an den Säuglingen und Kindern abzulesen war: Überschwere neben Halbverhungerten, Verhätschelte neben Verwahrlosten.
Oft habe ich für die Säuglinge gegen ihre Eltern aufstehen, kämpfen müssen. Seit damals weiß ich auch, daß Gewalt nicht nur bei den anderen vermutet werden darf. Gibt es Steigerungen von Gewalt? Schlimmste Gewalt ist doch wohl die, wenn der Stärkste sich am Schwächsten ausläßt, also der Erwachsene am Kind. Das geht hin bis zum Zerbrechen des Schwächeren. Körperlich zunächst: hysterische narkotisierte Mütter, die auf ihre Säuglinge einschlugen. Zornige, beim Geldverdienen oder beim Fernseh-Fußballspiel gestörte oder betrunkene Väter, die ihre schreienden Babys zum Fenster hinauswerfen wollten – und warfen!
Und dann die Schläge, die nicht von der Faust kommen. Man braucht nicht die Hand, um Kinder vom Säuglingsalter an zu ducken, zu quälen, in Angst zu halten.
Später wurden hier weniger Säuglinge drangsaliert, einfach darum, weil es weniger Säuglinge gab.
Bei diesen wenigen Säuglingen änderte sich die Art der Tortur. Sie wurde aus dem Privaten herausgenommen.
Eine Neugeburt wurde zu einem so seltenen Ereignis, daß der Staat den Eltern eine Rente aussetzte und sich die Erziehungsrechte sicherte. Damals begann man, vom ›Fachsäugling‹ auszugehen. Jedes Neugeborene wurde auf seine Anlagen hin untersucht und von den ersten Lebensminuten an für den künftigen Beruf beeinflußt, den die Bundesanstalt für Arbeit nach einem Notwendigkeitsraster vorherbestimmte. Diese Einrichtung versuchte durch den ›Fachsäugling‹ zu verhindern, daß Jugendliche später Berufe wählten, die die Bundesanstalt für Arbeit als überflüssig, ja, gesellschaftsbelastend ansah.
So ließ dieses Institut die Säuglinge durch Bestrahlungen, Verformungen und Injektionen körperlich und geistig auf ihre spätere Beschäftigung zurichten.

Da ich bei diesen fragwürdigen Neuerungen in der Säuglingspflege nicht mitmachte, überließ man mir zuletzt pro Jahr nur noch drei oder vier Babys, die zur Kategorie der sogenannten Spätlinge gehörten; Kleinkinder, deren Mütter oder Eltern die Geburt aus verschiedenen Gründen trotz der lockenden Rente zunächst verheimlicht hatten. Bei der späteren Entdeckung solcher Kindesunterschlagungen durch staatliche Organe war wertvolle Beeinflussungszeit verloren, die man auch durch beschleunigte Behandlungsversuche nicht mehr aufzuholen vermochte. Diese als ›hoffnungslos und administrativ uninteressant‹ eingestuften Fälle wurden mir zugewiesen. Ich arbeitete gern mit diesen Kindern, die spielen durften, wenn die Gleichaltrigen täglich den Bestrahlungs- und Verformungsgeräten ausgesetzt wurden.
Seit vier Jahren bin ich arbeitslos. In unserem Stadtteil werden keine Kinder mehr geboren. Die staatliche Requirierung der Säuglinge ist nur ein Grund. Das Dritt-Auto, die Zweit-Wohnung stehen an Kindes Statt. Auch hielt und verfestigte sich in den letzten Jahren das Gerücht, daß die anderen sich vorbereiteten, unsere Stadt zu übernehmen. Dieses Gerücht schaffte Furcht und förderte nicht gerade die Bereitschaft der Paare zum Kind.
Von den anderen gibt es vielfältige, aber kaum widersprüchliche Vorstellungen. Sie sollen eine andere Sprache haben als wir, körperlich anders gebaut sein, unappetitliche Nahrung zu sich nehmen, einen irritierenden Geruch ausströmen und listig, häufig auch hinterlistig sein, eine Eigenschaft, die sie zu gefährlichen, weil nicht berechenbaren Gegnern macht. Ihre Hautfarbe soll sich ebenfalls von der der Unsrigen unterscheiden: ins Dunkelrote spielend bis hin zu einem stumpfen Schwarz.
Das Gerücht der Übernahme unserer Stadt wurde verstärkt durch Massenkündigungen, die von unseren Hausblock-Besitzern ausgingen. Seit der Welt-Rat die Besetzung ausländischer Gebiete durch Kriegshandlungen geächtet hat und nur noch den Kauf erstrebter fremder Territorien zuläßt, muß man bei Kündigungen größeren Ausmaßes ein profitables Komplott zwischen den hiesigen Besitzern und den anderen voraussetzen.
Vor einem halben Jahr hatten alle Einwohner unserer Stadt die Kündigung. Damit war auch dem letzten Zweifler klar, daß die anderen den Ort geschlossen übernehmen wollten.
Es begannen die Umzüge. Sie waren ungeordnet und von Ausgelassenheiten und Zerstörungswut begleitet. Familien warfen mit sich gegenseitig anspornenden Rufen ihre Möbel auf die Straße; für die meisten wird das Mobiliar durch jährlich neue eingeführte Typen seitens der Industrie schnell unmodern. Mitnehmen von überholten Schränken, Sitzecken und Betten lohnt sich für die meisten Unsrigen nicht.
An den Abenden saßen ganze Nachbarschaften auf der Straße, um Lagerfeuer geschart, die mit ihren zersplitterten Möbeln gefüttert wurden. Bei diesen Bränden kreiste die Flasche. Und sehr alte Männer begannen teils wilde, teils

sentimentale Schlachtgesänge anzustimmen, die sie aus einstigen Kriegszügen behalten hatten.
An einem Mittag beobachtete ich, wie mir gegenüber der Sohn des Konrektors Teiges nach der Stereo-Anlage sein Fernsehgerät so lustvoll auf die Straße warf, daß man spürte, dieser Apparat mußte ihn über lange Jahre geplagt, vielleicht sogar häufig betrogen haben.
Allmählich wurden die Häuser leer. Als ich keine Anstalten machte, auch Auszugswillen zu zeigen, kamen einige Mahnungen des Blockbesitzers. Aber die Sprache war weniger frech und drohend wie sonst, wenn es einen Mietrückstand zu monieren[1] galt. Der letzte Verweis war lustlos. Der Jurist des Eigentümers mochte sich denken: Soll die Frau doch selbst sehen, wie sie mit den anderen fertig wird.
Nun, das werde ich bald sehen, wenn die anderen kommen.
Gibt es einen Grund, daß ich den Unsrigen nachlaufe? Nicht, daß ich mich geradezu auf die anderen freue. Aber ich erwarte doch einiges von ihnen. Vielleicht haben sie Babys?

[1] monieren = mahnen

Vergebung und Vergeltung

MARTIN LIENHARD

Die Schrift an der Wand

»Und ich sage Ihnen nur soviel: Ich will unter keinen Umständen im Grab meines Mannes beigesetzt werden. Vergessen sie das nicht! Mehr kann ich Ihnen heute nicht sagen.«

Aber nach einer Weile fährt sie doch fort: »Mein Mann hat mich zu schlecht behandelt. – Kein liebes Wort. – Vorwürfe – Schimpfworte – Schläge hin und wieder.« Das Atmen fällt Frau Zahnd schwer.

»Aber das Schlimmste war doch das mit dem Haus. Wissen Sie, das Haus habe ich mit in die Ehe gebracht. Ja, und eines Tages merke ich, da merke ich, daß er das Haus hinter meinem Rücken auf seinen Namen hat überschreiben lassen – und das hatte er mir zehn Jahre lang verheimlicht. – Einfach gestohlen hat er mir das Haus!«

Frau Zahnd atmet schwer, sie ringt nach Luft. Jetzt färben sich ihre Lippen blau – das Gesicht, sie kippt leicht seitwärts.

»Lassen Sie nur«, wispert sie mühsam, »es geht vorbei.«

Wieder mit kräftigerer Stimme sagt sie: »Können Sie verstehen, daß ich mit Vorwürfen nicht sparte. Hund, du gemeiner! – du gemeiner Hund!, schrie ich. Ich höre noch heute meine Stimme.

Und dann, am nächsten Morgen«, mit geschlossenen Augen deutet Frau Zahnd auf die Wand neben der Kommode, »am nächsten Morgen stand da mit Kreide an der Wand geschrieben: ›Du hast am 16. September 1968 gesagt: Ich bin ein gemeiner Hund.‹ Sonst kein Wort. Ich meine, er sprach kein Wort. Kein Wort. Nur die Schrift dort. – Ich wischte sie aus.

Am nächsten Morgen stand wieder dort: ›Du hast am 16. September 1968 gesagt: Ich bin ein gemeiner Hund.‹ Ich wischte sie wieder aus. Am nächsten Morgen stand wieder dort ... und wieder – und wieder – jahrelang. Am dritten Jahrestag wischte ich die Schrift nicht mehr aus, sondern ich schrieb darunter: ›Gott wird das sehen und rechten!‹

Das blieb stehen, immer ein wenig verwischter, schon fast unleserlich – aber nicht vergessen, jahrelang, etwas über zwei Jahre – bis zu jenem Tag ... Aber das ein andermal.«

Die wenigen Minuten Schweigen sind schrecklich. Immerzu starrt Frau Zahnd zur Wand hinüber, als ob sie etwas sähe.

Und dann erzählt sie weiter: »Bis zu jenem Tag. Da sprach er wieder. Ich hatte vergessen, dem Enkelkind die Schulmappe mitzugeben. Da sprach er

wieder, und wie: Du elendes Mistvieh, du ... nein, ich kann nicht weiter erzählen.«
Frau Zahnd wird von unsichtbaren Kräften geschüttelt.
»Und dann hat er die Schulmappe genommen und rannte dem Kind nach. Hundert Meter vom Haus weg brach er zusammen – tot.«
Es dauert eine Ewigkeit, da mahnt sie mich noch einmal eindringlich: »Vergessen Sie es nicht, ich will unter keinen Umständen im Grab meines Mannes beigesetzt werden.«

WERNER BERGENGRUEN

Das Netz

Auf einer schroff emporragenden Insel des Mittelmeeres galt einmal das Recht, daß jede des Ehebruchs überführte Frau vom Schwarzen Felsen zu Tode gestürzt wurde; unabhängig davon, ob der Gatte die Bestrafung verlangte oder aber zu einer Aussöhnung bereit war, – denn es wurde hier ein Vergehen nicht so sehr gegen den Gatten erblickt als vielmehr gegen die Gesetzlichkeit und Ordnung der Ehe. Und es war auch bestimmt, daß derartige Urteile in Tagesfrist vollstreckt werden sollten.
Die Ortschaft, an die wir denken, lag auf der Höhe und war vom Strande her auf einem gewundenen und dennoch steilen Wege in mühsamem, nicht ganz wenig Zeit forderndem Anstiege zu erreichen; der Schwarze Felsen fiel unweit der Kirche fast senkrecht zu den Strandklippen ab. Dort unten gab es spitze Zacken, Höhlen und von Meerwasser erfüllte Grotten. Der Fuß des Felses galt als von der Landseite nicht zugänglich. Der Hafen lag weiter ab; er war unbedeutend und wenig belebt. In seiner Nähe lagerten verstreut ein paar Fischerhütten. Ihrer eine stand im Eigentum eines Mannes, der sich jetzt seines Gewerbes wegen für eine Reihe von Tagen entfernt hatte, denn im Gegensatz zu seinen Nachbarn trieb er den Fischfang nicht nur in der Nähe der Küste, sondern auch auf der hohen See.
An der Frau dieses Mannes sollte ein Urteil der geschilderten Art vollstreckt werden. In seiner Abwesenheit nämlich war ein Schiff mittlerer Größe, das einer kleinen, an Bord jedoch nicht vornehmbaren Ausbesserung bedurfte, im Hafen vor Anker gegangen. Das Schiff lief wieder in See, und nun wurde gegen die Frau des Fischers, die um ein Erhebliches jünger war als ihr Mann, von Nachbarinnen und Nachbarn die Anzeige eingegeben. Die Beweise waren schlüssig, die Frau leugnete nicht lange. Sie schien verstört. Nach dem

Steuermann gefragt, antwortete sie nur mit halblauter Stimme: »Er hat mich umgarnt. Wie in einem Netz hat er mich gefangen.«
Man teilte ihr mit, daß sie morgen nach dem Frühläuten der Urteilsvollziehung gewärtig zu sein habe, führte sie wieder in das oben, zwischen der Kirche und jenem Felsabsturz gelegene Turmgefängnis und schickte den Ortspriester zu ihr, der sie getauft und auch ihre Ehe eingesegnet hatte.
Inzwischen war der Gatte dieser Frau heimgekehrt. Er war ein hochgewachsener Mensch von ungewöhnlicher Leibesstärke und Gewandtheit, aber ernst, schweigsam und über jugendliche Jahre hinaus. Die Leute am Hafen empfingen ihn mit Befangenheit und Bedauern, einige mochten nicht sprechen, doch hatte er in kurzem erfahren, was geschehen war und zu geschehen sich anschickte.
Die Nachricht von seiner Rückkehr verbreitete sich auch im oberen Ortsteil. Die Einwohner nahmen an, er werde hinaufkommen, um seine Frau zu sehen, und auch am nächsten Morgen werde er zugegen sein.
Seine Rückkehr war auch dem Priester bekannt geworden. Er teilte sie seiner Frau mit, nachdem sie die Sakramente empfangen hatte. Sie antwortete, sie habe nur noch den einen Wunsch, seine Vergebung zu erlangen, bevor sie stürbe.
»Ich denke, da Gott dir vergeben hat, wird es dir auch an seiner Vergebung nicht fehlen«, sagte der Priester.
Es war Sommer und lange vor Frühläuten bereits taghell. Die Gefangene wurde an den Ort der Vollstreckung geführt, an dem sich viele Männer und Frauen eingefunden hatten. Auch Menschen von unten, aus der Hafengegend waren gekommen. Die Kirchenglocke läutete, dünn und schrill, wie es ihre ärmliche Art war.
Die junge Frau sah bleich aus, und die Blässe ihres schmalen Gesichts trat neben dem schönen schwarzen Haar und den schönen schwarzen Augen noch merklicher hervor. Sie ging in aufrechter Haltung. Die Hände waren ihr über dem Rücken zusammengebunden. Sie sah sich unruhig um; es war offenbar, daß ihre Blicke ihren Mann suchten. Sie sprach halblaut mit dem neben ihr gehenden Priester. Dieser sah sich ebenfalls um, machte dann eine Gebärde der Verneinung und schien ihr darauf ein paar zuredende Worte zu geben.
Die Frau stand jetzt nahe am Abhang, der viele hundert Fuß hinunterreichte, vor dem Ortsrichter, welcher zugleich der Gemeindeälteste war. Dieser schickte sich schon an, das Urteil noch einmal zu verkündigen, aber da ergriff der Priester das Wort und bat namens der Frau um einen Aufschub; sie habe den Wunsch, von ihrem Manne Abschied zu nehmen, und es sei wohl darauf zu rechnen, daß er in kurzem zur Stelle sein werde. Der Richter beriet sich mit einigen Männern.
Obwohl diese ungeduldig waren, denn der eine wollte in seinen Weinberg, der andere zu seinen Fischernetzen, ein dritter in seine Werkstatt, wurde der

Verurteilten eine Frist zugestanden. Und zwar wurde gesagt, man wolle so lange warten, bis die vorrückende Sonne den unten gelegenen Küstenstreifen erreicht habe, und sei bis dahin ihr Mann noch nicht gekommen, indessen auf dem oberen Wegstück hinter der letzten Kehre sichtbar geworden, so wolle man abermals warten, bis er den Vollstreckungsort erreicht habe. Im anderen Falle sei ihre Zeit abgelaufen. Die Frau nickte zum Zeichen ihrer Dankbarkeit.

Während des Wartens sprachen die Leute raunend von dem Fischer und daß er weder am Abend ins Gefängnis noch jetzt hierher gekommen war. Manche wunderten sich darüber, andere in ihrer Hartherzigkeit hießen es gut, wieder andere fanden es unbillig, daß er seinen freilich rechtmäßigen Zorn so weit treibe, ihr nicht zu vergeben, und sich auch angesichts ihres Todes nicht mit ihr auszusöhnen wünsche. Einer der aus der Hafengegend Hinaufgestiegenen wollte den Fischer tags zuvor gesehen haben, wie er von unten her an der Wand des Schwarzen Felsens umhergeklommen und erst beim Dunkelwerden in seine Hütte zurückgekehrt sei. Da nun dies Felsengelände für so gefährlich galt, daß anders als in selbstmörderischer Absicht niemand dort umhersteigen werde, so wurde unter den Anwesenden die Vermutung geäußert und aufgenommen, der Fischer habe in seiner Verzweiflung sich zu Tode stürzen wollen, müsse aber dann zu der Meinung gelangt sein, ein ehebrecherisches Frauenzimmer sei es nicht wert, daß ein Mann seiner Art sich ihrethalb das Leben abspreche.

Die Frau sagte kein Wort mehr, auch zu dem Priester nicht. Sie blickte abwechselnd hinunter zum Strande und auf den staubweißen Weg, der zwischen den Weinbergsmauern heranführte.

Der Strand lag jetzt im Licht. Der Gemeindeälteste winkte. Die Frau wurde ihrer Fesseln entledigt, wie es Sitte war, gleich als hielte man es für einen Mangel an Achtung vor dem Tode, einen Menschen gebunden vor sein Angesicht treten zu lassen. Von dieser Sitte wich man nicht ab, obwohl es vorgekommen war, daß Missetäterinnen sich mit aller Gewalt an den Richter oder an den zum Henker bestimmten Mann zu klammern gesucht und mit dem bloßen Schwert hatten abgewehrt werden müssen. Diese Frau aber tat nichts solcher Art.

Sie stand jetzt hart am Abhang. Der Richter wiederholte die Worte des Urteilsspruches und zerbrach ein weißes, sorgsam geschältes Stäbchen, während ihr der Priester das Kruzifix zum Kuß hinhielt. Sie wandte den Blick noch einmal dem Wege zu, auf dem nichts zu sehen war als ein halbwüchsiger Junge mit einem beladenen Esel. Es war jetzt so still, daß man unten zwischen den grottenreichen Klippen die See seufzen und donnern hörte. Dann erhielt die Frau den Stoß. Alle sahen ihr nach, doch war sie ihnen so geschwind entglitten, wie eine im Augenblick des Erwachens zergehende Traumgestalt. Man spähte hinab, aber die Gegend da unten am Fuße des Schwarzen Felsens

lag noch in Dunst und Schattenbereich, und sie erschien dem Blick um so schwerer durchdringlich, als der angrenzende Küstenstreifen schon von augenblendendem Sonnenlichte erfaßt worden war. See, Boote und Häuser blitzten. Alles schien winzig.
In den späteren Vormittagsstunden verbreitete sich im oberen Ortsteil die Neuigkeit, man habe den Fischer und seine Ehefrau gesehen; sie befänden sich in ihrer Behausung. Dies Gerücht, dem zu glauben man sich einstweilen weigerte, verursachte viel Erregung. Der Gemeindeälteste ordnete vier Männer ab, um die Nachricht durch den Augenschein zu prüfen und, wenn sie sich bewahrheitete, die beiden gefänglich einzuliefern. Denn nun erinnerte man sich daran, daß der Fischer ja tags zuvor an der Felsenwand umherklimmend gesehen worden war, und konnte nichts anderes vermuten, als daß er, um die Frau ihrer Strafe zu entziehen, irgendwelche unstatthafte Vorkehrungen ersonnen und getroffen hatte, wiewohl dies nicht recht glaubhaft erscheinen wollte.
Die Hinuntergeschickten fanden das Ehepaar, als sei wenig geschehen, in seiner Hütte. Der Mann schlief, die Frau stand am Herde. Sie hinkte ein wenig und trug an Armen und Gesicht Spuren blutiger Abschürfungen, sonst schien sie wohlbehalten.
»Laßt mich zu Ende kochen und laßt meinen Mann essen, bevor ihr uns davonführt«, bat sie. Dies wurde ihr zugestanden.
Danach wurden sie vor den Richter gebracht. In seiner wortkargen Art beantwortete der Fischer die Fragen, die an ihn gestellt wurden. Der Richter beriet sich mit seinen Beisitzern, zu denen auch der Priester zählte. Man war zornig auf den Fischer und doch voller Bewunderung. Es hieß, er müsse auf angemessene Weise bestraft, an der Frau aber die gehinderte Urteilsvollstrekkung nachgeholt werden. Doch gab es auch Andersmeinende, und zu ihnen gehörte der Priester, dessen Worte gänzlich in den Wind zu schlagen man sich scheute.
Da nun eine Einigung nicht zustande kommen wollte, so verfiel man darauf, zur Markgräfin zu schicken, die das Kastell ihres verstorbenen Mannes in der Mitte der Insel bewohnte und von den Leuten an der Küste zwar nicht als Herrin des Landes anerkannt wurde, jedoch so hoch in Geltung stand, daß sie sich in manchen Angelegenheiten an sie wandten und ihren Rat oder ihr Urteil erbaten. Einige freilich warnten – nicht weil sie von der Markgräfin geringer dachten als die übrigen, sondern weil sie befürchteten, es möge sich hieraus eine Gewohnheit entwickeln, die endlich zum Gesetz würde, so daß mit der Zeit ihre Ortschaft unter die richterliche Oberhoheit und zuletzt gar erbliche Botmäßigkeit der Markgrafschaft gelangen könne. Die entgegenstehenden Gedanken aber gewannen die Oberhand, und so wurde ein Bote zu der Markgräfin abgeschickt. Sie ließ sagen, sie werde anderen Tages kommen.

Fast alle Einwohner des oberen und des unteren Ortes waren an der Stelle versammelt, an der die Verurteilte ihre Strafe hatte erleiden sollen; denn hier wollte die Markgräfin Recht sprechen. Die Frau stand dort, wo sie tags zuvor gestanden hatte, und der Mann stand an ihrer Seite. Beide waren gefesselt.
Die Markgräfin kam mit einigen Frauen, Gefolgsleuten und Dienern. Ihr hellgrüner Mantel stand gut zur grünen goldgestickten Schabracke ihres Pferdes; gleichwie ihr weißes Haar zur Weiße des Pferdeleibes. Sie trug weder Schleier noch Hut, und ihr Haar wurde von einem goldenen, in der Sonne blitzenden Netz zusammengehalten.
Man hatte ihr einen Sessel hingestellt, ein wurmstichiges Stück mit abgesplitterter Vergoldung, immerhin das ansehnlichste, das sich hatte auftreiben lassen, denn es gehörte der Kirche und diente dem Bischof, wenn er, was nur alle paar Jahre geschah, vom festen Lande herüberkam, um zu firmen.
Die Markgräfin stieg vom Pferde, trat an den Felsenhang und blickte lange in den Abgrund hinunter, indem sie sich die Örtlichkeit genau erklären ließ, erst vom Gemeindeältesten, dann von einem Fischer. Hierauf kehrte sie, den Sessel verschmähend, in den Sattel zurück und blieb dort, als wolle sie damit deutlich machen, daß sie nicht allzu langer Zeit bedürfen werde, um den Rechtshandel zu schlichten.
Mit ihren hellen Augen betrachtete sie nun eine Weile die Gesichter der beiden Gefesselten. Dann forderte sie den Fischer auf, zu erzählen. Er tat es ohne Scheu und mit jenem Wortgeiz, der zu seinen Eigentümlichkeiten gehörte. Es sei ihm leid gewesen, so sagte er, daß er nicht zu seiner Frau habe kommen können, denn er hätte ihr gern mitgeteilt, was er zu ihrer Errettung vorhatte; aber die Zeit hätte ausgekauft werden müssen. Erst mußte er die Helligkeit nutzen, um das Gelände zu erforschen und auszumitteln, welches die gefährlichsten Stellen waren, aber auch, wo sich an den Zacken und Klippenvorsprüngen etwas befestigen ließ. Bis zum Einbruch der Dunkelheit sei er mit seinen Herrichtungen beschäftigt gewesen, und gleich bei Tagesgrauen habe er sie wieder aufnehmen müssen. In der Nacht habe er draußen nichts tun können, denn nicht nur, daß es bei Fackellicht ein unsicheres Arbeiten gewesen wäre, sondern man hätte ihn auch wahrnehmen und sein Vorhaben erraten können. »Und die hier oben, die meiner Frau nach dem Leben standen und von ihrer Absicht auch jetzt noch nicht lassen wollen, die hätten alsdann wohl eine andere Todesart für sie ausgesonnen, und der hätte ich nicht abzuhelfen gewußt. In der Nacht aber war ich beschäftigt, Netze zu flicken und zu verstärken, Seile zu knüpfen und Säcke und Bettzeug mit Heu und Stroh und Moos zu stopfen und neue Säcke von Segelleinwand anzufertigen. Und in der Morgendämmerung bin ich wieder hinaufgestiegen und habe die Netze gespannt und die Seile befestigt, an denen sie sich vollends hinablassen sollte. Und über dem grauen Gestein ist von oben her nichts von Seilen und Netzen wahrzunehmen gewesen.«

Die Markgräfin stellte noch ein paar Fragen, in denen sich ihr Erstaunen darüber ausdrückte, daß er nicht nur den Mut, sondern auch die Fähigkeit gehabt hatte, bis zu jenen Felsenvorsprüngen hinaufzuklimmen und noch die schwere Last an Netzwerk, Seilen und Säcken hinaufzubringen. Dann befahl sie, ihn seiner Fessel zu entledigen, denn sie habe nicht gern mit Gebundenen zu schaffen, er aber scheine nichts getan zu haben, als was seinen ehelichen und christlichen Pflichten angemessen gewesen sei; diese aber hätten für ihn den Vorrang haben müssen vor jenen, welche die örtlichen Gesetzesbräuche ihm auferlegten; die einen nämlich seien von Gott, die anderen von Menschen gegeben.

Man tat nach ihrem Geheiß, und nun wandte die Markgräfin sich dem Gemeindeältesten und Richter zu und sagte, als einem natürlichen Menschen habe dem Fischer auch das Bewußtsein von einer Rechtswidrigkeit seiner Handlung gefehlt, denn sonst wäre er nach geschehener Rettungstat mitsamt seiner Frau entflohen. Der Richter nickte, wiewohl zögernd, zum Zeichen seines Einverständnisses.

Die Markgräfin fragte, wie das Urteil gelautet habe. Der Richter antwortete: »Es lautete so: diese Frau soll den Schwarzen Felsen hinuntergestürzt werden.«

»Ist dies der Wortlaut gewesen?« fragte die Markgräfin nun auch die anderen Männer. Alle bejahten.

»Es hieß also nicht, die Frau soll durch Hinabstürzen getötet werden, und auch nicht, sie soll hinabgestürzt werden, bis sie tot sei? Gut. Dies ist die erste Ursache, aus der die Frau freizugeben ist. Und jetzt will ich euch die anderen Ursachen sagen.«

Die Leute sahen sie mit Spannung an, einige eifrig nickend, und die Markgräfin fuhr fort: »Die zweite Ursache ist die, daß es sich ziemt, auf ein Eingreifen Gottes zu merken. Ein solches Eingreifen ist geschehen und die Errettung der Frau bleibt etwas Wunderhaftes oder doch ans Wunderhafte nahe Herangelangendes. Wie ihr Männer selbst mir gesagt habt, hätte es niemand von euch für möglich gehalten, daß ein Mensch von unten her an diesem Felsen emporklimmen und gar eine so schwierige und kunstvolle Arbeit verrichten könne, wie das Anbringen der Netze es war. Sondern der Natur hätte es entsprochen, wenn er hierbei den Hals gebrochen hätte. Weiter aber möchte ein Zeichen Gottes darin zu erblicken sein, daß der Fischer seine Rettungsabsicht auch erreichte. Denn bei aller Geschicklichkeit und Umsicht hat er doch den Ort nicht mit völliger Genauigkeit berechnen und vorherbestimmen können: die geringste Bewegung beim Absturz, die geringste Wendung, die der Stoß dem Körper der Frau gegeben, konnte die Richtung des Falles so ändern, daß ihr Leib die Netze verfehlte, und möchten sie über eine noch so große Erstreckung gespannt sein. Ebenso hätte es geschehen können, daß das Netz unter dem plötzlichen Aufprall ihres aus so großer Höhe niederfahren-

den Körpers riß, und auch, daß dies nicht geschah, möchte ich als ein wunderhaftes Zeichen annehmen.
Meine nächste Ursache ist die folgende. Da Eheleute ja ein Fleisch sein sollen, verhält es sich wohl auch so, daß die Liebe des einen Gatten das Verschulden des anderen zu decken vermag, wofern dies Verschulden nicht gegen einen Dritten gerichtet gewesen ist. So hat der Mann, da er sein Leben wagte, es der Gerechtigkeit als ein Opfer dargeboten, und das Opfer wurde nicht angenommen. Zwei Leben sind in die Gefahr und fast schon in die Sicherheit des Todes gegeben worden, und dies dünkt mich für ein Vergehen genug.
Meine letzte Ursache aber ist diese: Ihr habt die Frau nach eurem Gesetz strafen wollen, und es ist zu fragen, ob sie nicht in der Tat diesem Gesetz gemäß gestraft worden ist. Denn da sie ja nicht wußte, was ihr Mann zu ihrer Rettung vorbereitet hatte, so hat sie keinerlei Hoffnung haben können und hat alle Schrecken des Sterbens verkostet. Es will auch bedacht sein, daß die Frau dem Tode in die Hand gegeben worden ist, ohne daß sie jenen letzten Trost hat erlangen können, den andere ihresgleichen genossen haben, nämlich daß sie den Mann, an dem sie gefehlt hatte, noch einmal sähe und seiner Versöhnung gewiß würde.«
Die Markgräfin hatte bei den letzten Worten die Fischersfrau angesehen, und da sie jetzt schwieg, mochte diese meinen, sie sei zu einer Äußerung aufgefordert.
»Nein, Frau Markgräfin!« rief sie. »In dem Augenblick, da ich den Stoß erhielt, da habe ich es gewußt, daß mein Mann mir verziehen hatte!«
»Kind, du bist keine geschickte Selbstverteidigerin«, sagte die Markgräfin mit einem Lächeln, und nun lächelten auch einige der Ortsbewohner. Es wollte ihnen danach natürlich erscheinen, daß nun die Markgräfin befahl, auch die Frau von ihren Fesseln zu befreien.
Die Markgräfin atmete den Wind, der salzig vom Meere heraufkam. Sie klopfte ihrem Schimmel den Hals und nahm dann abermals das Wort.
»Ich habe zu urteilen gehabt über die Frage, ob du ein zweites Mal hinabgestürzt werden solltest, und das habe ich getan. Über dein Vergehen aber bin ich nicht zu urteilen eingeladen worden, denn darüber haben ja diese Männer hier bereits geurteilt nach den Gebräuchen, die bei euch gelten. Aber nun will ich dir doch auch hierüber ein Wort sagen. Du hast dich in einem Netz fangen lassen und bist durch ein Netz gerettet worden, denn wie zuvor diesem Fremden, so bist du jetzt deinem Manne ins Netz gegangen. Damit du dessen eingedenk bist, sollst du immerwährend ein Netz tragen, zum Zeichen, daß du nicht gänzlich freigesprochen bist, sondern eine Gefangene bleibst, wiewohl nicht eine Gefangene der Obrigkeit, aber eine Gefangene deines Mannes und seiner Liebe.« Die Markgräfin nestelte mit beiden Händen an ihrem goldenen Haarnetz. Sie nahm es ab, und während nun ihr dichtes weißes Haar auf den grünen Mantel herniederfloß, warf sie es der Frau zu. Dann lächelte sie, daß

ihre schönen Zähne, denen das Alter wenig hatte anhaben können, sichtbar wurden, und sagte, so oft in Zukunft der Mann ein Gericht Fische in ihre Küche bringen werde, könne er einer guten Aufnahme und Entlohnung gewiß sein.

SIEGFRIED LENZ

Das unterbrochene Schweigen

Zwei Familien, Nachbarn, gab es in Bollerup, die hatten seit zweihundert Jahren kein Wort miteinander gewechselt, obwohl ihre Felder aneinander grenzten, obwohl ihre Kinder in der gleichen Schule erzogen, ihre Toten auf dem gleichen Friedhof begraben wurden. Beide Familien hießen, wie man vorauseilend sich gedacht haben wird, Feddersen, doch wollen wir aus Gründen der Unterscheidung die eine Feddersen-Ost, die andere Feddersen-West nennen, was auch die Leute in Bollerup taten. Diese beiden Familien nun hatten deshalb nie ein Wort gewechselt, weil sie sich gegenseitig – wie soll ich sagen: für Abschaum hielten, für Gezücht, für Teufelsdreck mitunter; man haßte und verachtete sich so dauerhaft, so tief, so vollkommen, daß man auf beiden Seiten erwogen hatte, den Namen zu ändern – was nur unterblieben war, weil die einen es von den andern glaubten erwarten zu können. So hieß man weiter gemeinsam Feddersen, und wenn man die Verhaßten bezeichnen wollte, behalf man sich mit Zoologie, sprach von Wölfen, Kröten, von Raubaalen, Kreuzottern und gelegentlich auch von gefleckten Iltissen. Was den Anlaß zu zweihundertjährigem Haß und ebenso langem Schweigen gegeben hatte, war nicht mehr mit Sicherheit festzustellen; einige Greise meinten, ein verschwundenes Wagenrad sei die Ursache gewesen, andere sprachen von ausgenommenen Hühnernestern, auch von Beschädigung eines Staketen-Zauns war die Rede.

Doch der Anlaß, meine ich, ist unwichtig genug, er braucht uns nicht zu interessieren, wohingegen von Interesse sein könnte, zu erfahren, daß in beiden Familien alles getan wurde, um dem Haß dauerhaften Ausdruck zu verleihen. Um nur ein Beispiel zu geben: wenn in einer Familie die Rede auf den Gegner kam, machten eventuell anwesende kleine Kinder ungefragt die Geste des Halsabschneidens, und wie mein Schwager wissen will, verfärbten sich sogar anwesende Säuglinge – was ich jedoch für eine Mißdeutung halte. Fest steht jedoch, daß die Angehörigen beider Familien bei zwangsläufigen Begegnungen mit geballten Fäusten wegsahen, Zischlaute der Verachtung ausstießen oder ruckhafte Wendungen mit ihren Körpern beschrieben. Gut.

Bis hierher setzt das keinen in Erstaunen, etwas Ähnliches hat man wohl schon gehört.

Doch Erstaunen mag vielleicht die Ankündigung hervorrufen, daß das feindliche Schweigen an einem Gewitterabend gebrochen werden wird – aber ich will nacheinander erzählen.

Nach zweihundertjährigem Schweigen waren an einem Abend die Vorstände der beiden Familien in ihren Booten hinausgefahren, um Reusen aufzunehmen: Friedrich Feddersen vom Osten und Leo Feddersen vom Westen. Manche in Bollerup, deren Felder sich zum Strand hin erstreckten, betrieben nebenher einträglichen Fischfang, so auch Friedrich, eine vierkantige Erscheinung mit zusammengewachsenen Augenbrauen, so auch Leo, ein Mann mit Hasenscharte. Gleichzeitig, will ich mal sagen, entfernten sich ihre Boote vom Strand, strebten den Reusen zu, fuhren dabei über eine stumpfe, glanzlose Ostsee, unter dunklem, niedrigem, jedenfalls regenlosem Abendhimmel – dem Himmel, unter welchem die Blankaale zu wandern beginnen. Es war schwül, etwas drückte auf die Schläfen, da konnte man nicht sorglos sein. Die Männer, die einander längst bemerkt hatten, verhielten sich, als seien sie allein auf der Ostsee, fuhren mit kurzen Ruderschlägen zu den Pfahlreihen, in denen die Reusen hingen. Sie banden ihre Boote fest, nahmen die Reusen auf und lösten die Schnüre, und während sie ihre Aale sorgsam ins Boot ließen, machte der Abend wahr, was er Eingeweihten schon angedeutet hatte: er entlud sich. Schnell formierte er ein Gewitter über der Ostsee, am Himmel wurde etwas umgestellt, heftige Windstöße erschreckten das Wasser. Wellen sprangen auf, und ehe die beiden Männer es gewahr wurden, hatte ein heftiger Regen sie überfallen und Dunkelheit hatte den Strand entrückt. Strömung und Wellen verbanden sich, verlangten den rudernden Männern alles ab an Kraft und Geschicklichkeit, und sie ruderten, ruderten noch länger, wurden abgetrieben, ruderten immer noch – wir brauchen da nicht kleinlich zu sein. Wir haben es in der Hand, die tief verfeindeten Herren ausdauernd arbeiten zu lassen, können ihnen den Widerstand des Windes entgegensetzen, können Elemente nach Herzenslust toben lassen, uns sind da keine Grenzen geboten. Nur in einem bestimmten Augenblick müssen wir uns an die Geschichte gebunden fühlen, und das heißt: die Boote der tief Verfeindeten müssen von Strömung, Wind und planvollen Wellen zueinander geführt werden, sie haben aus dem Aufruhr aufzutauchen und sich in kürzestem Abstand beieinander zu befinden. Denn so verhielt es sich doch: ohne daß es in der Absicht der Männer gelegen hätte, wurden ihre Boote zusammengeführt, gerieten zur gleichen Zeit auf den Kamm einer Welle, wurden, meinetwegen krachend, gegeneinander geworfen, überstanden den Anprall nicht, sondern schlugen um. Schlugen um, sozusagen, mit Mann und Fisch und Ruder.

Beide Männer waren Nichtschwimmer, beide taten, was Nichtschwimmer in solchen Augenblicken tun: sie klammerten sich aneinander, umarmten sich gefährlich, wollten den andern um keinen Preis freigeben. Sie tauchten gemeinsam unter, schluckten gemeinsam Wasser, stießen sich gemeinsam vom Grund ab und wurden in ihrer verzweifelten Umklammerung von einer langen Welle erfaßt und einige Meter strandwärts geworfen. Da läßt sich viel erzählen, wie sie prusteten und tobten, sich wälzten und nicht voneinander lassen konnten, während Welle auf Welle sie erfaßte und dem Strand näherbrachte. Wir wollen uns damit begnügen festzustellen, daß sie auf einmal Grund gewannen, sich in ihrer Gemeinsamkeit dem Sog widersetzten, gegen den Strand wateten und den Strand erreichten, glücklich und immer noch aneinander geklammert. Die Erschöpfung veranlaßte sie, sich niederzusetzen Arm in Arm, und nach der Überlieferung soll Friedrich nach zweihundertjährigem Schweigen folgendermaßen das Wort genommen haben: »Schade um die Aale.« Darauf soll Leo gesagt haben: »Ja, schade um die Aale.« Dann langte jeder von ihnen in die Joppentasche, holte ein breites, flaches Fläschchen mit Rum hervor, und es fielen wiederum einige Worte, nämlich »Prost Friedrich«, und »Prost Leo«.

So, und jetzt müssen wir etwas Zeit verstreichen, die Fläschchen leer werden lassen, wobei allerdings erwähnenswert ist, daß die Männer die Flaschen tauschten. Sie wärmten sich durch, schlugen sich auf die Schultern, beobachteten schweigend die Ostsee, die sich Mühe gab, erregt zu erscheinen; dann lachten sie, warfen die leeren Flaschen ins Wasser und gingen untergehakt über die Steilküste, durch den Mischwald nach Bollerup zurück. Daß sie ein Lied anstimmten, ist nicht erwiesen, aber erwiesen ist, daß sie Arm in Arm bis zum Dorfplatz gingen, sich plötzlich voneinander lösten und sich überrascht mit Blicken maßen, wobei ihre Kiefer hart, ihre Münder lippenlos geworden sein sollen. Und auf einmal zischte Leo Feddersen: »Kröte«, und Friedrich zischte zurück: »Gefleckter Iltis, du«, wonach beide es für angebracht hielten, sich nach Ost und West zu entfernen. Seitdem besteht zwischen beiden Familien wieder das tiefe, tragische Schweigen, sind sie sich in zweihundertjährigem Haß verbunden. Und so sind es die Leute von Bollerup, die selten nach Ursachen fragen, gewöhnt.

ARNIM JUHRE

Wir wohnen schon vierzig Jahre hier

Eine Frauenstimme im Treppenhaus:

... und was die Frau Wanselow ist, zwei Treppen links, die verwöhnt ihren Untermieter wie ein Kind. Jeden Morgen macht sie ihm das Frühstück zurecht. Und nachmittags, ab vier, steht sie am Fenster und guckt, ob er kommt. Sie sagt ihm, wann er seine Wäsche wechseln muß, sie ist es, die seine Schuhe zum Schuhmacher bringt. Und zum Friseur scheint er auch nur zu gehen, wenn sie ihn daran erinnert. Was soll man davon halten? Schließlich wohnen wir schon über vierzig Jahre in diesem Haus. Wir wissen Bescheid. Wir haben schon Hunderte von Mietern kommen und gehen sehen, aber so einen haben wir noch nicht erlebt. Der Junge tut, als ob er keiner Fliege etwas zuleide tun könnte, und dabei graut es einem, sobald man ihn sieht. Er rennt nicht, er pfeift nicht, er geht wie auf Gummisohlen, und wenn man ihm im Hausflur begegnet, drückt er sich an einem vorbei, als ob er sonst was ausgefressen hätte. Ein ganz Verschlagener ist das. Wer nur ein bißchen Menschenkenntnis hat, sieht das auf den ersten Blick. Bloß die Wanselow merkt nichts. Oder sie will es nicht merken. Weil sie nicht zugeben möchte, daß sie sich diesmal gründlich verrechnet hat. Mit dem Kerl ist sie auf dem Holzweg. Das steht fest.

Und dabei hätte die Wanselow das gar nicht nötig. Warum vermietet sie denn? Ihre Rente ist hoch genug. Damit könnte sie sich einen ruhigen Tag machen. Wer denn sonst, wenn nicht sie! Aber sie will es ja nicht besser haben. Sie rackert sich ab. Für nichts und wieder nichts. Weiß Gott, was sie sich da in den Kopf gesetzt hat. Wir wissen es nicht. Wir wollen es auch gar nicht wissen.

Das heißt, wir haben natürlich gewisse Vermutungen. Vielleicht kann sie die Stille nicht vertragen. Vielleicht hat sie Angst, in der großen Wohnung allein zu sein. Warum schafft sie sich keinen Dackel an? Oder einen Kanarienvogel? Warum ausgerechnet so ein mickriges Jüngelchen? Der schimpfiert ja das ganze Haus. Was können wir denn dafür, daß ihr Mann so plötzlich gestorben ist. Von einem Tag zum andern.

Vielleicht bildet sie sich ein, daß sie partout was Gutes tun muß; oder sie macht's nur aus Ärger, weil sie keine Kinder hat. Sie muß ja wissen, was sie tut. Uns geht das nichts an! Obwohl – offen hat das natürlich noch niemand ausgesprochen – einige sagen, daß der Junge dem verstorbenen Herrn Wanselow ähnlich sieht. Vielleicht läuft uns da eine späte Jugendsünde im Haus herum. Man müßte wissen, was in dem Testament drinsteht. Vielleicht hat der Alte erst nach seinem Tod die Wahrheit bekannt. Etwas Genaues wird man vermutlich nie erfahren, und von der Wanselow schon gar nicht. Seit dem Tod ihres Mannes ist sie immer stiller geworden. Wer sie vor fünf Jahren das letzte

Mal gesehen hat, würde sie heute nicht wiedererkennen. So hat sie sich verändert. Besonders im letzten Jahr.
(Pause)
Zum Glück wissen wir nun, wer dieser nette alte Herr ist, der neuerdings zu Frau Wanselow kommt. Konrad Paulmann heißt er und ist vom Gericht beauftragt, auf den Jungen aufzupassen. Frau Kuhn sagt, sie hat gehört, wie er sich vorgestellt und seinen Namen gesagt hat. Und der Junge soll Rudolf heißen, sagt sie, Rudolf Maciczinsky. Als Herr Paulmann das erste Mal kam, hat er gefragt, ob sein Pflegling die Miete pünktlich zahlt, ob er sich anständig benimmt, oder ob er zu Klagen Anlaß gibt. Was meinen Sie, was die Wanselow ihm geantwortet hat? »Es ist alles in Ordnung, Herr Paulmann«, soll sie gesagt haben, »ich bin sehr zufrieden mit ihm.« Und dabei weiß jeder, daß da überhaupt nichts in Ordnung ist, nicht das mindeste! –
Manchmal fragt man sich, ob die Wanselow wirklich so dumm ist, oder ob sie nur so tut. Kürzlich hat sie durchblicken lassen, daß der Junge einige Jahre lang nicht in bester Gesellschaft war. Was das nun wieder für ein Gerede gibt. Es soll sogar ein ärztliches Gutachten existieren, auf dem schwarz auf weiß steht, daß der Junge in seiner Entwicklung zurückgeblieben ist. Von Beruf ist er Polsterer und Tapezierer, das heißt, er möchte es werden. Vorläufig geht er noch in die Lehre. Aber was besagt das schon? Wer weiß, was das für ein Lehrherr ist, der sich darauf eingelassen hat, den Jungen mit durchzuschleifen. Welcher Betrieb kann sich das leisten? Wir haben von Anfang an gewußt, daß mit diesem Rudolf nichts los ist. Nur die Wanselow merkt nichts. In diesem Punkt ist sie wie mit Blindheit geschlagen, aber der Tag ist nicht fern, an dem sie aufwachen wird. Dann wird sie sich wundern, was sie da für ein Kuckucksei ausgebrütet hat.
(Pause)
Vor ein paar Tagen hat Herr Paulmann den Lehrherrn des Jungen besucht, wollte hören, wie der Junge sich hält. Der Meister soll sich geradezu überschlagen haben vor Höflichkeit. Zwei Schnäpse und zwei Zigarren hat er Herrn Paulmann angeboten. Und warum? Das wird Herr Paulmann nie herausbekommen. Der sieht nur, was er sieht. Was dahintersteckt, sieht er nicht. Wahrscheinlich wird er nun höheren Orts berichten, daß Rudolf Maciczinskys Berufsausbildung gesichert ist. Nicht im Traum käme er darauf, daß da etwas faul sein könnte.
Aber da ist etwas faul! Wir haben von zuverlässiger Seite erfahren, daß der Junge erbärmlich ausgenutzt wird. Er hätte schon in diesem Jahr seine Gesellenprüfung machen können, aber der Meister hat ihm abgeraten. »Lieber ein Jahr länger lernen, als einmal durch die Prüfung fallen.« Soll er gesagt haben. Und der Junge, dumm wie er ist, hat natürlich ja und amen gesagt. Nun wird er noch ein Jahr Lehrling sein, und kein Mensch ahnt, daß das der reine Betrug ist.

Frau Krüger, die im dritten Stock wohnt, wissen Sie, hat nämlich einen Neffen, der ist Tischler. Durch den ist herausgekommen, was da gespielt wird. Kürzlich mußte er Sesselgestelle an die Polsterwerkstatt liefern, wo der Rudolf arbeitet. Bei dieser Gelegenheit hat er sich die Klitsche mal angesehen. Ein Meister, ein Geselle, ein Lehrling; das ist alles. Und aussehen soll es da! Gottserbärmlich.
Aber der Junge soll soweit ganz tüchtig sein, sagt er. Was dem im Kopf fehlt, das hat er in den Fingerspitzen. In der Handarbeit soll er besser sein als manch ein Geselle. Nur mit der Theorie, da hapert's. Von theoretischen Prüfungen will er nichts hören, und vor lauter Angst läßt er sich zu allem Möglichen bereden. Spaßhalber hat Krügers Neffe einmal ausgerechnet, was der Meister an dem Jungen verdient, wenn er ihn ein Jahr lang wie einen Gesellen arbeiten läßt, aber nur wie einen Lehrling bezahlt. »Für das Geld kann er seiner Frau den besten Persianer kaufen«, sagt er.
Leid tun kann einem der Junge.
(Pause)
Wenn er nur nicht so verschlagen wäre! Sooft man ihn trifft, sieht er weg, und grüßen tut er grundsätzlich nicht. Er kriegt die Zähne nicht auseinander. Man hört kein »Guten Morgen«, kein »Guten Abend«, nichts, gar nichts. Worauf wartet er eigentlich noch? Bis wir ihn als erste grüßen? Sind wir neu hergezogen oder er?
Morgens, kurz vor halb acht, geht er aus dem Haus; abends, gegen fünf, kommt er wieder. Gewöhnlich läßt er die linke Schulter hängen, und wenn er müde von der Arbeit kommt, hinkt er auch. So jung er ist, wenn er müde ist, trottet er dahin wie sein eigener Großvater. Und achtet auf nichts. Nie im Leben wird er merken, daß wir ihn beobachten.
Neuerdings versucht er sogar, sich der Wanselow gegenüber erkenntlich zu zeigen. Wahrscheinlich hat er Angst, daß er wieder ins Heim zurück muß, wenn er hier versagt. Deshalb will er sich nun unentbehrlich machen. Er soll die Wanselow gefragt haben, ob er ihre alten Polstermöbel aufarbeiten darf, unentgeltlich. Am nächsten Morgen ist die Wanselow zum Meister gelaufen und hat ihn gefragt, ob man dem Jungen das zumuten könne. So besorgt ist sie um ihn! Dabei wollte sie nur hören, ob sie fürchten muß, daß er mehr Schaden anrichtet, als er gutmachen kann.
Anscheinend hat der Meister nichts dagegen, wenn der Junge nach Feierabend ein paar Gefälligkeitsarbeiten ausführt. Er soll ihm sogar die Werkstatt zur freien Benutzung angeboten haben. Früher hätte er glatt nein gesagt oder stundenlang herumgenörgelt. Das kann er sich jetzt nicht mehr leisten. Er weiß, warum er sich mit Rudolf Maciczinsky nicht überwerfen darf.
(Pause)
Der Junge hat den schweren Ohrensessel vom alten Herrn Wanselow ganz allein die Treppen hinuntergeschleppt. Mit einem zweirädrigen Schiebewagen

hat er ihn weggefahren. Kein Mensch hat ihm dabei geholfen. – Merkwürdig ist nur, daß er einen Tag später einen neuen Trenchcoat und neue braune Schuhe trug. Kaum hatte er den Sessel abgeholt, schon ging er in Schale. Die Wanselow war begeistert. »Er raucht nicht, er trinkt nicht«, sagt sie, »aber wenn er sich mal was anschafft, dann kauft er sich was Vernünftiges. Darin ist er genau wie mein Mann.« Wahrscheinlich glaubt sie sogar, was sie sagt. Aber wir glauben's nicht! Wo soll denn das Geld so schnell herkommen, wenn sie es ihm nicht gegeben hat? Nach dem, was Frau Krügers Neffe uns vorgerechnet hat, kann Rudolf mit seinem Lehrlingslohn keine großen Sprünge machen. Selbst wenn man annimmt, daß ihm monatlich ein bestimmtes Waisengeld zusteht. Miete, Wäsche, Kost, das will bezahlt sein, da bleibt nichts übrig, jedenfalls nicht genug, um sich von einem Tag zum andern neu einzukleiden. Wer klar sieht, sieht hier nur zwei Möglichkeiten. Entweder hat Rudolf den Sessel sofort verkauft, oder er hat die Wanselow auf andere Weise hintergangen. Frau Krügers Neffe hat gesagt, daß es im Polsterhandwerk viel mehr Möglichkeiten gibt, einen Kunden zu betrügen, als zum Beispiel bei den Tischlern. »In einen Schrank kann man reingucken«, sagt er, »in einen Sessel nicht.«

(Pause)

Herr Paulmann hat sich längere Zeit nicht blicken lassen. Wir dachten schon, er sei gestorben, aber plötzlich war er wieder da. Abends, gegen sechs, ist er gekommen. Rudolf war noch nicht von der Arbeit zurück. Als er um sieben endlich kam, brachte er Herrn Wanselows alten Ohrensessel mit. Neu bezogen. Auf dem zweirädrigen Karren schob er ihn vor sich her. Herr Paulmann ist dem Jungen sofort entgegengegangen und hat ihm geholfen, den neuen Sessel die Treppen heraufzutragen. Wir haben's verfolgen können, bis Frau Wanselow ihre Wohnungstür schloß. Anscheinend haben die drei das neue Stück gebührend gefeiert. Jedenfalls hat es sich ganz so angehört, und Herr Paulmann ist erst um halb elf gegangen. Der Junge mußte mit runtergehen, ihm die Haustür aufzuschließen. Dabei haben sie fortwährend miteinander geredet. Leider haben wir so gut wie nichts verstanden.

(Pause)

Heute früh ist's passiert, und das kann nun keiner mehr rückgängig machen. Frau Krüger hat den Jungen als erste gegrüßt. Sie hat ihn schlankweg darauf angesprochen, wie sehr wir uns freuen, daß er seiner Wirtin so nett behilflich ist. Deswegen ist sie extra eine Stunde früher aufgestanden, um sich kurz vor halb acht vier frische Brötchen vom Bäcker zu holen. Auf dem Rückweg hat sie es dann so eingerichtet, daß sie dem Jungen im Hausflur begegnen mußte. Darüber kann man nun denken, wie man will. Es lag in der Luft, daß sich in diesem Punkt etwas ändern mußte. Auf die Dauer wär's ja auch böse gegen die Wanselow, wenn wir uns immer nur bockig stellten. Allerdings sind einige von uns der Meinung, es wäre besser gewesen, wenn nicht die Krüger, sondern irgendein anderer den Anfang gemacht hätte. Diese Ansicht scheint sich durchzusetzen, denn die Krüger hat's ja weiß Gott nicht nötig, auf den Pfennig zu sehen. In ihrem bodenlosen Egoismus hat sie nur an sich und nicht an die andern gedacht, die es entschieden nötiger hätten als sie. Denn das steht doch fest: Wenn der Junge einverstanden ist, wird die Krüger sich einen Sessel von ihm arbeiten lassen. Dann spart sie mindestens zwei Drittel vom Ladenpreis, zumal sie das Sesselgestell von ihrem Neffen bekommt. Mehr kann sie gar nicht verdienen. »Wer schnell hilft, hilft doppelt«, sagt sie. »Oder wollen wir warten, bis der Junge Geselle ist? Dann ist es zu spät. Dann braucht er unser Geld nicht mehr! Ein Jahr ist schnell herum, und zum zweitenmal wird er sich nicht von der Prüfung zurückstellen lassen. So dumm ist er ja nun auch wieder nicht. Damit dürfen wir nicht rechnen.«

Genau genommen hat die Krüger natürlich recht. Sie hat das Beste getan, was sie tun konnte. Einer mußte ja den Anfang machen. Wär's nicht die Krüger gewesen, hätte sich ein anderer bereit finden müssen. Schließlich war es nicht mehr als recht und billig, daß wir den Jungen endlich in unsere Hausgemeinschaft aufgenommen haben. Wie lange hätten wir denn noch so tun sollen, als ob wir ihn nicht kennen? Ein Jahr? Zwei Jahre? Drei Jahre vielleicht? So traurig es ist, so wahr ist es: Es gibt noch immer einige in diesem Haus, die es sich nicht abgewöhnen können, an dem Jungen herumzumäkeln. Mal paßt ihnen dies, mal jenes nicht an ihm. Eines Tages werden sie den Jungen noch völlig kopfscheu machen. Und dann? Geb's Gott, daß die Wanselow ihn so lange wie möglich zu halten versteht. In diesem Punkt sollten wir sie unterstützen. Unbedingt. So teuer, wie die Handwerker heute sind. Und so unfreundlich mitunter. Wenn man nicht aufpaßt, rechnen sie einem die Mittagspause als Arbeitszeit vor. Und die Anfahrt muß man auch mitbezahlen. Hin und zurück. Da kann man doch von Glück sagen, wenn man so einen Jungen im eigenen Haus wohnen hat. Geschickt, wie der ist. Wenn einer was kann, dann kann er was. Da gibt es nichts dran zu tippen. In solchen Dingen muß man gerecht sein . . .

E. F. VOLLENWEIDER

Fragen Sie nach Bodo

»Wissen Sie, wo hier ein Mann namens Samuel Katzmann lebt?« Yves, ein französischer Maler, den ich unlängst kennengelernt hatte, schüttelte bedächtig den Kopf. Ein Schweizer Freund, Werner, der einmal auf dieser Insel geweilt, hatte mir von Samuel erzählt. »Ein Philosoph, wie du heutzutage keinen mehr findest«, hatte mir mein Freund versichert, »weise, großzügig, dabei hat er ein bewegtes Leben hinter sich. Versäume es nicht, ihn kennenzulernen, bestelle ihm Grüße von mir.« Nun, wenn ich schon auf der Insel war, wollte ich diesen Philosophen nicht verpassen. Auf dem 80 Quadratkilometer kleinen Eiland würde es doch möglich sein, den Mann zu finden.

»Katzmann?« sagte Yves, »nein, ich kenne ihn nicht. Fragen Sie Bodo.«

Es war in diesen drei Wochen schon das dritte Mal, daß man mich an den Mann dieses Namens verwies. Das erste Mal hatte ich mich erkundigt, wer hier Fachmann für Pilze sei, und das nächste Mal hatte ich wissen wollen, wo ich günstig Geld wechseln könnte. »Fragen Sie nach Bodo«, hatte man mir jedesmal empfohlen. Dieser Bodo schien eine Art Universalgenie zu sein.

Ich fragte nach Bodo. Zuerst in einer Bar in Xavier, wo mich der Kellner zur Torre Arabi wies, wo Bodo wohne, dann später nochmals auf dem Weg zum Turm, wo ich mich an eine trachtenverhüllte Einheimische wandte, die mich wissen lassen sollte, wo die Torre Arabi stehe. »Dort, wo der Deutsche wohnt, oder der Inglés oder was er ist, Señor Bodo.«

Plötzlich stand ich an der herrlichen Bucht von Mitjorn, erspähte auch sofort den majestätischen Turm und in der Nähe ein Haus von der Art der einheimischen Häuser. Das Haus schien verwaist zu sein. Eine nachtschwarze Katze räkelte bei meinem Anblick den Hals in die flimmernde Mittagsluft. Ach, die Haustür stand offen. Allerdings verhieß dies nichts, niemand schloß hier sein Haus. Ich spähte in die Dunkelheit des Türrahmens. War ich umsonst gekommen?

»Quién busca – wen suchen Sie?« Ich hörte die Stimme aus dem Dunkel des Hauses, aber ich konnte niemand sehen. Daß der Rufende kein Einheimischer war, hatte ich aus den zwei Worten herausgehört. Dann füllte ein Mann den Türrahmen aus. Groß, hager, das Gesicht von unzähligen Falten durchzogen, die Lippen etwas wulstig, die Nase leicht gebogen, das graumelierte Haar dicht, beinahe struppig. Nein, der Mann sah nicht nach Bodo aus, nicht nach einem Norddeutschen mit blondem Haar, hellem Teint, hoher Stirne und hellen Augen. Der Mann sah nach Semit[1] aus, aber hier sahen die Einheimischen oft etwas maurisch aus, in jedem floß auch arabisches Blut.

[1] Semit = aus den Völkergruppen Vorderasiens stammend; meist auf »jüdische« Erscheinungsmerkmale bezogen

»Ich suche einen Mann namens Bodo«, sagte ich auf deutsch. Ich spürte tiefblaue Augen forschend auf mich gerichtet, Augen, die die Farbe des Meeres vor Sonnenuntergang hatten, nein, eher die Farbe von Enzian. »Sind Sie Bodo?«
Wieder traf mich der forschende Blick. »Wollen Sie was trinken, ein Bier, einen Cognac?« Er sprach ein Deutsch, das rheinländisch gefärbt war. »Einen Cognac, gerne.«
Der Mann verschwand hinter dem Türrahmen und kam dann mit einer Flasche und zwei kleinen Gläsern heraus. Sein Gesicht zeigte jetzt einen mürrischen Ausdruck, als wäre er unerwünscht aus tiefem Schlaf geholt worden. Er setzte die Gläser auf das Sims der überdachten Terrasse, rückte zwei Holzstühle heran und füllte die Gläser. Dann nahm er ein Glas, schwenkte es gegen mich und hob es an den Mund, den Kopf nach hinten gebeugt. Ich bemerkte, daß der Mann wunderschöne Hände hatte, Hände wie auf Dürerbildern.
»Was wollen Sie von Bodo?« sagte er, nachdem er sein Glas abgestellt hatte.
Ich nahm erst einen Schluck aus dem Glas. »Ich nehme an, Sie sind Bodo«, sagte ich dann, »ich komme aus der Schweiz. Ich suche hier einen Mann namens Samuel Katzmann, man sagte mir, vielleicht könnten Sie mir sagen, wo er steckt.«
Der Mann kratzte sich an der Fessel seines rechten Beines. Seine Füße guckten aus blauen Tuchsandalen heraus, die ihm offenbar zu eng waren. Wieder strahlten mich zwei blaue Augen an, sie kamen mir vor wie Scheinwerfer, die in der Nacht eine Gegend ableuchten.
»Was wollen Sie von Sam?«
Ich atmete auf, er kannte diesen Mann, ich hatte recht getan, nach Bodo zu fragen. Ich leerte mein Glas. Wortlos füllte es der Mann nach.
»Wie gesagt, ich komme aus der Schweiz, ich bin seit drei Wochen hier und fahre nächste Woche weg. Ein Freund von mir, ein Architekt, Werner Suter aus Zürich, bat mich, Samuel Katzmann zu besuchen und ihm Grüße zu bestellen. Ich fragte herum; man sagte mir, ich solle nach Bodo fragen.« Was führte mich dazu, diesem fremden Mann so ausführlich Bericht zu erstatten?
»Sie suchen mühsam einen Mann, nur um ihm Grüße zu bestellen?« Funkelte in seinen Augen Ironie oder Ungläubigkeit?
Ich fühlte mich irritiert. Woher nahm sich dieser Mann die Unverschämtheit, Mißtrauen an den Tag zu legen. Befand ich mich eigentlich in einem Verhör?
»Sagen Sie endlich, sind Sie Bodo, und können Sie mir sagen, wo ich Katzmann finde?«
In rhythmischen Bewegungen fuhr der Mann streichelnd über das Fell der Katze, die sich jetzt aufgerichtet hatte.

»*Ich* bin Sam Katzmann!«
Es war nicht Erstaunen, was mich jetzt bewegte, eigentlich hatte ich es die ganze Zeit gewußt, genauer gesagt, seit dem Moment, da er im Türrahmen erschienen war. Wenn mich etwas verblüffte, dann die Art, wie er es zugab.
»Wie geht es Werner?« – »Gut«, versetzte ich rasch.
»Ein prima Typ, dieser Werner, wir haben hier oft zusammen diskutiert. Ein typischer Schweizer, tüchtig, aber sympathisch, harmlos und gutgläubig bis zur Naivität. Er hätte hier große Aufträge haben können, aber er lehnte ab, er wolle diese Inseln nicht verschandeln. Hat mir mächtig Eindruck gemacht.«
»Und er sagte, Sie wären ein Philosoph.«
Er lachte ein kurzes Lachen, das nicht zu ihm paßte – ein Mißton in einem Musikstück. »Ja, man hat hier Zeit, nachzudenken, die Hektik unserer Zeit ist vielleicht ein Grund, weshalb es heute keine Philosphen mehr gibt.« Immer noch glitten seine Finger über das Fell der Katze, die bestimmt schnurrte, obwohl ich es nicht hören konnte.
»Was machen Sie hier, wenn ich fragen darf? Leben Sie schon lange auf der Insel?« Ich erwartete, wieder von den blauen Scheinwerfern abgeleuchtet zu werden.
»Ich *lebe* hier.« Die Betonung lag auf dem Tätigkeitswort.
Aber warum nennen Sie sich Bodo, wollte ich fragen. Der Mann schien meine Gedanken erraten zu haben. »Es gibt nur zwei, drei Menschen, die hier wissen, daß ich richtig Samuel Katzmann heiße. Behalten Sie es die wenigen Tage, da Sie noch da sind, für sich.« Es wurde immer geheimnisvoller!
»Kennen Sie Francke?« Jäh hörte er mit den Streichelbewegungen auf. »Francke, Sie meinen den Deutschen, der hier Bungalows baut und ausmietet?« Ich räusperte mich. Ich hatte von Francke gehört. Er wäre ein ehemaliger prominenter Nazi und nach dem Krieg hierher geflüchtet. Aber man erzählte viel auf der Insel. Inselklatsch! Ja, man hatte mir ihn einmal im kleinen Laden von Mornas gezeigt. Ein Hüne von Gestalt, dünnes, blondes Haar auf dem mächtigen Schädel, strenge Augen, der vollblütige Arier[2] und Herrenmensch.
»Kennen natürlich nicht«, erwiderte ich und versuchte seinen Blick festzuhalten, »ich habe von ihm gehört, soll ein übler Mensch sein, ein ehemaliger Nazi . . .« Ich trank mein Glas aus. Als hätte er die Flasche nie aus der Hand gelegt, goß er mein Glas wieder voll. Beinahe ein Ritual, dachte ich.
»Francke war Kommandant des Konzentrationslagers Dachau vor dem Krieg. Ich bin unter anderem seinetwegen auf dieser Insel.«
Ich war froh, daß er es diesmal vermied, mich anzusehen. Erregung glimmte in mir auf. Oder träumte ich? Meine Phantasie begann zu arbeiten, rasend schnell. Ich sah den hünenhaften Bungalowbesitzer in Uniform, SS-Uniform,

[2] Arier = Angehöriger der indogermanischen Sprachgruppe; meist auf »nordische« Erscheinungsmerkmale bezogen

Totenschädel auf der Achsel, der Mann auf dem Stuhl neben mir trug Lagerkleidung, eine Nummer auf dem Rücken, ein Moorsoldat, wie sie Langhoff geschildert hat.
»In Dachau?« Meine Stimme klang heiser.
»Ja, in Dachau, im harmlosen Dachau, nicht in den Todeslagern Auschwitz, Bergen-Belsen und wie sie hießen.«
Ich versuchte mich zu erinnern. Dachau, ich war damals zwölf gewesen, man hatte in den Zeitungen darüber gelesen. Juden und Kommunisten als Insassen, Opfer der üblen Rassenpolitik von Hitler und Himmler.
Seine Stimme rief mich in die Gegenwart zurück. »Kurz bevor der Krieg ausbrach, bin ich geflohen, erst nach Frankreich, dann nach Portugal. Nach dem Krieg kam ich nach Spanien und bin dann zufällig meinem früheren Lagerkommandanten begegnet, auf der andern Insel, er führte in San Antonio eine Bar.«
Sein Blick war auf die Bucht gerichtet, wo das Meer wie flüssiges Blei glänzte. Das leere Cognacglas hielt er in der Hand. Wie eine Handgranate, dachte ich.
»Hat er Sie auch wiedererkannt?«
Wieder dieses merkwürdige Lachen. »Erkannt? Natürlich nicht, ich war ja nur einer von Tausenden.«
Ich versuchte mir die Szene vorzustellen. Ein ehemaliger Konzentrationslager-Häftling betritt eine Bar, bestellt einen Cognac und begegnet im Mann, der ihm den Cognac einschenkt, seinem ehemaligen Peiniger!
»War er ein schlimmer Lagerkommandant?«
Der Mann wandte mir das Antlitz zu. Die Augen bildeten jetzt dünne Striche, man konnte die Farbe nicht erkennen. »Was heißt schlimm? Er war nicht besser und nicht schlimmer als die andern, auf alle Fälle hat er manchen auf dem Gewissen. Und welche Kriegsverbrechen er während des Krieges begangen hat, kann ich nur ahnen. Ich habe mich darüber bei Wiesenthal erkundigt und keine Antwort erhalten.«
Sein rechter Fuß trommelte auf den steinernen Boden.
»Gefällt Ihnen die Insel?«
Wollte er das Thema wechseln? »Ja, man fühlt sich hier ungewöhnlich frei.«
»Das glauben Sie. Man ist hier gefangen, man ist umgeben von Meer.« Ein Vogel flatterte aus einem Sabinenstrauch und gewann rasch an Höhe. Die Katze rührte sich nicht.
»Gefangen«, wiederholte er, »Francke ist gefangen, weil er nicht mehr nach Deutschland zurück kann, und – ich wüßte auch nicht wohin.«
Ich horchte auf. Er sprach von seinem früheren Lagerkommandanten wie von einem Schicksalsgefährten, wie von einem Komplizen.
»Aber Francke hat es ordentlich weit gebracht hier, ich hörte, er sei ein reicher Mann.«
Der dichtbehaarte Kopf neben mir bewegte sich zustimmend. »Er ist tüchtig.

Könnte er in Deutschland frei leben, wäre er sicher ein großer Manager geworden oder ein wichtiger Politiker.«
»Also wurde er doch gebüßt«, sagte ich und merkte sofort, wie banal die Worte klangen.
»Was heißt gebüßt, Buße ist relativ, wenn Sie an seine Opfer denken, dann ist er straflos davongekommen. Wäre er aber fünfzehn Jahre später auf die Welt gekommen, wäre er, wie gesagt, heute ein einflußreicher Mann in Deutschland.«
»Aber er . . .« Der Mann unterbrach mich, ich hatte den Fluß seiner Rede oder seines Monologs gestört, er fuhr fort. »Er war nicht ein besonders schlimmer Lagerkommandant, er tat, was ihm befohlen war, gründlich allerdings, aber ich könnte nicht behaupten, daß er ein Sadist gewesen wäre. Er tat auch nichts, um die Lage der Häftlinge zu mildern, aber das konnte man auch nicht von ihm verlangen, jeder geht schließlich nicht zur SS und nimmt den Posten des Kommandanten in einem Konzentrationslager an. Einen der Mithäftlinge, einen Kommunisten, der in der gleichen Baracke untergebracht war wie ich, ließ er öffentlich peitschen, weil er ein Brot an sich genommen hatte.«
»Das Schwein«, entfuhr es mir, ich griff nach dem Glas, aber es war leer.
Der Mann nahm die Streichelbewegungen an der Katze wieder auf. Er schaute mich an, aber diesmal blicklos, er meinte nicht mich.
»Als ich ihm in San Antonio begegnete, da glaubte ich, ich hätte eine Vision. Du setzest dich auf seine Fährte, gelobte ich mir, du spielst den Spürhund, du rächst alle, die er gequält hat. Ich erachtete mich plötzlich als Werkzeug des Schicksals, als Rachegott, es war mir, als wäre ich dazu auserlesen worden.«
Er sprach langsam, als spreche er einen Kommentar zu einem Film, der vor seinen Augen abrollte. Es lag keine Ironie in seiner Stimme. Er stand auf, als wolle er sich die Beine vertreten, setzte sich aber gleich wieder.
»Es war ja auch ein, ich möchte sagen, ein schicksalhafter Zufall«, wandte ich ein. Ich wollte ihn zum Weiterreden bringen.
»Dann interessierte mich auch der Mensch, das Individuum Günther Francke. Ich wollte wissen, wie ist ein solcher Mensch seelisch beschaffen, wie sieht die innere Geometrie – Francke war ja Geometer, ehe er Berufsnazi wurde – eines Mannes aus, der Mitmenschen, die ihm nichts zuleide getan haben, Juden, Kommunisten, quält. Ist er Sadist oder glaubt er wirklich, er führe eine gerechte Aufgabe durch. Das seelische Triebwerk eines solchen Menschen interessierte mich, schon im Lager. Können Sie das verstehen?«
Ich nickte.
»Dann folgte ich ihm, als er auf diese Insel kam, ich beobachtete sein Verhalten, seinen materiellen Aufstieg, seine Gewohnheiten, ich wußte alles über ihn, was er gerne aß, welche Musik er bevorzugte, ja, ich erfuhr, daß er nachts lebhafte Träume hatte . . .«

Ich hörte mich rauh lachen.
»Es war ungeheuer faszinierend für mich: der Bursche war mir ja ausgeliefert, ich hatte seinen Tod beschlossen, ich konnte den Zeitpunkt bestimmen. Diesmal befanden wir uns in der vertauschten Lage; im Lager war ich ihm auf Gedeih und Verderben ausgeliefert gewesen, machtlos, hier war ich der Stärkere, er kannte mich nicht, er bemühte sich auch, nirgends aufzufallen, aber *ich* hatte eine Mission, ich ließ ihn nicht aus den Augen, ich konnte den Zeitpunkt, die Art seines Todes bestimmen – das ist ein ungeheures Gefühl.«
Er sprach auffallend sanft, eindringlich, als beschwöre er mich, seinen Gedankengängen zu folgen.
Natürlich konnte ich ihn verstehen. Einem praktisch aus der Gesellschaft ausgeschlossenen ehemaligen KZ-Häftling, der nichts mehr zu verlieren hatte, mußte das, was er Mission nannte, geradezu einen Lebenssinn geben. Es war erschreckend, aber gleichzeitig erregend. Ich hatte plötzlich das Gefühl, daß mein Gesprächspartner geistig schon etwas gestört war. Auf Inseln gab sich dies von selbst. »Und wie führt er sich hier auf?«
»So wie jeder andere hier, wir leben schließlich als Fremde auf einer Insel. Er ist tüchtig, einfallsreich, ein guter Menschenkenner, aber durchaus ehrlich, manchmal bricht bei ihm der Herrenmensch durch, aber er bezahlt die Arbeiter gut, ist nett mit seiner Frau, einer Spanierin. – Dennoch ist er unbeliebt hier, wegen seiner Tüchtigkeit oder weil er schweigsam ist und sich von allem zurückhält.«
»Ich habe den Eindruck, man haßt ihn auf der Insel, sowohl die Einheimischen wie auch die Ausländer«, sagte ich und fuhr fort: »Und haben Sie herausgefunden, wieso dieser frühere Geometer Francke ein SS-Monstrum, ein KZ-Kommandant werden konnte?«
Die Katze mußte etwas erspäht haben, sie setzte mit einem Sprung auf den Boden.
»Ich glaube ja«, sagte der Mann beinahe tonlos, »es ist nicht gerade tröstlich, aber ich bin der festen Überzeugung, daß unter den vielen Touristen, die jährlich auf die Insel kommen, um ihren Urlaub zu verbringen, mancher sofort KZ-Kommandant geworden wäre, wenn er damals das richtige Alter gehabt und man ihm die Möglichkeit geboten hätte.«
Ich verfolgte eine Wolke am Himmel, die aufquoll und dann zerfloß. Ich fühlte mich plötzlich einsam, als bestünde die Insel nur aus dem Haus, vor dem ich saß. Kriegte ich den Inselkoller?
»Kennt er Sie, haben Sie schon mit ihm zu tun gehabt?« fragte ich, um die Stille zu durchbrechen.
»Wir haben zwar noch nie ein Wort miteinander gewechselt, aber er weiß von Bodo. Er hat mir sogar einmal ein Geschäft vermittelt, er sagte zu einem seiner Bungalowgäste, der günstig Geld wechseln wollte: Fragen Sie nach

Bodo. Wenn er gewußt hätte, daß er damit den Gast an den Ex-Häftling Nr. 3622 wies.«

Er lachte wieder das merkwürdige Lachen. »Noch einen Cognac?« Er schenkte ein. Wieder fielen mir seine schöngeformten Hände auf.

»Und wann haben Sie beschlossen, ihn zu töten?« Ich hörte meine Stimme wie von ferne. Ich erwartete, daß mich die Scheinwerfer wieder ableuchten würden.

Er schien seine Zehen, die aus den Sandalen guckten, zu studieren. »Was glauben Sie, wie oft ich mir schon ausgemalt habe, auf welche Art ich ihn töten würde. Es gäbe viele Möglichkeiten, ich könnte ihn zum Beispiel an die Steilküste locken, mich dort zu erkennen geben und ihn mit einem Haken hinunterstoßen. Niemand würde draufkommen, daß ich der Täter wäre.«

Ich sah plötzlich ein Duell an den Klippen der Punta Prima. Ein großer, blonder Mann, der mit einem Aufschrei über die Klippen stürzte, und dann Samuel Katzmann, der sich über den Klippenrand beugte und seinem Opfer nachschaute.

»Oder dann könnte ich ihn in eine kniehoch mit Wasser gefüllte Zisterne werfen – ein qualvoller Tod.«

Warum erzählte der Mann ausgerechnet mir, einem Fremden, den er seit knapp einer Stunde kannte, all dies? War er schon übergeschnappt? »Nachts wache ich auf«, hörte ich ihn murmeln, »und glaube mich im Lager auf meinem Schragen, aufgewacht, weil der Magen knurrt. Dann male ich mir aus, was ich Francke sagen werde, sehe die Todesangst auf seinem Gesicht und wie ich ihn töte.«

Er goß die Flasche leer, hob mir sein Glas entgegen und trank es aus. »Aber wenn ich erwache, verschiebe ich die Hinrichtung jeweils wieder.«

Er lachte grell. Ja, sein Lachen hatte einen grellen Ton, das war der Mißton drin. Es war eine Weile totenstill. Die Stille der Insel, wo die Dinge zu flüstern beginnen. Träumte ich? Saß ich wirklich vor einem Insel-Bauernhaus und hörte mir makabre Schilderungen eines Mannes an, den die Insel seelisch zermürbt hatte? Ja, man konnte sich gefangen fühlen auf dieser Insel, nicht nur, weil bei Sturm das Boot nicht fuhr oder weil man keinen Paß hatte oder kein Geld. Francke und Katzmann waren Gefangene hier, jeder auf seine Art, Schicksalsgenossen und beinahe aufeinander angewiesen.

Seine Stimme holte mich in die Gegenwart zurück. »Er soll krank sein, der Arzt kommt jeden Tag vorbei, ich weiß noch nicht, an welcher Krankheit er leidet.«

»Er hat Krebs, Magenkrebs, er wird höchstens noch drei Monate leben«, sagte ich beinahe triumphierend. Es war mir plötzlich wieder eingefallen; Gerdi, die deutsche Reiseleiterin, hatte es mir erzählt. Sie war mit Franckes Familie befreundet.

»Das stimmt nicht.« Der Mann brüllte es in die Luft. Seine Augen funkelten mich zornig an, das verfaltete Gesicht zeigte jetzt trotz der Bräune Blässe.
»Doch«, entgegnete ich ruhig, »ich weiß es von jemand, der mit der Familie verkehrt.«
Sam verharrte regungslos. Als wäre er auf dem Stuhl versteinert. Ich hatte den Eindruck, er wäre plötzlich um zehn Jahre gealtert, ein Greis, dem man die Meldung gebracht hat, der einzige Sohn sei eben verunglückt.
Und dann fiel es mir wie Schuppen von den Augen.
»Sie wollen ihn gar nicht töten, Sie hätten ihn gar nie getötet, der Gedanke, daß Sie ihn umbringen könnten, war Ihr Lebensinhalt. Sie brauchten seine Präsenz. Das Gefühl, jederzeit Rache üben zu können, war Ihre tägliche Nahrung, Sie . . .«
»Schweigen Sie«, herrschte er mich an. Die blauen Scheinwerfer blitzten auf. Er erhob sich von seinem Stuhl. »Jetzt haben Sie mir die Grüße bestellt, grüßen Sie Werner, ich muß an die Arbeit.«
Er verschwand im Dunkeln des Hauses. Ich hatte das Gefühl, er sei müde geworden, erschöpft.
Wie im Traum ging ich den Weg zurück. Warum hatte ich das gesagt? Wollte ich ihn demütigen, weil ich seine hochmütige Selbstsicherheit nicht länger ertrug? Vielleicht würde er Francke doch umbringen, ich selbst hatte ihm jetzt die Frist gesetzt. Oder vielleicht doch nicht. Was würde Werner wohl sagen?
Ich blieb stehen. Eine merkwürdige Insel, dachte ich und betrachtete die Farben auf der Trockenmauer. Farben, die mit Licht gemischt waren, Farben wie vom Regenbogen. Hinter der Mauer streckte eine Sabine ihre vom Wind knorrig verkrüppelten Zweige in die Luft. Und wenn Sam diesen alten SS-Mann doch tötete? Weil er es sich geschworen hatte, weil er ein Gelübde getan hatte und seine Selbstachtung nicht verlieren wollte? Und weil er ohne diesen Francke auf der Insel gar nicht leben konnte, weil dann seine Existenzberechtigung nicht mehr war?
Würde man den Täter finden?
»Fragen Sie nach Bodo«, würden die Leute vielleicht wieder sagen. Mein makabres Gelächter zerriß die Stille und erschreckte mich.

Einfühlung und Unverständnis

MARIE LUISE KASCHNITZ

Wer kennt seinen Vater

Als die Nachricht kam, befand sich meine Mutter im Krankenhaus, wo ein kleiner Eingriff gemacht worden war, den sie glänzend überstanden hatte. Ich habe sie an dem Nachmittag noch besucht und habe ihr süße Wicken gebracht, das ist eine Art von Erbsenblüte, aber eine hochgezüchtete, in lauter zarten Pastellfarben, meine Mutter freute sich sehr. Sie versuchte sogar, die Blumen abends im Zimmer zu behalten, aber das gelang ihr nicht, noch ehe ich fortging, hat die Schwester alle Vasen auf den Korridor gestellt. Da standen sie auf dem moosgrünen Linoleum, vor jeder Tür der Privatstation ein ganzes Beet, und als ich an ihnen vorüber zur Treppe ging, mußte ich an einen Grasweg auf einem Friedhof denken. Ich erschrak und überlegte, ob meiner Mutter nicht doch am Ende etwas zustoßen konnte, eine Herzschwäche oder eine Embolie. Ich ging sogar unter dem Vorwand, meine Handschuhe vergessen zu haben, noch einmal zurück und klopfte an ihre Tür.

Gut, daß du noch einmal kommst, sagte meine Mutter ganz arglos, ich brauche die Papiere von der Krankenkasse, eben war die Oberschwester da, morgen soll ich aufstehen und übermorgen nach Haus.

Das ist ja schön, sagte ich, da ist auch der Vater wieder da. Ich sagte das aber aus reiner Zerstreutheit, in Wirklichkeit wäre ich lieber mit ihr allein gewesen und auch sie wäre lieber allein gewesen mit mir. Ich suchte meine Handschuhe und zog sie aus der Tasche meines Mantels, ich spielte den Zerstreuten und küßte meine Mutter und sah sie liebevoll an. Als ich ging, ermahnte sie mich noch einmal wegen der Papiere, denk daran, tu es gleich, vergiß es nicht. Ich nickte und freute mich darüber, wie gut und jung sie aussah, wenn wir jetzt zusammen ausgingen, würde man uns wieder für ein Liebespaar halten.

Als ich die Treppe hinunter und über die Straße ging, war ich in besserer Stimmung. Ich schloß den Wagen auf und kroch hinter das Steuerrad, und als ich dann die langen regennassen Vorstadtstraßen hinunterfuhr, fing ich sogar, was ich ganz selten tue, zu pfeifen an. Zu Hause stellte ich den Wagen in die Garage, alle Fenster unserer Wohnung waren dunkel, seit meine Mutter im Krankenhaus und mein Vater in Amerika war, war ich abends immer allein zu Hause. Ich drückte im Vorplatz auf den Lichtknopf und ging die Treppe hinauf, und als ich oben war, sah ich, daß über das Schlüsselloch ein gelber Zettel geklebt war, auf dem die Worte: ›Sehen Sie in Ihren Briefkasten‹ standen. Ein Telegramm, dachte ich, eine Nachricht aus dem Krankenhaus, aber ich war kaum zwanzig Minuten unterwegs gewesen und dann hatte ich noch den Wagen abgestellt, vierundzwanzig Minuten im ganzen, und gewiß hätte man doch mein Heimkommen abgewartet und dann telephoniert. Wenn mein Vater zu Hause war, kamen oft Telegramme, aber die meisten doch ins Büro, meine Mutter und ich erhielten nie welche, und wenn doch einmal eines kam, fürchtete sich meine Mutter und wagte nicht, es aufzumachen, ehe ich nach Hause kam. Vielleicht ist es auch kein Telegramm, dachte ich, sondern ein Eilbrief, von Vater, er schreibt aus Chicago, es kann ihm ja immer nicht schnell genug gehen, er ist das Telegraphieren und Eilbriefeschreiben gewöhnt.

Ich hätte jetzt die Treppe wieder hinunterlaufen sollen, aber ich tat es nicht, ich hatte ohnehin die Absicht, noch auswärts essen zu gehen, jetzt mußte ich die Papiere von der Krankenkasse heraussuchen, und weil ich vergessen hatte, meine Mutter zu fragen, wo sie sie verwahrte, mußte ich noch einmal anrufen und mir Bescheid sagen lassen. Es dauerte eine ganze Weile, bis ich die Verbindung mit der Stationsschwester bekam, und während dieser Zeit stand ich im Vorplatz, der bei uns sehr hübsch eingerichtet und mit einem blauen Teppich ausgelegt ist, und starrte auf ein Bild, das da hing, aber schon so lange, daß ich es niemals richtig ins Auge gefaßt hatte. Es war ein französischer Kupferstich, der die Vertreibung der Hagar darstellte. Der alte Abraham stand da vor einem sehr festen, tempelartigen Haus mit dicken Säulen und einem Giebel und seine Frau Hagar und sein Sohn Ismael standen schon ziemlich weit weg von ihm am Rande einer Landschaft voll kleiner Wasserlachen und zierlicher Gebüsche, die trotz ihres parkähnlichen Charakters etwas Unheimliches und Endloses hatte. Nachdem ich den Kupferstich eine Weile betrachtet hatte, fand ich heraus, daß der stämmige Abraham meinem Vater ähnlich sah und daß auch zwischen dem schmächtigen jungen Ismael und mir gewisse Ähnlichkeit bestand. Der Alte, schon im Begriff, ins Haus zurückzukehren und die schwere Tür hinter sich zufallen zu lassen, streckte seinen Arm gebieterisch fortweisend aus, und diese Gebärde war es, die mich erschreckte, obwohl sie mit der Wirklichkeit, mit unserer Wirklichkeit in gar keinem Zusammenhang stand.

Tatsächlich war bei uns alles anders, meine Mutter und ich waren es, die den Vater oft ausgeschlossen hatten, zum Beispiel, wenn wir einander am Abend Platten vorspielten, Bach oder die alten Italiener, das macht dir doch keine Freude, und schon war der Vater gegangen, laßt euch nicht stören, ich habe auch noch zu tun. Einmal hatte er bei einer solchen Gelegenheit auch gelacht und gesagt, ich weiß schon, ich bin ein Banause, den Ausdruck hatte ich mir von meiner Mutter erklären lassen müssen, ich hatte gedacht, ja, das bist du, gut, daß du es einsiehst, du hast keine anderen Interessen als deine Fabrik. Ich studierte damals schon Kunstgeschichte und meine Mutter und ich machten oft kleine Reisen, auf denen wir Kirchen und Schlösser besichtigten, wir forderten meinen Vater nie auf, uns zu begleiten, und er schien dazu auch keine Lust zu haben. Auf jeden Fall ließen wir ihn aus dem Spiele, aus unseren schönen Spielen, ich war der Sohn meiner Mutter und ich wollte nicht wahr haben, daß ich auch der Sohn meines Vaters war.

An dem Abend nun und während ich den Kupferstich betrachtete, kamen mir zum ersten Mal Zweifel an meinen bisherigen Empfindungen und mit einer Art von Entsetzen musterte ich die kleinen und schwächlichen Gestalten der Hagar und ihres Sohnes Ismael, die im Begriff waren, sich für immer in dieser düsteren Parklandschaft zu verlieren. Währenddem hatte ich schon mit der Schwester gesprochen und sie war weggegangen, um sich bei meiner Mutter nach dem Aufenthaltsort der Papiere zu erkundigen und war wieder zurückgekommen und hatte mir Bescheid gesagt. Ich bedankte mich und legte den Hörer auf und dann ging ich in das Zimmer, das wir meinem Vater eingeräumt hatten, das kleinste der Wohnung, weil er ohnehin sehr selten zu Hause war. Es roch dort muffig, fast wie in einem nie benützten Fremdenzimmer, die Aufwartefrau hatte saubergemacht, aber die Fenster gleich wieder geschlossen, mein Vater war schon über eine Woche unterwegs. Es war der einzige Raum unserer Wohnung, der häßlich eingerichtet war, mit Möbeln, die sich mein Vater kurz vor dem Krieg von seinen ersten Ersparnissen gekauft hatte, wir nannten es die Schreckenskammer und machten uns darüber lustig, daß mein Vater nichts geändert haben wollte. Er hatte jetzt Geld genug, und meine Mutter hätte ihm gern hübsche antike Möbel gekauft. Der Schreibtisch war riesig, mit einem plumpen schrankartigen Aufsatz, die Stühle waren mit violettem Leder bezogen, und ein Ölbild, das mein Vater schon immer besessen hatte, ein Sonnenuntergang über der Heide, hing an der Wand. An dem Schrankaufsatz steckten die Schlüssel, wie die Schwester gesagt hatte, vielmehr hatte sie gesagt, vielleicht stecken sie dort, aber sie steckten wirklich und darüber wunderte ich mich sehr. Um die Fächer und Schubladen zu öffnen, mußte ich mich auf den Schreibtischstuhl setzen, ich tat das ungern und saß deshalb auch nur auf der Kante und erst viel später setzte ich mich zurück. Erst viel später stützte ich meine Ellbogen auf die harten Armlehnen und meinen Kopf auf die Hände und vergaß das Zimmer und vergaß die Zeit.

Wahrscheinlich werden Sie jetzt denken, daß ich an dem Abend, angeregt vielleicht durch den Kupferstich im Vorplatz, im Schreibtisch meines Vaters herumgewühlt und etwas Bestimmtes gesucht habe, aber das entspricht den Tatsachen nicht. Ich habe, als ich die Schubladen und Fächer öffnete, an den Kupferstich überhaupt nicht mehr gedacht. Ich wollte die Papiere herauslegen und abendessen gehen und vielleicht noch ein bißchen arbeiten, und als ich nicht fand, was ich suchte, habe ich mich über meine Mutter geärgert, die nie wußte, wo etwas aufgehoben war. Ein paar große, eng mit der Hand beschriebene Bogen hatte ich während des Kramens auf die Schreibtischplatte gelegt

und dort vergessen und erst am Ende, als ich sie wieder einräumen wollte, ist mein Blick auf das oberste dieser Blätter gefallen. Ich habe gedacht, was für eine Handschrift, so klein und fest und gedrungen wie mein Vater, und erst dadurch bin ich überhaupt auf den Gedanken gekommen, daß die Handschrift die meines Vaters war.
So erstaunlich, wie es zuerst erscheinen mag, ist das nicht. Sie müssen bedenken, daß mein Vater uns sehr selten schrieb und jedenfalls immer mit der Maschine, er diktierte seine Briefe und das merkte man ihnen auch an. Natürlich hatte er meine Zeugnisse unterschrieben, daran erinnerte ich mich jetzt, sie waren nie besonders gut gewesen, aber doch ausreichend, er hatte sie aufmerksam durchgesehen und nie etwas darüber gesagt. Als ich die Handschrift meines Vaters erkannt hatte, war ich natürlich neugierig, es wird sein Testament sein, dachte ich, und sobald ich mich davon überzeugt hatte, wollte ich die Bogen zurücklegen und das Fach abschließen und gehen. Es war aber nicht sein Testament, und eine Weile lang verstand ich gar nicht, wozu diese Aufzeichnungen gemacht worden waren. Ich bin mir darüber erst ganz klargeworden, als ich den letzten Bogen vor mir hatte, der übrigens leer war, bis auf drei Worte, die ganz oben standen und den Anfang eines Briefes bildeten.
Wenn ich, was auf die Dauer vielleicht nicht zu vermeiden sein wird, meiner Mutter von dem allen erzähle, wird sie verlangen zu lesen, was ich gelesen habe, und wahrscheinlich wird sie behaupten, daß sie ein Recht darauf habe. Ich habe das an dem Abend schon vorausgesehen und deswegen habe ich die Blätter, zwar nicht gleich, aber doch in derselben Nacht noch verbrannt. Ich möchte aber nicht, daß Sie denken, es sei etwas Abfälliges über meine Mutter darauf gestanden oder etwas, woraus man hätte schließen können, daß mein Vater ihr untreu gewesen ist, ich meine durch eine Beziehung zu einer anderen Frau. Es ist darum besser, wenn ich versuche, Ihnen zu sagen, was da stand, obwohl das nicht so einfach ist. Ich habe nämlich sehr schnell gelesen, und später, als ich das Telegramm heraufgeholt hatte, habe ich die Blätter sofort vernichtet. Es kann also gut sein, daß ich etwas weglasse oder auch etwas dazuerfinde, wie man das beim Erzählen von Träumen macht.
Zuerst, wie gesagt, kannte ich mich gar nicht aus. Mein Vater berichtete über verschiedene Vorkommnisse, aber er leitete jeden dieser Berichte mit den Worten, muß ich ihm erzählen, Doppelpunkt, oder, das muß er auch wissen, Doppelpunkt, oder einfach mit den Worten, für ihn, ein. Die so begonnenen Abschnitte waren mit verschiedener Tinte oder mit einem Kugelschreiber oder auch mit einem Bleistift geschrieben, und der erste lag, wie man aus dem Zustand des Papiers ersehen konnte, schon weit zurück. Übrigens kamen als Einleitung der Berichte auch die Worte, für den Brief, oder, in den Brief, vor, was den Eindruck erweckte, als habe mein Vater sozusagen sein Leben lang, jedenfalls aber bald nach seiner Verheiratung, die Absicht gehabt, an eine

bestimmte Person einen Brief zu schreiben. Diese Person wurde nie angeredet, es handelte sich ja auch bei dem Geschriebenen noch nicht um den Brief, sondern nur um das Rohmaterial dazu. Mein Vater hat sich infolgedessen mit der Form auch keine große Mühe gegeben, er war ja auch kein Akademiker, geschweige denn ein Literat. Oft berichtete er im Telegrammstil und schrieb auch manchmal nur einzelne Namen oder kurze Sätze hin. Die Namen waren meist russische, sie waren oft von einem Ausrufungszeichen begleitet, wodurch mein Vater sich selbst wohl gewisse, ihm bedeutsame Kriegserlebnisse ins Gedächtnis zurückrufen wollte. Die kurzen Sätze stammten, soviel ich erkennen konnte, aus dem Alten Testament.
Aha, werden Sie jetzt sagen, da haben wir ihn ja, Ihren frommen Abraham, und behaupten, daß ich darauf nur hinausgewollt habe, oder daß ich das Ganze geträumt habe, vielleicht erst viel später in dieser Nacht. Ich kann Ihnen ja auch nichts beweisen, ich besitze die Blätter, mit Ausnahme des letzten, nicht mehr. Die Bibelstellen, um die es sich handelte, waren aber alle pessimistische, wenn man das so ausdrücken kann. Es war darin die Rede von einer Zeit da »kein Singen mehr auf den Bergen« sein würde, von Freunden, die einander bis in den Tod gram werden, von dem Auswurf, den das Menschengeschlecht darstellt und von »bestimmten Tagen«, die der Schreiber, der Prophet oder mein Vater, auf sich zukommen sah. Mehrere Male hatte mein Vater diesen schwermütigen rebellischen Texten auch eigene Bemerkungen hinzugefügt. Ich erinnere mich an eine, in der er behauptete, daß zwar Jesus für immer gestorben sei, daß aber der alte Rachegott noch lebe und sich anschicke, seine Schöpfung zu zerstören. Die Episoden, die mein Vater in diesen Aufzeichnungen festgehalten hat, waren auch nicht lustig, keineswegs. Einmal hat er den Tod eines einfachen Mannes (offenbar eines seiner Arbeiter) beschrieben, das Sichaufbäumen des knochendürren Leibes, das Pfeifen und Röcheln, des Atems und den fürchterlichen Ernst der Augen, die weder der Frau noch dem Chef einen Abschiedsblick gönnten. Einmal war von den Eltern meines Vaters die Rede, die ich gar nicht kannte und von denen ich angenommen hatte, daß sie längst tot seien. Sie lebten aber, zum mindestens zur Zeit der früheren Aufzeichnungen noch, der Angeredete sollte mit ihnen zusammenkommen, wobei es aber viele, nicht näher bezeichnete Hindernisse zu überwinden galt. Die Mutter, hieß es, trinkt nicht mehr. Die Kur hat geholfen, sie ist dick geworden, weil sie jetzt so viel Kuchen ißt. Eine große Rolle spielte in den Aufzeichnungen auch ein Mann mit dem Namen Karl, ein Kriegskamerad meines Vaters offenbar, aber ein Einzelgänger, der sich auch meinem Vater nicht anvertraut hatte, ehe er auf eine ebenso einfache wie fürchterliche Weise Selbstmord beging. Dieser Karl, schrieb mein Vater, hat sich auf einen Stuhl gesetzt, den Stahlhelm auf dem Kopf, hat sein Gewehr zwischen die Knie genommen und sich in den Mund geschossen, der Anblick war entsetzlich, aber für uns, nicht für ihn. Ich muß, hieß es an dieser

Stelle weiter, »ihm« noch mehr von Karl erzählen, nämlich, daß er lustig war, wie feine Leute gar nicht lustig sein können, bis er in der Tinte steckte, in die feine Leute gar nicht kommen, sie haben Erziehung und hadern nicht miteinander und auch nicht mit Gott. Ich muß, hieß es später einmal, ihm auch von den beiden Soldaten erzählen, die 1944 von der Front nach Hause fuhren, einer hatte ein verstümmeltes, entsetzliches Gesicht, keine Nase, keine Augen, der andere hielt ihm die Feldflasche an das schiefe Loch von Mund. Eine junge Dame, die dem Krüppel gegenübersaß, reichte seinem Begleiter einen Zettel herüber, darauf stand, der Anblick sei niemandem zuzumuten und die beiden möchten so gut sein und das Abteil verlassen. Ich war, schrieb mein Vater, nicht dieser Begleiter, aber ich hätte es ebenso gemacht, meinen Revolver gezogen und das Mädchen totgeschossen. Das soll »er« erfahren, aber jetzt noch nicht. Auf seine Eltern kam mein Vater noch oft zurück, es wurde ein Vertrag erwähnt, den er, offenbar schon vor der Hochzeit, mit meiner Mutter geschlossen hatte, ein Versprechen, seine Familie zwar in Notfällen zu unterstützen, aber niemals ins Haus zu ziehen: wie es mir schien, bereute mein Vater diesen Vertrag, je älter er wurde, immer mehr. Es folgten auch hier ein paar allgemeine Bemerkungen, eine Frau kann ihre Herkunft vergessen, ein Mann niemals, eine Frau wird im Alter immer mitteilsamer, ein Mann verstummt. Dann ging es wieder weiter mit: ich muß ihm das alles eines Tages erzählen, auch wie das war zu Hause, die öde Wohnung, mein Vater, der die Mutter die Treppe herauftrug und ins Bett brachte, und am frühen Morgen wachte sie dann auf, fing an zu weinen, warf sich über unsere Kinderbetten und küßte uns, sie roch entsetzlich, wir stießen sie weg. Er weiß nichts vom Leben, hieß es dann, und natürlich ahnte ich jetzt schon, wer dieser »er« war, der nichts wußte und alles erfahren sollte, der sich lustig machte über seines Vaters kurze rote Hände, den er aufforderte, mit ihm am Sonntag an den Fluß zu gehen, aber die Mutter erlaubte es nicht. Einen anderen »Er« gab es auch noch, aber der wurde groß geschrieben, es war der aus den Bibelsprüchen, und mein Vater begegnete ihm, wenn er zu seinen Geschäftsbesprechungen flog, in allerlei merkwürdigen Himmelserscheinungen, er hat das verschiedene Male angedeutet, übrigens auch zweimal dick unterstrichen die Worte, es gibt ihn, hingeschrieben und einmal von einem schrecklichen Untergangstraum erzählt.

Von dem Gelesenen habe ich vieles vergessen, wahrscheinlich weil ich es mit schlechtem Gewissen las, ich merkte ja erst am Ende, es war für mich bestimmt. Die ganze Zeit, während ich da saß, hatte ich das Gefühl, mein Vater wäre im Zimmer, zugleich aber auch in Chicago, das Telegramm, das seine Heimkehr ankündigte, lag im Kasten, zwei verschiedene Väter und den einen hatte ich nie gekannt. Als ich alles gelesen hatte, kam noch die letzte, die leere Seite, die drei Worte, die darauf standen, bildeten, wie ich schon sagte, den Anfang eines Briefes, das Datum bezeichnete den Tag vor meines Vaters

Abreise und die Worte lauteten, mein lieber Sohn. Ich schob die Blätter zusammen, an die Versicherungspolice dachte ich nicht mehr, auch nicht an meine Mutter und an das Friedhofsbeet vor ihrer Tür. Als ich die Treppe hinunterlief, um das Telegramm zu holen, lief ich gewissermaßen schon meinem Vater entgegen, ich hatte nicht alles verstanden, was ich gelesen hatte, aber ich liebte ihn sehr.

Das Telegramm lag am Boden des kleinen Blechkastens, ich sah es zuerst gar nicht und mußte mit dem Fingernagel kratzen, dann hatte ich es in der Hand. Eine Fluggesellschaft verlangte meinen Anruf, auch außerhalb der Dienststunden, auch mitten in der Nacht. Es war die Fluggesellschaft, bei der mein Vater gebucht hatte, und als ich wieder in der Wohnung war und die Verbindung hergestellt hatte, teilte man mir mit, daß das Flugzeug meines Vaters an der irischen Küste abgestürzt war und daß es keinen Überlebenden gab. Sie wissen ja, daß man auf solche Nachrichten, plötzliche Überfälle des Schicksals, mit einer Art von kaltem Stumpfsinn reagiert. Schon während der Beamte der Fluggesellschaft mir sein Beileid ausdrückte, begann ich zu denken, es gab so viel zu bedenken, daß es fast nichts zu empfinden gab. Daß meine Mutter noch nichts erfahren durfte, stand bei mir gleich fest, ich überlegte, unter welchem Vorwand ich die Reise nach Irland antreten und durch welche Listen die Krankenschwestern meiner Mutter die Zeitungen vorenthalten könnten. Es stellte sich später heraus, daß das nicht möglich war. Eine Beerdigung gab es nicht, nur in Irland eine Trauerfeier für alle, deren Leichen in dem Sumpfgebiet nicht aufzufinden gewesen waren. Ich kam nach ein paar Tagen zurück, meine Mutter wußte schon alles und war gefaßt, in ihrer Begrüßung lag sogar etwas von Erleichterung, endlich allein mit dir. Ich konnte sie von dem Tag an nicht mehr sehen, ihr Parfüm nicht mehr riechen, ihre kleine Vogelstimme nicht mehr hören. Eines Morgens, als sie beim Coiffeur war, habe ich meine Koffer gepackt und bin in ein Zimmer in der Stadt gezogen. Ich habe unseren Hausarzt gebeten, ihr zu erklären, daß der Tod meines Vaters oder die Tatsache, daß er noch immer irgendwo in einem irischen Sumpf steckte, bei mir eine Art von Nervenschock hervorgerufen habe. Demnächst wird sie auch erfahren müssen, daß ich das Studium der Kunstgeschichte aufgegeben habe. Sie wird das nicht verstehen. Sie war immer so glücklich, daß ich mich mit Dingen beschäftigte, die schön waren und zu denen auch sie einen Zugang hatte. Aber darauf kann ich jetzt keine Rücksicht mehr nehmen.

GERD HEINZ-MOHR

Das Gleichnis vom verlorenen Vater

Kennen Sie das Gleichnis vom verlorenen Vater? Folgende Geschichte erzählte mir einer in einem reichen Lande:

Ein Mann hatte zwei Söhne; und der jüngste sprach zu dem Vater: »Gib mir, Vater, das Teil deiner Zeit und deiner Aufmerksamkeit, das Teil deiner Freundschaft und deines Rates, das mir gehört.« Da teilte der Vater ihnen das Gut: er bezahlte die Rechnungen für seinen Sohn, gab ihn in ein teures Internat und versuchte sich einzureden, er habe die gebotene Pflicht seinem Sohn gegenüber völlig erfüllt.

Und nicht lange danach sammelte der Vater alle seine Interessen und Pläne und zog ferne über Land, in das Gebiet der Aktien und Sicherheiten und anderen Dinge, die einen Jungen nicht interessieren; und daselbst vergeudete er die kostbare Gelegenheit, ein Kamerad seines Sohnes zu sein.

Als er aber die beste Zeit seines Lebens hingebracht und viel Geld verdient hatte, und plötzlich merkte, daß er doch nicht zu rechter Zufriedenheit gekommen war, da erwachte ein gewaltiger Hunger in seinem Herzen; und es verlangte ihn nach Zuneigung und Freundschaft.

Und er ging hin und trat in einen Verband ein; der wählte ihn zum Vorsitzenden und ließ sich in der Öffentlichkeit durch ihn vertreten. Aber niemand brachte ihm wirkliche Freundschaft entgegen.

Da schlug er in sich und sprach: »Wie viele von meinen Bekannten haben Söhne, die sie verstehen und von denen sie verstanden werden, sie sind richtig gute Kameraden miteinander; ich aber verderbe hier im Hunger des Herzens! Ich will mich aufmachen und zu meinem Sohn gehen und zu ihm sagen: ›Junge, ich habe gesündigt gegen den Himmel und vor dir und bin hinfort nicht mehr wert, daß ich dein Vater heiße; halte mich wie irgendeinen deiner Bekannten!‹«

Und er machte sich auf und kam zu seinem Sohn. Da er aber noch ferne von dannen war, sah ihn sein Sohn kommen, und er ward von Erstaunen ergriffen; doch anstatt ihm entgegenzulaufen und ihm um den Hals zu fallen, trat er voll Unbehagen ein paar Schritte zurück.

Der Vater aber sprach zu ihm: »Junge, ich habe gesündigt gegen den Himmel und vor dir. Ich bin hinfort nicht mehr wert, daß ich dein Vater heiße. Verzeih mir, und laß uns Freunde sein!«

Aber der Sohn sagte: »Nein! Ich wünschte, es wäre noch möglich. Aber es ist zu spät. Damals, als ich Freundschaft und guten Rat brauchte, hattest du keine Zeit. Die Ratschläge erhielt ich dann von anderen, und sie waren nicht gut. Was haben du und ich einander noch zu sagen?«

Diese Geschichte erzählte mir einer in einem reichen Lande. Und wie sie weiterging, konnte er noch nicht sagen.

FRANZ HOHLER

Bedingungen für die Nahrungsaufnahme

Mir ist der Fall eines Kindes bekannt, das, knapp nachdem es ein Jahr alt geworden war, nichts mehr essen wollte. Wenn man ihm seine Nahrung, die meistens aus einem Brei bestand, eingeben wollte, verwarf es die Hände vor dem Gesicht, schüttelte den Kopf und wand sich, so daß es unmöglich war, ihm auch nur einen Löffel davon in den Mund zu bringen. War man doch einmal so weit vorgedrungen, spuckte es sofort alles wieder aus und begann zu schreien. Das einzige, was es zu sich nahm, war etwas Wasser, aber schon wenn man ihm statt dessen Milch hinhielt, wollte es nichts mehr davon wissen.

Die Eltern waren beunruhigt und konnten sich diese plötzliche Änderung nicht erklären. Sie versuchten das Kind zuerst mit Zureden, dann mit Drohungen und Schlägen zur Annahme des Breis zu bewegen, aber es war vergebens; sie legten ihm eine Banane hin, die es sonst unter allen Umständen gegessen hätte, doch das Kind nahm sie nicht. Erst ein Zufall führte zu einer Lösung. Das Zimmer des Kindes war mit einem Gatter, das man in den Türrahmen einklemmte, abgesperrt, so daß das Kind bei offener Tür im Zimmer gelassen werden konnte und man hörte, was drinnen vorging, ohne daß es die Möglichkeit hatte hinauszurennen. Am dritten Tag der Nahrungsverweigerung wollte der Vater der Mutter, die sich schon im Zimmer befand, um das Kind zu Bett zu bringen, den Brei hineinreichen, da kam das Kind an das Gatter gelaufen und schaute begierig zum Teller hinauf. Sogleich beugte sich der Vater hinunter und begann, ihm über das Gatter hinweg den Brei einzulöffeln, und das Kind, das sich mit den Händen an den Stäben hielt und mit dem Kopf gerade über den Gatterrand hinausreichte, schien sehr zufrieden und aß den ganzen Brei auf. Am nächsten Morgen fütterte der Vater, bevor er zur Arbeit ging, das Kind auf dieselbe Weise, und es zeigte nicht die geringsten Widerstände. Als aber die Mutter am Mittag dem Kind den Brei über das Gatter geben wollte, lief es weg und schlug den Deckel seiner Spieltruhe solange auf und zu, bis sich die Mutter aus dem Türrahmen entfernte. Vom Vater nahm es am Abend wieder ohne Umstände den Brei über das Gatter.

Nun aß das Kind zwar wieder, aber die Tatsache, daß es nur von seinem Vater gespeist werden wollte, machte den Eltern zu schaffen. Abgesehen davon, daß es so nur zwei Mahlzeiten am Tag bekam, war es für den Vater nicht einfach, jeden Abend pünktlich dazusein, um dem Kind sein Essen zu verabreichen, er mußte sich von Berufs wegen öfters von seinem Wohnort wegbegeben. Einmal erschien er leicht verspätet und hörte das Kind schon schreien, warf den Mantel rasch über einen Stuhl, ging zum Kinderzimmer und gab dem Kind sein Essen. Erst nachher merkte er, daß er vergessen hatte, seinen Hut dazu abzunehmen. Als er am andern Morgen wieder zum Kind ging, wollte es nicht essen, zeigte ihm jedoch unablässig auf den Kopf. Da erinnerte sich der Vater an den vorigen Abend, holte seinen Hut und setzte ihn auf, und befriedigt ließ sich das Kind nun seinen Brei geben. Von nun an mußte der Vater immer einen Hut anhaben, wenn er wollte, daß das Kind aß.

Bisher war die Mutter stets zugegen gewesen, wenn das Kind sein Essen erhielt, nun blieb sie einmal am Morgen, als sie schlecht geschlafen hatte, im Bett, da sich der Vater anerboten hatte, das Kind allein zu besorgen. Das Kind weigerte sich aber, den Brei ohne die Gegenwart der Mutter zu essen, und so blieb dem Vater nichts anderes übrig, als die Mutter herzuholen, welche sich im Nachthemd auf ein Kinderstühlchen setzte.

Am selben Abend wehrte sich das Kind schreiend gegen die Zumutung, seinen Brei zu essen, dabei war alles in Ordnung. Der Vater stand außerhalb des Gatters und hatte seinen Hut an, und die Mutter war auch dabei. Allerdings trug sie jetzt ihre Tageskleidung, und da das Kind immer wieder auf die Mutter zeigte, zog sie schließlich ihr Nachthemd an und kam wieder ins Zimmer. Das Kind war aber erst zufrieden, als sie sich wieder auf das Kinderstühlchen setzte und von dort aus zuschaute, wie es aß.

Von jetzt an mußte sich die Mutter immer zur Essenszeit des Kindes das Nachthemd anziehen, sonst war an eine Nahrungsaufnahme gar nicht zu denken.

Bald ließ sich das Kind nicht mehr von zufällig eingetretenen Ereignissen leiten, die es wiederholt haben wollte, sondern begann, sich selbst neue Forderungen auszudenken. So deutete es als nächstes auf den Schrank, der im Zimmer stand und schaute dazu seine Mutter an. Die Mutter ging auf den Schrank zu und wollte ihn öffnen, doch da heulte das Kind auf und zeigte auf die Decke des Schranks. Die Mutter sagte, nein, das mache sie nicht, da legte sich das Kind auf den Boden und strampelte mit Händen und Füßen in der Luft, indem es gellende Schreie von besonderer Widerlichkeit dazu ausstieß. Trotzdem beschlossen die Eltern, auf diesen Wunsch des Kindes nicht einzugehen, und so mußte es ohne Essen ins Bett. Bis zum Morgen, so hofften sie, hätte es den Gedanken bestimmt wieder vergessen.

Als die Mutter am andern Morgen im Nachthemd auf dem Kinderstühlchen saß und der Vater im Hut vor dem Gatter stand und dem Kind das Essen eingeben wollte, lehnte es wieder ab und zeigte auf die Decke des Schranks. Die Eltern erfüllten ihm den Wunsch nicht, aber das Kind aß nichts.

Nach zwei Tagen, als es bereits Schwächeerscheinungen zeigte, weil es außer Wasser nichts zu sich genommen hatte, gaben die Eltern nach, die Mutter kletterte im Nachthemd auf den Schrank und legte sich flach hin, worauf das Kind sofort und mit großer Begeisterung seinen Brei aß, sich aber immer wieder mit Blicken versicherte, ob die Mutter ihm auch wirklich beim Essen zuschaue. Die Eltern waren nach dieser Niederlage sehr geschlagen und schauten geängstigt dem entgegen, was noch kommen würde. Man kann sich

fragen, ob ihr Verhalten richtig war, aber sie sahen keinen andern Weg, um das Kind nicht verhungern zu lassen. Die Kinderärztin, die immer für die Kinder und gegen die Eltern entschied, empfahl dringend, den Wünschen des Kindes nachzugeben, da es wichtiger sei, daß das Kind esse, als daß die Eltern möglichst sorglos lebten, und ein Kinderpsychologe, mit dem der Vater bekannt war, konnte auch nicht helfen, sprach von einer etwas verfrühten Trotzphase und machte vage Hoffnungen, daß sie vorübergehend sei.
Dafür gab es aber noch keine Anzeichen, denn als das Kind das nächstemal essen sollte, rannte es zum Fenster und war nicht mehr davon wegzubringen. Der Vater wies das Kind auf die Mutter hin, die ordnungsgemäß im Nachthemd auf dem Schrank lag, deutete auf seinen Hut und wollte ihm das Essen über das Gatter geben, aber das Kind schüttelte sich am ganzen Körper und griff mit beiden Händen nach dem Fenstersims. Der Vater wollte es zwar nicht wahrhaben, aber er wußte, was das bedeutete. Das Zimmer lag im ersten Stock, er holte also eine Leiter im Keller, stellte sie außen an das Haus, stieg darauf zum Kinderzimmer hoch und reichte dem Kind den Brei durch das offene Fenster. Das Kind strahlte und aß alles auf.
Am folgenden Tag regnete es, und der Vater erstieg die Leiter zum Kinderzimmer mit einem Regenschirm. Von nun an mußte er immer mit dem Regenschirm ans Fenster kommen, unabhängig vom Wetter, sonst wurde der Brei nicht gegessen.
Inzwischen hatte die Eltern, um sich etwas zu entlasten, ein Dienstmädchen genommen. Das Kind jedoch lehnte dieses gänzlich ab und wollte sich nur von der Mutter betreuen lassen. Auch die Hoffnung, das Dienstmädchen könne sich im Nachthemd der Mutter auf den Schrank legen, erwies sich als falsch, das Kind verfiel fast in Tobsucht ob des plumpen Täuschungsversuches. Als aber das Dienstmädchen das Zimmer verlassen wollte, war es auch wieder nicht recht. Es mußte am Gatter stehenbleiben und ebenfalls zusehen, wie das Kind aß, wenn das Dienstmädchen bei jedem Löffel, den es schluckte, einmal eine Rasselbüchse schüttelte.
Das, hätte man annehmen können, war nun fast das äußerste, aber jetzt fing das Kind an, den Vater wegzustoßen, wenn er sich über den Sims lehnte und auch den Teller mit dem Brei hinunterzuwerfen, den der Vater jeweils aufs Fensterbrett stellte. Dem Vater fiel nichts anderes mehr ein als sich eine sehr hohe Bockleiter zu kaufen. Die stellte er in einiger Entfernung von der Hausmauer auf, stieg dann hoch und verabreichte dem Kind den Brei mit einem Löffel, den er an einem Bambusrohr befestigt hatte. Um mit diesem Löffel in den Brei eintauchen zu können, mußte er den linken Arm mit dem Teller ganz ausstrecken, konnte also den Brei nicht auf der Leiter abstellen. Da er aber nicht ohne Schirm auftreten durfte und ihn nicht wie bisher in der Hand halten konnte, hatte er sich ein Drahtgestell angefertigt, das er auf die Schultern nehmen konnte und in welches der Schirm eingesteckt wurde, so

daß er ihn etwa in derselben Höhe über sich trug, wie wenn er ihn in der Hand gehabt hätte.
Ein Nachbar, der zu diesem Zeitpunkt seinen Feldstecher auf das Haus gerichtet hat, sieht also folgendes:
Der Vater reicht dem Kind den Brei in einem an einer Bambusstange befestigten Löffel von einer Bockleiter außerhalb des ersten Stockes durchs Fenster. Dazu trägt er einen Hut und einen Regenschirm, den er an einem Drahtgestell über den Schultern festgemacht hat. Die Mutter liegt im Nachthemd auf dem Schrank, und das Dienstmädchen steht vor dem Gatter, das im Türrahmen eingeklemmt ist. Beide schauen zu, wie das Kind ißt, und das Dienstmädchen schüttelt zusätzlich bei jedem Löffel, den das Kind schluckt, eine Rasselbüchse.

Wenn diese Bedingungen erfüllt sind, und nur dann, dann ißt das Kind.

ERNST KEIN

Vater zuliebe

Ja, Sir ... Ich erklär Ihnen schon, was ich mitten in der Nacht noch auf der Straße treibe. Und ich hör auch zu weinen auf. Sehen Sie, ich weine schon nicht mehr ... Nein, Sir, verlaufen hab ich mich nicht. Das heißt, eigentlich hab ich mich schon verlaufen ... Nein, ich bin nicht von zu Hause ausgerissen. Bestimmt nicht. Wie kommen Sie auf das? Ich war nur bei meiner Großma ... Wo die wohnt? Die wohnt nicht weit von da. In der Dings-Straße. Jetzt fällt mir der Name nicht ein ... Wieso sie mich so spät fortgehen ließ? Weil ... Ich hab mich versprochen, Sir. Ich war nicht bei ihr, ich will erst zu ihr hin. Ma hat mich geschickt. Es ist etwas sehr Dringendes, und da Vater auf einer Geschäftsreise ist, mußte ich gehen ... Sie wollen mich hinführen? Das geht nicht. Wirklich nicht ... Weil ... Weil ...
Na schön, ich geb's zu. Ich bin von zu Hause fortgelaufen. Ich wollte nach Liverpool oder London. Oder noch weiter ... Nein, ich hab keine Sachen von mir mit. Daran dachte ich nicht. Es ging alles viel zu schnell. Und dann kam ich erst später auf die Idee, nach London zu fahren ... Nein, Sir, Geld hab ich auch keins. Darum wollte ich es ja per Anhalter versuchen. Ich wußte aber nicht, wo die großen Laster vorbeikommen, die einen mitnehmen. Ich streifte die halbe Stadt ab, ohne welche zu Gesicht zu kriegen. Und schließlich landete ich hier, in diesem gräßlichen Viertel. Bestimmt wird da jeden Augenblick

einer umgebracht. Aussehen tut es danach . . . Ja, Sir, ich bekam Angst. Um jedes Haustor machte ich einen Bogen. Und dann hörte ich auch andauernd Schritte hinter mir. Ich hab aufgeatmet, als ich Sie hier an der Ecke stehen sah. Obwohl ich die ganze Zeit aufgepaßt hatte, daß ich ja keinem Blauen in die Arme lief. Verzeihung, Sir, ich meinte natürlich, keinem Polizisten . . .
Wo ich wohne? In der St. Mary's Road. Ja, das ist im Villenviertel. Aber Sie dürfen mich nicht nach Hause bringen. Das müssen Sie mir versprechen . . . Nach dem, was passiert ist, kann ich meinem Vater nicht mehr unter die Augen treten. Und dabei hab ich alles nur ihm zuliebe getan . . .
Sie wollen wissen, was vorgefallen ist? . . . Das ist so: Ich wollte Vater beweisen, daß ich nicht so ein Feigling bin, wie er glaubt . . . Wissen Sie, die Idee dazu kam mir, als ich heute morgen das Bild von dem Jungen in der Zeitung sah, der seine kleine Schwester gerettet hat. Sie war beim Füttern der Schwäne in die Themse gefallen. Sie war erst drei Jahre und konnte nicht schwimmen. Das Wasser trieb sie fort, und mit all den Kleidungsstücken, die sie anhatte, wär sie sicher bald untergegangen. Aber da sprang der Junge ihr nach und rettete sie vor dem Ertrinken . . . Das brachte mich auf den Gedanken, daß ich etwas Ähnliches tun müßte. Dann würde ich auch in die Zeitung kommen, und Vater könnte es Mr. Horne zeigen, und er würde zugeben müssen, daß die Sache von der Pfadfinderfahrt am letzten Wochenende ohne Bedeutung ist, daß ich in Wirklichkeit, wenn's darauf ankommt, noch mutiger bin als sein Eddie, und Vater würde endlich auf mich stolz sein können . . .
Als er gestern abend aus dem Gasthaus nach Hause kam, sagte er nämlich, er könne es nicht sein . . . Wissen Sie, er spielt jeden Montag mit ein paar Bekannten Darts, und da kommt er erst gegen zehn nach Hause, und daher lag ich schon im Bett. Trotzdem mußte ich noch zu ihm ins Eßzimmer kommen, und er sagte zu mir, daß ihm Mr. Horne eine feine Geschichte über mich erzählt habe. Ich wußte sofort, worum es sich handelte. Der Sohn von Mr. Horne ist wie ich in der Patrouille Biber, und so hat er die Sache im Biwak miterlebt. Bestimmt hat er sie brühwarm seinem Vater erzählt, um mir eins auszuwischen. Er kann mich nämlich nicht leiden, weil ich es voriges Schuljahr einmal gemeldet habe, als er Papiertüten mit Wasser gefüllt und vom Fenster aus auf den Gärtner geworfen hat . . . Sie hätten das nicht getan, Sir? Aber ich mußte es tun. Ich war gerade drauf und dran, der beste Schüler unserer Klasse zu werden, und ich wurde damals selbst verdächtigt, die Tüten geworfen zu haben. Und da mußte ich mich einfach reinwaschen . . .
Also ich wußte sofort, was Vater meinte. Sicher hat ihn Mr. Horne damit aufgezogen, und jetzt war er wütend auf mich. Vielleicht hätte ich ihm selbst alles erzählen sollen, gleich wie ich von der Fahrt zurückgekommen bin. Aber das getraute ich mir nicht, weil ich wußte, daß es ihn ärgern würde. Und dann hab ich auch gehofft, daß er's nicht erfahren würde. An Eddie dachte ich

nicht. Ich stand also vor ihm und begann zu weinen, und das machte ihn noch wütender. Aber ich kann nichts dafür, daß ich bei jeder Kleinigkeit heulen muß, genauso wie Ma. »Einen prächtigen Sohn hab ich«, schrie mich Vater an. »Auf den kann ich wirklich stolz sein« . . . Ich versuchte, ihm zu erklären, wie das auf dem Pfadfinderbiwak gekommen war, aber er hörte mich gar nicht an, sondern schickte mich auf mein Zimmer . . . Und heute morgen am Frühstückstisch würdigte er mich keines Blickes . . .

Was auf dem Biwak passiert ist, Sir? Das war so: Unsere Patrouille machte über Samstag und Sonntag eine Fahrt in den New Forrest. Die Gegend ist dort wirklich hübsch. Bei Tag zumindest. Wir übten uns im Fährtensuchen und machten allerlei Geländespiele, und obwohl ich im Grunde für die Pfadfinderei nicht viel übrig hab, gefiel es mir ganz gut . . . Und am Abend schlugen wir dann ein Biwak auf. Und ich sollte die vierte Wache haben. Ich ahnte von Anfang an, was kommen würde, und darum versuchte ich mit dem zu tauschen, der die erste Wache hatte, weil's da noch nicht so dunkel ist. Aber das war Eddie Horne, und der dachte nicht daran, mit mir zu tauschen . . . Als ich meine Wache antrat, war es stockfinster. Ich hockte mich ans Lagerfeuer und nahm mir fest vor, keine Angst zu haben. Aber es half nichts. Das Geraschel und Geknacke und dazu noch die Schatten vom Lagerfeuer machten mich einfach konfus. Ich sagte mir zwar, daß alles nur Einbildung sei und daß ich es Vater nicht antun könne zu kneifen. Aber ich hielt es keine zehn Minuten aus. Ich kroch in mein Zelt und ließ Wache Wache sein . . .

Das war feig? Sie reden wie Vater, Sir. Aber was hätte ich denn tun sollen, wenn die Angst stärker war als ich. Wenn man groß und stark ist und nicht weiß, was Angst haben heißt, dann kann man leicht reden. Vater kennt auch keine Angst, aber ich bin eben wie Ma. Und die fürchtet sich auch, wenn Vater abends nicht zu Hause ist oder wenn ein Gewitter ist. Sogar vor einer Maus fürchtet sie sich. Ich kann nichts dafür, daß ich ihr nachgerate. Warum hat sich Vater eine Frau genommen, die klein und zart ist und Brillen trägt und furchtsam ist? Warum? Hätte er eine andere geheiratet, dann wär ich so wie er geworden, groß und breitschultrig. Und vielleicht auch so ein guter Fußballspieler, wie er gewesen ist . . . Sie sollten einmal die Bilder sehen, die bei uns im Eßzimmer hängen. Wie Vater gerade ein Tor schießt. Und Sie sollten einmal all die Zeitungsausschnitte lesen, in denen von ihm die Rede ist. Ich hab sie schon hundertmal gelesen. Er hat massenhaft Tore geschossen, und einmal hat er sogar in der Amateurauswahl gespielt. Die Leute sagen, daß er der härteste Mittelstürmer gewesen ist, den's je gegeben hat . . . Aber ich bin einfach nicht so ein Bär wie er. Ich bin klein und zart wie Ma. Selbst die verdammte Brille hab ich von ihr. Da kann man eben kein guter Fußballer werden . . .

Wissen Sie, und Ma wollte es auch gar nicht. Sie ließ mich nie mit den andern Jungen auf der Straße Fußball spielen. Und einmal – es ist schon eine Weile

her – als mich Vater damit aufzog, daß ich ein Stubenhocker bin, sagte ich ihm das. Und da gab's dann einen Riesenkrach. Es ging dabei so laut zu, daß ich jedes Wort verstehen konnte, obwohl ich schon in meinem Zimmer oben im Bett lag . . . Damals warf Vater Ma vor, daß sie mich verzärtelt und nicht zu einem ordentlichen Jungen erzogen hat. Und Ma erwiderte darauf, daß sie nicht daran denke, aus mir so einen Fußballrowdy zu machen, wie er es gewesen ist . . . Ich haßte Ma beinahe dafür, daß sie so was sagte, anstatt auf Vater stolz zu sein, wie ich es war. Wo er doch so oft in der Zeitung stand . . . Und Vater sagte dann, sie hätte noch immer nicht überwunden, daß ich kein Mädchen, sondern ein Junge geworden bin. Darum mache sie mich zu einem Stubenhocker . . . Als ich das hörte, war mir auf einmal klar, wieso es von mir so viele Photos gibt, auf denen ich wie ein kleines Mädchen aussehe, mit Locken und so. Und von da an weigerte ich mich auch, die Spange zu tragen, die mir Ma immer ins Haar steckte . . . Und Ma hat auf Vaters Vorwürfe erwidert, daß sie dafür sorgen werde, daß aus mir nicht so ein grobschlächtiger Prahlhans wie er wird, sondern ein Mensch, der sich auch für edlere Dinge als Fußbälle interessiert . . . Genauso hat sie sich damals ausgedrückt. Das weiß ich noch. Und auch, daß ich nach diesem Streit ganz durcheinander war, weiß ich . . .
Von da an, Sir, hatte ich Ma nicht mehr richtig lieb. Ich gab ihr die Schuld daran, daß Vater mich nicht mochte. Ich dachte mir, vielleicht würde er mich lieber haben, wenn ich Ma aufsässig war. Und so begann ich, ihr alles mit Fleiß zu machen. Was ich nur konnte. Sie war oft ganz verzweifelt und konnte sich nicht vorstellen, was in mich gefahren war. Aber Vater hatte mich deshalb nicht lieber. Im Gegenteil, er half sogar zu Ma. Ich kannte mich nicht mehr aus . . . Erst als Ma das Kind erwartete, begann ich wieder Hoffnung zu schöpfen. Denn ich dachte mir, vielleicht wird es ein Mädchen, dann hat Ma endlich, was sie sich wünscht, und ich könnte dann mit den andern Jungen auf der Straße Fußball spielen. Dadurch würde ich vielleicht auch kräftiger werden, und Vater hätte einen Jungen nach seinem Geschmack. Und er würde mich gern haben und alles wär in schönster Ordnung . . . Ja, ich begann sogar mehr zu essen, um groß und stark zu werden. Und wissen Sie, jeden Abend vorm Einschlafen hab ich gebetet, daß es ein Mädchen werden möge . . . Aber es wurde ein Junge. Und was für einer, groß und dick, und man konnte ihm vom ersten Tag an ansehen, daß er Vater nachgerät. Und Vater war auch ganz vernarrt in ihn . . . Ich weiß noch, als wir Ma im Krankenhaus besuchten, sagte er zu ihr, daß sie ihm aus diesem Jungen keinen Stubenhocker machen würde . . .
Jawohl, Sir . . . Seit der kleine Roger da war, machte sich Vater noch weniger aus mir. Und ich versuchte, mir nichts daraus zu machen. Aber das brachte ich nicht fertig. Und nach einiger Zeit glaubte ich, etwas gefunden zu haben, womit ich Vater dazu bringen könnte, auf mich stolz zu sein. Und ich war

sicher, daß er mich dann auch gern haben würde ... Wissen Sie, ich nahm mir vor, der beste Schüler unserer Klasse zu werden. Ich bin nie ein schlechter Schüler gewesen, das Lernen ist mir nicht schwergefallen. Und jetzt setzte ich mich dahinter. Oft lernte ich bis spät abends, manchmal nahm ich mir sogar ins Bett noch ein Schulbuch mit. Sogar auf die Heftchen mit den Bildgeschichten verzichtete ich, obwohl ich die immer mit großer Begeisterung gelesen habe. So wurde ich nach vier Monaten der Klassenbeste ... In diese Zeit fiel übrigens auch die Sache mit den Papiertüten. Und jetzt werden Sie einsehen, daß ich Eddie Horne damals melden mußte. Schließlich ging es für mich darum, ob mich Vater gern hat oder nicht ... Aber es stellte sich bald heraus, daß meine Anstrengungen umsonst gewesen waren. Denn Vater machte sich nichts aus meinen guten Noten. Dafür geriet Ma ganz aus dem Häuschen. Sie begann überall herumzuerzählen, was ich für ein braver Junge bin. Um ihre Freundinnen zu ärgern, weil deren Kinder in der Schule nicht so gut waren. Mich machte sie damit lächerlich. Auch Vater lag sie ständig in den Ohren, ob er jetzt wohl einsieht, daß ihre Erziehung die richtige ist. Damit ging sie ihm so lange auf die Nerven, bis er mich nur mehr »Mamas Musterknabe« nannte ... Wissen Sie, Sir, ich hab mir schon gedacht, vielleicht hatte ich damit genau das Verkehrte angefangen. Ich wurde nämlich einmal auf dem Klosett Zeuge von einem Gespräch, das zwei meiner Lehrer führten. Da sagte der eine: »Na, der kleine Maxwell gerät gar nicht seinem Vater nach.« Worauf der andere lachend antwortete: »Nein, wirklich nicht ... Weder was den Lernerfolg, noch was das Fußballspielen anbelangt ...« Wie das auch ist, auf jeden Fall mußte ich mir wieder etwas anderes ausdenken. Aber es dauerte fast ein halbes Jahr, bis ich etwas fand ... Und zwar war da im Fernsehen eine Übertragung von einem Pfadfindertreffen, bei dem auch die Königin und der Herzog anwesend waren. Die Königin hielt eine Rede und dabei sagte sie, daß die Pfadfinder allesamt tüchtige Burschen sind. Und Vater sagte: »Da hat sie einmal recht ...« Und obwohl ich im Grunde Angst davor hatte, beschloß ich, den Pfadfindern beizutreten. Und als ich Vater fragte, ob er's erlaubt, sah ich zum erstenmal in seinem Gesicht neben dem Erstaunen Anzeichen von Wohlgefallen. Und ich war sicher, diesmal das Richtige gefunden zu haben ... Vater war also mit meinem Entschluß einverstanden, aber Ma war dagegen. Sie sagte, das blödsinnige Indianerspielen wird meine guten Noten beeinträchtigen und weiß Gott, was noch alles ... Aber seit mir klar war, daß sich Vater über meinen Entschluß freute, war nichts mehr imstande, mich von dem Vorhaben abzubringen. Und so mußte Ma schließlich ihre Einwilligung geben ...

Zwei Monate lang ging alles gut. Und Vater sagte sogar einmal, es schaut so aus, als habe er sich in mir getäuscht. Darüber war ich sehr glücklich ... Aber dann passierte die Geschichte mit der Wache. Es war auf der zweiten Fahrt, die wir machten ... Nein, Sir, das ist nicht der Grund, warum ich nicht mehr

nach Hause kann. Das heißt nicht direkt ... Aber heute morgen am Frühstückstisch stand für mich fest, daß ich Vater nur mit etwas ganz Großem versöhnen konnte. Mit etwas, was noch kein Junge in unserer Gegend getan hat. Selbst Vater nicht ... Und da fiel mir – wie gesagt – der Bericht über den Jungen in die Hände, der seine kleine Schwester vor dem Ertrinken gerettet hat ...
Ich dachte mir, das wäre gerade das Richtige, den kleinen Roger zu retten. Das wären zwei Fliegen auf einen Schlag. Dann würde ich in die Zeitung kommen, und Vater hätte mich gern, weil er auf mich stolz sein konnte. Und außerdem hätte ich seinen Liebling gerettet, und dafür würde er mich erst recht gern haben ... Aber eins stand fest, vor dem Ertrinken konnte ich Roger nicht retten, denn erstens kam Roger nie in die Gefahr zu ertrinken, und zweitens konnte ich selbst nicht schwimmen ... Wissen Sie, eine Zeitlang dachte ich, daß es das Beste wäre, ihn vor dem Überfahrenwerden zu retten. Aber wenn Roger auf die Straße kam, war immer Ma oder Vater dabei, und ich wär gar nicht dazu gekommen, ihn zu retten ... Das war überhaupt ein Problem: Roger kam fast nie in Gefahr, und wenn er wirklich in Gefahr kam, war es fraglich, ob ich überhaupt gerade anwesend war. Auf diese Art konnte es Jahre dauern, ehe ich Gelegenheit bekam, ihn zu retten ... So kam ich zu dem Schluß, daß ich die Gefahr, aus der ich ihn retten wollte, selbst heraufbeschwören mußte. Allerdings durfte niemand eine Ahnung davon haben ... Wissen Sie, Sir, ich hab mir den ganzen Vormittag in der Schule den Kopf zerbrochen, was für eine Gefahr ich heraufbeschwören könnte. Aber es fiel mir keine ein ... Doch dann fragte Vater Ma beim Mittagessen, ob sie schon den fälligen Beitrag für die Feuerversicherung abgeschickt hat, und da wußte ich eine ... Es mußte ein Brand ausbrechen, und ich mußte Roger aus den Flammen retten ...
Den ganzen Nachmittag, während ich meine Hausaufgaben machte, dachte ich darüber nach, wie man es anstellt, ein Haus anzuzünden und jemand aus den Flammen zu retten. Und je mehr ich es mir überlegte, um so undurchführbarer schien es mir. Ich dachte schon daran, den Plan fallen zu lassen ... Aber dann erinnerte ich mich, daß ich einmal im Kino gesehen habe, wie ein Mann seine Frau aus einem brennenden Haus gerettet hat und daß es nicht schwierig ausgesehen hat. Der Gedanke daran machte mich wieder zuversichtlich. Und ich begann mir vorzustellen, wie mich alle bewundern würden ... Ich wurde fast ein bißchen ungeduldig und beschloß, es bei der erstbesten Gelegenheit zu tun, wenn Vater und Ma abends mitsammen ausgingen und ich mit dem kleinen Roger allein war ... Daß das noch am selben Abend sein würde, damit habe ich nicht gerechnet. Aber Vater hatte Kinokarten gekauft, und Ma und er gingen gleich nach dem Abendessen fort ... Ich muß zugeben, Sir, es hat mir gar nicht behagt, daß ich es heute noch tun sollte. Ich sagte mir, sowas muß man gründlich vorbereiten, und war geneigt, es zu verschieben. Anderer-

seits, dachte ich mir, wenn ich's heute nicht machte, dann machte ich's vielleicht überhaupt nicht ... Also beschloß ich, es zu tun, wenn Roger in der nächsten halben Stunde einschlief ... Ehrlich gesagt, ich hab nicht damit gerechnet, daß er das tun würde, aber als ich nach oben ins Kinderzimmer kam, lag er schon in tiefstem Schlaf ...

Ganz recht, Sir ... Dann führte ich meinen Plan aus. Ich ging in die Garage und holte den Kanister, in dem Vater das Reservebenzin für unser Auto hat. Wenn er doch nur leer gewesen wäre ... Aber es war noch mindestens eine Gallone[1] drin. Ich goß das Benzin auf die beiden Kokosläufer, in der Diele und auf der Treppe. Aber nicht alles, damit es Vater nicht auffiel. Dann brachte ich den Kanister wieder in die Garage zurück ... Jawohl, Sir, und dann zündete ich die Läufer an. Aber weiß Gott, ich hatte nicht erwartet, daß alles so schnell gehen würde. Ich hab mir das alles ganz anders vorgestellt. Die Läufer standen jedoch augenblicklich in hellen Flammen. Und ich konnte die Hitze spüren, obwohl ich ans andere Ende der Diele gerannt war. Beinahe hätt's mich erwischt dabei. Mir begann klar zu werden, daß es nicht so einfach sein würde, den kleinen Roger zu retten. Wenn ich ihn aber nicht rettete, das wußte ich, dann konnte ich Vater nicht mehr unter die Augen treten ... Ich hatte auf einmal das Gefühl, irgendwas falsch gemacht zu haben. Wahrscheinlich hätte ich die Diele nicht in Brand stecken dürfen, weil ich dadurch nicht zur Treppe konnte. Das machte mich ganz verzweifelt, und ich begann zu weinen ... Und plötzlich war alles voll Rauch und Qualm, und ich faßte den Entschluß, die Diele zu löschen, damit ich zur Treppe vor konnte. Denn sie war aus Holz und verbrannte schnell ... Ich glaube, so ist das geswesen, Sir. Genau kann ich mich nicht erinnern. Ich war viel zu durcheinander. Auf jeden Fall fand ich mich auf einmal in der Küche. Ich wollte einen Kübel Wasser holen, fand aber den Kübel nicht. Außerdem war der Qualm schon so stark, daß ich kaum mehr atmen konnte. Ich glaube, deshalb bin ich auch zur Hintertür, die von der Küche in den Garten führt, gegangen. Um ein bißchen frische Luft schnappen, bevor ich mich in die Flammen stürzte und versuchte, Roger zu retten. So war's ... Oder vielleicht wollte ich Hilfe herbeirufen, hab es aber dann unterlassen, weil sonst alles aufgekommen wäre ... Auf jeden Fall weiß ich bis jetzt noch nicht, wie es kam, daß ich auf einmal auf der Straße war und rannte, rannte, rannte ...

Was sagen Sie, Sir? Sie bringen mich jetzt auf die Wache? Bringen Sie mich wohin Sie wollen, Sir. Nur nicht zu Vater ...

[1] Gallone = altes engl. Hohlmaß, ca. 4,5 l

JOSEF REDING

Kobbe hatte den besseren Platz

Richard Kobbe bezahlte zwei Mark und 20 Pfennig. Nur ein Markstück war unter den Münzen. Das andere waren Groschen und Pfennige. Als Kobbe das Portemonnaie auf den schmutzigen, rotgrauen Gummiteller an der Kasse gestülpt hatte, war die zerfledderte Geldbörse leer.

Die Frau im hellen Wollpulli hinter der Glaswand schaute in das Gesicht Kobbes. Ihr Blick lief an der faltigen Haut des Halses herunter und streifte – mit sichtbarem Widerwillen – den dunklen, durchschwitzten, aufgescheuerten Hemdkragen, sprang von dort wieder zurück auf die Münzen. Als sie genau gezählt waren, schob sich ein grüner Kartonschnippel dem wartenden Mann entgegen.

»Einmal Loge!« sagte die angenehme Stimme der Kassiererin. Angenehm für Richard Kobbe. Der alte Mann kostete das Zeremoniell aus. Er schritt in der Lichtbahn einer Taschenlampe. Jetzt legte sich die Helle wie ein gelber Teppich vor einen leeren, gepolsterten Sitz. Langsam setzte sich der Mann, vorsichtig die Ellenbogen auf die Lehnen legend. Rechts im Nebensessel saß schon jemand. Der Alte zog den Arm wieder zurück.

Auf der Leinwand nickten sich befrackte Männer zu und reichten Damen in Abendkleidern Sektkelche. Richard Kobbe ärgerte sich nicht. Er freute sich. Er war wegen dieser sauberen, glatten Gesichter und gut sitzenden Kleider gekommen, um seine eigene fahle Haut zu vergessen und den abgetragenen Anzug. Und jetzt: das weite Rund der Welt! Motorboote zwischen Palmen! Eskimo-Iglus, in denen Männer einer Wetterstation lebten! Düsenjäger wie schnellende Pfeile.

Tätätäerererertätätääää! Licht im Kinosaal. Die Menschen, durch deren Augen die Bilderflucht gestürzt war, setzten sich bequemer. Ein paar Cellophantüten knisterten.

Zwei, drei Köpfe drehten sich um. In den Mittelreihen erkannte Richard Kobbe zu seiner Freude Herrn Diepenbrock vom Wohlfahrtsamt. Kobbe hob kurz die Hand und winkte ein wenig. Aber aus dem Gesicht wurde im gleichen Augenblick ein Hinterkopf. Enttäuscht ließ Kobbe seine Hand wieder sinken.

Die Wandbeleuchtung verglühte. Der Projektor jagte über Kobbes Kopf den Titel des Hauptfilms gegen die Leinwand. Richard Kobbe, dem ein Film über eine ganze Woche Dumpfheit hinweghalf, lehnte sich wohlig zurück und genoß. Einmal für wenigstens zwei von 148 Stunden auf dem besten Platz zu sitzen, auf dem allerbesten, war wunderschön. Schön wie ein Wunder.

»Nun ja, wir müssen uns sehr, sehr den Kopf darüber zerbrechen, ob wir Ihnen noch etwas geben dürfen, und können, ja können. Herr Kobbe, ja nun!«

»Herr Diepenbrock, Sie wissen doch, wie ich seit zwei Jahren lebe, seit mich

die Kasse ausgesteuert hat und als dann noch das Malheur mit meinem Sohn passierte. Sie sind doch jeden Monat bei mir und prüfen alles nach. Schauen in die Pfanne, ob ich mir ein Schnitzel brate, gucken selbst in meinen ollen Kleiderschrank ohne Tür, ob etwa ein neuer Anzug da hängt. Mit allen geht's bergauf, nur bei mir bleibt's so. Und jetzt können Sie mir nicht mal mehr die paar Groschen geben, Herr Diepenbrock? Das geht nicht in meinen Kopf.«
»In meinen geht auch so manches nicht, mein lieber, lieber Herr Kobbe. Ich bin da vor drei Tagen in dem wichtigen Problemfilm, von Berufs wegen gewissermaßen, ja, und wen sehe ich da in der Pause? Sie, Herr Kobbe!«
»Ach ja!« Der alte Mann lachte. »Ich hatte Ihnen zugewinkt, Herr Diepenbrock. Schön, daß wir beide in demselben Film waren. Er hat mir sehr gefallen, wirklich. Ihnen auch?«
»Darum geht's nicht, Herr Kobbe. Was mir auf gar keinen Fall gefallen hat, ganz und gar nicht, war, daß der Herr Kobbe von unserem Wohlfahrtsgeld ins Kino läuft. Das ist genauso, als wenn einer eine Dame anbettelt und sich dann für die erhaltenen Groschen Schnaps kauft.«
»Aber ich bin doch ins Kino gegangen, man bloß, Herr Diepenbrock, nicht in die Wirtschaft.«
»Ach nein, wie zurückhaltend. Mußten Sie denn ins Kino?«
»Ich mußte!« sagte der Alte. Jetzt sehr bestimmt. »Ich mußte!« sagte er, »sonst steht mir alles bis hier!« Und er machte mit der flachen Hand ein Zeichen am Hals.
»Sososo! Sie mußten, ist ja interessant!« sagte der Wohlfahrtsbeamte. »Sie mußten!« Und nach einer Pause, in der er mit den Fingern auf den Tisch getrommelt hatte, sagte er weiter: »Und Loge, was? Ich, ich setze mich auf einen bescheidenen Platz, einen sehr bescheidenen. Und was macht der Herr Generaldirektor Kobbe? Er nimmt Loge, der Herr Pascha, wie Faruk höchstpersönlich. Nein, mein lieber Herr, wir werden Ihre ganze Unterstützungsangelegenheit noch einmal genauestens überprüfen lassen. Einige Voraussetzungen scheinen sich da geändert zu haben! Sie sind unwürdig, Herr Kobbe, jawohl!«
»Wieso?« fragte der alte Mann.
»Wieso? Weil ich Ihr befremdendes Handeln nicht begreife!«
»Nein«, sagte der alte Mann. Seine Stimme hat einen Sprung dabei. »Nein, Sie begreifen mich nicht.«

Intimität und Isolierung

Jenseits des Flusses

Zu einem indischen Weisen kam eines Tages ein junger Mann. Schüler des Weisen werden, war sein Wunsch.

»Der Welt und ihrer Vorurteile bin ich überdrüssig geworden«, sagte der junge Mann. »Ich bin auf der Suche nach Wahrheit. Ich frage mich: Wer bin ich selbst?«

Der weise Mann antwortete mit einer Geschichte:

»In einem Tal lebte einmal eine schöne junge Frau. Sie war in Liebe entbrannt zu einem jungen Mann auf der gegenüberliegenden Seite des Flusses. Der aber liebte sie nicht. An einem warmen, aber stürmischen Abend hielt sie es nun nicht mehr aus. ›Ich kann nicht mehr allein sein!‹

Sie ging hinunter zum Fluß, starrte sehnsüchtig auf das andere Ufer, aber weit und breit gab es keine Brücke über den Fluß. Und der Sturm, der das Tal herabwehte, hatte den Fluß verwandelt in einen reißenden Strom. Trotzdem ging die Frau zum einzigen Fährmann der Gegend. ›Du mußt mich übersetzen zu meinem Geliebten‹, bat sie ihn. Aber der Fährmann antwortete: ›Es ist gefährlich heute. Für Torheiten setze ich nicht mein Leben aufs Spiel!‹ Schließlich fiel die Frau auf die Knie und flehte ihn an. Da willigte der Fährmann ein. ›Unter einer Bedingung: Leg' deine Kleider ab hier am Ufer!‹ Das Mädchen zog sich aus und stieg ins Boot.

Um gegen Wellen und Strömung anzusteuern, mußte der Fährmann sein ganzes Geschick aufbieten. Nackt, wie sie war, endlich am Ziel ihrer Sehnsucht, eilte die junge Frau dann zum Haus des Mannes, den sie liebte. Sie klopfte an seine Tür. Er trat heraus und sagte: ›Mach, daß du fortkommst! Bei mir kannst du nicht bleiben.‹

Die junge Frau war verzweifelt. Sie lief zu einer anderen Hütte. Dort wohnte ein zweiter Mann. Von dem wußte sie, daß er sie sehr liebte. Aber sie hatte ihn nie erhört, denn sie mochte ihn nicht. Die junge Frau klopfte. ›Komm herein‹, sagte der junge Mann und lächelte sie freundlich an. ›Du kannst hier übernachten.‹ In der Hütte brannte ein Feuer. Die Frau wärmte sich. Der Mann bereitete ihr ein Lager.«

Damit beendete der Weise seine Erzählung. »Nun überlege dir genau«, sagte er zu dem jungen Mann, »welche der vier Personen in dieser Geschichte gefällt dir am besten? Und wen magst du am wenigsten? Wenn du darüber eine Nacht lang nachgedacht hast – morgen früh wirst du mehr über dich wissen . . .«

THEODOR WEISSENBORN

Die Züge nach Morrow

Vom Ende der Brückenfahrbahn aus, die wie abgeschnitten über die Gleise hinaushing, übersah man das ganze Bahngelände. Man sah das Stellwerk, die Güterschuppen, die beiden Ablaufberge, das Gewirr der Schienen und Weichen, das sich bis drüben an die Hinterhausmauern von Duggstreet erstreckte, und man sah natürlich die Züge.

Die Züge aus Richtung Mansfield kamen immer unter Whallandstreetbridge zum Vorschein, fuhren am Schlachthof vorüber, an Tailors Kohlenlager, dann rollten sie vor dem Stück Fahrbahn der Brücke vorbei und waren für Augenblicke so nah, daß man die Leute sehen und ihnen zuwinken konnte mit der Aussicht, ebenfalls gesehen zu werden. Das dauerte nur kurz, dann verschwanden die Züge hinter den Schuppen des Güterbahnhofs, und man konnte sie nicht mehr sehen.

Tom saß oben am Ende der Brücke auf der Betonfahrbahn und starrte in die Gegend. Anne saß neben ihm und hatte ihre Schultasche auf die seine gelegt. Sie sah ihn an. Er wußte, daß sie ihn ansah, und blickte immerzu auf die Schienen.

»Los!« sagte Anne, »sag schon endlich, was los ist!«

»Nichts ist los! Gar nichts!« sagte Tom. »Ich muß eben mal etwas Ruhe haben. Ich muß nachdenken.« Er schlug mit der Faust neben sich auf den Beton. – Wir haben das Match gegen Bacon School verloren, dachte er, und es ist meine Mannschaft, und wir wären die beste Schule von Derby gewesen. Wir haben verloren. Hol's der Teufel! Tom Yorks Mannschaft hat verloren. Ich habe verloren. – Er schlug immerzu mit der Faust auf den Beton.

Anne sah ihn unsicher an. Sie strich sich das Haar aus der Stirn und dachte nach. – Plötzlich gab eine Schiene unten einen Summton von sich. Unter Whallandstreetbridge tauchte der Silver Star auf und brauste heran.

»Komm, wir winken!« rief Anne und schwenkte wild beide Arme. Tom verzog keine Miene.

»Wink doch auch!« rief Anne. Tom rührte sich nicht.

Eine alte Dame winkte Anne wieder und ein junger Mann mit einer Zeitung und ein Bursche, der ein gelbes Ding wie eine Jockeimütze aufhatte.

Der Bursche mit der Jockeimütze war Tom unsympathisch. Er hatte Ähnlichkeit mit Jim Harris, dem Mannschaftsführer von Bacon School, gegen den er verloren hatte. Tom spuckte hinunter auf den Bahndamm. Verdammt, ich habe verloren, dachte er. Der Zug verschwand hinter den Güterhallen.

»Du bist richtig stur«, sagte Anne. Sie hatte ganz rote Backen bekommen.

»Ich bin nicht stur«, sagte Tom. »Ich will bloß meine Ruhe haben.« Anne schüttelte den Kopf. Sie zog die Knie an, legte die Arme darum und beobachtete ihn. Es war ihm lästig, wie sie ihn beobachtete. Er legte sich mit dem

Bauch auf den Beton und sah hinunter auf die Schienen. Auf dem ersten Gleis, das genau unter dem Ende der Brücke lag, näherte sich langsam ein Güterzug. Etwa vierzig offene Wagen, mit Bausand beladen. Er kam von Whallandstreetbridge, fuhr am Schlachthof, an Tailors Kohlenlager vorbei, dann war er genau unter ihnen.
»Mensch, Tom«, sagte Anne. »ich hab eine tolle Idee. Wenn wir hinuntersprängen, wir könnten bis nach Morrow fahren und Onkel Fred besuchen und rudern und – es wäre herrlich, du! Wir könnten von Onkel Fred aus daheim anrufen, daß wir den Sonntag dableiben. Du, traust du dir zu, hinunterzuspringen?«
Tom schätzte die Tiefe. Es waren nicht mehr als drei Meter von der Brücke bis zur Höhe der Sandladung. Er verzog geringschätzig den Mund und nickte.
»O bitte, spring hinunter!« bettelte Anne. »Ich möchte dich hinunterspringen sehn. Ich springe auch. Du mußt zuerst.«
Tom schüttelte den Kopf. »Kein Interesse«, erklärte er.
»Och, Tom, mir zuliebe«, sagte sie. »Sie mal, man braucht gar nicht mal zu springen. Man kann sich einfach fallen lassen. Er ist ganz weich, der Sand.«
»Ich mag nicht«, sagte Tom. Unten rollte ein Wagen nach dem andern vorbei.
»Siehst du, du willst einfach nicht«, sagte Anne. »Es ist immer dasselbe mit dir. Du könntest schon. Du willst einfach nicht.«
Sie stand auf und ging nach hinten zu dem Stück Geländer, das man als Probe angebracht hatte. Der letzte Wagen rollte unten vorbei, der Zug wurde schneller, lief in den Güterbahnhof ein, dann war er nicht mehr zu sehen.
Tom lag mit dem Bauch auf dem kalten Beton. Er sagte sich zum siebenunddreißigsten Mal, daß er verloren habe. Die Wut saß ihm oben im Hals, der ihm schon ganz weh tat.
Nach einer Weile, während Anne an dem Geländer gestanden und sich den Wind ins Gesicht hatte wehen lassen, hörte er, wie Anne von hinten zu ihm kam. Sie kam in dem vertieften Gang in der Fahrbahn herauf, den man für die Kabel vorgesehen hatte. Sie hielt die Hände vor sich und kam ganz dicht zu ihm.
»To-om?« sagte sie.
»Hm?« machte er.
Sie streichelte ihm den Nacken. »Komm, Tom!« sagte sie.
Er schüttelte ihre Hand ab.
»Laß mich!« sagte er. Er konnte kaum schlucken, solch eine Wut hatte er. Und dann sagte er – ohne daß er begriff, warum – langsam und betont: »Du bist langweilig.« Er sagte es ganz langsam und betont, und er wußte, daß er log. Er wußte, daß Anne es gut meinte und überhaupt ein großartiges Mädchen war, und er wußte, daß er Anne mochte. Und als habe er noch nicht genug gesagt, sagte er noch einmal nachdrücklich: »Du bist richtig langweilig.«

»Oh, Tom, du bist gemein!« sagte sie. »Du bist gemein! Ein gemeiner Dickkopf bist du! Immer bist du so! Immer! Jetzt langt's mir aber!« Sie hatte Tränen in den Augen. »Jetzt geh ich aber!« sagte sie. Sie nahm ihre Tasche und ging die Fahrbahn hinunter und schluckte und rief ihm zu: »Dickkopf, du! Dickkopf! Morgen komm ich nicht wieder her und übermorgen auch nicht! Ich komm überhaupt nicht mehr!«
Tom lag und rührte sich nicht. Er hatte Anne nicht angesehen. Er hörte sie weinen und wußte, daß sie hinten an der Barriere stand, mit der die Brückenfahrbahn zur Straße hin abgesperrt war. Er wußte auch, daß es jetzt aus war mit Anne, wenn er sie nicht zurückrief. Er rief nicht. Er duckte den Kopf zwischen die Schultern und biß auf das Kettchen des Reißverschlusses an seiner Jacke. Einmal wollte er rufen, aber dann tat er's doch nicht. Er wartete, bis er nichts mehr hörte, und wußte, daß Anne weg war. – Der Acht-Uhr-Expreß kam von Mansfield herauf. Er tauchte unter Whallandstreetbridge auf, fuhr am Schlachthof, an Tailors Kohlenlager vorbei und war dann für Augenblicke so nahe, daß man winken konnte. Ein kleiner Junge erblickte Tom auf dem Brückenende und winkte ihm zu. Tom sah es nicht. Er lag mit dem Bauch auf dem kalten Beton und dachte: – Ich habe verloren. –

Heute nachmittag bin ich an der Stelle vorbeigekommen, wo sie damals angefangen hatten, die Brücke zu bauen. Aus der Brücke ist endgültig nichts geworden. Sie haben jetzt ganz andere Projekte. Da in der Gegend ist überhaupt alles ganz anders geworden. Das freischwebende Ende der Brücke, das über die Gleise hinausragte, haben sie weggesprengt, und wo die Brückenrampe noch ist, das Gelände hat der Milchhof gekauft. Seltsam, zu denken, daß dort irgendwo mitten in der Luft, wo jetzt gar nichts ist, Anne einmal gestanden hat. Ich hätte damals in den Sandwaggon springen sollen, als sie darum bat. Ich hätte mich ja wirklich nur fallen zu lassen brauchen. Ich sehe den Sand noch unter mir. Er sah so weich und fast weiß aus und war sicher ganz warm von der Sonne, die ihn den ganzen Tag beschienen hatte. Und ich hätte Anne behalten sollen. Sie hat Bud Harris geheiratet, einen Bruder von Jim Harris, ist das nicht komisch? Ich glaube ja nicht, daß das Footballmatch von damals was damit zu tun hat, nein. Und doch, natürlich hat es was damit zu tun. Aber das weiß Anne nicht. Sie wohnen in Morrow, die Harris: Jim Harris und Bud Harris und Anne Harris; sie wohnen alle in Morrow. Ich hätte auch nach Morrow ziehen sollen. Ich hätte schon damals nach Morrow fahren sollen, mit dem Sandzug, mit Anne. Das dachte ich, als ich heute nachmittag an der Brückenrampe stand. Man sieht noch immer die Züge da vorbeifahren. Um Viertel nach sechs kam der Silver Star vorbei, und ich hab gewinkt wie verrückt, und ein Mädchen – es hatte Ähnlichkeit mit Anne – hat zurückgewinkt, und ich dachte im Augenblick an die Landschaft in Morrow mit ihren Wäldern und Teichen.

HEINRICH BÖLL

An der Brücke

Sie haben mir meine Beine geflickt und haben mir einen Posten gegeben, wo ich sitzen kann: ich zähle die Leute, die über die neue Brücke gehen. Es macht ihnen ja Spaß, sich ihre Tüchtigkeit mit Zahlen zu belegen; sie berauschen sich an diesem sinnlosen Nichts aus ein paar Ziffern – und den ganzen Tag, den ganzen Tag geht mein stummer Mund wie ein Uhrwerk, indem ich Nummer auf Nummer häufe, um ihnen abends den Triumph einer Zahl zu schenken. Ihre Gesichter strahlen, wenn ich ihnen das Ergebnis meiner Schicht mitteile; je höher die Zahl, um so mehr strahlen sie, und sie haben Grund, sich befriedigt ins Bett zu legen, denn viele tausend gehen täglich über ihre neue Brücke.

Aber ihre Statistik stimmt nicht; es tut mir leid, aber sie stimmt nicht. Ich bin ein unzuverlässiger Mensch, obwohl ich es verstehe, den Eindruck von Biederkeit zu erwecken. Insgeheim macht es mir Freude, manchmal einen zu unterschlagen und dann wieder, wenn ich Mitleid empfinde, ihnen ein paar zu schenken. Ihr Glück liegt in meiner Hand. Wenn ich wütend bin, wenn ich nichts zu rauchen habe, gebe ich nur den Durchschnitt an, manchmal unter dem Durchschnitt; und wenn mein Herz aufschlägt, wenn ich froh bin, lasse ich meine Großzügigkeit in einer fünfstelligen Zahl verströmen. Sie sind ja so glücklich! Sie reißen mir das Ergebnis förmlich aus der Hand, und ihre Augen leuchten auf, sie klopfen mir auf die Schulter. Sie ahnen ja nichts! Und dann fangen sie an zu multiplizieren, zu dividieren, zu prozentualisieren, ich weiß nicht was. Sie rechnen aus, wieviel in jeder Minute über die Brücke gehen und wieviel in zehn Jahren über die Brücke gegangen sein werden. Sie lieben das zweite Futur, das zweite Futur ist ihre Spezialität – und doch, es tut mir leid, daß alles nicht stimmt.

Wenn meine kleine Geliebte über die Brücke kommt – und sie kommt zweimal am Tage –, dann bleibt mein Herz einfach stehen. Das unermüdliche Ticken meines Herzens setzt einfach aus, solange ich sie sehen kann, bis sie in die Allee eingebogen und in der Schlange, die am Omnibus steht, verschwunden ist. Und alle, die in dieser Zeit passieren, verschweige ich. Diese zwei Minuten gehören mir ganz allein, und ich lasse sie mir nicht nehmen. Und auch wenn sie abends zurückkommt aus ihrer Eisdiele – ich weiß inzwischen, daß sie in einer Eisdiele arbeitet –, wenn sie auf der anderen Seite des Gehsteigs meinen stummen Mund passiert, der zählen, zählen muß, dann setzt mein Herz wieder aus, und ich fange erst wieder an zu zählen, wenn sie nicht mehr zu sehen ist. Erst dann beginnt mein Blut wieder langsam über die unsichtbare kleine Schaufel zu tröpfeln, die die Mühle meines Lebens in Gang hält – und alle, die das Glück haben, in diesen Minuten vor meinen blinden Augen zu defilieren, gehen nicht in die Ewigkeit der Statistik ein; für mich

existieren sie nicht, sie sind unterschlagen und ausgelöscht, nichtige Wesen, Schattenmänner und Schattenfrauen, die im zweiten Futur der Statistik nicht mitmarschieren werden.
Es ist klar, daß ich sie liebe, aber sie weiß nichts davon, und ich möchte auch nicht, daß sie es erfährt. Sie soll nicht ahnen, auf welch ungeheure Weise sie alle Berechnungen über den Haufen wirft; unschuldig soll sie mit ihren langen braunen Haaren und den zarten Füßen in ihre Eisdiele gehen, und sie soll viel Trinkgeld bekommen. Ich liebe sie; es ist ganz klar, daß ich sie liebe. Das Furchtbare ist, daß sie sehr unregelmäßig kommt. Man weiß nie, woran man ist. Offenbar kennen sie in den Eisdielen keine richtige Pünktlichkeit. Wenn ihre Zeit gekommen ist – so gegen neun –, werde ich unruhig, und oft, wenn es schon zehn geworden ist und ich alle Hoffnung habe fahrenlassen, kommt sie doch noch. Sie trippelt den hölzernen Steg entlang, geht ganz gleichgültig an mir vorbei und hat keine Ahnung, daß sie gar nicht gezählt ist. Sie ist ein Mädchen ohne zweites Futur. Sie hat nur Gegenwart, ihre präsentische Schönheit kennt kein Maß, und ich spüre allmählich, daß ich ihr immer länger nachschaue und daß ich die Zeitgenossen in hellen Scharen ungezählt über die Brücke gehen lasse. Ich bin ein unzuverlässiger Mensch; ich unterschlage die Wahrheit; meine Berechnungen verwirren sich immer mehr, und es ist schon vorgekommen, daß ich einfach eine Zahl aus der Luft greife, wenn sie mich fragen: wieviel? Und sie schnappen sich die Zahl und fallen darüber her wie Metzger, die lange kein Blut gesehen haben, über ein neues Stück Vieh, sie dritteln, vierteln, teilen in allen Spielarten, multiplizieren, prozentualisieren und lassen endlich tolle Zahlenkolonnen auf der imaginären Ebene des zweiten Futurs einherstolzieren, ohne zu ahnen, daß alles nicht stimmt. Nichts stimmt. Es ist alles Wahnsinn, und ich beziehe mein Gehalt nur für meine kaputten Beine und das bißchen Phantasie, das dazu gehört, eine vier- oder fünfstellige Zahl aus der Luft zu greifen.
Neulich haben sie mich kontrolliert. Der Kumpel, der auf der anderen Seite sitzt und die Autos zählen muß, hat mich früh genug gewarnt, und ich habe höllisch aufgepaßt. Ich habe gezählt wie verrückt, ein Kilometerzähler kann nicht besser zählen. Der Oberstatistiker selbst hat sich drüben auf die andere Seite gestellt und hat später das Ergebnis einer Stunde mit meinem Stundenergebnis verglichen. Ich hatte nur einen weniger als er. Meine kleine Geliebte war vorbeigekommen, und niemals werde ich dieses hübsche Kind ins zweite Futur transportieren lassen, diese meine kleine Geliebte soll nicht multipliziert und dividiert und in ein prozentuales Nichts verwandelt werden. Mein Herz hat mir geblutet, daß ich zählen mußte, ohne ihr nachsehen zu können, und dem Kumpel drüben, der die Autos zählen muß, bin ich sehr dankbar gewesen. Es ging ja glatt um meine Existenz. Der Oberstatistiker aber hat mir auf die Schulter geklopft und hat gesagt, daß ich gut bin, zuverlässig und treu. »Eins in der Stunde verzählt«, hat er gesagt, »macht nicht viel. Wir zählen

sowieso einen gewissen prozentualen Verschleiß hinzu. Ich werde beantragen, daß Sie zu den Pferdewagen versetzt werden.« – Pferdewagen ist natürlich die Masche. Pferdewagen ist ein Lenz wie nie zuvor. Pferdewagen gibt es höchstens fünfundzwanzig am Tage; und alle halbe Stunde einmal in seinem Gehirn die nächste Nummer fallen lassen, das ist ein Lenz! Pferdewagen wäre herrlich. Zwischen vier und acht dürfen überhaupt keine Pferdewagen über die Brücke, und ich könnte spazieren oder in die Eisdiele gehen, könnte sie mir lange anschauen oder vielleicht ein Stück nach Hause bringen, meine ungezählte kleine Geliebte.

O. HENRY

Tildys kurzes Début

Wenn Sie Bogles Speisehaus und Familienrestaurant nicht kennen, so haben Sie was versäumt. Denn wenn Sie zu den Glücklichen gehören, die in teuren Lokalen speisen, wäre es interessant für Sie zu wissen, wie die andere Hälfte der Gesellschaft ihre Nahrung zu sich nimmt. Und wenn Sie zu der Hälfte gehören, für die Kellnerrechnungen keine unwichtige Sache sind, so sollten Sie Bogles kennen, denn hier kriegen Sie was für Ihr Geld – wenigstens was die Menge betrifft.

Bogles liegt auf jener Hauptstraße des Bürgertums, jenem Boulevard der Browns, der Jones und Robinsons, der Achten Avenue. Das Lokal enthält zwei Reihen von Tischen, je sechs in einer Reihe. Auf jedem Tisch steht ein Ständer mit Essig- und Ölfläschchen und Gewürzstreuern. Man kann es erleben, daß aus dem Pfefferstreuer nur eine Wolke von etwas Geschmacklosem und so Melancholischem herauskommt, wie vulkanischer Asche. Von dem Salzstreuer dürfen Sie nichts erwarten. Obgleich dieser blassen Rübe ein fröhlicher Strahl entströmen sollte, so wird man doch finden, daß jede Anstrengung umsonst ist, will man Bogles Salzfässern Salz entlocken. Außerdem steht noch auf jedem Tisch eine Fälschung jener wohltätigen Soße, die »nach dem Rezept eines indischen Edelmannes hergestellt« ist.

An der Kasse sitzt Bogle: kalt, schmierig, langsam und qualmend und nimmt Ihnen Ihr Geld ab. Hinter einem Berg von Zahnstochern wechselt er Ihr Geld, spießt Ihre Rechnung auf und stößt wie eine Kröte ein Wort über das Wetter heraus. Versuchen Sie lieber nicht, über eine Bestätigung seiner meteorologischen Feststellungen hinauszugehen. Sie sind nicht Bogles Freund; Sie sind ein Laufkunde, den er gefüttert hat, und wahrscheinlich werden Sie sich erst wieder treffen, wenn Gabriel in seine Posaune stößt. Nehmen Sie also Ihr

Wechselgeld und gehen Sie – zum Teufel, wenn Sie wollen. Hier haben Sie also Bogles Gefühle.
Den Bedürfnissen von Bogles Kunden wurde von zwei Kellnerinnen und einer Stimme abgeholfen. Eine der Kellnerinnen hieß Aileen. Sie war groß, schön, lebhaft, anmutig und spitzzüngig. Ihr Familienname? Bei Bogles ist ein Familienname ebenso überflüssig wie Fingerschalen.
Die andere Kellnerin war Tildy. Warum würden Sie lieber Matilda sagen? Bitte hören Sie auf mich – Tildy – Tildy. Tildy war kurz und dick, mit unscheinbarem Gesicht und allzu eifrig darauf bedacht, es recht zu machen, um es recht zu machen. Bitte wiederholen Sie den letzten Nebensatz ein paarmal und machen Sie die Bekanntschaft des doppelten Infinitivs.
Die Stimme bei Bogles blieb unsichtbar. Sie kam aus der Küche und zeichnete sich nicht durch Originalität aus. Es war eine heidnische Stimme, die sich auf die nutzlose Wiederholung der Ausrufe der Kellnerinnen beschränkte, die sich auf die Speisen bezogen.
Finden Sie es ermüdend, wenn ich Ihnen noch einmal sage, daß Aileen schön war? Wäre sie mit Kleidern im Wert von ein paar hundert Dollar angetan und ginge so in der Osterparade, so würden Sie selber es sagen. Die Kunden bei Bogles waren ihre Sklaven. Sechs besetzte Tische konnte sie gleichzeitig bedienen. Diejenigen, die es eilig hatten, unterdrückten ihre Ungeduld wegen der Freude, ihre flinken, anmutigen Bewegungen beobachten zu können. Diejenigen, die ihre Mahlzeit beendet hatten, aßen noch mehr, um länger im Licht ihres Lächelns zu verweilen. Jeder Mann dort – und es waren meistens Männer – versuchte, Eindruck auf sie zu machen.
Aileen war imstande, ein Dutzend schlagfertige Antworten gleichzeitig zu erteilen. Und jedes Lächeln, das sie ausschickte, traf wie die Kugel aus einem Maschinengewehr ein anderes Herz. Und während alldem vollbrachte sie wahre Wunder mit den Bestellungen von Bohnen mit Schweinefleich, Schmorbraten, Schinken uni, Würstchen mit, Nudeln mit und jeder Menge von Dingen am Spieß und aus der Pfanne und oben und unten oder auf der Seite gebraten. Bei all diesem Schmausen und Flirten und fröhlichen Austausch von Witz war Bogles Restaurant fast ein Salon, in dem Aileen wie Madame Recamier darstellte.
Die Laufkunden waren entzückt von der faszinierenden Aileen, doch die Stammkunden beteten sie an. Unter den Männern der Stammkundschaft gab es viel Rivalität. Aileen hätte sich für jeden Abend einladen lassen können. Mindestens zweimal in der Woche führte sie jemand ins Theater oder zum Tanz. Ein korpulenter Herr, den sie und Tildy im geheimen »Das Schweinchen« nannten, schenkte ihr einen Türkisring. Ein anderer, der »Frechsack« genannt wurde und den Reparaturwagen einer Elektrofirma fuhr, wollte ihr einen Pudel schenken, sobald sein Bruder den Transportauftrag in der Neun-

ten bekam. Und der Mann, der immer Rippchen mit Spinat aß und behauptete, er sei ein Börsenmakler, lud sie ein, mit in den »Parzival« zu gehen.

»Ich weiß nich, wo das ist«, sagte Aileen, als sie mit Tildy darüber sprach, »aber ich muß den Ehering am Finger haben, ehe ich auch nur einen Stich an einem Reisekleid tue – hab ich da nicht recht?«

Aber Tildy!

Im Dampf und Stimmengewirr und Kohldunst von Bogles Restaurant spielte sich fast so etwas wie ein Herzensdrama ab. Tildy mit ihrer stumpfen Nase, ihrem heufarbenen Haar, ihren Sommersprossen und ihrer Mehlsackfigur hatte nie einen Bewunderer gehabt. Kein Männerauge folgte ihr, wenn sie im Restaurant hin und her ging, nur manchmal starrte jemand mit gierigem Wolfsblick, weil er auf sein Essen wartete. Niemand forderte sie zu einem koketten Austausch von Scherzworten heraus. Niemand neckte sie morgens so wie Aileen geneckt wurde, und schimpfte im Scherz auf sie, weil die Eier auf sich warten ließen oder weil sie spät am Abend in Gesellschaft beneideter Verehrer gesehen worden war. Niemand hatte ihr je einen Türkisring geschenkt oder sie zu einem Ausflug in das geheimnisvolle ferne »Parzival« eingeladen.

Tildy war eine gute Kellnerin, und die Männer duldeten sie. Diejenigen, die an ihren Tischen saßen, sprachen zu ihr mit kurzen Ausdrücken von der Speisekarte; dann hoben sie ihre Stimme in honigsüßen oder sonstwie süßen Tönen und richteten sie in beredten Ausdrücken an die schöne Aileen. Sie drehten und wendeten sich auf ihren Stühlen, um an der hinderlichen Gestalt Tildys vorbeizusehen, damit Aileens Schönheit ihre Speisen würze und aus Speck und Eiern Ambrosia für sie mache.

Und Tildy war es zufrieden, das ungeliebte Arbeitstier zu sein, wenn Aileen nur die Schmeichelei und Huldigung entgegennehmen konnte. Die Stupsnase war der kurzen, griechischen treu ergeben. Sie war Aileens Freundin, und sie beobachtete mit Freude, wie diese über die Herzen herrschte und die Aufmerksamkeit der Männer vom dampfenden Ragout und der Zitronencreme ablenkte.

Aber tief unter Sommersprossen und heufarbenem Haar sitzt bei dem häßlichsten von uns der Traum vom Prinzen oder der Prinzessin, die nicht zu anderen, sondern nur zu uns allein kommt.

Eines Morgens kam Aileen mit einem angeschlagenen Auge zur Arbeit getrippelt; und Tildys Mitgefühl genügte beinahe, die beschädigte Optik wiederherzustellen.

»Ein frecher Kerl«, erklärte Aileen. »Als ich gestern abend nach Hause ging, Ecke Dreiundzwanzigste und Sechste. Schlängelte sich heran und sprach mich an. Ich zeigte ihm die kalte Schulter und er wurde zahm; aber er folgte mir bis zur Achtzehnten und fing wieder mit seinem Quatsch an. Mensch, dem haute ich eine runter, auf die Backe. Da hat er mir das Auge blau geschlagen. Sieht

es sehr übel aus, Til? Es wäre mir schrecklich, wenn Mr. Nicholson es sähe, wenn er um zehn zu seinem Tee mit Toast kommt.«
Tildy lauschte dem Bericht mit atemloser Bewunderung. Kein Mann hatte sie jemals verfolgt. Sie war sicher zu jeder der vierundzwanzig Stunden des Tages. Was für ein Glück mußte es sein, aus Liebe von einem Mann verfolgt zu werden und ein blaues Auge geschlagen zu bekommen!
Unter den Stammgästen bei Bogles gab es einen jungen Mann namens Seeders, der im Büro einer Wäscherei arbeitete. Mr. Seeders war mager und hellhaarig und sah aus, als wäre er kürzlich getrocknet, nicht gebügelt, aber gestärkt worden. Er war zu schüchtern, um Beachtung von Aileen zu erstreben; darum setzte er sich für gewöhnlich an einen Tisch, wo Tildy bediente, und widmete sich schweigend seinem gekochten Fisch.
Eines Tages hatte Mr. Seeders, als er zum Mittagessen kam, Bier getrunken. Im Restaurant befanden sich nur zwei oder drei Gäste. Als Mr. Seeders seinen Fisch aufgegessen hatte, stand er auf, legte seinen Arm um Tildys Taille, küßte sie dreist und schmatzend, trat auf die Straße hinaus, schnippte die Finger in Richtung auf die Wäscherei und eilte davon, um sich in einem Spielsalon an den Groschenautomaten zu amüsieren.
Einen Augenblick lang stand Tildy wie versteinert. Dann bemerkte sie Aileen, die ihr mit dem Zeigefinger drohte und sagte:
»Aber Til, du unartiges Mädchen. Das wird noch schlimm mit dir werden, du Schlaubergerin! Nächstens wirst du mir noch einen von meinen Burschen abspenstig machen. Ich muß ein Auge auf dich halten, mein Fräulein.«
Noch etwas dämmerte Tildy, als sie langsam wieder zu sich kam. In einem Augenblick war sie von der hoffnungslosen, demütigen Bewundererin zur Rivalin der mächtigen Eva Aileen geworden. Auch sie konnte Männer entzücken, sie war eine Zielscheibe für Cupido[1], eine Sabinerin[2], die spröde sein mußte, wenn die Römer ihre Gelage hielten. Ein Mann hatte ihre Taille in Reichweite und ihre Lippen begehrenswert gefunden. Der so plötzlich verliebte Seeders hatte tatsächlich ein Wunder an Waschleistung vollbracht. Er hatte das härene Gewand ihrer Unscheinbarkeit an sich genommen, es gewaschen, getrocknet, gestärkt und gebügelt und es ihr als ein besticktes Leinengewand zurückgegeben – ein Gewand der Venus persönlich.
Die Sommersprossen auf Tildys Wangen verschmolzen zu einem rosigen Hauch. Circe[3] und Psyche[4] lugten nebeneinander aus ihren hell gewordenen Augen. Nicht einmal Aileen war in aller Öffentlichkeit im Restaurant umarmt und geküßt worden.

[1] Cupido = altrömischer Liebesgott
[2] Sabinerin = nach einer von Livius überlieferten Sage wurden die Töchter der Sabiner von den Römern mit Hilfe einer List geraubt
[3] Circe = eine griechische Zauberin
[4] Psyche = Geliebte des Amor

Tildy konnte über dieses frohe Geheimnis nicht schweigen. Als der Betrieb nachließ, trat sie an die Kasse, hinter der Bogle saß. Ihre Augen strahlten; sie versuchte, den Stolz in der Stimme zu unterdrücken. »Heute hat mich ein Herr beleidigt«, sagte sie, »er hat mich um die Taille genommen und geküßt.«
»Tatsächlich«, sagte Bogle, und seine geschäftsmäßige Kühle bekam einen Riß. »Von nächster Woche an bekommen Sie wöchentlich einen Dollar Lohnerhöhung.«
Als die nächste Mahlzeit serviert wurde, sprach Tildy jeden Kunden, der ihr bekannt war, an. Sie sagte in bescheidenem Ton, so wie jemand, der seinen Wert nicht zu unterstreichen braucht:
»Heute hat mich ein Herr im Restaurant beleidigt. Er hat seinen Arm um meine Taille gelegt und mich geküßt.«
Die Gäste nahmen diese Enthüllung in verschiedener Weise entgegen – manche ungläubig, manche mit einem Glückwunsch; manche überschütteten sie mit jenem Strom von schmeichelnden Neckereien, der sich bis jetzt nur über Aileen ergossen hatte. Und Tildy schwoll das Herz in der Brust, denn endlich sah sie am Horizont, nachdem sie so lange durch eine graue Ebene gewandert war, die Türme einer romantischen Burg sich erheben.
In den nächsten zwei Tagen kam Mr. Seeders nicht wieder. Während dieser Zeit entfaltete sich Tildy unwiderruflich zu einer Frau, die umworben wird. Sie kaufte sich Bänder und frisierte ihr Haar so wie Aileen es trug, und schnürte ihre Taille zwei Zoll enger. Sie lebte in einer aufregenden aber angenehmen Furcht, daß Mr. Seeders plötzlich hereinstürzen und sie mit einer Pistole erschießen könnte. Er mußte sie voller Verzweiflung lieben; und verzweifelt Liebende sind immer von blinder Eifersucht.
Noch nicht einmal auf Aileen war je mit einer Pistole geschossen worden. Und dann wieder hoffte Tildy, er würde nicht auf sie schießen, denn sie war Aileen treu wie immer und hatte nicht den Wunsch, ihre Freundin in den Schatten zu stellen.
Am Nachmittag des dritten Tages um vier Uhr kam Mr. Seeders wieder. Das Restaurant war noch leer. Tildy stand im Hintergrund und füllte die Senftöpfchen nach, Aileen schnitt Pasteten in Viertel. Mr Seeders kam auf sie zu.
Tildy blickte auf, sah ihn und schnappte nach Luft, sie drückte den Senflöffel gegen ihr Herz. Im Haar trug sie eine rote Schleife, um den Hals den Venusorden der Achten Avenue, die blaue Perlenkette mit dem symbolischen Silberherzchen dran.
Mr. Seeders hatte einen roten Kopf und war verlegen. Er versenkte seine eine Hand in die Hüfttasche, die andere in eine frische Kürbistorte.
»Miss Tildy«, sagte er, »ich möchte mich entschuldigen für das, was ich neulich getan habe. Um die Wahrheit zu sagen, ich hatte mich ganz schön vollaufen lassen, sonst hätt' ich's bestimmt nicht getan. In nüchternem Zustand würd' ich das keiner Dame antun. Ich hoffe, Miss Tildy, Sie nehmen

meine Entschuldigung an. Glauben Sie mir, ich hätt's nicht getan, wenn ich gewußt hätte, was ich tue, und nicht betrunken gewesen wäre.«
Mit dieser artigen Bitte zog Mr. Seeders sich zurück, ging davon und hatte das Gefühl, alles wiedergutgemacht zu haben.
Aber im Schutz der spanischen Wand hatte Tildy sich über einen Tisch geworfen, mitten zwischen Butterportionen und Kaffeetassen, und schluchzte sich das Herz aus dem Leibe – schluchzte sich zurück auf die graue Ebene, wo die Mädchen mit flachen Nasen und heufarbenem Haar wandeln. Sie hatte die rote Schleife aus ihrem Haarknoten gerissen und sie auf den Boden geworfen. Sie verachtete Seeders aus ganzem Herzen. Sie hatte seinen Kuß als den des Bahnbrechers und des Märchenprinzen hingenommen, der im Wunderland die Macht hatte, die Glocken zum Läuten und die Pagen zum Springen zu bringen. Aber der Kuß war erbärmlich und unbeabsichtigt gewesen; das Hofgesinde hatte sich bei dem falschen Alarm nicht gerührt; sie würde für immer das schlafende Dornröschen bleiben.
Und doch war nicht alles verloren. Aileen hatte den Arm um sie gelegt, und Tildys rote Hand tastete zwischen den Butterportionen, bis sie die warme Hand der Freundin gefunden hatte.
»Gräm dich nicht, Til«, sagte Aileen, die nicht so ganz verstand. »Dieser Kleiderständer mit dem Rübengesicht, dieser Seeders, ist es nicht wert. Der hat nichts von 'nem Gentleman, sonst hätte er sich nicht entschuldigt.«

INGRID JENDREJCYK

Zwei Frauen

Die Frau ging hinunter zum Strand.
Es war nur ein kurzer Weg.
Sie ging bis zum Wasser und stand dann eine Weile am Ufer.
Die Wellen überspülten ihre Schuhe.
Es machte ihr nichts aus, denn es waren alte derbe Schuhe, die sie nur am Strand trug.
Es war ein heller Herbsttag, jene Zeit des Jahres, wo am Morgen feine Netze wie Spinnwegen über Gräsern und Sträuchern liegen und am Nachmittag die Sonne lange Schatten wirft.
Ein paar Tage noch, vielleicht bis zum Wochenende, dachte die Frau, aber dann würde es vorbei sein mit den Fahrten zum Strand.
Das Meer schien heute schon dunkler zu sein als an den Tagen vorher.
Kleine weiße Schaumkronen tanzten auf den Wellen.
Frau Wulf drehte sich um und ging durch den feuchten Sand den Weg zurück zur Straße.

Sie dachte an ihre Stadtwohnung, die im dritten Stock lag und gemütlich eingerichtet war – und der sie, so oft es nur möglich war, zu entrinnen suchte, weil sie allein darin wohnte.
Seit sechs Jahren war sie Witwe.
Sie bekam eine gute Pension.
Ihre beiden Söhne hatten einen Beruf und waren verheiratet.
Sie hatte keine eigentlichen Sorgen.
Im Juli war sie achtundvierzig Jahre alt geworden.
Auf der Bank hinter dem Kiosk wartete Frau Buchholz auf sie. Die beiden Frauen trafen sich seit Jahren in den Sommermonaten hier. Es war eine Zufallsbekanntschaft, die jene Leichtigkeit ohne Verpflichtungen behalten sollte – und es doch nicht getan hatte, weil beide Frauen allein lebten und froh waren, miteinander reden zu können.
Es wäre besser gewesen, sich das einzugestehen, aber gerade davor hatten die beiden Frauen eine tiefe Scheu, wie es bei Menschen, die einsam sind, häufiger vorkommt.
In den Wintermonaten, da sie allein in ihren Wohnungen lebten, dachten sie häufiger aneinander.
Zu einem gegenseitigen Besuch hatten sie sich nie entscheiden können.
Doch an den ersten warmen Tagen des Frühjahres trafen sie sich stets wie zufällig auf der Bank am Strand. Nun schon seit fünf Jahren.
Es war Mittag geworden.
Die wenigen Badegäste, meistens ältere Leute, waren zum Essen in die Pensionen gegangen.
»Ich werde jetzt auch nach Hause fahren«, sagte Frau Wulf, »es ist ohnehin schon später als an den anderen Tagen.«
»Wir werden uns wohl nun eine Weile nicht sehen«, meinte Frau Buchholz. »Ich habe heute auch schon daran gedacht, als ich da unten am Ufer stand. Der Sommer scheint endgültig vorbei zu sein.«
»Ja«, sagte Frau Wulf.
»Wieder einmal. Was wird im nächsten Jahr sein?«
»Wer kann das sagen? Wahrscheinlich sitzen wir hier wieder auf der Bank und sehen das Meer und freuen uns über die Sonne.«
»Das glaube ich auch«, sagte Frau Wulf.
Ein paar junge Leute kamen an der Bank vorbei.
Sie gingen buntgekleidet und lachten.
»Hat Ihr Sohn eigentlich wieder einmal geschrieben?« fragte Frau Buchholz.
Frau Wulf nickte.
»Vor einer Woche. Er wird jetzt im Herbst endgültig nach München übersiedeln. Ich soll ihn dann im nächsten Sommer besuchen.«
»Lebt er immer noch mit der Frau zusammen?«
»Ja, und ich glaube auch nicht, daß sie heiraten werden.«

»Sie können das nicht verstehen?« fragte Frau Buchholz.
»Nein, das kann ich nicht.«
»Es ist heute aber so. Wir werden uns daran gewöhnen müssen.«
Frau Wulf nahm ein seidenes Tuch aus ihrer Handtasche und band es um die Haare.
Sie antwortete nicht.
»Wollen wir gehen?« fragte sie.
»Ja«, sagte Frau Buchholz, »gehen wir.«
Sie gingen zusammen bis zur Haltestelle und verabschiedeten sich dann voneinander.
Es fiel ihnen schwer, weil sie daran dachten, daß es nun auch diese Fahrten zum Wasser und ihre Plauderstunden miteinander in den kommenden Monaten nicht mehr geben sollte.
Es war fünf nach eins, als Frau Wulf zurück in die Stadt fuhr. Sie dachte an Frau Buchholz, die wohl nun schon zu Hause war, denn ihre Wohnung war nahe dem Badeorte, wo sie sich trafen.
Die ersten grauen Häuser der Vorstadt huschten vorbei. Der Schaffner sagte undeutlich die Namen der einzelnen Stationen an.
Die Fahrgäste stiegen ein und aus.
Die Frau saß ganz hinten in dem Autobus, in einer Ecke am Fenster. Eine dumpfe Traurigkeit hatte sie erfaßt, und sie wußte einen Augenblick lang nicht, wie sie sich davon befreien sollte.
Ein Leben ist das, dachte sie, immer allein, nur mit der Hoffnung, daß man im nächsten Frühjahr eine Bekannte wiedertrifft, die auch am Strand sitzt.
Sie stand auf und ging zur Autobustür.
An der nächsten Haltestelle würde sie aussteigen müssen.
Zum Jahreswechsel schickte Frau Wulf zum ersten Male, nach fünf Jahren Bekanntschaft, eine Karte an Frau Buchholz.
Der Morgen sah grau und kalt in das Wohnzimmerfenster der Frau Buchholz, als sie die Karte bekam.
»Meine Liebe«, las sie, »ich freue mich schon auf die Sommermonate.«
Frau Buchholz legte die Karte auf den kleinen Schreibtisch. In der Ferne hörte sie das Meer, das im Sommer freundlicher zu rauschen schien.
Sie schaltete die Stehlampe ein und begann eine Handarbeit.
Im Januar lernte Frau Wulf bei einer Geburtstagsfeier einen Freund ihres verstorbenen Mannes kennen.
Es geschah das, was sie in all den einsamen Stunden nicht mehr für möglich gehalten hatte. Sie verliebte sich in den Mann. Nach einer Weile beschlossen beide, sich nicht mehr zu trennen, und sie erwogen, sich eine gemeinsame, größere Wohnung zu nehmen.
Es wurde März und April.
In diesem Jahr gab es einen warmen, schönen Frühling. Als Frau Wulf Ende

April ihren Geburtstag feierte, dachte sie nach langen Wochen wieder einmal an ihre Fahrten zum Strand – und einen Augenblick lang auch an Frau Buchholz.
Dann vergaß sie es.
Es war ein heller, warmer Sommertag, als sie mit dem Mann doch einmal in den Badeort fuhr, der ihr so vertraut war.
Sie kamen gegen elf Uhr dort an.
Es hatte sich kaum etwas verändert.
Der kleine Kiosk stand noch da, dichtgedrängt davor ein Ballen lärmender Kinder mit ungeduldigen Augen und Geldstücken in der Hand.
Der Sand war gelb und trocken.
Die Badegäste schienen in dem Jahr zahlreich zu sein und jünger. Aber das war immer so im Sommer gewesen, die älteren kamen erst im Herbst.
»Hübsch ist es hier«, sagte der Mann.
»Wir könnten häufiger herkommen. Ich mag hier sein.«
»Ich auch«, sagte die Frau, »ich war oft in den letzten Jahren hier. Eigentlich jeden Tag.«
»Allein?» fragte der Mann.
Die Frau zögerte.
Sie lachte und sah viel jünger als sonst aus.
»Ja«, sagte sie und nahm seine Hand.
Sie gingen hinunter zum Ufer.
Die Frau hatte vergessen, ihre derben Schuhe anzuziehen. Die Wellen überspülten ihre hellen Sandalen. »Gib acht«, sagte der Mann, »du wirst dich erkälten.«
Sie ging ein wenig zurück und setzte sich in den warmen Sand.
»Schön ist es«, sagte die Frau.
Dann gingen sie zurück zur Straße.
Auf der Bank hinter dem Kiosk saß Frau Buchholz.
Frau Wulf sah sie.
Frau Buchholz war aufgestanden und winkte.
»Wer ist das?« fragte der Mann.
»Eine Freundin?«
Die Frau schwieg.
Die Möven kreischten.
Ihre spitzen Schreie stießen in die Luft.
»Niemand, den ich kenne«, sagte die Frau und ging langsam weiter.
»Ein Irrtum«, sagte sie.
»Eigenartig«, sagte der Mann, »die Frau winkt dir noch immer zu.«
Der Mann legte den Arm um ihre Schulter.
»Mir ist das auch schon passiert, daß Leute mich grüßten, die ich gar nicht kannte«, sagte der Mann.

Wie lange dauert eine peinliche Minute, dachte die Frau. Es schienen Stunden zu sein.
Warum bin ich nicht zu ihr gegangen und habe sie begrüßt.
Sie sah in das lachende, hübsche Gesicht des Mannes.
Nein, dachte sie.
Eine Weile noch blieb Frau Buchholz auf der Bank sitzen. Sie sah angestrengt in die Richtung, in der Frau Wulf mit dem Fremden gegangen war.
Sie stand sogar auf, um besser sehen zu können.
Es wurde langsam Mittag.
Sie stand auf und ging hinunter zum Wasser.
Sie hätte mich begrüßen müssen, dachte Frau Buchholz. Nicht einfach so vorbeigehen, als schäme sie sich der Bekanntschaft mit mir.
Nur grüßen. Weiter nichts.

MARIE LUISE KASCHNITZ

Die Füße im Feuer

3.9. Es wäre gewiß falsch, meinen augenblicklichen körperlichen Zustand als Krankheit zu bezeichnen. Ich bin nicht krank, ohne zu übertreiben kann ich behaupten, daß ich mich nie besser gefühlt habe als in diesen Tagen. Ich sehe gut aus, und während mein Gesicht früher am späten Abend stark verfiel, bleibt es jetzt ohne jede kosmetische Nachhilfe bis Mitternacht rosig und frisch. Auch meine Arbeitskraft hat keineswegs nachgelassen. Wie, schon Feierabend, sage ich, wenn es sechs Uhr schlägt, – meine Kollegen im Büro haben indessen schon viele Male gegähnt und auf die Uhr gesehen. Mein Appetit ist gut, ich kann die schwersten Speisen essen, ohne Magendrücken zu bekommen, und von den Halsschmerzen, unter denen ich früher oft gelitten habe, ist schon seit Monaten keine Rede mehr. Ich bin auch, obwohl ich nicht mehr jung bin, ausgezeichnet zu Fuß. Erst vor kurzem habe ich einen Spaziergang von vier Stunden gemacht, ohne am nächsten Tag unter Muskelschmerzen zu leiden. Die blauen Flecken, die ich seit einiger Zeit an meinen Armen und Beinen bemerke, können nichts zu bedeuten haben.
5.9. Heute hat mich mein Friseur auf einen dieser Flecken aufmerksam gemacht. Ich war im Begriff, ihm eine neue Frisur zu erklären, wobei ich meine Hände über den Kopf hob, meine ohnehin nicht langen Blusenärmel fielen über die Ellbogen zurück. Das muß aber sehr weh getan haben, sagte der Friseur, und ich sah im Spiegel, wie er auf meinen rechten nackten Arm

deutete, auf dem ein großer schwarzblauer Fleck ähnlich einer Eierfrucht sichtbar war. Der Anblick erschreckte mich nicht, ich bin an diese Verfärbungen meiner Haut bereits gewöhnt. Ich begreife darum nicht, weshalb ich auf die Frage des Friseurs, ob ich gefallen sei, nicht antwortete, ich kann mich an nichts erinnern, was der Wahrheit entsprochen hätte. Statt dessen habe ich hastig gesagt, jawohl, gefallen, und habe einen erfundenen Sturz in allen Einzelheiten beschrieben, wozu doch gar keine Veranlassung war. Immerhin kommt es gelegentlich vor, daß man eine Verletzung, einen Schlag oder Stoß augenblicklich wieder vergißt. Meine Erzählung muß denn auch recht unnatürlich geklungen haben. Jedenfalls sah mich Herr Alphons, so heißt der Friseur, im Spiegel besorgt, fast mißtrauisch an.

8.9. Von dem Bluterguß am Ellbogen ist, nachdem mein Arm sich zuerst grün, dann kräftig gelb gefärbt hat, fast nichts mehr zu sehen. Dafür hat sich heute, als ich während des Kartoffelschälens zum Fenster hinaussah, zwischen den Schalen auf dem hübschen grünen Resopal meines Küchentisches ein Blutfleck gebildet. Es dauerte eine Weile, bis ich herausfand, daß die Ursache dieser sich rasch vergrößernden Lache ein Schnitt in meinem linken Handballen war. Es wunderte mich, daß ich von diesem recht tiefen Schnitt nichts gespürt hatte. Als ich die Wunde mit Jod behandelt und verbunden und die Kartoffeln abgewaschen hatte, schlug ich mir absichtlich mit der Faust aufs Schienbein. Es tat nicht im geringsten weh.

9.9. Versuche wie der oben beschriebene sind kindisch und ohne jeden wissenschaftlichen Wert. Bekanntlich ist man ganz unbewußt immer darauf aus, sich zu schonen, so daß die Kraft der zuschlagenden Faust von einer andern nicht weniger wirksamen Kraft aufgehalten oder abgeschwächt wird. Nur der äußerste Selbstvernichtungswille kann einen Menschen dazu treiben, sich ein Messer ins Herz zu stoßen. Von einem solchen Vernichtungswillen kann bei mir keine Rede sein. Die kleinen Versuche, die ich neuerdings anstelle, dienen nur der Erklärung der oben genannten merkwürdigen Erscheinungen, bei denen es übrigens nicht geblieben ist. So habe ich mir gestern, durch einen starken Niesreiz aufmerksam gemacht, mit Hilfe eines Spiegels in den Hals gesehen. Alle Schleimhäute waren, wie schon so oft bei Erkältungen, feuerrot. Trotz der heftigen Entzündung machte mir jedoch das Schlucken nicht die geringsten Beschwerden. Auch bei dem Versuch, statt weicher Speisen harte Brotkrusten und Nüsse zu essen, spürte ich, abgesehen von einer sozusagen mechanischen Schluckhemmung, nichts.

11.9. In Begleitung meiner Freundin Clara habe ich heute eine Kunstausstellung besucht. Es war nicht das erste Mal, daß wir zusammen Bilder betrachteten, und wie immer hatte ich große Mühe, Clara die sogenannte abstrakte Malerei nahezubringen. Während ich sonst bei dieser Art von Überredung rasch erlahme, wurde ich heute immer redseliger, und soviel ich mich erinnere, sah Clara mich mehrmals recht erstaunt von der Seite an. Es mag sein, daß die Formulierungen, mit denen ich die alte ›gegenständliche‹ Kunst verdammte, etwas überspitzt geklungen haben. Ich erwähnte nämlich eine Reihe von Bildern, des vergangenen und sogar des jetzigen Jahrhunderts (den Mondscheingeiger von Hans Thoma, Böcklins Toteninsel, Kokoschkas Windsbraut, van Goghs Kornfeld mit Raben), und behauptete, daß diese Bilder auf eine allzu deutliche, ja fast unappetitliche Weise menschliche Empfindungen zum Ausdruck brächten. Von solchem Übermaß an Todestrauer, Einsamkeit und Wahnsinn sind die abstrakten Kompositionen frei. Sofern sie den Beschauer nicht gleichgültig lassen, erzeugen sie in ihm nur eine gewissermaßen unmenschliche Lust an Farben und Formen, die mit der menschlichen Existenz nichts zu tun haben und die sogar von den Dingen noch abgezogen sind. Niemals habe ich diese Lust so stark empfunden wie heute. Niemals hat sie so nachhaltig in mir weitergewirkt.

12.9. Ich frage mich, warum ich gestern, als ich mit Clara die Ausstellung verlassen hatte und wir durch den Park nach Hause gingen, meine körperliche Verfassung mit keinem Wort erwähnte. Wenn überhaupt jemand sich dafür interessierte, wäre es Clara gewesen, die ich seit vielen Jahren kenne und der ich kein äußeres oder inneres Unbehagen je verschwiegen habe. Als ich heute auf demselben Weg an derselben grauen Brunnenschale vorbeiging, fiel mir ein, daß ich eben dort mit ›Stell dir vor‹ und ›Findest du das nicht merkwürdig‹ tatsächlich anfangen wollte, Clara meinen Zustand zu schildern. Ich habe es aber dann doch nicht getan. Es mag sein, daß jede und selbst eine so positive Anomalität Widerwillen erregt, zumindest eine Befremdung hervorruft, die dann zwischen sich nahestehenden Menschen so etwas wie Fremdheit erzeugt.

15.9. Auch den Gedanken, meinen Arzt aufzusuchen, habe ich verworfen. Zum Arzt geht man, wenn einem etwas weh tut. In jedem andern Falle würde man sich nur lächerlich machen. Ich kann trotzdem nicht leugnen, daß es mich neuerdings beunruhigt, keinen Schmerz mehr zu empfinden. Außerdem kommt es mir so vor, als sei diese körperliche Leidensunfähigkeit nur eine Etappe auf einem Wege, den ich schon lange, vielleicht schon vor Jahren eingeschlagen habe. Ich bin fast sicher, daß eine Durchsicht meiner alten Tagebücher meinen Verdacht bestätigen würde. Ich will mich aber mit diesen Dingen nicht beschäftigen. Schließlich kann ich ja nichts dafür, daß mir nichts weh tut und daß es mir nicht mehr möglich ist, Tränen zu vergießen.

16.9. Ich habe heute wegen eines leichten Ziehens im rechten Oberkiefer den Zahnarzt aufgesucht. Es stellte sich eine starke Wurzelhautvereiterung heraus. Der Zahnarzt, zu dessen wehleidigsten Patienten ich gehöre, war äußerst erstaunt, daß ich ihn die Behandlung ohne jede Betäubung durchführen hieß. Er konnte nicht ahnen, daß das Zahnziehen für mich ein Experiment war und eines, dem ich in höchster Spannung entgegensah. Da der Zahnarzt, Dr. Wimmer, sehr geschickt arbeitet und da ich wußte, daß er sich alle Mühe geben würde, mir auch im wachen Zustand jeden Schock zu ersparen, machte ich, als er die Zange bereits angesetzt hatte, eine Bewegung mit dem Kopf, so daß die Zange im falschen Winkel zugreifen mußte. Im nächsten Augenblick durchfuhr mich ein heftiger Schmerz. Doktor Wimmer, die Zange mit der blutigen Wurzel in der erhobenen Hand, entschuldigte sich, er war ehrlich bestürzt, besonders, da er nun auch Tränen über meine Backen laufen sah. Wie hätte ich ihm erklären können, daß es Tränen der Freude waren.

1.10. Mein Erlebnis beim Zahnarzt hat mich aufgerichtet und gestärkt. Ich bin nicht gern etwas Besonderes und nicht gern allein. Obwohl ich nie verheiratet war, habe ich doch stets gesellig gelebt und an dem Schicksal meiner Freunde den herzlichsten Anteil genommen. Wieder eingereiht in die große Schar der Menschen, die leiden, fühlte ich erst die Vereinsamung, von der die alten Götter der Sage bedroht waren und die sie dazu veranlaßte, in menschlicher Gestalt menschliche Erfahrungen zu machen. Vor kurzem bin ich sogar auf den vielleicht absurden Gedanken gekommen, daß ein schmerzloses Dasein überhaupt kein Dasein ist. Die freudige Stimmung, in der ich mich seit dem Zahnziehen befinde, läßt sich kaum anders erklären. Sie hat dazu geführt, daß ich gestern eine kleine Gesellschaft gegeben habe. Wir haben Ratespiele gespielt, vielmehr eine Art von Scharaden, bei denen menschliche Eigenschaften und Verhaltensweisen (Hörigkeit, Habsucht, Eifersucht, Todesangst usw.) dargestellt und erraten werden mußten. Ich war überrascht, wie gut man sich bei derlei doch kindlichen Spielen unterhält und wieviel Geist und gute Laune dabei zutage treten. Außerdem führen sowohl die gewählten Themen wie auch die Art und Weise ihrer Verdeutlichung zu den interessantesten Gesprächen über die menschliche Natur, Gesprächen, an denen ich mich gestern abend aufs lebhafteste beteiligt habe. Als wir, es war bereits 3 Uhr morgens, auseinandergingen, beschlossen wir, diese Zusammenkünfte an wechselndem Ort, aber regelmäßig zu wiederholen. Der Kreis, schon aufeinander eingespielt, sollte derselbe bleiben. Nur mein Freund Werner F., der sich zur Zeit auf einer Reise durch die Vereinigten Staaten befindet, sollte noch zugelassen werden.

3.10. Bei den Tagebüchern, die ich kürzlich erwähnt habe, handelt es sich nicht um die von mir täglich festgehaltenen Gedanken und Eindrücke allgemeiner Art, sondern um die kleinen Heftchen, in denen ich selten aber dann mit der schonungslosesten Offenheit von mir selber berichte. Ich habe heute die letzten dieser Heftchen in die Hand genommen und einige Stellen mit einem roten Stift angestrichen. Es waren da meine Reaktionen auf gewisse Geschehnisse im Kreis meiner Verwandten und Bekannten geschildert. Die Worte, die ich rot unterstrichen habe, sind Gleichgültigkeit, Kälte, kein Eindruck, kein Mitgefühl. Leider habe ich neuerdings wieder Veranlassung, mich über diese Worte zu beunruhigen und sie mit meiner körperlichen Verfassung in Zusammenhang zu bringen.

6.10. Ich spürte heute während meiner Arbeit im Büro auf der Zunge einen starken Blutgeschmack und mußte den Waschraum aufsuchen, wo ich dann mehrere Mundvoll kräftig roten Blutes ins Waschbecken spie. Offensichtlich hatte ich mich, ohne es zu merken, auf die Zunge gebissen. Die Blutung hörte bald auf, ich konnte nur eine Weile lang nicht deutlich sprechen, was bei meinem Kollegen große Heiterkeit hervorrief. Es fiel mir ein, daß ich mich als Kind oft auf die Zunge gebissen und dabei jedesmal laut geheult hatte, obwohl damals gar kein Blut geflossen war. Ich esse jetzt sehr vorsichtig und nehme mich sogar beim Sprechen in acht. Es scheint, daß ich eine außergewöhnlich lange Zunge habe, die sich ohne Gefahr in der Mundhöhle nicht frei bewegen kann.

15.10. Ich hatte in der letzten Zeit viel Arbeit, wodurch ich von meiner Selbstbeobachtung abgelenkt wurde. Gestern wurde ich zu unserem Chef (ich arbeite in einem Werbebüro) gerufen, und es wurde mir eine Gehaltserhöhung in Aussicht gestellt. Herr Kramer lobte die Gleichmäßigkeit und Ruhe, mit der ich meine Arbeit verrichte. Er meinte, daß ich, während alle andern sich von ihren seelischen und körperlichen Mißstimmungen beherrschen ließen, eine geradezu staunenswerte Ausgeglichenheit zur Schau trüge. Auch daß ich mich in Gespräche mit meinen Kollegen weniger und weniger einlasse, lobte er sehr. Zum Schluß machte er einen Scherz, indem er mich mit einer vollkommen zuverlässig funktionierenden Maschine verglich. Diese Beurteilung hätte mir noch vor wenigen Wochen einen unangenehmen Eindruck gemacht. Aber die sentimentalen Anwandlungen, die in meinen Aufzeichnungen vom 16. 9. und 1. 10. dieses Jahres zum Ausdruck kommen, sind längst vorbei. Daß ich mir kürzlich, ohne den geringsten Schmerz zu empfinden, den Arm gebrochen habe, hat mich nicht beunruhigt, sondern entzückt. Ich habe mich, den schlaff herunterhängenden rechten Arm mit der linken Hand stützend, in ein Ambulatorium[1] begeben, wo man die Knochen auf meinen Wunsch zusammengenagelt hat. Danach bin ich mit einer Verspätung von 35 Minuten an meinem Arbeitsplatz erschienen. Sowohl der Arzt wie auch der Bürovorsteher haben mich mit Erstaunen, ja sogar mit einem gewissen Entsetzen angesehen. Ich war ihnen unheimlich, so wie ich durch meine stets gleichbleibende Freundlichkeit auch meinen Mitarbeitern neuerdings unheimlich bin.

20.10. Mein Freund Werner F. ist gestern voll von Erfahrungen und neuen Plänen aus den Vereinigten Staaten zurückgekommen. Er erzählte mir vieles, vor allem über das amerikanische Erziehungswesen, das zu studieren der Zweck seiner Reise gewesen war. Es fiel mir auf, wie frisch und jung er aussah und wie sehr er sich plötzlich für manche ihm früher fernliegende Dinge, z. B. die Politik, interessiert. Es scheint, daß er nicht übel Lust hat, sich einer Partei anzuschließen, und daß er, um gewissen pädagogischen Vorhaben den Boden

[1] Ambulatorium = öffentliche Sprechstunde einer Klinik

zu bereiten, nicht nur zur Großindustrie, sondern auch zu den christlichen Kirchen Verbindung sucht. Obwohl ich mich bemühte, seinen Gedankengängen zu folgen, ermüdete ich doch rasch. In der mir früher so sympathischen Aktivität meines Freundes entdeckte ich plötzlich Züge von Betriebsamkeit und Geltungsbedürfnis, auch konnte ich den von ihm aufgeworfenen Fragen wenig Interesse abgewinnen. Er verabschiedete sich endlich enttäuscht, beinahe kühl. Es täte mir leid, wenn mein Verhalten unsere Beziehung, die teilnehmende Freundschaft zweier alternder Junggesellen, in Frage gestellt hätte. Ich fürchte aber, daß ich einen neuen Besuch mit neuen langatmigen Erörterungen nur schwer ertragen könnte. Daß wir mehrmals und auch noch kurz vor Werners Abreise im Sinn hatten, uns zu heiraten, erscheint mir völlig absurd.

27.10. Die recht beträchtliche Gehaltserhöhung hat mich in die Lage versetzt, eine andere, geräumigere Wohnung zu mieten. Endlich konnte ich mir auch einen lang gehegten Wunsch erfüllen: Ich habe jetzt im Wohnzimmer einen offenen Kamin, auch gut getrocknete Buchenkloben und Anfeuerholz liegen bereit. Ich kann kaum erwarten, daß die Tage noch kürzer werden und die langen nebligen Winterabende beginnen. Sobald ich nach Hause komme, werde ich dann in meinem Kamin ein Feuer anzünden und mit Hilfe der hübschen Messinggeräte (einem Geschenk der Firma) die Flammen regieren. Ihr Flackern, Zucken, Aufschnellen und Zusammensinken wird mich besser unterhalten als die Gespräche meiner Besucher, denen ich schon seit einiger Zeit nichts mehr abgewinnen kann. Was man da, selbst von einer so guten Freundin wie Clara, zu hören bekommt, ist doch im Grunde immer dasselbe, Sehnsucht nach Unerreichbarem. Klage um Verlorenes, Angst um das eigene Leben oder um ein fremdes, das einem ans Herz gewachsen ist. Mir ist nichts mehr ans Herz gewachsen und um mein eigenes Leben zittere ich nicht. Manchmal denke ich, daß jemand, dem nichts weh tut, in gewissem Sinne unsterblich ist.

29.10. Ich hörte heute auf der Straße ein Kind angstvoll schreien. Nicht daß ich etwa hinausgestürzt wäre. Ich bin in meinem Zimmer geblieben und habe nicht einmal das Fenster aufgemacht. Ich habe mich aber daran erinnert, daß mich früher nichts so sehr erregte wie das Leiden von Kindern, und einen Augenblick lang war ich über meine Gleichgültigkeit entsetzt. Als wäre der vollkommene Gleichmut nicht ein höchst erstrebenswertes, ja vielleicht das einzig erstrebenswerte Ziel.

10.11. Mein Arm ist längst geheilt. Dafür habe ich mich in der letzten Zeit wieder mehrmals auf die Zunge gebissen. Obwohl es dank meiner Achtsamkeit zu Blutungen nicht gekommen ist, müssen dabei doch Verwachsungen bzw. Verdickungen entstanden sein. Ich merke es daran, daß man mich, auch wenn ich langsam und deutlich spreche, nicht mehr versteht. Ein Referat mit zehn neuen wichtigen Vorschlägen für eine zugkräftige Reisewerbung mußte ich, nachdem ich vergeblich versucht hatte, mich meinem Chef verständlich zu machen, schriftlich abgeben. Herr Kramer, der sich über die fast spaßige Geringfügigkeit meines Leidens offenbar nicht im klaren war, vielleicht sogar etwas wie einen Schlaganfall vermutete, forderte mich freundlich auf, zu Hause zu bleiben. Er versprach, mich mit schriftlicher Arbeit zu versorgen. Als ich meine Schublade ausräumte, mußte ich darüber lachen, wie mitleidig meine Kollegen, diese mit Magengeschwüren, Rheumatismen und langsam wachsenden Krebsgeschwülsten ausgestatteten armen Menschen mich, die einzig Gesunde, betrachteten.

20.11. Seit ich nicht mehr ins Geschäft gehe, komme ich erst richtig dazu, die neue Wohnung einzurichten und auch die letzten mitgebrachten Koffer auszupacken. Bei dieser Gelegenheit habe ich heute alle meine alten Tagebücher vernichtet. Was sich augenblicklich mit mir begibt, ist interessanter als alles, was ich früher aufgezeichnet habe. Ich könnte mir aber vorstellen, daß gewisse, aus vergangenen Zeiten stammende Mitteilungen auch dem Leser dieser Seiten wichtig wären. So mag es ihn interessieren, daß ich als Kind bei jedem auch dem nichtigsten Anlaß geweint habe und daß ich bei körperlichem Unbehagen (Knieaufschlagen, Ellbogenanstoßen, beim Schlittschuhlaufen frieren) überaus empfindlich war. Ferner daß ich über den Tod meines in Stalingrad gefallenen Verlobten untröstlich gewesen bin.

28.11. Es ist Winter und ich bin noch immer zu Hause. Der Arzt, den ich eines gebrochenen Fingers wegen aufsuchen mußte, bestand darauf, mich buchstäblich in Watte zu wickeln, d. h. alle etwaigen Bruchstellen meiner Glieder mit dicken Verbänden zu versehen. Natürlich habe ich dagegen protestiert. Ich bin gesund, mein Appetit und meine Verdauung sind ausgezeichnet, und meine Stimmung ist gut. Da die mir versprochenen Arbeitsaufträge ausgeblieben sind, habe ich, um mich nicht zu langweilen, angefangen, mehrere mir bisher unvertraute Sprachen zu erlernen. Ich komme bei dieser Beschäftigung gut voran. Das einzige, worunter ich leide, ist ein beständiges leises Frösteln. Wie gut, daß ich den Kamin habe und einen reichlichen Holzvorrat dazu.

30.11. Heute Anruf von Herrn Weidmann, dem es endlich gelungen ist, alle am 30. September von mir eingeladenen Leute zu einem neuen Spielabend zusammenzubekommen. Er bestand darauf, daß ich, die Anregerin und, wie er liebenswürdig versicherte, begabteste Spielerin, an dem Abend teilnehmen sollte. Natürlich habe ich abgesagt. Solche Spiele und gar die notwendigerweise darauf folgenden Gespräche über die menschliche Natur interessieren mich nicht mehr. Außerdem erscheint mir die Zahl der Möglichkeiten allzu begrenzt: Eine Handvoll Eigenschaften und Wahnvorstellungen, denen der Mensch in seiner begrenzten Lebenszeit, also sehr vorübergehend, unterworfen ist. Damit einen Abend und eine halbe Nacht lang zu verbringen, lohnt sich nicht.

2.12. Ich weiß nicht, was gestern über mich gekommen ist. Daß ich es plötzlich im Zimmer nicht mehr ausgehalten habe, mag noch verständlich erscheinen, da ich ja früher täglich stundenlang Spaziergänge machte. Ich bin aber diesmal gar nicht in den Park oder aufs Land hinaus, sondern in die Stadt gegangen und seltsamerweise habe ich auf meinem Wege jeden, der mir begegnete, angehalten und ihn auszufragen versucht. Natürlich gehorchte mir meine vernarbte Zunge nicht. Es mag auch sein, daß ich in meiner Erregung die eben erlernten fremdsprachlichen Brocken habe einfließen lassen. Jedenfalls muß ich, mit meinen dick verbundenen Händen gestikulierend und Unverständliches stammelnd, den Eindruck einer Verrückten gemacht haben. Polizisten haben mich schließlich nach Hause gebracht, wo ich sofort ruhig wurde. Obwohl ich, wie man mir heute erzählte, auch versucht haben soll, diese mir ganz fremden Leute zu umarmen, fühle ich mich doch durch mein Verhalten nicht gedemütigt. Ich frage mich nur, was ich von diesen Hausfrauen, Beamten, Briefträgern und Schülern eigentlich habe erfahren wollen. Vielleicht wollte ich herausbekommen, was jede einzelne dieser Personen im Augenblick bewegte, um dann die mir fremd gewordenen Empfindungen in mir selbst zu erzeugen.
4.12. Ich bin noch immer ganz ruhig, ja noch gelassener, als ich es vor meinem mir jetzt noch völlig unverständlichen Ausbrechen war. Ich bin überzeugt davon, daß solche Anfälle sich nicht wiederholen werden. Unter der Tatsache, daß es mir offensichtlich nicht mehr gelingt, mich andern Menschen verständlich zu machen, leide ich nicht. Ungewöhnliche Menschen oder Menschen mit einem ungewöhnlichen Schicksal sind nur selten verstanden worden. Übrigens liegt mir auch nichts mehr daran, mich mitzuteilen, ebensowenig wie mir daran liegt, Mitteilungen zu empfangen. Obwohl mein Verstand rasch und präzise arbeitet, interessiert mich doch nichts genug, um ihn daran zu erproben. Ich habe darum meine Sprachstudien aufgegeben. Allenfalls beschäftige ich mich noch mit den Grundzügen der Geometrie, mit der während meiner letzten Schuljahre ein besonderer Lehrer eine ganze Klasse von albernen Mädchen faszinierte. Ich besitze nicht nur meine alten Lehrbücher, sondern auch einen raffiniert ausgestatteten Zirkelkasten: in schwarzer und farbiger Tusche stelle ich, den Zirkel und das Winkelmaß mit äußerster Genauigkeit handhabend, die verlangten Figuren her. Meinen kleinen Haushalt halte ich noch immer in peinlichster Ordnung, bereite mir auch aus schriftlich bestellten Lebensmitteln meine Mahlzeiten selbst.
Auch was meine äußere Erscheinung anbetrifft, lasse ich mich keineswegs gehen. Herr Alphons kommt, um mich zu frisieren, und mit allerlei Salben pflege ich meinen Teint, der von bemerkenswerter Frische ist. Die Götter altern nicht, habe ich gestern, freilich nicht ohne Ironie, angesichts meines Spiegelbildes gedacht.
6.12. Heute an meinem Geburtstag hat es mehrere Male an der Wohnungs-

türe geläutet. Ich habe mich nicht gerührt, bin aber später hinausgegangen, um die Blumen und Briefe aufzuheben, die auf der Schwelle lagen. Mein Freund Werner hat eine große Azalee geschickt und hat mich in seinem Glückwunschbrief beschworen, ihn anzurufen und mit ihm zusammen eine ihm bekannte medizinische Kapazität aufzusuchen. Offenbar hält er mich für gefährlich krank. Ein Frühlingsstrauß war von der Spielgesellschaft, eine Amaryllis von den Kollegen aus dem Büro. Gegen Abend läutete es dreimal, und weil dieses kurz-lang-kurz ein von Clara und mir ausgemachtes Zeichen ist, habe ich ganz unwillkürlich die Türe aufgemacht. Ich habe mich dann auch wirklich gefreut, Clara zu sehen. Ich habe sie in der Wohnung herumgeführt, habe für uns den Tisch gedeckt und ein Käsesoufflé zubereitet, das ganz ausgezeichnet war. Später habe ich ihr meine geometrischen Zeichnungen gezeigt. Sie war merkwürdig bedrückt und umarmte mich beim Weggehen mit Tränen in den Augen. Wer weiß, was für Sorgen und Schwierigkeiten sie in ihrer Familie wieder hat. Ich habe sie nicht gefragt.

9.12. Die Kälte in diesem Jahr ist außergewöhnlich. Schon von morgens an muß ich neben der Ölheizung noch den Kamin anstecken. Ich sitze dann in einem niederen Lehnstuhl, den ich im Laufe des Tages immer dichter ans Feuer rücke. Der Kamin zieht vortrefflich, die Flammen sprühen und tanzen, und diese ständige Bewegung ist es, die wie auch schon in vergangenen Zeiten der Anblick der Meeresbrandung mein Entzücken erregt. Oft wenn es im Zimmer schon dunkel ist, glaube ich mich am Rande eines Vulkans zu befinden, dessen Flammen aus einer unvorstellbaren Tiefe hervorbrechen und singen. Unwillkürlich versuche ich diese von dumpfen Detonationen begleiteten feinen Töne nachzuahmen. Schon lange ersetzen sie mir die Musik aus dem Rundfunk, die doch immer etwas allzu Menschliches hat. Wenn ich das Feuer verlasse, um mich schlafen zu legen, friere ich sehr.

12.12. Keine Veränderung, bis auf ein Anwachsen des Kältegefühls, das mich jetzt auch im Bett oft an allen Gliedern zittern läßt. So bin ich eben, kurz vor Mitternacht, wieder aufgestanden und habe auf das noch schwach schwelende Kaminfeuer die wenigen noch vorhandenen Buchenscheite gelegt. Ich habe meinen Stuhl ans Feuer gerückt und mit Genugtuung beobachte ich, wie sich die Flammen beleben. Da ich erst morgen eine neue Lieferung Brennholz erwarte, werde ich die Bücher zu Hilfe nehmen müssen, die längst ungelesen, aber bequem zu erreichen, auf einem Regal hinter mir stehen. Auch die alten Briefe, die sich in den Schubladen meines Schreibtischs befinden, können als Heizmaterial dienen. Vielleicht wäre es besser, wenn ich schon jetzt damit anfinge, diese Briefe ins Feuer zu werfen. Das Holz scheint, wie mir sein Zischen anzeigt, feucht zu sein. Altes Papier aber brennt immer gut.

13.12. gegen Morgen. Ich muß eingeschlafen sein und etwas Schlechtes geträumt haben. Mein Gesicht ist von salziger Feuchtigkeit bedeckt. Es kann doch kaum sein, daß der Inhalt der Briefe, in denen ich vor dem Einschlafen

gelesen habe, mich dazu bewegt hat, Tränen zu vergießen. Was in diesen Briefen stand, weiß ich bereits nicht mehr. Es ist aber möglich, daß es Liebesbriefe waren. Jedenfalls ertappte ich mich darauf, daß ich, kaum aufgewacht, in den Flammen herumstocherte, um ein paar dieser mit Schriftzügen bedeckten Papierfetzen herauszuziehen. Ich möchte gewisse Worte noch einmal lesen.
Ich kann nicht mehr schreiben. Ich war bei meiner kindischen Suche nach einigen halbverbrannten Briefbogen unvorsichtig, vielleicht haben auch die Mullbinden an meinen Füßen Feuer gefangen. Jedenfalls schwelen meine Beine bis zu den Knien und ich habe nicht mehr die Kraft, sie aus den Flammen zu ziehen. Obwohl ich nicht den geringsten Schmerz empfinde, muß ich doch eben einen furchtbaren Schrei ausgestoßen haben. Auf diesen Schrei hin ist es im Haus lebendig geworden, es wird geklingelt und geklopft, jetzt schlagen sie sogar die Wohnungstür ein. Schönes Feuer, liebes Feuer, alter Vulkan aus der Tiefe der Erde, zieht mich heraus aus den Flammen, ich bin doch hin. Ich bin nicht unsterblich, ich weine und meine Finger krampfen sich um einen Fetzen Papier, auf dem das Wort Liebe steht.

Die kleinen Leute von Swabedoo

Ein amerikanisches Märchen

Vor langer, langer Zeit lebten kleine Leute auf der Erde. Die meisten wohnten im kleinen Dorf Swabedoo (Wippidu) und nannten sich Swabedoodahs (Wippiduler). Sie waren sehr glücklich und liefen herum mit einem Lächeln bis hinter die Ohren und grüßten jedermann.

Was die Wippiduler am meisten liebten, war, einander warme weiche Pelzchen zu schenken. Ein jeder trug über seine Schulter einen Beutel, und der Beutel war gefüllt mit weichen Pelzchen. Nun ist es besonders schön, jemandem ein warmes weiches Pelzchen zu geben; es sagt dem anderen, er sei etwas Besonderes; es ist eine Art zu sagen: »Ich mag dich.« Und selbstverständlich ist es sehr erfreulich, ein solches Pelzchen zu bekommen. Wenn man dir ein Pelzchen anbietet, wenn du es annimmst und fühlst, wie warm und flaumig es an deiner Wange ist, und du es sanft und leicht in dein Pelzbeutelchen zu den anderen legst, dann ist es wundervoll. Du fühlst dich anerkannt und geschätzt, wenn jemand dir ein weiches Pelzchen gibt, und du möchtest ihm ebenfalls etwas Schönes tun. Die kleinen Leute von Wippidu gaben gerne weiche Pelzchen und bekamen gerne weiche Pelzchen, und ihr gemeinsames Leben war ohne Zweifel sehr glücklich und froh.

Außerhalb des Dorfes, in einer kalten dunklen Höhle, wohnte ein großer grüner Kobold. Er wollte eigentlich nicht alleine wohnen und manchmal war er einsam. Aber er schien mit niemandem auszukommen und irgendwie mochte er es nicht, warme weiche Pelzchen auszutauschen. Er hielt es für einen großen Unsinn.

Eines Abends ging der Kobold in das Dorf und traf einen kleinen freundlichen Wippiduler. »War heute nicht ein schöner Wippiduler-Tag?« sagte die kleine Person lächelnd. »Hier, nimm ein warmes weiches Pelzchen; dieses ist ein besonderes, ich habe es eigens für dich aufbewahrt, weil ich dich so selten sehe.«

Der Kobold schaute um sich, ob niemand anderer ihnen zuhörte. Dann legte er seinen Arm um den kleinen Wippiduler und flüsterte ihm ins Ohr: »Hör mal, weißt du denn nicht, daß, wenn du alle deine Pelzchen weggibst, sie dir dann an einem deiner schönen Wippiduler-Tage ausgehen?« – Er bemerkte plötzlich einen erstaunten Blick und Furcht im Gesicht des kleinen Mannes, und während der Kobold in den Pelzchenbeutel hineinschaute, fügte er hinzu: »Jetzt würde ich sagen, hast du kaum mehr als 217 weiche Pelzchen übrig. Sei lieber vorsichtig mit dem Verschenken!« Damit tappte der Kobold auf seinen großen grünen Füßen davon und ließ einen verwirrten und unglücklichen Wippiduler zurück. Der Kobold wußte, daß ein jeder der kleinen Wippiduler einen unerschöpflichen Vorrat an Pelzchen besaß. Gibt man nämlich jemandem ein Pelzchen, so wird es sofort durch ein anderes ersetzt, so daß einem sein ganzes Leben lang niemals die Pelzchen ausgehen können. Doch der Kobold verließ sich auf die gutgläubige Natur der kleinen Leute und noch auf etwas anderes, das er bei sich selbst entdeckt hatte. Er wollte herausfinden, ob es auch in den kleinen Wippidulern steckt. Auf diese Weise belog der Kobold also den kleinen Mann, kehrte zurück in seine Höhle und wartete.

Es dauerte nicht lange, der erste, der vorbeikam und der den kleinen Wippiduler begrüßte, war ein guter Freund von ihm, mit dem er schon viele weiche Pelzchen ausgetauscht hatte. Dieser stellte mit Überraschung fest, daß er nur einen befremdenden Blick erhielt, als er seinem Freund ein Pelzchen gab. Dann wurde ihm empfohlen, auf seinen abnehmenden Pelzchenvorrat achtzugeben, und sein Freund verschwand ganz schnell. Und jener Wippiduler bemerkte drei anderen gegenüber am selben Abend noch: »Es tut mir leid, aber ich habe kein warmes weiches Pelzchen für dich. Ich muß aufpassen, daß sie mir nicht ausgehen!«

Am nächsten Tag hatte sich die Neuigkeit im ganzen Dorf verbreitet. Jedermann hatte plötzlich begonnen, seine Pelzchen aufzuheben. Man verschenkte zwar immer noch welche, aber sehr, sehr vorsichtig. »Unterscheide!« sagten sie. Die kleinen Wippiduler begannen einander mißtrauisch zu beobachten und verbargen ihre Beutel mit den Pelzchen während der Nacht vorsichtigerweise unter ihrem Bett. Streitigkeiten brachen darüber aus, wer die meisten

Pelzchen hat, und schon bald begannen die Leute, weiche Pelzchen für Sachen einzutauschen, anstatt sie einfach zu verschenken. Der Bürgermeister von Wippidu stellte fest, daß die Zahl der Pelzchen begrenzt sei, rief die Pelzchen als Tauschmittel aus, und schon bald zankten sich die Leute darüber, wieviel ein Mahl oder eine Übernachtung im Hause eines jeden kosten soll. Es gab sogar einige Fälle von Raub wegen Pelzchen. An manchen dämmrigen Abenden war man draußen nicht mehr sicher, an Abenden, an denen die Wippiduler früher gern in den Park und auf den Straßen spazieren gingen und einander grüßten, um sich weiche warme Pelzchen zu schenken. Das Schlimmste von allem – an der Gesundheit der kleinen Leute begann sich etwas zu ändern, viele klagten über Schmerzen in Schultern und Rücken, und mit der Zeit befiel mehr und mehr kleine Wippiduler eine Krankheit, bekannt als Rückgraterweichung. Sie liefen gebückt umher und (in den schlimmsten Fällen) bis zum Boden gebeugt. Ihre Pelzbeutelchen schleiften auf dem Boden. Viele Leute im Dorf fingen an zu glauben, daß das Gewicht des Beutels die Ursache der Krankheit sei, und daß es besser wäre, sie zuhause einzuschließen. Binnen kurzem konnte man kaum noch einen Wippiduler mit einem Pelzbeutelchen antreffen.

Zuerst war der Kobold mit dem Ergebnis seiner Lüge zufrieden. Er hatte herausfinden wollen, ob die kleinen Leute auch so fühlen und handeln würden wie er, wenn er selbstsüchtige Gedanken pflegte. Und er fühlte sich erfolgreich, so wie die Dinge liefen. Wenn er nun in das Dorf kam, grüßte man ihn nicht länger mit einem Lächeln und bot ihm keine weichen Pelzchen an. Stattdessen starrten ihn die kleinen Leute mißtrauisch an, so wie sie auch einander anstarrten. Und ihm war es auch lieber so. Für ihn bedeutete dies, der Wirklichkeit ins Auge zu schauen: »So ist die Welt«, pflegte er zu sagen.

Mit der Zeit ereigneten sich aber schlimmere Dinge. Vielleicht wegen der Rückgraterweichung, vielleicht auch deshalb, weil ihnen niemals jemand ein weiches Pelzchen gab, starben einige der kleinen Leute. Nun war alles Glück aus dem Dorf Wippidu verschwunden – und es betrauerte das Dahinscheiden seiner kleinen Bewohner. Als der Kobold davon hörte, sagte er zu sich selbst: »Mein Gott, ich wollte ihnen nur zeigen, wie die Welt wirklich ist. Ich habe ihnen nicht den Tod gewünscht.« Er überlegte, was man jetzt machen könne, und er erdachte einen Plan. Tief in seiner Höhle hatte der Kobold eine geheime Mine von kaltem stacheligem Gestein entdeckt. Er hatte viele Jahre damit verbracht, die stacheligen Steine aus dem Berg zu graben, denn er liebte deren kaltes und prickeliges Gefühl – und er blickte gerne auf den wachsenden Haufen kalter stacheliger Steine im Bewußtsein, daß sie alle ihm gehörten. Er entschloß sich, sie mit den Wippidulern zu teilen. So füllte er Hunderte von Säcken mit den kalten stacheligen Steinen und nahm sie mit ins Dorf.

Als die Leute die Säcke mit den Steinen sahen, waren sie froh und nahmen sie dankbar an. Nun hatten sie wieder etwas, was sie sich schenken konnten. Das

einzig Unangenehme war, daß es nicht so viel Spaß machte, kalte stachelige Steine zu verschenken wie warme weiche Pelzchen. Einen stacheligen Stein zu geben, war gleichsam eine Art, dem anderen die Hand zu reichen – aber nicht so sehr in Freundschaft und Liebe. Auch einen stacheligen Stein zu bekommen, war mit einem eigenartigen Gefühl verbunden. Man war nicht ganz sicher, was der Geber meinte, denn schließlich waren die Steine kalt und stachelig. Es war nett, etwas von einem anderen zu erhalten, aber man blieb verwirrt und oft mit zerstochenen Fingern zurück. Wenn ein Wippiduler ein weiches warmes Pelzchen bekam, sagte er gewöhnlich »Wau«, wenn ihm jemand aber einen kalten stacheligen Stein reichte, gab es gewöhnlich nichts anderes als ein »Uh«.
Einige der kleinen Leute begannen wieder, einander warme weiche Pelzchen zu geben. Und jedesmal, wenn ein Pelzchen geschenkt wurde, machte es den Schenkenden und den Beschenkten wirklich sehr glücklich. Vielleicht war es nur deshalb zu bekommen, weil so viele kalte stachlige Steine ausgetauscht wurden. Das Schenken von Pelzchen wurde nie mehr Mode in Wippidu. Nur wenige der kleinen Leute entdeckten, daß sie fortfahren konnten, einander warme weiche Pelzchen zu schenken, ohne daß ihre Vorräte ausgingen. Die Kunst, Pelzchen zu schenken, wurde nicht von allen gepflegt. Das Mißtrauen steckte tief in den Leuten von Wippidu. Man konnte es aus ihren Bemerkungen hören:
Weiche Pelzchen? Was steckt wohl dahinter? – Ich weiß niemals, ob meine weichen warmen Pelzchen auch geschätzt werden!? – Ich habe ein weiches Pelzchen gegeben und bekam dafür einen stacheligen Stein. So dumm bin ich nie wieder. – Man weiß nie, wo man dran ist; jetzt ein weiches Pelzchen und im nächsten Augenblick einen stacheligen Stein. – Gibst du mir keinen stacheligen Stein, dann geb' ich dir auch keinen. – Ich möchte meinem Jungen ein warmes weiches Pelzchen geben, aber er verdient es nicht. – Manchmal frage ich mich, ob Großvater noch Pelzchen auf der Bank hat!? – Wahrscheinlich wäre jeder Bürger von Wippidu gern zurückgekehrt zu jenen früheren Tagen, als das Schenken und Geschenktbekommen von warmen weichen Pelzchen noch üblich war. Manchmal dachte einer bei sich: Wie schön wäre es doch, von jemandem ein warmes Pelzchen zu bekommen, und in Gedanken ging er hinaus und begann, jedem ein Pelzchen zu schenken wie in alten Tagen. Aber für gewöhnlich hielt ihn dann doch zurück, daß er sah, »wie die Welt wirklich war«.

AUF DER GRENZE ZUM NEULAND

Christentum und Ideologie

THEODORE O. WEDEL

Das Gleichnis von der unnütz gewordenen Rettungsstation

An einer gefährlichen Küste, die schon vielen Schiffen zum Verhängnis geworden war, befand sich vor Zeiten eine kleine, armselige Rettungsstation. Das Gebäude war nicht mehr als eine Hütte, und dazu gehörte nur ein einziges Boot; aber die Handvoll Freiwilliger versah unentwegt ihren Wachtdienst und wagte sich tags wie nachts unermüdlich und ohne Rücksicht auf ihr eigenes Leben hinaus, um Schiffbrüchige zu bergen. Dank diesem bewundernswerten kleinen Stützpunkt wurden so viele Menschen gerettet, daß er bald überall bekannt wurde. Viele der Erretteten und andere Leute aus der Umgebung waren nun auch gern bereit, Zeit, Geld und Energie zu opfern, um die Station zu unterstützen. Man kaufte neue Boote und schulte neue Mannschaften. Die kleine Station wuchs und gedieh.

Vielen Gönnern dieser Rettungsstation gefiel das ärmliche und schlecht ausgerüstete Gebäude nicht mehr. Die Geretteten benötigten doch einen etwas komfortableren Ort als erste Zuflucht. Deshalb wurden die provisorischen Lagerstätten durch richtige Betten ersetzt und das erweiterte Gebäude mit besserem Mobiliar ausgestattet. Doch damit erfreute sich die Seerettungsstation bei den Männern zunehmender Beliebtheit als Aufenthaltsort; sie richteten sie sich noch gemütlicher ein, da sie ihnen als eine Art Clubhaus diente. Immer weniger Freiwillige waren bereit, mit auf Bergungsfahrt zu gehen. Also heuerte man für die Rettungsboote eine eigene Besatzung an. Immerhin schmückte das Wappen des Seenotdienstes noch überall die Räume, und von der Decke des Zimmers, in dem gewöhnlich der Einstand eines neuen Clubmitglieds gefeiert wurde, hing das Modell eines großen Rettungsbootes.

Etwa zu dieser Zeit scheiterte vor der Küste ein großes Schiff, und die angeheuerten Seeleute kehrten mit ganzen Bootsladungen frierender, durchnäßter und halbertrunkener Menschen zurück. Unter den schmutzigen und erschöpften Schiffbrüchigen befanden sich Schwarze und Orientalen. In dem schönen Clubhaus herrschte das Chaos. Das Verwaltungskomitee ließ deshalb gleich danach Duschkabinen im Freien errichten, damit man die Schiffbrüchigen vor Betreten des Clubhauses gründlich säubern könne.

Bei der nächsten Versammlung gab es eine Auseinandersetzung unter den Mitgliedern. Die meisten wollten den Rettungsdienst einstellen, da er unangenehm und dem normalen Clubbetrieb hinderlich sei. Einige jedoch vertraten

den Standpunkt, daß Lebensrettung die vorrangige Aufgabe sei und daß man sich ja schließlich auch noch als »Lebensrettungsstation« bezeichnete. Sie wurden schnell überstimmt. Man ließ sie wissen, daß sie, wenn ihnen das Leben all dieser angetriebenen schiffbrüchigen Typen so wichtig sei, ja woanders ihre eigene Rettungsstation aufmachen könnten.
Das taten sie dann auch.
Die Jahre gingen dahin, und die neue Station wandelte sich genauso wie die erste. Sie wurde zu einem Clubhaus, und so kam es zur Gründung gar einer dritten Rettungsstation. Doch auch hier wiederholte sich die alte Geschichte. Wenn man heute diese Küste besucht, findet man längs der Uferstraße eine beträchtliche Reihe exklusiver Clubs. Immer noch wird sie vielen Schiffen zum Verhängnis; nur – die meisten der Schiffbrüchigen ertrinken.

JOSEF REDING

Sie nannten ihn Padrechico

Der Indio schob die Frau und das kleine Mädchen hinter die breit auszüngelnde Agave am Knick des Saumpfades. Ein karges Zeichen mit der Hand: Frau und Kind duckten sich, nahmen die Flachkörbe vom Kopf und preßten sie gegen den Leib. Aus dem Korb des Kindes fielen einige Kräuterbündel und eine Orchidee in den grobkörnigen Sand.
Der Mann blieb in der Pfadmitte. Er spähte. Das müdegewordene Dunkel löste sich nur zögernd vom Boden. Der Morgen war naß und zu jung. Mit Mühe vermochte sein Licht die Umrisse einiger Felsbrocken und verkrüppelter Zedern in der Nähe freizulegen. Es zeigte nicht, woher der schleppende Hufschlag kam.
Der Indio zog die Machete[1] eine Handlänge aus dem zerfaserten Gürtel. Hockstellung. Horchen, Warten, Argwohn.
Das Kind hinter der Agave fragte halblaut. Der Mann schaute hinüber. Seine Stirn wurde dabei schmal und runzlig.
Die Mutter streifte mit dem Handteller leicht den Mund des Kindes. Das Mädchen nickte, zog eifrig die Lippen zwischen die Zähne und tilgte so den Mund für eine Weile aus dem kleinen Gesicht. Der Vater lächelte. Der unmittelbare Gehorsam seines Kindes ließ Sicherheit auf ihn überströmen.
Als er den Blick wieder vorwärts richtete, die Sandfurche hinunter, sah er das

[1] Machete = breites Buschmesser

Maultier und den gebeugten Reiter. Wieder griff der Indio zur Machete. Dann aber stieß er das breite Messer bis zum drahtgewickelten Knauf in den Strick zurück.
»Ja, das weiß ich, Padrechico«, sagte der Indio. Er trat mit der Seite seines bloßen Fußes einen Stein die ausgewaschene Rille hinunter. »Ich werde nach Jorge sehen, wenn ich vom Markt wieder daheim bin, Padrechico.«
Die Stimme des Indios war brüchig geworden. Er schaute den Pater nicht mehr an, sondern wich mit dem Blick zum Maultier aus, das ruhig neben dem Kind stand.
»Es ist gut, Jenaro«, sagte der Pater. »Ich weiß, du wirst das Richtige tun. Wenn ich etwas Falsches gemacht habe – und ich mache oft etwas falsch, Jenaro – dann weiß ich nachher doppelt so gut, wie ich das Richtige tun muß. Vielleicht kann man gar nicht wissen, was richtig ist, wenn man das Falsche nicht kennt. Wen einmal beim Umhauen der Stamm des Mahagonibaums gestreift hat, der stellt sich beim nächstenmal auf die richtige Seite.«
»Muchas gracias[2], Padrechico«, sagte der Indio.
Der Pater ging zum Maultier. Es wendete den Kopf zu ihm hinüber, als er schnalzte. Das Kind legte dem Pater das schwarze Leder der Zügel in die Hände. Der Pater prüfte, ob das Gewicht des vollen Jutesacks zu beiden Seiten auf der Hinterhand des Maultiers gleichmäßig lastete. Dann stieg der Priester vorsichtig auf. Die Indios gingen neben dem Maultier den Pfad hinauf, bis sie zur Agave kamen. Sie blieben neben den Körben stehen und winkten. Es war Tag geworden. Sie konnten den Pater noch lange sehen, nachdem er sein Adios[3] gerufen hatte.
Es ist gut, daß sie mich Padrechico nennen. Kleiner Pater, Päterchen. Ich bin einen Kopf größer als der größte von ihnen, und sie nennen mich Padrechico. Ich bin einer von ihnen. Ich habe Glück gehabt. Ich habe schon zu Hause begonnen, ihren Dialekt zu lernen. Als ich noch Pater Eugen Bruckner war. Als ich noch in der neuen Kirche aus Glas und Beton predigte. Modern. Glatt. Hart. Als ich mich aus dem Studio über die Bildschirme in Millionen Wohnungen schicken ließ. Als mich die Illustrierten zwischen dem letzten erfolgreichen Faustmatador und der nächsten erfolgreichen Eiskönigin placierten. Pater Eugen Bruckner. Kirchenmann, der in die Zeit paßt. In unsere Zeit.
Das Maultier knickte mit dem Vorderhuf ab. Aber es fing sich rasch wieder und klapperte den gewohnten Rhythmus auf den Felspfad. Bis ich entdeckte, daß keiner mehr Hunger hatte, wo ich redete und sendete und Betrieb machte. Dann habe ich mir eine statische Karte geholt. Mit Schraffuren und Farben. Und ich habe herauszufinden versucht, in welcher Gegend der Welt die Menschen am meisten Hunger haben. Da war dieses Stück Hochland.

[2] Muchas gracias = Vielen Dank
[3] Adios = Auf Wiedersehen

Irgendwo zwischen El Salvador und Honduras. Niemandsland ohne Glas und Beton. Menschen ohne Glas und Beton.
Es dauerte lange, bis ich hierhergehen durfte. Sie kommen doch prächtig an, hatte man mir gesagt. Großartig kommen Sie an. Und da wollen Sie weg? Gibt's doch gar nicht! Ist doch Koketterie! Menschenskind, Pater Bruckner, machen Sie mal 'n bißchen Urlaub, und dann vergessen Sie den ganzen exotischen Zauber. Ihr Platz ist mitten in der Welt. Nicht am Rande. Wie gesagt: Sie kommen hier an! Verdammte Angst der Zeit, ankommen zu müssen! Wer nicht ankam, galt als lebender Leichnam. Der Politiker. Der Conférencier. Der Schriftsteller. Der Priester. Wer nicht ankommt, ist nicht da. Aber wo ankommen? Und wo war die Mitte der Welt. War die Mitte die sechsspurige Autostraße, griffig für jedes Profil? Oder dieser Saumpfad, auf dem sich die Mulis[4] die Hufe zerschlugen? Oder ein drittes?
Flucht in die Romantik? Als ich endlich gehen durfte, warf man mir das vor: Flucht in die Romantik! Ich wußte, was mich hier erwartete. Indianerreservate[5].
Fünf handtellergroße Tortillas am Tag. Ausgewalzte Maisplättchen. Ein paar Kräuter dazu. Sonst nichts. Ein Leben lang: sonst nichts. Doch; manchmal ist da etwas anderes im Leben. Da nimmt einer dem anderen die Frauen weg, und der andere schlägt sich dann mit Absicht die Sichel ins Bein, weil er den Schmerz in der Brust ablenken möchte. Aber nichts lenkt ab, und der Mann verhungert, und die Kinder verhungern. Hier muß ich rechtzeitig ankommen. Ob ich Jenaro klargemacht habe, daß er es war, der dem Jorge Icaza den scharfen Sichelmond ins Fleisch geschlagen hat? Und ob ich es ihm klargemacht habe, ohne seine Würde zu zerbrechen? Seine dignidad[6]? Die dignidad, die das größte Vermögen der Menschen hier ist? Die dignidad, die mehr bedeutet als die dreimal tausend Quadratkilometer Kaffee- und Baumwollgrund des Haxwnsados auf der Hochfläche?
Das Maultier drückte sich gegen die Felsseite, als der Jeep auftauchte. Der Pater zwang das Tier auf die Pfadmitte zurück. Er rieb sich das Bein, das für Augenblicke zwischen Fels und Muli eingeklemmt war.
Der Mann im Jeep war Broderick Paw. Es gab nur einen Jeep hier oben und einen Mann darin. Broderick Paw aus Leftewood, Illinois. War schon länger hier als er, Bruckner. Gehörte einem Kreis an, der sich »Johannesjünger« nannte oder ähnlich. Broderick Paw wurde von den Indios Broderick gerufen oder mit El Señor Paw tituliert. Niemand nannte Paw »Padrechico«. »Ich habe einen Fehler gemacht, als ich hierher kam«, sagte Paw zu Bruckner in einem der flüchtigen Gespräche, die sich im Laufe der Jahre vielleicht ein halbes dutzendmal ergeben hatten. »Aber ich sage Ihnen nicht, wie dieser Fehler

[4] Muli = Maultier
[5] Reservat = Für eine Bevölkerungsgruppe begrenzte Ansiedlung
[6] dignidad = Würde

aussieht. Bin gespannt, ob Sie ihn auch machen, Pater!« Dabei lachte Paw. Sportlich. Ohne Hinterhalt. Paw war ein Jahrzehnt jünger als Bruckner. Die Mission des Amerikaners lag in Chalchuapa. Ein Büro. Ein Lebensmittellager. Ein Schrank voller Traktate und Gesangbücher. Die Schriften verstaubten. Paw sorgte lieber dafür, daß neue Lebensmittel hereinkamen, die er täglich zu den Indios brachte. Hier oben ist Seelsorge Leibsorge! Dieser Satz, der von Bruckner nebenbei gesprochen worden war, wurde für alle Helfer zum Leitwort. Ganz gleich, woher sie kamen und auf welchen Geboten oder Statuten sie fußten. In den Methoden des Helfens gibt es nicht viel Nuancen. Ein Hungernder muß gespeist werden; ein Unbehauster braucht ein Dach über dem Kopf. Ein Arbeitsloser braucht Arbeit.
Dennoch war Bruckner weitergekommen als Paw. Der Vorgänger von Paw hatte auch den Titel Padrechico gehabt. Aber nicht Paw hatte ihn bekommen, sondern Bruckner.
Paw stemmte sich auf das Lenkrad. »Wo kann ich Sie hinbringen, Pater?«
»Zu Jorge Icaza!«
»Der mit der Sichelwunde?«
»Woher wissen Sie, Paw?«
»Hab's vor einer Stunde auf dem Markt gehört. In meinem Notizbuch ist Jorge Icaza für morgen vorgemerkt. Aber ich bringe Sie gern hin. Spart Ihnen zwei Stunden.«
»Einverstanden!« sagte Bruckner. »Warten Sie, ich binde das Maultier an. Nehmen Sie schon mal den Sack mit dem Maismehl in den Jeep.«
Paw sprang seitlich aus der Wanne des Jeeps. Es machte ihm Spaß zu helfen. Er krempelte sein Khakihemd aus der Hose, zog es über den Kopf und wuchtete mit nacktem Oberkörper den Maissack auf die Rücksitze. Es war im Grunde alles wie damals in der Army. Drahtig und notwendig. Die Schlachtfelder hatten sich verlagert. Das war alles.
Der Jeep brauchte lange, um den Drahtzaun endlich hinter sich zu lassen. Den Drahtzaun, der die Kaffee-Hazienda von Señor Geramo umspannte. Der Weg zur Hütte von Jorge Icaza führte an der Begrenzung des Geramoschen Besitzes entlang. »Wieviele Arbeiter beschäftigt der Hacendado[7] jetzt?« fragte Bruckner.
»Der Geramo? Genau einhundertachtundvierzig!« Paw prononcierte jede Silbe scharf.
»Nanu, so genau wissen Sie's? Sind Sie Verwalter oder Personalchef von Geramo?«
»Nein, ich interessiere mich nur für die Plantage und was darauf vorgeht.«
»Kennen Sie Geramo?«

[7] Hacendado = Plantagenbesitzer

»Flüchtig«, sagte Paw. »Ich hatte nur einmal das Vergnügen, mit ihm ein paar Worte zu wechseln. Schon lange her.«
»Mich bombardiert er jeden Monat einmal mit 'ner verschnörkelten Einladung«, sagte Bruckner.
»Und?« fragte Paw.
»Bin noch nicht dazu gekommen, anzunehmen«, sagte Bruckner. »Lohnt es sich denn?«
Paw schürzte nachdenklich die Lippen. »Na ja, der Mann hat 'nen vorzüglichen Tee, der Ihnen aus gediegenem Silber eingeschenkt wird. Und seine Plattensammlung, Schallplatten, meine ich, hat zum Beispiel sämtliche Beethoven-Sinfonien gleich dreimal, jedesmal von 'nem anderen Orchester. Und Bücher. Was heute in der Buchbeilage der New York Times empfehlend rezensiert wird, bekommt der Geramo nächste Woche mit 'ner großen Kiste. Ist kein Banause, der Geramo. Ist er nicht, nein! Übrigens: die Villa von Jorge Icaza! Bitte sehr! Malerisch gelegen zur Rechten!« Paw lachte nicht, als er den Fremdenführer imitierte und auf den Lehmstall zeigte, in dem Jorge Icaza mit 6 Kindern hauste. Als Paw und Bruckner das verhungerte Kind begraben und Jorge Icaza frisch verbunden und allen zu essen gegeben hatten, war Bruckner müde. Er brauchte frische Luft nach dem Geruch von Krankheit und Verwesung in Icazas Pferch.
»Nehmen Sie die beiden jüngsten Kinder im Jeep mit ins Krankenhaus. Ich gehe zu Fuß zum Maultier.«
»Sie können auch hierbleiben, Pater« sagte Paw. »Ich hole Sie dann heute abend ab, wenn die Kinder im Hospital versorgt sind.«
»Nicht nötig, danke«, sagte Bruckner. Er fühlte sich ausgelaugt und zerschlagen. Man hatte in Jorge Icazas Hütte kaum ein Wort gesprochen. Der Wortvorrat reichte für Situationen wie die vorgefundene nicht aus. Nicht mal zu einem läppischen Trost für Icaza hatte es gereicht.
Als Paw mit dem Jeep fort war, stapfte Bruckner ihm in den Reifenspuren nach. Nach dem Dreck etwas Sauberkeit, ein reines Handtuch zum Beispiel oder heißes klares Wasser. Ein neues Buch aufschlagen, das nach frischem Papier und dem Leinen des Einbandes duftet. Eine Tasse Tee ...
Eine Tasse Tee? Der Hacendado! Jetzt war die Stunde für den Besuch. In der Hazienda war alles gehäuft, was Bruckner plötzlich geradezu schmerzhaft entbehrte.
Bruckner ging durch die Pforte des Drahtzaunes. Der Indio, der dort die Wache hatte, öffnete das Tor sehr weit und stand gerade wie der Corral[8]-Pfosten neben ihm. Der Mann sagte nichts. Nur seine Augen wurden kleiner, als er den Pater an sich vorbei ließ. Dann schloß er das Tor sorgfältig. Als der

[8] Corral = Gehege

Pater im Wohngebäude der Plantage verschwand, kam ein alter Mann mit einem löcherigen Poncho am Portal des Drahtzauns vorbei. Der Indio, der die Wache hielt, sprach lange und betrübt mit dem Alten.
»Las Casas[9]«, sagte der Hacendado. Aber da hatte der Pater schon geduscht und Tee getrunken und die ersten Floskeln unverbindlicher Konversation hinter sich gebracht.
»Sie sagen Las Casas, Padre, und meinen damit, ich soll meine Indios anders behandeln . . .«
»Besser behandeln«, sagte der Padre.
»Aber soll ich wie Ihr vielgepriesener Las Casas auch dafür plädieren, daß Neger aus Afrika als Sklaven hierher importiert werden? Hat Las Casas gemacht. Können Sie nachlesen in seinen Berichten an die Majestät in Madrid. Um seine Indios zu schonen, hat Las Casas die Negerschinderei propagiert. Euer geliebter Las Casas. Wußten Sie das, Padre?«
Bruckner hatte es nicht gewußt. Bruckner dachte: der Mann ist klug und ohne Erbarmen gleichzeitig. Eine gefährliche Mischung für den, der sie zu ertragen hat. »Lassen wir Las Casas«, sagte Bruckner müde. Bad und Tee hatten ihn nicht erfrischt, sondern matt werden lassen. »Und sprechen wir von der Lage der Indios hier und jetzt. Ich bin Ihr Gäst, Señor. Aber gestatten Sie mir dennoch die Feststellung: Sie bezahlen den Indios zu wenig für die Arbeit, die sie leisten. Sie behandeln Ihre Reitpferde besser als die Menschen, die eine Seele haben – wie Sie, Señor.«
Der Hacendado lächelte. »Padre, Sie sind naiv. Ich habe erst geglaubt, Sie seien revolutionär oder aggressiv oder lästig. Aber Sie sind nur naiv. Welche Vorstellungen haben Sie? Gut, in diesem Jahr zahle ich meinen Arbeitern ein paar Geldstücke mehr. Meinen Sie, es bleibt dabei? Ich gebe Ihnen die Versicherung, daß in spätestens drei Jahren diese Burschen mir die Haustür einrammen und mich zwingen, mein Land zu zerschlagen und jedem ein Stück davon zu schenken. Und wenn ich's nicht tue, dann spalten sie mir mit der Machete den Schädel!«
»Und wenn Sie's tun?«
»Dann wirtschaftet jeder wild auf seinem Landfetzen herum und baut seinen Mais und seine Gummibäume oder Zuckerrohr oder alles gleichzeitig. Und wenn jeder mit seinem Eselskarren voll Ernte an die Großhandelsplätze oder an den Hafen kommt, dann schütteln sich die Aufkäufer vor Gelächter. Und keiner ist in der Lage, sich einen Traktor zu kaufen oder wenigstens ein paar neue, kräftige Zugochsen. Also, wenn ich will, daß die Indios hier völlig verlottern und das Land zugrunde richten und sich und ihre Familien dazu, dann brauche ich nur mit der wunderbaren Lohnvermehrung anzufangen, Padre!«

[9] Las Casas = span. Historiker und Beschützer der Indios, 1566 gest.

»Die Menschen auf Ihren Plantagen gehen jetzt zugrunde, Señor, nicht erst in fünf oder zehn Jahren. Sind Sie getauft, Señor?«
»Merkwürdige Frage«, sagte der Hacendado verdrossen, »natürlich bin ich getauft. Und der Goldschrein um die Madonna von Chalchuapa stammt von mir, wenn Sie's noch genauer möchten.«
»Jetzt werden Sie naiv, Señor«, sagte Bruckner. »Ich bin sogar sicher, daß Sie sich noch dann im Recht fühlen, wenn Ihre verzweifelten Indios Sie eines Tages aufknüpfen werden.«
»Padre, Sie werden geschmacklos«, sagte der Hacendado.
»Ich muß jetzt gehen«, sagte Bruckner, »aber ich werde wiederkommen. Bald.«
Bruckner konnte noch den Daumen zwischen Sonne und Berg schieben, als er Jenaro wieder erblickte. Es ist noch eine Stunde bis zum Abend. Jenaro hat seine Orchideen und Kräuter früh verkauft. Er und seine Frau und seine Tochter werden fröhlich sein.
Der Pater glitt vom Maultier und wartete. Er fühlte sich frischer als unter dem Ventilator des Hacendados.
Jenaro ging langsamer, als er den Pater sah. Auch Frau und Kind gingen langsamer.
Sie gehen langsam, weil sie ihre Beichte bedenken, dachte der Pater.
Aber als Jenaro mit den Seinen den Pater erreicht hatte, blieb er nicht stehen. Er drehte nur den Kopf zum Pater hin und sagte hastig:
»Ich kann jetzt nicht beichten. El Señor Bruckner! Später. Vielleicht.«
Die Frau und das Mädchen schauten zu Boden.
»Wir gehen jetzt zu Jorge Icaza!« rief der Indio. »Ich muß noch sein Arbeitszeug von der Hazienda holen. Señor Geramo hat Jorge entlassen. Weil Jorge arbeitsunfähig ist seit dem – dem Unfall. Und der Hacendado kann nur gesunde Menschen auf seinem Gut gebrauchen. Darum muß Jorge morgen auch die Hütte verlassen. Sie gehört zur Hazienda. Señor Geramo hat es angeordnet. Sie kennen doch Señor Geramo, nicht wahr. El Señor Bruckner? Ist er nicht neuerdings Ihr Freund?«
Der Indio ging jetzt schneller. Er drehte sich nicht mehr um. Der Pater lehnte seine Stirn gegen den Hals des Maultiers. Der Tee des Hacendado, dachte er. Sie halten mich jetzt für einen Gesinnungsbruder des Mannes, von dem ich komme. Sie haben erwartet, daß ich mit ihnen gegen die Macht des Hacendado angehe. Und ich trinke mit dem Mann Tee. Darum nennen sie mich jetzt Herr und sprechen das Wort aus wie ein Fahnenflüchtiger.
Als Bruckner das Maultier hinunterführte, war die Sonne schon halb hinter dem Horizont versackt.
Ich muß wieder von vorn anfangen, dachte Bruckner und strich dem Muli mit den Fingerkuppen über die nassen Flanken. Ganz von vorn.

IGNAZIO SILONE

Wir hatten gelogen

Sich um seine eigenen Angelegenheiten kümmern, das war die Grundbedingung für ein anständiges ruhiges Leben, wie uns bei jeder Gelegenheit eingeschärft wurde. Die Lehren der Kirche bestätigten das, denn die uns empfohlenen Tugenden bezogen sich ausschließlich auf das persönliche Leben und das der Familie. Ich dagegen liebte es von klein auf, viel draußen auf der Straße zu sein, und meine liebsten Spielgefährten waren Kinder von armen Bauern. Die Neigung, mich nicht nur um meine eigenen Angelegenheiten zu kümmern und mit den ärmeren Altersgenossen Freundschaft zu schließen, sollte für mich schwerwiegende Folgen haben. Verständlicherweise sind die lebhaftesten Erinnerungen aus meiner Kindheit und Jugendzeit dadurch bestimmt.

Viele kleine charakteristische Episoden haben sich daher mit schmerzhafter Deutlichkeit meinem Gedächtnis eingeprägt. Aber ich will nicht mit derartigen Geschichten den Eindruck erwecken, als seien die hohen Ideale von Wahrheit und Gerechtigkeit bei uns ignoriert und verachtet worden; im Gegenteil. In der Schule, in der Kirche und bei öffentlichen Veranstaltungen wurde oft mit Beredtheit und Verehrung davon gesprochen, wie anderswo auch, allerdings in ziemlich abstrakten Begriffen. Um unsere sonderbare und wirklich eigentümliche Situation besser zu charakterisieren, muß ich hinzufügen, daß sie auf einer Täuschung beruhte, deren sich alle, sogar die Kinder, bewußt waren; und dennoch dauerte sie an. Es lag also etwas anderes zugrunde als die Dummheit oder Unwissenheit der Leute.

Ich erinnere mich zum Beispiel an eine lebhafte Diskussion, die sich eines Tages in der Religionsstunde zwischen uns und dem Pfarrer entspann. Der Anlaß war eine Marionettenaufführung, die wir mit dem Pfarrer zusammen am Tag zuvor besucht hatten. Das Stück, ich erinnere mich noch genau daran, behandelte die dramatischen Erlebnisse eines Kindes, das vom Teufel verfolgt wurde. In einem bestimmten Augenblick war die Marionette, die das Kind darstellte, zitternd vor Angst an der Rampe erschienen und hatte sich, um dem Teufel zu entfliehen, unter einem Bett versteckt, das eine Ecke der Bühne einnahm. Gleich darauf war der Teufel erschienen und hatte vergeblich nach dem Knaben gesucht.

»Er muß doch hier sein«, sagte der Teufel. »Ich rieche seinen Geruch. Jetzt frage ich mal diese braven Zuschauer.« Und zu uns gewandt, hatte er gefragt:

»Meine lieben Kinder, habt ihr vielleicht gesehen, wo sich der böse Junge versteckt hat, den ich suche?«

»Nein, nein, nein«, antworteten wir sofort mit größter Entschiedenheit im Chor.

»Wo ist er denn? Warum sehe ich ihn nicht?« fragte der Teufel weiter.

»Er ist fort», antworteten wir, »er ist nach Lissabon gegangen.« (In unserer Umgangssprache und in unseren Sprichwörtern ist Lissabon noch heute der am weitesten entfernt liegende Punkt auf der Erdkugel.)
Ich muß dazu sagen, daß niemand von uns auf dem Weg zur Vorstellung vorausgesehen hatte, daß wir von einer Marionette befragt werden würden. Unsere Reaktion war also ganz instinktiv und spontan gewesen.
Ich nehme an, daß in jedem anderen Land der Welt sich die Kinder angesichts des gleichen Schauspiels auf die gleiche Art verhalten würden. Aber unser Pfarrer, ein gelehrter, frommer Mann, war zu unserer Überraschung nicht völlig befriedigt. Das erklärte er uns mit Bedauern in der kleinen Kapelle der Heiligen Cäcilie, wo er uns gewöhnlich den Katechismus lehrte.
Dieser Ort war bei uns Kindern sehr beliebt, denn die römische Märtyrerin war auf dem Altar in Gestalt eines wunderschönen, blonden, traurigen Mädchens dargestellt und hielt einen Gegenstand im Arm, der seltsamerweise dem Küchengerät glich, das »Gitarre« genannt wird und mit dem bei uns die hausgemachten Spaghetti hergestellt werden. Das Bild zog uns derartig an, daß der Pfarrer genötigt war, die Bänke umzustellen, um uns zu nötigen, der Heiligen Cäcilie den Rücken zuzukehren.
»Euer Betragen während des Marionettenspiels hat mir nicht gefallen«, sagte er, nachdem wir uns auf sein Geheiß gesetzt hatten.
Wir hatten gelogen, teilte er uns in besorgtem Ton mit. Wir hatte es zu einem guten Zweck getan, gewiß, aber es war und blieb eine Lüge. Man darf keine Lügen sagen.
»Auch nicht dem Teufel?« fragten wir betroffen.
»Eine Lüge ist immer eine Sünde«, gab uns der Pfarrer zur Antwort.
»Auch vor dem Richter?« fragte einer der Schüler.
Der Pfarrer wies uns streng zurecht. »Ich bin hier, um euch in der christlichen Lehre zu unterrichten und nicht, um Geschwätz anzuhören«, sagte er. »Was außerhalb der Kirche geschieht, interessiert mich nicht.«
Und er begann von neuem, in schönen und schwierigen Worten, ganz im allgemeinen, zu erläutern, was die christliche Lehre über Wahrheit und Lüge sagt.
Aber uns Kinder interessierte an diesem Tage das Problem der Lüge im allgemeinen durchaus nicht. Wir wollten wissen: »Hätten wir dem Teufel das Versteck des Kindes verraten sollen, ja oder nein?«
»Darum handelt es sich nicht«, wiederholte der bedauernswerte Pfarrer gequält. »Die Lüge ist immer Sünde. Sie kann eine große Sünde sein, eine mittlere, eine unbedeutende oder eine ganz kleine, aber sie bleibt immer eine Sünde.«
»Die Wahrheit ist«, sagten wir, »daß auf der einen Seite der Teufel war und auf der anderen Seite ein Kind. Und wir wollten dem Kind helfen, das ist die Wahrheit.«

»Aber ihr habt eine Lüge gesagt«, wiederholte der Pfarrer. »Zu einem guten Zweck, das gebe ich zu, aber ihr habt gelogen.«
Um der Sache ein Ende zu machen, brachte ich einen Einwand vor. »Wenn es sich nicht um ein gewöhnliches Kind gehandelt hätte, sondern um einen Priester«, fragte ich ihn, »was hätten wir dem Teufel dann antworten sollen?«
Der Pfarrer wurde rot und ging einer Antwort aus dem Weg, indem er mir befahl, zur Strafe für meine Unverschämtheit den Rest der Stunde neben ihm knieend zu verbringen.
»Bereust du es?« fragte er mich am Schluß der Stunde.
»Ja«, sagte ich. »Wenn der Teufel mich nach Ihrer Adresse fragt, dann gebe ich sie ihm sofort.«

DINO BUZZATI

Die Lehre von Whipping

Der dritte Weltkrieg, der so sehr gefürchtet war, dauerte genauso lange, wie es die Militärexperten vorausgesehen hatten: etwas weniger als 24 Stunden. Doch der Verlauf des Konflikts machte alle Prophezeiungen zunichte und ließ im übrigen die Dinge, wie sie vorher gewesen waren.
Als sich eine neue Meinungsverschiedenheit wegen des Landes Whipping in der Antarktis, um die Amerika und Rußland stritten, abzeichnete, konnte man zuerst noch glauben, daß es sich nur um eine der unzähligen Polemiken am Rande handelte. Aber es schien, daß dieses, zwischen steilen Berggipfeln gelegene, noch unerforschte Land Whipping einen verborgenen Schatz beherbergte, der nur den Großen Geheimdiensten bekannt war.
Unerwartet kann man wohl sagen, und unter der Bestürzung der Völker nahm das Duell des Kalten Krieges einen unheilvollen und beunruhigenden Ton an. Auf der einen wie auf der anderen Seite wurden ebenso unklare wie drohende Reden gehalten. Und man sprach mit geradezu naivem Nachdruck von neuen und geheimen Waffen, die als »unvorstellbar, unglaublich und wunderbar« bezeichnet wurden und die in wenigen Stunden den Feind zur totalen Übergabe zwingen würden.
Noch klangen diese schrecklichen Botschaften in den Seelen der Menschen nach, als blitzartig ein Ultimatum[1] von Moskau eintraf, das innerhalb von 48 Stunden die Räumung des Landes Whipping von den amerikanischen Vorposten verlangte. Diese Aufforderung war so hart und so eindeutig, daß man

[1] Ultimatum = letzte Warnung

nicht mehr hoffen konnte. Washington gab wie erwartet keine Antwort, und in allen Staaten der Konföderation[2] wurde der Befehl ausgegeben, die Verordnungen für den Ernstfall in Kraft zu setzen.
Da kam die große Angst wieder, die die Menschen durch so viele Jahre hindurch vergessen hatten, jenes Gefühl des drohenden Verlustes all dessen, was das Leben ausmacht. Und bescheidene und langweilige Dinge des täglichen Lebens: das am Morgen im Bett Aufwachen, die erste Zigarette, die Straßenbahn, die erleuchteten Läden, die Arbeit in der Fabrik oder im Büro, das Lächeln, der kleine Spaziergang, die Launen der Kinder, das Vorstadtkino, die neuen Schuhe, der freie Samstagnachmittag, alles wurde plötzlich zum Symbol menschlichen Glückes – obwohl sie noch existierten, aber man verstand, daß sie bald für immer verloren sein würden.
Auf der ganzen Welt dachte jeder gierig einzig und allein an sich und die Seinen, in der Hoffnung, eine Rettung zu ersinnen. Aber allzu lange hatten alle darauf geschworen, daß ein neuer Krieg unmöglich sei, weil er die Zerstörung der ganzen Menschheit nach sich ziehen würde.
Zum Glück – wenn man unter diesen Umständen überhaupt vom Glück sprechen kann – dauerte die Angst des Wartens nicht lange. Das russische Ultimatum war noch nicht abgelaufen, und viele klammerten sich noch, in dem Bemühen, überleben zu können, verzweifelt an schwache und törichte Beweisführungen, als eine Mitteilung des Rundfunks ununterbrochen über alle Sender die Seelen erstarren ließ. Der Generalalarm dritten Grades (der höchste) wurde über die ganzen Vereinigten Staaten verhängt; denn unheilbeladene Langstreckenraketen unbestimmter Anzahl waren von Rußland her im Anflug und würden spätestens innerhalb zwei Stunden amerikanisches Gebiet erreichen.
Sofort wurde vom Operationshauptquartier der schicksalsschwere Hebel niedergedrückt, der entsprechende elektrische Signale auslöste, auf die hin von allen amerikanischen Raketenbasen mit ohrenbetäubendem Donnern Zehntausende und Zehntausende von ebenfalls unheilbeladenen Raketen sich in den Himmel erhoben und in den tiefen Schatten der Nacht mit ihren unruhigen und verhängnisvollen Feuerschwänzen verschwanden. Für die, die darum wußten, war dies wenigstens ein Anblick unbeschreiblicher Größe. Vielleicht verschwand so zum letztenmal im Weltraum der Stolz der Menschheit, und diese entfesselten Raketen entführten – so schien es – die großen und kleinen Illusionen des Lebens, der Liebe, das sichere Heim, die zärtlichen Begegnungen, die Träume von Reichtum und Ruhm, den Frühling, die Wissenschaft, die Musik und den ruhigen Ablauf der Jahre. Aber jetzt war keine Zeit, dem nachzuhängen. Angstvoll liefen die Blicke zu den Uhren. Bald, in einer Minute vielleicht, würde alles im Nichts verschwinden.

[2] Konföderation = Staatenbund

Ein endloser Schrei hob sich von der Erde. Hoch oben im Äther wetterleuchtete eine Explosion, eine zweite, dreihundert, dreitausend. Beim Widerschein der Stichflammen sah man von jeder Explosion Dampffäden wie viele weiße Beine einer Spinne ausstrahlen, die sich ineinander verflochten und eine riesige Kuppel von Filigran bildeten, bis dann das Muster des Rauches so dicht wurde, daß es einen festen Baldachin[3] bildete, der die Sterne vollständig verbarg.
Bei den Menschen trat eine Art Ruhepause ein, denn alle hatten die Stichflamme einer Atomexplosion erwartet, die Stoßwelle, das Verbrennen, die Vernichtung. Nichts davon geschah.
Dann sah man, daß diese Decke von weißem Nebel von keiner Explosion mehr erschüttert wurde und langsam niedersank. Niemand wußte, was dies zu bedeuten hatte. Man konnte an die schrecklichsten Folgen denken, wenn sie die Erde erreicht haben würde.
Tatsächlich sank der weiße Dampf immer tiefer, und ein gleichförmiger Nebel breitete sich überall aus, drang in die Häuser, in die Keller, in die Bunker, durch die engsten Ritzen. Von Schrecken versteinert sahen Menschen, die sich in den unwegsamsten Schlupfwinkeln verborgen hatten, wie Schwaden weißen Gases, das kein Hindernis zu kennen schien, sie erreichte. Jemand begann zu husten. Andere knieten nieder und beteten. Der Tod schien nahe.
Aber das Husten hörte auf. Die Menschen sahen sich schweigend an, ungläubig, nicht ohnmächtig zu werden. Kein Gefühl des Erstickens, kein Brennen, nicht die geringsten Schmerzen.
Sollten die russischen Wissenschaftler sich in ihren Berechnungen geirrt oder das Gas auf dem Wege seine tödliche Kraft eingebüßt haben?
Auch in dem überpanzerten Luftschutzraum des Weißen Hauses drang der Dampf ein. Dort hatten alle die Gasmaske aufgesetzt, aber auch zwischen sie sickerten die weißlichen Dämpfe, jeder spürte sie wie eine Liebkosung die Wange entlang streichen.
Endlich entfernte der Präsident der Vereinigten Staaten als erster mit männlicher Geste die Maske und schüttelte den neben ihm sitzenden Staatssekretär am Arm, damit er ebenfalls die seine entferne. Widerwillig gehorchte dieser, und daraufhin nahmen auch alle anderen sie ab.
Der Luftschutzkeller war vollständig mit Dampf gefüllt – trotzdem war niemand gestorben.
»Na« – sagte der Präsident der Vereinigten Staaten –, »was ich nicht verstehe, ist, daß wir so lange Zeit gebraucht haben, um endlich die Augen zu öffnen.«
»Wirklich unglaublich«, pflichtete der Staatssekretär ihm bei. »Die Diktatur des Proletariats«, fuhr der Präsident nachdrücklich fort. »Es gibt keine andere Lösung, das ist einmal sicher!«

[3] Baldachin = zeltähnliches Dach

Und der Staatssekretär schlug sich mit der Hand vor die Stirn: »Was wir doch für Idioten gewesen waren.«
»Für Idioten, für Idioten«, wiederholten die anderen im Chor.
»Doch was ist für ein Lärm draußen?« fragte der Präsident.
»Die Menge« – teilte ihm ein Sekretär mit –, »es sind über hunderttausend, die unserer sozialistischen Republik zujubeln.«
»Brave Jungens, daß Gott sie segne« – sagte der Präsident –, »das heißt, verzeiht mir, ich sagte Gott nur so aus alter Gewohnheit . . . Übrigens, ist das Waffenstillstandsangebot schon nach Moskau abgegangen?«
»Sicher, selbstverständlich« – beruhigten ihn die anderen.
Und in Moskau? Dort war ungefähr das gleiche vor sich gegangen, nur Dreiviertelstunden später. Das Zittern, die Angst, das Gefühl des Verhängnisses, das Warten auf den Tod: auch dort waren sie Menschen aus Fleisch und Blut wie die Amerikaner. Und richtig, auch über ihnen explodierten die Raketen, spien weiße Dämpfe aus, ging der Nebel nieder.
Im Luftschutzkeller des Kreml nahm der allmächtige Generalsekretär die mit Gas gefüllte Maske ab, und indem er den neben ihm sitzenden Präsidenten des Sowjetrates am Arm schüttelte, sagte er: »Es war wirklich an der Zeit! Was ich nicht verstehe, ist nur, wie konnte ich diesen blödsinnigen Kommunismus so lange ertragen? Übrigens« – und da wandte er sich an seinen Außenminister, der die Maske noch auf dem Gesicht trug –, »ich hoffe, wir haben das Waffenstillstandsangebot schon diesen sympathischen Amerikanern geschickt?«
»Selbstverständlich, Genosse Parteisekretär.«
»Was heißt Genosse, nenne mich ruhig Herr Parteisekretär.«
So schlug die Geheimwaffe fehl. Ohne, daß einer es vor dem anderen gewußt hatte, waren die Wissenschaftler auf beiden Seiten damit beschäftigt gewesen, ein Mittel zu erfinden, das dem Krieg ohne Blutvergießen innerhalb einer Stunde ein Ende setzen würde, das sogenannte »Überzeugende Gas«, das eine Ideologie enthielt, der der menschliche Geist nicht widerstehen konnte. Keine Atombombe, keine Zerstörungen, kein Gemetzel. Ein ätherischer Saft, der sich blitzschnell und augenblicklich der Gehirne bemächtigte. Der russische, der den Marxismus in die amerikanischen Köpfe, und der amerikanische, der die Demokratie in die russischen Köpfe einimpfte, und alles hatte wie vorgesehen funktioniert.
Blitzartig wurde die Gesamtbevölkerung Amerikas, von einigen kleinen Inseln abgesehen, wohin das Gas nicht gedrungen war, zum Kommunismus bekehrt und die Gesamtbevölkerung der Sowjetunion zur kapitalistischen Freiheit.
Die einen wie die anderen frohlockten beim Eintreffen des Waffenstillstandsangebotes. Sie glaubten an den vollständigen Sieg. Doch bei den ersten Verhandlungen waren die Parlamentarier wie versteinert.
Und mit vertauschten Rollen begann der Kalte Krieg von neuem.

DINO BUZZATI

Der Streik des Teufels

Seit Monaten hatte die neue Regierung dem Verbrechen, der Unmoral, dem Laster und den Krankheiten den Kampf angesagt. Die Glanzleistung aber war die kollektive Impfung gegen die Erbsünde. Dieser Impfstoff sollte das gesamte moralische Verhalten des Menschen umkehren. Statt wie vorher durch ihre Natur zum Bösen gebracht zu werden, würden sich jetzt die Menschen, wie Adam und Eva vor dem Sündenfall, nur vom Guten angezogen fühlen, jedermann würde sozusagen zum Heiligen.

Der Teufel selbst glaubte natürlich nicht an die Wirkung des Impfstoffes, aber die Idee allein brachte ihn in Wut. Denn solange die Welt bestand, hatten die Menschen nie gewagt, ihn so offen herauszufordern. Und deswegen bestimmte er den Streik. Im ganzen Lande ließ er plötzlich von einer Stunde auf die andere die Tätigkeit des Bösen einstellen. Die Menschen hörten auf zu stehlen, zu töten, zu betrügen, zu klatschen, ehezubrechen usw. usf. Und zur gleichen Zeit hörten sie auch auf, krank zu werden.

Natürlich brauchte es eine gewisse Zeit, bis die Menschen die Tragweite des Phänomens erfaßt hatten. Ein seltsamer Friede herrschte auf den Polizeistationen. Die Telephone schwiegen, niemand rief mehr um Hilfe, niemand kam, um eine Klage einzureichen. Gleichzeitig ließ auch der Publikumsandrang in den Apotheken nach, die Ärzte mußten sich mit den laufenden Krankheiten begnügen, da keine neuen Fälle mehr hinzukamen.

Es war wie eine richtige Revolution, und viele hatten Mühe daran zu glauben. Konnte wirklich dem Feldzug der Regierung für die Sittlichkeit und öffentliche Gesundheit ein solcher Erfolg beschieden sein?

Hatte sich der Mensch, dieses unverbesserliche Lebewesen, endlich bändigen, die Mikroben[1] und Viren von der Wissenschaft schlagen lassen?

Als aber auch die Berichte aus der Provinz keinen Zweifel mehr daran ließen, wurde in der Hauptstadt groß gefeiert. Zeitungen, Rundfunk, Fernsehen waren voll davon. Die Verbrecherkurve war schnell auf den Nullpunkt gesunken, weibliche Wesen waren nachts in den berüchtigten Gegenden nicht mehr anzutreffen, und die Teddyboys[2] blieben abends zu Hause, um zu studieren. Auch die Säle der Krankenhäuser leerten sich, nachdem die alten Kranken entweder genesen oder in ein besseres Leben eingegangen waren.

Diese vollständige und plötzliche Erlösung eines ganzen Landes wurde, wie es nur logisch ist, zum Clou des Weltinteresses. Niemand kümmerte sich mehr um Gipfelkonferenzen, um Weltraumfahrten, um Festivals und Indizienpro-

[1] Mikroben = kleinste Krankheitserreger

[2] Teddyboys = Halbstarke der 50er Jahre in England

zesse von Gattenmördern. Schwärme von Journalisten trafen aus allen Himmelsrichtungen ein. Man stellte fest, daß dieses glückliche, bisher wenig beachtete Land ein Musterbeispiel an Fortschritt und Zivilisation sei. Der Erfinder des Impfstoffes gegen die Erbsünde aber wurde mit großen Ehren ausgezeichnet.

Nur eine einzige Alarmstimme erhob sich; sie gehörte Professor Fulvio Stragioni, der den Lehrstuhl für Philosophie innehatte: »Seid auf der Hut – warnte er –, diese unerwartete und vollständige Kapitulation des Bösen ist verdächtig. Gebe es der Himmel, daß dahinter kein Manöver steckt, um unsere Widerstandskraft erlahmen zu lassen, damit der Erzfeind uns beim nächstenmal unvorbereitet fände. Denn wie weise und nützlich auch die Strafandrohung und die sanitären Vorkehrungen der Regierung gewesen sein mögen, sie allein reichen nicht aus, diese unerhörte Umwälzung der Lage zu erklären. Und was den Impfstoff gegen die Erbsünde angeht, so ist das meiner Ansicht nach ein lächerlicher Bluff. Zwar stimmt es, daß keine Verbrechen mehr begangen werden, aber nirgends sehe ich den angepriesenen Triumph der Tugend. Die Menschen sind genauso gleichgültig ihrem Nächsten gegenüber wie zuvor, auch wenn sie ihm gerade nichts Böses zufügen. Das Phänomen hat sicher andere Ursachen. Wir sind in der Gewalt eines mysteriösen Einflusses, dessen Zweck uns noch nicht klar ist. Besser als Feierlichkeiten würde uns vermehrte Vorsicht anstehen.«

Doch wurde diese unkende Stimme zum Schweigen gebracht. Nach einigen Monaten des Frohlockens begann die Kehrseite des Vergnügens. Man stellte fest, daß auch die Ausmerzung des Bösen seine Schattenseite hatte. Die Arbeitslosigkeit weiter Volksgruppen z. B. stand bevor. Für die Polizisten, Richter oder Gefängniswärter sah der Staat eine andere Beschäftigung vor oder eine frühe Pensionierung. Aber wer würde den Rechtsanwälten zu Brot verhelfen? Denn da die Streitsucht ebenfalls rapid abgenommen hatte, wurden auch Zivilverfahren selten wie weiße Mücken. Ernst wurde auch das Problem des Sanitätswesens. Die pharmazeutische Industrie, die in diesem Lande besonders blühend gewesen war, verkaufte jetzt nicht mehr eine Pille. In den fast leer gewordenen Krankenhäusern liefen Ärzte, Krankenwärter und Krankenschwestern wie ruhelose Seelen umher. Apotheker, Orthopäden, Kräuterverkäufer, Naturärzte, alle waren dem Hunger nahe. Dann noch etwas: die Immunität gegen Krankheit hatte sich auch auf das Tierreich erstreckt und besonders schädliche und lästige, die bisher in Zaum gehalten worden waren, erlebten nun einen wundervollen Aufschwung: Schnaken, Stechmücken, Mäuse, Schaben, Heuschrecken, Rebläuse, und der Schaden, den sie anrichteten, war unberechenbar.

Aber schlimmer als all das – und man gab sich ungefähr nach einem Jahr darüber Rechenschaft – war die psychologische Wirkung der großen Veränderung. Die Menschen, die weder von Verbrechen noch von Krankheit bedroht

waren, verloren alle kämpferische Lust, alle Spannung, jeden Schneid. Eine allgemeine Erschlaffung, ein bleierner Überdruß herrschte.
Man versuchte, etwas dagegen zu unternehmen. Und es fehlte nicht an Initiativen. Wir erinnern nur an den »Nationalen Gedenktag des Diebstahls«, organisiert von dem Syndikat[3] der Anwälte, um den Dieben, die in ruhigere Berufe übergewechselt waren, neuen Schwung einzuflößen; durch Staatserlaß wurde weitgehende Strafminderung für alle Verbrechen angekündigt; Preise für einen nach allen Regeln der Kunst ausgeführten Einbruch wurden ausgesetzt. Ein anonymer Menschenfreund bot die schöne Summe von zehn Millionen für einen vorsätzlichen Mord, und Geheimagenten des Innenministeriums verteilten unter der Hand Kokain. Öffentliche Wettstrip-tease wurden abgehalten, und in soliden Vereinen sprachen bekannte Redner über Prostitution und Mädchenhandel.
Es nützte alles nichts. Die Menschen hatte auf unerklärliche Weise jeden Geschmack an dieser Art von Zerstreuung verloren.
Dieselbe Mühe verwandte man an die Wiederbelebung der physischen Leiden. Ein großer Wettbewerb für Magengeschwüre wurde ausgeschrieben. Die ehemals bedeutende Medizinindustrie stiftete einen Oscar für Herzinfarkt.
Einzig allein die Kurve der Selbstmorde war im Ansteigen, weil für viele das Leben einfach unerträglich langweilig geworden war. Aber da diese Leute es meistens ernst meinten, schaute wenig Befriedigung für die Ärzteschaft dabei heraus.
Zuletzt waren alle überzeugt, daß das Böse auf immer geschlagen sei und es unnötig wäre, teure Anlagen aufrechtzuerhalten, die früher dazu gedient hatten, es zu bekämpfen. Auch die Pessimisten waren sich darin einig. Einzig und allein Professor Stragioni verfocht eine abweichende Meinung und prophezeite nach wie vor Unglück. Das Land überließ sich völlig der Tatenlosigkeit. Was hatten sie schon zu fürchten? Krankenhäuser wurden in Schulen und Fabriken umgewandelt; die Ärzte widmeten sich der Landwirtschaft oder den schönen Künsten, aus Polizisten wurden Bürokraten.
Doch wie langweilig war ein solches Leben ohne Laster, ohne Krankheiten, ohne Zittern und Bangen. Eine graue schlaffe Apathie[4] bedeckte die ganze Nation. Auch die Liebe, nachdem die Wollust verschwunden, war nichts anderes mehr als eine fade, mühsame Formalität. Die Gesichter wurden ausdruckslos und matt. Um neun Uhr abends waren die Städte schon tot. Fast neun Jahre genügten, das Land welk und verdrießlich, das Leben monoton, die Menschen kraftlos, die Kinder blöde und die Gehirne stumpf zu machen. Nicht einmal mehr neue Schlager wurden erfunden.
Endlich – ohne die geringste Voranzeige – hörte eines schönen Tages der

[3] Syndikat = Verein, Gesellschaft
[4] Apathie = Gleichgültigkeit

Streik des Bösen auf. Der Teufel gab das Zeichen und postierte sich auf dem höchsten Wolkenkratzer, um das Schauspiel zu genießen. Es lohnte sich: Das Ungestüm, mit dem das Land die neun stumpfsinnigen Jahre wieder aufholen wollte, war wirklich sehenswert. Allein in der Hauptstadt gab es innerhalb einer Stunde 34 Morde.

Und die alte berühmte Pest, die nun freies Feld hatte, begann ihre Opfer zu mähen, während die Menschheit, von Blut und Schrecken belebt, wieder Freude am Leben fand.

Gerechtigkeit und Unrecht

JAKOB WASSERMANN

Der Stationschef

Auf einer unbedeutenden Station zwischen Pisa und Rom, an der Eisenbahnstrecke, die durch die gemiedenen Maremmen führt, lebte ein gewisser Antonio Varga als Amtsvorstand. Er war durch die vorübergehende Protektion eines Priors zu diesem Posten gekommen, und als er ihn einmal innehatte, blieb er dort vergessen. Sein Vater war Türhüter im Vatikan; nicht einer von den strahlenden Schweizern, sondern ein bescheidener Würdenträger, obschon hinreichend farbig angetan und stattlich zu betrachten. Wenn der junge Antonio seinen Vater besuchte, ging er voll Ehrfurcht durch die Hallen, blieb aufgeregt vor den Portalen stehen, um vornehme Leute an sich vorüberwandeln zu lassen, und einst wurde er erwischt, als er sich in ein Prunkgemach geschlichen hatte und mit Entzücken den Möbelstoff eines Sessels betastete. Wenn er vor einem Haus eine Karosse warten sah, verweilte er, bis der Herr oder die Dame erschien, und zu allen Tageszeiten trieb er sich in der Nähe der großen Hotels herum, auch vor den Museen und Kirchen, um die Fremden zu betrachten, die er mit erfundenen Namen und Titeln belegte, keineswegs um zu prahlen, denn es gab keinen Menschen, den er jemals eines vertraulichen Wortes würdigte, sondern um sich in eingebildete Beziehungen zu einer Welt zu setzen, nach der er das glühendste Verlangen hegte. Ob es nun die Säle des Vatikans oder die königlichen Gärten oder die nächtlich erleuchteten Fenster eines Palastes am Corso oder die Ringe an der Hand einer schönen Frau oder die Orden auf der Rockbrust eines Generals waren, stets empfand er beim Anblick von Dingen, die an Macht, Herrschaft und Reichtum erinnerten, den Groll eines Menschen, der um den rechtmäßigen Genuß seines Eigentums betrogen wird. Er hatte keinen Freund, an allen Männern stieß ihn die Genügsamkeit und Ergebenheit ab; keine Geliebte, da ihm die Mädchen aus dem Volk durch Tracht und Wesen verächtlich waren und er sich in den verwegensten Träumen gefiel, in denen er nur mit Gräfinnen und Herzoginnen, und zwar in einer grausamen, kalten und stolzen Weise verkehrte. Er hatte die Manie, bunte Stoffe, Hutbänder, Photographien von Leuten der großen Gesellschaft, ferner Visitenkarten mit erlauchten Namen, Spitzenreste, Stiche aus Modenblättern und einzelne Handschuhe, die er vor einem Ballsaal oder einem Bazar aufgelesen, zu sammeln, und durch diese Schwäche verwandelte er das billige Mietszimmer, das er bewohnte, in eine Schaubude, einen Triumph der Abgeschmacktheit.

Die Sumpföde der Maremmen, wohin er sich im Alter von dreißig Jahren versetzt sah, raubte ihm die Möglichkeit, seine bisherigen Neigungen zu befriedigen, und drängte den ohnehin finstern und reizbaren Mann so tief in sich selbst zurück, daß er auch in seiner dienstfreien Zeit verschmähte, die traurige Wüstenei zu verlassen. Er durchstreifte die menschenleere Gegend, lag stundenlang am Meeresufer und heftete die Blicke, die voll von unerforschlichen Wünschen und Vorsätzen waren, ins Weite hinaus. Abends beschäftigte er sich mit seiner seltsamen Sammlung, breitete die Stücke auf einen Tisch vor sich aus und betrachtete die nichtigen Gegenstände mit der Freude eines Geizhalses, der vor seinen Schätzen und Wertpapieren sitzt.
Es verkehrt auf dieser Bahnlinie ein Luxuszug, der eine Verbindung zwischen Paris und Neapel herstellt und am Morgen nach Süden, am Abend nach Norden fährt. Eines Tages ereignete es sich, daß ein Streckenwärter diesem Zug das Haltesignal gab; sein Weib hatte in der Nacht vorher ein Kind geboren, lag in einem tödlichen Fieber, und da meilenweit im Umkreis keine ärztliche Hilfe zu haben war und der Posten behütet werden mußte, so griff er zu dem verzweifelten Mittel, den Zug zum Stehen zu bringen, weil er hoffte, daß unter den Passagieren ein Arzt sein würde. Aber das Wagnis war umsonst, die Fahrgäste durften nicht gestört werden, der Beunruhigung war ohnehin schon zu viel, und es schien ein Glück, daß der Zugführer eine menschliche Regung verspürte und es dabei bewendet sein ließ, den Vorfall schriftlich an den Stationschef Varga zu melden, wobei er den Wächter, dessen Frau nach einigen Stunden starb, am meisten geschont zu haben wähnte. Dies war ein Irrtum. Antonio Varga raste, und seiner Darstellung wie seiner Forderung bei der Behörde war es zuzuschreiben, daß der Unglückliche binnen kurzer Frist von Haus und Brotstelle gejagt wurde.
Man hatte natürlich angenommen, daß er den Frevel eines pflichtvergessenen Beamten gestraft wissen wollte. Solches konnte er glauben machen, aber der geheime und schreckliche Grund seines Wütens war, daß der Wächter etwas getan, wozu er selbst sich täglich und von Tag zu Tag unwiderstehlicher versucht fühlte. Der Luxuszug hielt nicht bei der kleinen Station; zur vorgezeichneten Minute tauchte er fern in der Ebene auf, die Schienen knatterten, der Boden zitterte, donnernd fuhr er in einem Luftwirbel daher und vorüber, um alsbald im Dunst der Ferne zu verschwinden. Erregender war es am Abend; die gleißend hellen Fenster durchblitzten für die Dauer von fünf Sekunden den einsamen Perron und ließen die Öllampen in den Laternen doppelt jämmerlich erscheinen; schwarze Menschenkörper bewegten sich geisterhaft, träg und schnell zugleich, hinter den Scheiben, und Antonio Varga dachte an Perlenketten und Geschmeide, die sie trugen, an die rauschenden Gewänder in ihren Koffern, an ihre hochmütigen Blicke, ihre gepflegten Hände, an ihre Feste, ihre Liebeleien, ihre Spiele, ihre geschmückten Häuser, und die Erbitterung über diese glänzende und satte Welt, die so unhemmbar

an ihm vorüberrollte, ihn so durstig stehen ließ, wuchs mit solcher Gewalt, daß er den Gedanken einer Rache nicht mehr verdrängen konnte. Gepeinigt von seinem düstern Trieb sagte er sich: kann ich nicht zu euch gelangen, will ich euch zu mir zwingen, und wie Knechte und Bettler sollt ihr vor mir liegen. Eines Abends war der Güterzug aus Genua verspätet eingetroffen und mußte, um dem Luxuszug die Fahrt freizugeben, auf ein totes Geleise rangiert werden. Bevor die Verschiebung beendet war, kam der andere Zug in Sicht. Nun sollte das Haltesignal gestellt werden, und da die Hilfsbeamten auf dem Bahnkörper beschäftigt waren, eilte Antonio Varga in das Offizio. Anstatt so schnell zu handeln wie es die Situation gebot, zögerte er am Apparat. Er hob den Arm und ließ ihn wieder sinken; er ward sich dessen bewußt, wie viel Leben und Schicksal an der einzigen Bewegung seiner Hand hing, und eine nie empfundene aber vorgeahnte Lust erfüllte ihn. Sein Herz klopfte reiner, sein Blut floß kühler, und als das unheimlich krachende Getöse der aufeinanderstürzenden Wagen erschallte, verließ er den Raum, schritt durch die fliehenden und wehklagenden Bediensteten und stand alsbald mit verschränkten Armen neben dem ungeheuren Trümmerplatz. Emporrasselnde Flammen beleuchteten die letzten Zuckungen derselben Menschen, deren Leben er Jahr um Jahr mit seinem Haß und seiner vergeblichen Begierde verfolgt hatte. Während er den Anblick genoß wie ein Feldherr die Ruinen einer erstürmten Festung und drüben beim Stationshaus Arbeiter und Beamte noch wie gelähmt verharrten, traf eine rührende Stimme sein Ohr. Den Lauten nachgehend, gewahrte er nach wenigen Schritten ein Mädchen von außerordentlicher Schönheit, das Gesicht von jener Lieblichkeit des Schnitts und jener Zartheit der Färbung, wie man es fast nur bei den Engländerinnen findet; ihr Leib war zwischen Metall- und Holzteilen so eingepreßt, daß der keuchende Atem mit Blut vermischt aus dem Munde drang und die schönen Augen bald gebrochen sein mußten. Mit einer Geste trunkener Angst, in einem holden Wahnsinn des Schmerzes streckte das Mädchen die Arme aus, als ob es sagen wollte: umfange mich, halte mich, gib mir, was meine Jugend entbehren mußte; in ihrem Blick war eine Glut, die die strengen Züge und die adeligen Lippen Lügen strafte und dem Tode selbst noch ein kurzes Stück Leben abzuringen schien. Antonio Varga schauderte, und indem er das Haupt der Sterbenden sanft auf seine Knie bettete, mehr vermochte er zu ihrer Erleichterung nicht zu tun, ergriff ihn zum erstenmal in seinem Leben ein Bedürfnis nach dem andern Menschen, nach Hingabe, eine Ahnung von Liebe. Als das Mädchen tot war, entzog er sich dem Gewühl der um Hilfe und Rettung bemühten Leute, ging in seine Stube, verfaßte eine Beichte seiner Untat, ein ziemlich pedantisches Schriftstück, und nachdem er die Rechnung mit der Menschheit in gewohnter Sorgfalt aufgestellt hatte, beglich er sie sogleich und erhängte sich. Das macht die großen Verbrecher am Ende doch klein, daß sie unter ihren Handlungen zusammenbrechen, nicht bloß, weil sie das irdische Gericht fürchten, sondern weil ihr Geist zu schwächlich ist, um das Antlitz einer Wirklichkeit zu ertragen, und ihre Seele zu verkümmert, um einer Verantwortung gewachsen zu sein.

ALICE CHILDRESS

Es hätte für einen hübschen kleinen Laden gelangt

Ich bin ein bißchen früh in die Kapelle gekommen. Sie war nur schwach beleuchtet, mit flackernden Kerzen, und die Schatten huschten über die Wände, und eine Orgel, die ich nicht sehen konnte, spielte ganz unheimliche und düstere Töne ... Nein, ich habe absichtlich Töne gesagt und nicht Melodie! Es war keine Hymne, die man schon einmal irgendwo gehört, sondern so ein leises Wimmern und Stöhnen.

Ja, natürlich, alles stand voll Blumen, alle möglichen Arrangements aus Rosen und Kränze, die an langen Gerüsten aufgebaut waren. Da war ein Arrangement aus Nelken, das stellte eine Uhr vor, und die Zeiger standen auf der Stunde, in der Mitchell gestorben ist! Die Blumen hättest du sehen sollen! Weizenähren und Gladiolen, und alles mit Satinschleifen zusammengebunden. Der Sarg war aus grauem Plüsch, und innen war er mit weißem Satin gefüttert, so bauschig wie bei den Kästchen, in denen Halsketten und so was zu Weihnachten verkauft werden.

Ich mußte mich schnell setzen, denn ich fing an zu weinen, und mir wurde ganz schwach in den Knien. Ich war traurig und wütend, weil ich weiß, daß Mitchell es nicht leiden konnte, wenn man so auf die Tränendrüsen drückte. Wenn man nur daran denkt, wie gern er immer gelacht und Witze gemacht hat! Ich habe selten einen Menschen gesehen, der immer so fröhlich war. Aber am schlimmsten waren, glaube ich, die kleinen Inschriften aus Silberpapier auf den Schleifen, so Sachen wie: »Ruhe in Frieden«, »Dem lieben Verschiedenen«, »Wir trauern«. Also, die Orgel spielte immer weiter, und die Leute kamen rein. Zuletzt kamen die Angehörigen den Gang entlang. Ich habe gestaunt, daß es so viele waren, denn ich hatte immer den Eindruck, Mitchell ist ein bißchen einsam. Ich wußte natürlich, daß er eine Schwester hatte, die Emma, und seinen Vater; aber jetzt kamen vielleicht fünfunddreißig Leute an ... Na ja, ich nehme an, es waren Kusinen und Tanten und so was. Alle waren sie schwarz gekleidet, die Frauen trugen schwarze Schleier auf ihren Hüten, und die Männer hatten weiße Hemden an und schwarze Krawatten und eine schwarze Binde um den Ärmel. Die Leute vom Beerdigungsinstitut kamen hinter ihnen und haben sich ziemlich weit vorn auf die eine Seite gesetzt. Am Sarg war ein kleines Licht angebracht, so ähnlich wie eine Leselampe, das schien Mitchell gerade ins Gesicht. Vom Beerdigungsinstitut ist jemand aufgestanden und hat das Licht ausgemacht und den Sargdeckel geschlossen, und die Orgel wurde immer lauter.

Als sich die Familie gesetzt hatte, fing der Gottesdienst an, und der Pfarrer las den Nachruf. Bestimmt war er sehr schön, aber an Mitchell hat er mich nicht erinnert.

Ich meine, als der Pfarrer sagte: »Der heißgeliebte Sohn . . .«, da habe ich daran gedacht, daß sein Vater kaum mit ihm gesprochen hat, weil Mitchell eine Schusterwerkstatt aufmachen wollte, und sein Vater wollte, er soll ein Doktor werden.

. . . Nein, ich kann mich nicht an alles erinnern, nur so ein paar Fetzen wie . . . er ging den schmalen, geraden Weg . . . war ein Vorbild im täglichen Leben . . . ein Leben voller Selbstverleugnung . . . bescheiden und demütig. Nein, Marge, so war Mitchell nicht, und wenn er etwas verleugnete, dann bestimmt nicht sich selbst, denn er wollte von allem, was das Leben zu bieten hat, etwas haben, und er hat versucht, es zu bekommen. Er hat es nur nicht geschafft, das ist alles!

. . . Ja, natürlich, Gesang war auch! Eine Dame hat gesungen. Sie hatte eine schöne Stimme, aber sie hat sie so zittern lassen, wahrscheinlich, damit es richtig traurig klingt.

Danach hat der Pfarrer gepredigt, daß Mitchell jetzt der »ewigen Gerechtigkeit« entgegengeht, und da haben die Menschen erst richtig toll geweint. Ich weiß nicht, warum ihnen die »ewige Gerechtigkeit« so besonders traurig vorkam, denn soviel ich weiß, war er doch ein guter Mensch. Am schlimmsten aber war es, wie der Mann vom Beerdigungsinstitut den Sarg wieder aufmachte und die Leute sich hintereinander aufstellen mußten, um an ihm vorbeizuziehen und ihn noch einmal zu sehen. Ich mußte im stillen lächeln, weil ich mich ganz genau erinnern kann, daß eines von Mitchells Lieblingsliedern Count Basies »April in Paris« war, und den Teil, wo Count »noch einmal« singt, hat er immer aus voller Kehle gesungen . . . Und wie ich da so stand, um auch am Sarg vorbeizugehen, habe ich richtig gehört, wie er »April in Paris« vor sich hinsummte. Ja, ich denke schon, er sah ganz gut aus, wenn ich auch nicht weiß, warum die Leute immer fragen: »Wie sah er aus?« . . . Nein, ich meine nicht nur dich, sondern alle, Marge, weißt du, was sie mit Mitchell gemacht hatten? Sie haben ihm einen Frack angezogen mit einer weißen Nelke im Knopfloch, und er trug weiße Handschuhe! . . . Ja, das haben sie extra gekauft, denn wer Mitchell kannte, weiß ganz genau, daß er so steife Kleidung nicht leiden konnte. Besonders gern hatte er hellbraun und grau und grün und solche Farben getragen!

Nach dem letzten Blick war der Gottesdienst aus, und als nächstes sind wir zum Friedhof rausgefahren. Ich saß in einem Wagen, der für seine Freunde bestimmt war, und außer mir waren zwei junge Männer und ein Mädchen drin. Mir wurde gleich wohler, als ich sie von ihm reden hörte, denn sie erinnerten sich an die hübschen Dinge, die er gesagt und getan hatte, und sprachen frei von der Leber weg von ihm.

Du lieber Gott! Da stand aber eine lange Reihe glänzender schwarzer Wagen vor dem Friedhof, und als die Blumen abgeladen wurden, war kaum genug Platz, um sie alle unterzubringen. Plötzlich kam mir in den Sinn, daß die Beerdigung doch einen Haufen Geld gekostet haben muß!

Alle standen da und weinten, als der Sarg hinuntergelassen wurde, aber sie weinten nicht mehr so toll wie in der Kapelle. Jeder mußte eine Blume ins Grab werfen. Ich wollte eine Rose behalten und zu Hause in meiner Bibel pressen, aber eine Dame hat sie mir aus der Hand gerissen und weggeworfen. Sie hat gesagt: »Es bringt ganz schreckliches Unglück, wenn man Blumen vom Friedhof mit nach Hause nimmt.« Wie ich sie gefragt habe warum, hat sie geantwortet: »Dann gibt es einen Todesfall in Ihrer Familie!« Mein Gott, Mädchen, jeder scheint Angst vor der »ewigen Gerechtigkeit« zu haben.

Dann sind wir wieder zu dem Wagen gegangen und zu Emma gefahren, um eine Erfrischung zu uns zu nehmen . . . Ach ja, sie hatte alle möglichen Leckerbissen und auch zu trinken, und alle schienen erleichtert zu sein, daß sie die ganze Beerdigung hinter sich hatten. Sie unterhielten sich darüber, daß man Mitchell »schön beerdigt« hätte, daß sich »die Familie große Mühe gegeben hat«, daß er es bestimmt so gewollt hätte«, »daß er sich gefreut hätte« und all so was. Es waren eine ganze Menge Menschen da, die weder ich noch Mitchell seit Jahren gesehen hatte, aber ich nehme an, sie wünschten alle, ebenso wie ich, sie dürften noch einmal versuchen, ihm ein besserer Freund zu sein.

. . . Wie er gestorben ist? . . . nein, er war nicht lange krank, es ist ganz plötzlich gekommen. Du weißt doch, daß er schon lange einen günstig gelegenen Geschäftsraum suchte, aber niemand wollte ihm etwas vermieten, weil er farbig war . . . Einmal hatte er versucht, sich durch Weiße einen Laden mieten zu lassen, aber die ganze Sache hatte nur zu tollen juristischen Verwicklungen geführt, und sein Vater wollte ihm das Geld nicht vorschießen, dabei hat er es gehabt. Und da ist Mitchell letzte Woche tot umgefallen. Man sagt, es war ein Schlaganfall, aber ich glaube, er ist gestorben, weil er einfach den Mut verloren hatte. Die ganze Sache tut mir so weh, weil das Geld, das man für seine Beerdigung ausgegeben hatte, bestimmt gereicht hätte, um ihm einen hübschen kleinen Laden einzurichten.

FRANZ FÜHMANN

Das Judenauto

Wie tief hinab reicht das Erinnern? Ein warmes Grün, das ist in meinem Gedächtnis wohl das früheste Bild: das Grün eines Kachelofens, um dessen oberes Bord sich das Relief eines Zigeunerlagers gezogen haben soll; doch das weiß ich nur noch aus den Erzählungen meiner Mutter, keine Anstrengung des Hirns bringt mir dies Bild zurück. Das Grün aber habe ich behalten: ein warmes Weinflaschengrün mit stumpfem Glanz. Immer, wenn ich mir dieses Grün vor Augen führe, fühle ich mich leicht über den Dielen in Lüften schweben: Ich konnte, wie Mutter erzählte, die Zigeuner nur sehen, wenn Vater mich zweijährigen Knirps in die Höhe hob.

Dann folgt in meinem Gedächtnis etwas Weiches und Weißes, auf dem ich unendlich lange Zeit stillsitzen und dabei in ein sich auf- und abwärts krümmendes Schwarz starren mußte, und dann eine Höhle Holunder mit einer Bank und einem Mann drauf, der nach Abenteuern roch und mich auf seinem Knie reiten ließ und mir ein Stück wunderbar süßer Wurst in den Mund schob, die ich gierig kaute, und diese Erinnerung ist verbunden mit einem Schrei und einem Sturm, der plötzlich Mann und Laube von mir fortriß, um sie jählings ins Nichts zu wirbeln. Es war natürlich keine Sturmbö, es war der Arm der Mutter, der mich aus der grünen Höhle gerissen hatte, und auch der Schrei war der Schrei ihres Entsetzens gewesen: Der Mann, dessen Knie mich gewiegt hatte, war eine der Spottfiguren des Dorfs: ein heruntergekommener Großbauer, der, auf säbelkrummen Beinen einherschwankend, die Dörfer nach Brot und Schnaps zu durchbetteln pflegte, und der Geruch wilder Abenteuer war sein Atem von Brennspiritus und die Wurst ein Abfall der Roßschlächterei. Jedenfalls muß es herrlich gewesen sein, auf seinen Knien zu reiten: Es ist dies das erste Bild, das ich heute noch ganz deutlich vor mir sehe, und ich war damals drei Jahre alt.

Von da an folgen die Bilder dichter und dichter: die Berge, der Wald, der Brunnen, das Haus, der Bach und die Wiese; der Steinbruch, in dessen Grotten die Geister, die ich mir ausdachte, hausten; Kröte, Hornisse, der Käuzchenruf, die Vogelbeerenallee vor der grauen Fabrik, der Jahrmarkt mit seinem Duft von türkischem Honig und dem Drehorgelgeschrei der Schaubudenausrufer und schließlich die Schule mit ihrem kalkgetünchten, trotz der hohen Fenster stets düstren Korridor, durch den aus allen Klassenräumen heraus die Menschenangst wie eine Nebelschwade kroch. Die Gesichter der Lehrer habe ich vergessen; ich sehe nur noch zwei verkniffene graue Augen über einer langgezogenen messerscharfen Nase und einen von Ringen gekerbten Bambusstock, und auch die Gesichter der Mitschüler sind blaß und unscharf geworden bis auf ein braunäugiges Mädchengesicht mit schmalem, kaum geschwungenem Mund und kurzem hellem Haar über der hohen Stirn: Das Gesicht, vor dessen Augen man die seinen, zum erstenmal durch eine rätselhafte Macht verwirrt, niedergeschlagen hat, man vergißt es nicht, auch wenn danach Bitteres geschehen ist ...

Eines Morgens, es war im Sommer 1931, und ich war damals neun Jahre alt, kam, wie immer wenige Minuten vor dem Läuten, das Klatschmaul der Klasse, die schwarzgezopfte, wie ein Froschteich plappernde Gudrun K. wieder einmal mit ihrem Schrei: »Ihr Leute, ihr Leute, habt ihr's schon gehört!« in die Klasse gestürmt. Sie keuchte, da sie das schrie, und fuchtelte wild mit den Armen; ihr Atem flog, doch sie schrie dennoch: »Ihr Leute, ihr Leute!« und rang im Schreien schnaufend nach Luft. Die Mädchen stürzten ihr, wie immer, entgegen und umdrängten sie jäh wie ein Bienenschwarm seine Königin; wir Jungen jedoch achteten kaum auf ihr Getue, zu oft schon hatte das Klatschmaul etwas als Sensation ausgeschrien, was sich dann als Belanglosigkeit entpuppte. So ließen wir uns in unserm Tun nicht stören: Wir diskutierten gerade die neuesten Abenteuer unsres Idols Tom Shark, und Karli, unser Anführer, machte uns vor, wie man nach dessen Manier den gefährlichsten Wolfshund im Nu erledigt: ein fester Griff in den Rachen, dorthin, wo die Zähne am spitzesten stehen, den Oberkiefer festgehalten, den Unterkiefer hinuntergerissen, den Schädel im Wirbel gedreht und dem Tier einen Tritt in den Kehlkopf – da hörten wir aus dem Schwarm der Mädchen einen schrillen Schrei: »Iii, wie gräsig!« hatte eines der Mädchen geschrien, ein ganz spitzes quickendes Iii des panischen Schreckens; wir fuhren herum und sahen das Mädchen stehen, die Hand vor dem weit offenen Mund und in den Augen das blanke Entsetzen, und die Gruppe der Mädchen stand vor Schauder gekrümmt. »Und dann rühren sie das Blut mit Nullermehl an und backen draus Brot!« hörten wir Gudrun hastig berichten, und wir sahen, wie die Mädchen sich schüttelten. »Was erzählst du da für 'n Quatsch!« rief Karli laut. Die Mädchen hörten nicht. Zögernd traten wir zu ihnen. »Und das essen sie dann?« fragte eine mit heiserer Stimme. »Das essen sie dann zu ihrem Feiertag, da kommen sie zu Mitternacht alle zusammen und zünden Kerzen an, und dann sagen sie einen Zauber, und dann essen sie das!« bestätigte Gudrun mit keuchendem Eifer. Ihre Augen brannten. »Was für ein Zauber?« fragte Karli und lachte, aber das Lachen klang nicht echt. Plötzlich fühlte ich eine seltsame Angst. »So red schon!« schrie ich Gudrun an, und auch die anderen Jungen schrien, und wir drängten uns um die Mädchen, die Gudrun umdrängten, und Gudrun wiederholte in hastigen, fast schreienden Sätzen ihren Bericht: Ein Judenauto sei, so sprudelte sie heraus, in den Bergen aufgetaucht und fahre abends die wenig begangenen Wege ab, um Mädchen einzufangen und zu schlachten und aus ihrem Blut ein Zauberbrot zu backen; es sei ein gelbes, ganz gelbes Auto, so redete sie, und Mund und Augen waren vor Entsetzen verzerrt: ein gelbes, ganz gelbes Auto mit vier Juden drin, vier

schwarzen mörderischen Juden mit langen Messern, und alle Messer seien blutig gewesen, und vom Trittbrett habe auch Blut getropft, das hätten die Leute deutlich gesehen, und vier Mädchen hätten sie bisher geschlachtet, zwei aus Witkowitz und zwei aus Böhmisch-Krumma; sie hätten sie an den Füßen aufgehängt und ihnen den Kopf abgeschnitten und das Blut in Pfannen auslaufen lassen, und wir lagen übereinandergedrängt, ein Klumpen Entsetzen, der kreischte und bebte, und Gudrun überschrie unser Grauen mit schriller Käuzchenstimme und beteuerte, obwohl niemand ihre Erzählung anzweifelte, gierig, das sei wirklich wahr. Wenn sie gestern nach Böhmisch-Krumma gegangen wäre, um Heimarbeit auszutragen, hätte sie das Judenauto mit eigenen Augen sehen können: gelb, ganz gelb, und vom Trittbrett das tropfende Blut, und ich starrte Gudrun ins Gesicht, das rot war, und dachte bewundernd, daß sie ein tolles Glück gehabt habe, nicht abgeschlachtet worden zu sein, denn daß das Judenauto durch die Felder fuhr und Mädchen einfing, daran zweifelte ich keinen Augenblick.
Ich hatte zwar noch keinen Juden gesehen, doch ich hatte aus den Gesprächen der Erwachsenen schon viel über sie erfahren: Die Juden hatten alle eine krumme Nase und schwarzes Haar und waren schuld an allem Schlechten in der Welt. Sie zogen den ehrlichen Leuten mit gemeinen Tricks das Geld aus der Tasche und hatten die Krise gemacht, die meines Vaters Drogenhandlung abzuwürgen drohte; sie ließen den Bauern das Vieh und das Korn wegholen und kauften von überallher Getreide zusammen, gossen Brennspiritus drüber und schütteten es dann ins Meer, damit die Deutschen verhungern sollten, denn sie haßten uns Deutsche über alle Maßen und wollten uns alle vernichten – warum sollten sie dann nicht in einem gelben Auto auf den Feldwegen lauern, um deutsche Mädchen zu fangen und abzuschlachten? Nein, ich zweifelte keinen Augenblick daran, daß das Judenauto existierte, und auch die Worte des Lehrers, der unterdessen die Klasse betreten und die Nachricht vom Judenauto, die alle Münder ihm zugeschrien, für wenig glaubwürdig erklärt hatte, änderten nichts. Ich glaubte an das Judenauto; ich sah es gelb, ganz gelb zwischen Kornfeld und Kornfeld fahren, vier schwarze Juden mit langen, spitzigen Messern, und plötzlich sah ich das Auto halten und zwei der Juden zum Kornfeld springen, an dessen Rand ein braunäugiges Mädchen saß und einen Kranz blauer Kornraden flocht, und die Juden, Messer zwischen den Zähnen, packten das Mädchen und schleppten es zum Auto, und das Mädchen schrie, und ich hörte ihren Schrei, und ich war selig, denn es war mein Name, den sie schrie. Laut und verzweifelt schrie sie meinen Namen; ich suchte nach meinem Colt, doch ich fand ihn nicht, und so stürmte ich mit bloßen Händen aus meinem Geheimgang hinaus und sprang die Juden an. Den ersten schmetterte ich mit einem Schlag gegen das Kinn zu Boden, dem zweiten, der das Mädchen schon hochgehoben hatte, um es in den Wagen zu wälzen, schlug ich mit der Handkante ins Genick, so daß auch er zusammen-

sank; der Jude am Steuer gab Gas, und der Wagen schoß auf mich zu. Doch darauf war ich natürlich gefaßt gewesen und schnellte zur Seite; das Auto schoß vorbei, ich sprang auf sein Heck, zertrümmerte mit einem Faustschlag die Wagendecke, drehte dem Juden auf dem Beifahrersitz das Messer aus der zustoßenden Hand, warf ihn aus dem Wagen, überwältigte den Juden am Steuer, bremste, sprang ab und sah im Gras vorm Kornfeld ohnmächtig das Mädchen liegen, und ich sah ihr Gesicht, das vor mir reglos im Gras lag, und plötzlich sah ich nur ihr Gesicht: braune Augen, ein schmaler, kaum geschwungener Mund und kurzes, helles Haar über der hohen Stirn. Ich sah Wangen und Augen und Lippen und Stirn und Haar, und mir war, als sei dies Gesicht immer verhüllt gewesen und ich sähe es das erste Mal nackt. Scheu befing mich; ich wollte wegsehen und konnte es doch nicht und beugte mich über das Mädchen, das reglos im Gras lag und berührte, ein Hauch, mit meiner Hand ihre Wange, und mir wurde flammend heiß, und plötzlich brannte meine Hand: ein jäher Schmerz; mein Name dröhnte in mein Ohr; ich fuhr auf und der Lehrer hieb mir ein zweites Mal das Lineal über den Handrücken. »Zwei Stunden Nachsitzen«, schnaubte er, »ich werd dir das Schlafen im Unterricht schon austreiben!« Die Klasse lachte. Der Lehrer schlug ein drittes Mal zu; die Hand schwoll auf, doch ich biß die Zähne zusammen: Zwei Bänke vor mir saß das Mädchen, dessen Gesicht ich im Gras gesehen hatte, und ich dachte, daß sie jetzt als einzige nicht über mich lachen würde. »Im Unterricht schlafen – glaubt der Kerl, die Bank sei ein Bett!« Der Lehrer hatte das als Witzwort gesprochenı und die Klasse brüllte vor Lachen. Ich wußte, daß sie niemals über mich lachen würde. »Ruhe«, schrie der Lehrer. Das Lachen verebbte. Die Striemen auf meiner Hand wurden blau.

Nach dem Nachsitzen traute ich mich nicht nach Hause; ich grübelte, als ich langsam die Dorfstraße hinaufging, nach einer glaubwürdigen Ausrede und kam schließlich auf den Gedanken, zu Haus zu erzählen, ich hätte dem Judenauto nachgeforscht, und so bog ich, um nicht von der Hauptstraße, sondern von den Feldern aus nach Haus zu kommen, von der Straße ab, und ging einen Feldweg hinauf, den Bergen zu: Kornfelder rechts und Wiesen links, und Korn und Gras wogten mir übers Haupt. Ich dachte nicht mehr ans Nachsitzen und nicht mehr an das Judenauto; ich sah das Gesicht des Mädchens in den Wellen der Gräser, und im Korn sah ich ihr helles Haar. Die Wiesen dufteten sinnverwirrend, das pralle Fleisch der Glockenblumen schwang blau in der Höhe meiner Brust; der Thymian sandte wilde Wellen betäubenden Duftes, Wespenschwärme brausten bös, und der Mohn neben den blauen Raden glühte, ein sengendes Gift, in hitzigstem Rot. Die Wespen schwirrten wild um mein Gesicht, die Sonne dünstete; die Grillen schrien mir eine irre Botschaft zu, große Vögel schossen jäh aus dem Korn auf; der Mohn neben den Raden lohte drohend, und ich war verwirrt. Ich war bisher arglos in der Natur gestanden wie eins ihrer Geschöpfe, eine Libelle oder ein wandernder Halm, doch nun war mir, als ob sie mich von sich stieße und ein Riß aufbräche zwischen meiner Umwelt und mir. Ich war nicht mehr Erde und nicht mehr Gras und Baum und Tier; die Grillen schrien, und ich mußte daran denken, daß sie beim Zirpen die Flügel aneinanderrieben, und plötzlich kam mir das schamlos vor, und plötzlich war alles verändert und wie zum erstenmal gesehen: Die Kornähren klirrten im Wind, das Gras schmiegte sich weich aneinander, der Mohn glühte, ein Mund, tausend Münder der Erde, der Thymian brodelte bitteren Dunst, und ich fühlte meinen Leib wie etwas Fremdes, wie etwas, das nicht Ich war; ich zitterte und fuhr mit den Fingernägeln über die Haut meiner Brust und zerrte an ihr; ich wollte schreien und konnte doch nur stöhnen; ich wußte nicht mehr, was mir geschah, da kam, Korn und Gras zur Seite drängend, ein braunes Auto langsam den Feldweg herunter.

Da ich es wahrnahm, schrak ich zusammen, als sei ich bei einem Verbrechen ertappt worden; ich riß die Hände von meiner Brust, und das Blut schoß mir jäh in den Kopf. Mühsam sammelte ich meine Gedanken. Ein Auto? Wie kommt ein Auto hierher, dachte ich stammelnd; da begriff ich plötzlich: das Judenauto! Ein Schauer überrann mich; ich stand gelähmt. Im ersten Augenblick hatte ich zu sehen vermeint, daß das Auto braun war; nun, da ich, entsetzt und von einer schaurigen Neugier angestachelt, ein zweites Mal hinblickte, sah ich, daß es mehr gelb als braun war, eigentlich gelb, ganz gelb, grellgelb. Hatte ich anfangs nur drei Personen drin gesehen, so hatte ich mich sicher getäuscht, oder vielleicht hatte sich einer geduckt, sicher hatte sich einer geduckt, es waren ihrer vier im Wagen, und einer hatte sich geduckt, um mich anzuspringen, und da fühlte ich Todesangst. Es war Todesangst; das Herz schlug nicht mehr; ich hatte sein Schlagen nie wahrgenommen, doch jetzt, da es nicht mehr schlug, fühlte ich es: ein toter Schmerz im Fleisch, eine leere Stelle, die, sich verkrampfend, mein Leben aussog. Ich stand gelähmt und starrte auf das Auto, und das Auto kam langsam den Feldweg herunter, ein gelbes Auto, ganz gelb, und es kam auf mich zu, und da, als habe jemand einen Mechanismus in Gang gesetzt, schlug mein Herz plötzlich wieder, und nun schlug es rasend schnell, und rasend überschlugen sich meine Gedanken: schreien, davonlaufen, im Korn verstecken, ins Gras springen, doch da fiel mir in der letzten Sekunde noch ein, daß ich keinen Verdacht erregen durfte. Ich durfte nicht merken lassen, daß ich wußte: das war das Judenauto, und so ging ich, von Grauen geschüttelt, mäßigen Schrittes den Feldweg hinunter, mäßigen Schrittes vor dem Auto, das Schritt fuhr, und mir troff der Schweiß von der Stirn, und ich fror zugleich, und so ging ich fast eine Stunde, obwohl es zum Dorf nur ein paar Schritte waren. Meine Knie zitterten; ich dachte schon, daß ich umfallen würde, da hörte ich, wie einen Peitschenschlag knallend, eine Stimme aus dem Wagen: ein Anruf vielleicht oder ein Befehl, und da wurde mir schwarz vor den Augen; ich spürte nur noch, wie meine Beine liefen und mich mit sich nahmen; ich sah und hörte nichts mehr und lief und schrie, und erst, als ich mitten auf der Dorfstraße stand, zwischen Häusern und unter Menschen, wagte ich keuchend, mich umzuschauen, und da sah ich, daß das Judenauto spurlos verschwunden war.

Natürlich erzählte ich am nächsten Morgen in der Klasse, daß mich das Judenauto stundenlang gejagt und fast erreicht habe und daß ich nur durch ganz tolles Hakenschlagen entkommen sei, und ich schilderte das Judenauto: gelb, ganz gelb und mit vier Juden besetzt, die blutige Messer geschwungen hatten, und ich log nicht, ich hatte alles ja selbst erlebt. Die Klasse lauschte atemlos; man hatte mich umdrängt und sah mich bewundernd und auch neidvoll an; ich war ein Held und hätte jetzt an Karlis Stelle der Anführer werden können, doch das wollte ich nicht, ich wollte nur einen Blick und wagte doch nicht, ihn zu suchen. Dann kam der Lehrer; wir schrien ihm die ungeheure Nachricht ins Gesicht. Fiebernd schilderte ich meine Erlebnisse, und der Lehrer fragte nach Ort und Zeit und Umständen, und ich konnte alles genauestens angeben, da waren keine Mogeleien und Widersprüche, da gab es nichts als unwiderlegliche Tatsachen: das gelbe, ganz gelbe Auto, die vier schwarzen Insassen, die Messer, das Blut am Trittbrett, der Feldweg, der Befehl, mich zu fangen, die Flucht, die Verfolgung; und die Klasse lauschte atemlos.

Da sah das Mädchen mit dem kurzen, hellen Haar auf, und nun wagte ich, ihr ins Gesicht zu sehen, und sie wandte sich halb in ihrer Bank um und sah mich an und lächelte, und mein Herz schwamm fort. Das war die Seligkeit; ich hörte die Grillen schreien und sah den Mohn glühen und roch den Thymianduft, doch nun verwirrte mich das alles nicht mehr, die Welt war wieder heil, und ich war ein Held, dem Judenauto entronnen, und das Mädchen sah mich an und lächelte und sagte mit ihrer ruhigen, fast bedächtigen Stimme, daß gestern ihr Onkel mit zwei Freunden zu Besuch gekommen sei; sie seien im Auto gekommen, sagte sie langsam, und das Wort »Auto« fuhr mir wie ein Pfeil ins Hirn; in einem braunen Auto seien sie gekommen, sagte sie, und sie sagte auf die hastige Frage des Lehrers: Sie seien zur gleichen Zeit, da ich das Judenauto gesehen haben wollte, den gleichen Feldweg hinabgefahren, und ihr Onkel habe einen Jungen, der am Wiesenrand gestanden habe, nach dem Weg gefragt, und der Junge sei schreiend davongelaufen, und sie strich die Zunge über ihre dünnen Lippen und sagte, ganz langsam, der Junge am Weg habe genau solche grüne Lederhosen getragen wie ich, und dabei sah sie mich freundlich lächelnd an, und alle, so fühlte ich, sahen mich an, und ich fühlte ihre Blicke bös wie Wespen schwirren, Wespenschwärme über Thymianbüschen, und das Mädchen lächelte mit jener ruhigen Grausamkeit, deren nur Kinder fähig sind. Als dann eine Stimme aus mir herausbrüllte, die blöde Gans spinne ja, es sei das Judenauto gewesen: gelb, ganz gelb und vier schwarze Juden drin mit blutigen Messern, da hörte ich wie aus einer anderen Welt durch mein Brüllen ihre ruhige Stimme sagen, sie habe mich ja selbst vor dem Auto davonlaufen sehen. Sie sagte es ganz ruhig, und ich hörte, wie mein Brüllen jählings abbrach; ich schloß die Augen, es war totenstill, da plötzlich hörte ich ein Lachen, ein spitzes, kicherndes Mädchenlachen wie Grillengezirp schrill, und dann toste eine brüllende Woge durch den Raum und spülte mich fort. Ich stürzte aus der Klasse hinaus und rannte aufs Klosett und schloß hinter mir zu; Tränen schossen mir aus den Augen, ich stand eine Weile betäubt im beizenden Chlorgeruch und hatte keine Gedanken und starrte die schwarzgeteerte, stinkende Wand an, und plötzlich wußte ich: Sie waren dran schuld! Sie waren dran schuld, sie, nur sie: Sie hatten alles Schlechte gemacht, das es auf der Welt gibt, sie hatten meinem Vater das Geschäft ruiniert, sie hatten die Krise gemacht und den Weizen ins Meer geschüttet, sie zogen mit ihren gemeinen Tricks den ehrlichen Leuten das Geld aus der Tasche, und auch mit mir hatten sie einen ihrer hundsgemeinen Tricks gemacht, um mich vor der Klasse zu blamieren. Sie waren schuld an allem; sie, kein anderer, nur sie! Ich knirschte mit den Zähnen: Sie waren schuld! Heulend sprach ich ihren Namen aus; ich schlug die Fäuste vor die Augen und stand im schwarzgeteerten, chlorgedünstenden Knabenklosett und schrie ihren Namen: »Juden!« schrie ich und wieder: »Juden!«, wie das nur klang: »Juden, Juden!«, und ich stand heulend in der Klosettzelle und schrie, und dann erbrach ich mich. Juden. Sie waren schuld. Juden. Ich würgte und ballte die Fäuste. Juden. Judenjudenjuden. Sie waren dran schuld. Ich haßte sie.

MAURO PELLEGRINI

War José anders?

José war in San Silvestre, im Süden Spaniens, geboren und bis zu seinem fünfzehnten Lebensjahr hatte er dort mit seinen Eltern und seinen beiden jüngeren Brüdern gelebt. Sein Vater war Maurer, und José half ihm, seit er dreizehn Jahre alt war.

Seine Haut war ein wenig dunkler als die seiner Freunde, seine Augen waren mandelförmig, seine Nase kräftig und seine kräftigen, weißen Zähne leuchteten hinter stark geschwungenen Lippen.

In San Silvestre schien niemand den Unterschied im Aussehen zwischen ihm und seinen Freunden zu bemerken. Nur wenn Fremde in den Ort kamen, geschah es, daß sie sich nach José umsahen.

»Zigeuner?« fragte wohl einer oder der andere der Fremden.

Die Einwohner von San Silvestre mochten dann wohl mit den Schultern zucken.

»Sein Vater ist Maurer«, antworteten sie meist, und die Fremden nahmen es als Antwort. Doch dann wurde Josés Vater arbeitslos. Das kleine Haus gehörte zwar ihnen und der kleine Garten um das Haus auch. Aber der Garten gab nur wenig Ertrag, und bald wußten sie nicht, wovon sie leben sollten. Die kleinen Gelegenheitsarbeiten, die José und sein Vater fanden, halfen auch nicht weiter. So entschloß sich Josés Vater, nach dem Norden zu gehen. »Dort gibt es mehr Arbeit«, sagte er eines Tages, als sie beim Essen saßen. »Und sie wird besser bezahlt. Wenn ich genug verdiene, suche ich uns eine Wohnung, und ihr könnt nachkommen. Pepe und ich finden bestimmt Arbeit.«

Die Mutter weinte ein wenig, aber sie sah die Notwendigkeit ein, etwas Geld zu verdienen. Die Brüder sahen bewundernd auf José, der eine so weite Reise machen sollte, und José war traurig, seine Freunde verlassen zu müssen, und stolz, so weit reisen zu dürfen und seiner Familie helfen zu können.

Die Sonne schien warm, als José und sein Vater mit dem Autobus nach Isla-Christina fuhren, um dort in den Zug nach Sevilla zu steigen. Sie fuhren fast zwei Tage, ehe sie nach Bilbao kamen.

Als sie aus dem geheizten Zug stiegen, schlug ihnen die kalte feuchte Luft schneidend entgegen. Das olivfarbene Gesicht Josés färbte sich schmutzigbläulich. Der Junge fror in seinen leichten Sachen, die dem warmen Wetter San Silvestres angepaßt waren. Doch das Leben in der großen Stadt, der Verkehr, die vielen Schaufenster ließen ihn die Kälte bald vergessen.

Zwei Stunden später kam der Autobus nach Guernica, dem Ort, den man ihnen empfohlen hatte, weil dort noch Arbeiter gebraucht wurden. Und richtig. Sie fanden bald Arbeit und auch eine billige Unterkunft. Sie arbeiteten hart, und nach der Arbeit aßen sie und gingen zu Bett. Doch dann kam der Sonnabend. José hatte den Nachmittag frei. Er bummelte durch die Stadt, besah die Schaufenster und Kinoreklame. Dann traf er einen der Jungen, der mit ihm und seinem Vater am gleichen Bau arbeitete.

»Hola!« sagte José, froh einen Bekannten getroffen zu haben.

»Ich habe Eile«, sagte der andere und bog um die nächste Ecke.

Später sah der Junge den anderen gemütlich durch die Stadt schlendern. Er traf noch drei oder vier andere seiner Kollegen, aber sie alle hatten Eile. So blieb José allein und ging bald zu seinem Vater zurück ...

Am Sonntag ging er in die Messe. Als er die Kirche verließ, hörte er, wie jemand, der hinter ihm herging, spöttisch »Zigeuner« sagte. Der Junge drehte sich neugierig um, aber er sah niemanden, auf den der Ausruf gemünzt sein konnte. An diesem Sonntag hörte er das Wort Zigeuner noch dreimal.

»Sind wir eigentlich Zigeuner?« fragte er am Nachmittag seinen Vater. Der Vater sah seinen Sohn eine Weile nachdenklich an. »Ja«, sagte er schließlich. »Mein Großvater hat sich in San Silvestre seßhaft gemacht. Er ist noch mit einem Karren herumgezogen ...«

Vater und Sohn sprachen nie wieder davon.
So vergingen zwei, drei Wochen. José war immer allein. Wenn er sich seinen Kollegen näherte, verstummten diese meist, oder sie sprachen das ihm unverständliche Baskisch. In den Nächten lag der Junge oft wach und weinte, oder er träumte davon, wieder nach San Silvestre zurückzugehen. – Lieber manchmal Hunger haben, dachte er dann, als immer allein sein.
Eines Abends, nach Arbeitsschluß, ging der Junge allein zu ihrem Quartier, weil der Vater noch etwas zu erledigen hatte. Es regnete heftig und der kleine Bach, der sich weiter draußen ins Meer ergoß, war stark geschwollen. Aus der Dunkelheit hörte José plötzlich einen Hilferuf. Ohne zu überlegen lief er über das Stück Feld, das den Bach von der Straße trennte und dem Schrei nach. Wieder erklang der Hilferuf, und der Junge konnte einen Körper entdecken, der in den Wellen des Bachs trieb und sich manchmal vergeblich am Ufer anzuklammern versuchte. José sprang ins Wasser und packte den Körper. Mühsam zog er den kleinen Jungen, er mochte sechs oder sieben Jahre alt sein, an Land und fragte den Weinenden, wo er wohne.
Dann brachte er den Jungen nach Hause. Der Vater des Jungen öffnete die Tür. »Er hat mich aus dem Bach gezogen«, sagte der Kleine und wies, immer noch weinend, auf José. Der Vater des Jungen musterte José einen Augenblick. Dann packte er seinen Sohn, als müsse er ihn vor José retten. »Hau ab, du Zigeuner«, sagte er halblaut . . .

JOSEF REDING

Auf ziseliertem Silber

Gloster versucht mir schon seit einer geschlagenen Stunde klarzumachen, wie man sich als Student im amerikanischen Universitätsbetrieb zurechtfindet. Ich bin auf diese Informationen dringend angewiesen. Und ich versuche, Gloster aufmerksam zuzuhören. Aber die ungewohnte feuchtigkeitsschwangere Luft von den Bajus her macht mich müde.
»Gibt's in New Orleans keinen kühlen Platz?« frage ich.
»Kinos«, sagt Gloster. »Die haben Klimaanlage. Und Tiefgaragen.«
»Restaurants?« frage ich.
»Haben auch Klimaanlagen«, sagt Gloster.
»Dann laß uns in ein Restaurant gehen, zum Essen und Weiterreden. Ich lade dich ein.« Gloster zögert.
»Hier kann ich nicht kapieren, was du sagst, Gloster. Mein Schädel ist kein subtropisches Klima gewöhnt. Komm, tu mir den Gefallen und geh mit.«

Gloster steht langsam von den breiten Treppenstufen auf, die zur Turnhalle führen; wir haben ihren Schatten genutzt.
Ich nehme dieses Aufstehen Glosters als ein Ja auf meine Einladung und frage: »Weißt du ein Lokal? Aber ein gutes! Dein Einführungsvortrag in das amerikanische Studiensystem ist mir ein gutes Honorar wert.«
»Hab' in New Orleans noch nie außerhalb der Mensa gegessen. Zu teuer für unsereins«, sagt Gloster.
»Chez maître Gaston«, sage ich.
»Bitte?« fragt Gloster.
»Ein Eßlokal in der Nähe von Basin-Street«, sage ich. »Sieht von außen ganz annehmbar aus. Habe mir mal die Speisekarte an der Tür durchgelesen. Liest sich wie ein Gedicht von Rimbaud.«
»Hoffentlich schmeckt's auch so«, sagt Gloster.
Wir gehen durch die mittägliche Stadt. Nur wenige Menschen sind auf der Straße. Und von den wenigen eilt niemand. Selbst die Autos schwitzen: ab und zu rieselt ein Tropfen von den dunstigen Sichtscheiben.
Am Torbogen zum Restaurant »Chez maître Gaston« stehen ältere Eheleute. Sie sagt: »Ohne meine Handschuhe gehe ich hier nicht hinein.« Er sagt: »Und ich fahre die zwanzig Kilometer nicht nach Bruneville zurück, nur wegen deiner Handschuhe. Wie wär's, wenn du dir im nächsten Supermarkt ein neues Paar kauftest?«
»Meine Handschuhe gibt's nicht im Supermarkt«, sagt sie.
Gloster und ich gehen an den müden Streitern vorbei durch einen wispernden Perlenvorhang. Dahinter eine Glastür. Dann die Kühle des Restaurants, das wie ein überdachter Innenhof aussieht, mit Springbrunnen, Ziersträuchern, Volieren.

Die Gäste verteilen sich in dem großen Raum so, daß er leer aussieht.
Ich zeige auf einen Tisch am Palmenhain. »Hier?«
»Warum nicht?« sagt Gloster. Wir setzen uns. Ich lege meine Handfläche auf das angenehm kühle, gelbe Leinen-Tischtuch. Erst jetzt merke ich, wie feucht meine Haut ist. Das Hemd klebt an den Schulterblättern und am Bauch. Ich bewundere Gloster: sein Gesicht, seine Arme sind trocken; kein Schweißtropfen an seinen Lippen, unter den Augen, an der Stirn. Gloster sieht aus wie immer; kühl und dunkel wie der Kellner, der jetzt in weinroter Livree auf uns zukommt.
Als der Kellner Gloster sieht, hält er in seiner Bewegung inne, wird unsicher in seinen Schritten, die zögernd seitwärts, rückwärts und dann wieder vorwärts führen. Schließlich steht der Weinrote vor mir, sagt »Sir!«, wirft einen bekümmerten Blick auf Gloster, legt von den zwei Speisekarten, die er in der Hand hält, eine vor mich hin und geht mit der anderen wieder ab.
»Wollen Gastons Mitarbeiter die Speisekarten schonen?« frage ich. »Na ja,

gucken wir beide in meine. Also: wie wär's zu Beginn mit einer Avocado-Suppe und als Hauptgericht ein Pfeffersteak ...«
Da, wo der Kellner im sattgrünen Lianenvorhang verschwunden ist, steht jetzt ein Weißer im Smoking. Er schaut zu uns herüber und schüttelt den Kopf, dessen Bürstenhaarschnitt mit einem spitzen Ausläufer bis zur Nasenwurzel zu reichen scheint. Ich bin irritiert über das Herüberstarren des eleganten Herrn, der jetzt in die Brusttasche greift, einen Schreibblock hervorholt und rasch einige Worte auf das Papier kritzelt. Der Herr reißt energisch die beschriebene Seite vom Block und winkt dem Kellner. Auf den nach oben gedrehten Fingerspitzen des Kellners liegt ein Silbertablett. Der weiße Mann im Smoking wirft den Papierfetzen auf das Tablett. Der Kellner setzt sich mit gerunzelter Stirn in Marsch-Richtung: unser Tisch unterm Palmenhain.
Der Kellner verbeugt sich vor mir, wobei er wieder markig »Sir!« sagt, und hält mit abgewandtem Gesicht Gloster das Silbertablett hin.
Es ist ein ziseliertes Tablett. Die Gravuren zeigen Tiere auf dem Weg zur Arche Noah, darunter Gestalten, die es in Wirklichkeit nicht gibt: Walfische mit Echsenflügeln, ein Pferd mit Seiten- und Schwanzflossen, Wildschweine mit Doppelhöckern. Ein kostbares Stück, dieses Silbertablett. Kostbar, wie fast alles bei Gaston.

Die Kostbarkeit des ziselierten Silbers steht im Gegensatz zu dem Wisch, der darauf liegt. Gloster liest tonlos, ohne den abgerissenen Zettel herunterzunehmen oder auch nur zu berühren. Ich sehe, was er liest: »Du schwarzes Schwein, verlaß sofort dieses Lokal! Wir bedienen hier keine Nigger!«
Der Kellner wartet, ob nicht doch noch einer von uns den Zettel herunternimmt. Als niemand eine Hand rührt, hält er das Silbertablett so schräg, daß der Papierfetzen abgleitet und vor Gloster landet. Der Kellner trollt sich. Er hat seinen Auftrag erfüllt. Der Weiße am Lianenvorhang nickt ihm zu.
Gloster will aufstehen. Ich drücke ihn an der Schulter leicht zurück. Gloster ist von mir eingeladen worden. Er ist mein Gast. Ich bin verantwortlich für das, was ihm hier angetan wird. Ich muß etwas unternehmen. Für Gloster.
Ich springe auf und rufe: »Bitte den Manager! Ich möchte den Manager sprechen!«
Einige Sekunden lang bleibt jeder in der Haltung, die er gerade eingenommen hat, als ich aufstand. Wie in einem Kinderspiel, in dem man auf einen bestimmten Ausruf hin erstarren muß. Dann ruft der elegante Herr mit dem Bürstenschnitt: »Simon, Miller, die Herren an Tisch acht bitten herzlich darum, ihnen beim schleunigen Verlassen dieses Hauses behilflich zu sein!« Er ruft es mit einiger Gleichgültigkeit, etwa so, als ob er den Kellner auffordert, noch etwas Senfsoße nachzureichen.
Zwei Männer erscheinen. Sie kommen gemächlich die Treppe der Innen-Balustrade herunter. Klotzig bauen sie sich vor uns auf.

»Messieurs«, sagt einer von den beiden in einem Gemisch von gleich schlecht gesprochenem Französisch und Englisch, »messieurs, nous préferons to see you of here dans une minute!« »Sitzen bleiben«, sage ich zu Gloster, der jetzt schwitzt, jetzt, wo es hier doch so kühl ist.
»Laß uns lieber abhauen«, sagt Gloster. »Führt doch zu nichts . . .«
»Countdown?« fragt einer der Gorillas. »Countdown!« sagt der andere. Und der andere zählt: »Six, five, four, three, one – zero!« Bei »zero!« packen beide zu.
»Schon gut, Mister«, sagt Gloster beschwichtigend. »Ich gehe schon so!«
Aber trotzdem umklammert der eine Rausschmeißer von hinten seine Oberarme und die Brust und drückt mit den ineinander verschränkten Händen fest zu. Gloster japst nach Luft.
Mir gelingt es, mit dem Absatz auszukeilen und meinen Angreifer am Schienbein zu treffen. Er muß seinen Griff lockern. Ich drehe mich rasch und treffe den Gorilla mit der Ellenbogenspitze ins Gesicht.
Der Mann wird jetzt wütend, nachdem er vorher mit berufsmäßiger Routine gehandelt hat. Sein Knie fährt hoch und trifft mich in die Magengrube. Ich beuge mich unwillkürlich vor und bekomme einen Faustschlag auf den Hinterkopf.
Nur noch in starker Benommenheit nehme ich wahr, wie die Gorillas sich mit uns beschäftigen. Sie schlagen und greifen und renken mit merkwürdigem Eifer an uns herum. Einmal klatscht mein Handrücken bei dem Gefecht, dem Gloster und ich nicht gewachsen sind, gegen einen Palmenstamm, und ich spüre, daß die Palme aus Plastik ist. Darum hält sie den kühlen Raum hier aus, denke ich mühsam. Wahrscheinlich ist alles, was hier wächst, künstlich . . .
Unsere Gorillas reißen uns jetzt die Beine vom Boden und tragen uns leichtfüßig mit Trippelschritten zum Ausgang. Dort umarmen sie uns noch einmal gnadenlos, bevor sie von uns ablassen und uns freundlich zuwinken. Wirklich: freundlich! »So junge Leute sollten nicht schon mittags mit dem scharfen Trinken anfangen, no, Sir, nicht schon mittags!«
Einige Passanten schauen kurz zu uns und den Rausschmeißern herüber und quittieren die Szene ebenfalls mit Lächeln: zwei junge Burschen, denken sie, die höflich aus dem vornehmen Lokal hinauskomplimentiert wurden, weil sie über den Durst getrunken haben.
Gloster und ich laufen taumelig im Zickzack und bestätigen so den Eindruck, als seien wir betrunken. Die Gorillas sind geschickt: an unseren Gesichtern und Händen ist keine Verletzung zu sehen. Aber der Brustkorb und Bauch schmerzen stark. Gloster lehnt sich gegen eine Backsteinmauer und läßt sich zentimeterweise auf den Boden rutschen. »Warum hast du – diesen – Wirbel gemacht?« fragt er stockend.
Ich lasse die Luft mit einem anschwellenden Stöhnen aus der Brust.
»Warum?« fragt Gloster.

»Aus Lust an einer handfesten Keilerei«, sage ich.
»Ich bin es gewohnt, freiwillig zu verschwinden, wenn man mich nicht haben will«, sagt Gloster. »Darum brauchtest du doch nicht gleich auf die Palme zu gehen . . .«
»Plastikpalme«, sage ich.
Ich will Gloster erklären, daß es nicht richtig ist, überall da zu verschwinden, wo man ihn nicht haben will. Ich will ihm sagen, daß er dann schließlich überall verschwinden, sich verkriechen, ducken muß. Und ich will ihm zuschreien, daß das keine Gerechtigkeit ist.
Aber ich bin zu müde. Jetzt bin ich so müde, daß mir selbst das Lallen schwerfällt. Später werde ich Gloster alles klarmachen, denke ich. Später.

Ohnmacht und Gewalt

ARMIN KRAFT

Der Löwenanteil

Löwe, Tiger, Panther und Schakal gingen auf die Jagd. Sie jagten lange und erbeuteten schließlich gemeinsam eine Gazelle, einen Eber und einen Hasen. Als die Jagd zu Ende war, sprach der Löwe zum Tiger: »Tiger, teile die Beute!«
Der Tiger überlegte eine Weile und sagte dann: »Der Löwe bekommt die Gazelle, ich behalte den Eber, und Schakal und Panther teilen sich den Hasen«. Als der Löwe dies hörte, knurrte er ärgerlich und ging auf den Tiger los. Mit einem Schlag zerschmetterte er ihm ein Bein und sagte dann: »Du kannst nicht teilen, Tiger. – Schakal, nimm du die Teilung vor!«
Der Schakal nahm die Gazelle, legte sie vor den Löwen und sagte: »Das ist dein Frühstück, mächtiger Löwe.« Dann nahm er den Eber, legte ihn auch dem Löwen vor und sagte: »Das ist dein Mittagessen, mächtiger Löwe. – Wir hingegen werden uns mit dem Hasen begnügen.« – »Ausgezeichnet«, brummte der Löwe. »So eine Teilung gefällt mir. Sag mal, Schakal, wer hat dir das beigebracht?« – »Das zerschmetterte Bein des Tigers, mächtiger Löwe«, antwortete der Schakal.

ARMIN SCHIBLER

Der Mann ohne Fernsehen

Glaubt da ein perfider Schnüffler herausgetüftelt zu haben, ein bestimmter Mieter in Block A 14 müsse ein Schwarzseher sein, weil er die Fernsehgebühr nicht entrichtet habe!
Da nicht sein darf, daß Väterchen Staat um einen Obolus[1] geprellt wird, nimmt sich der Hausverwalter der Sache an und stellt fest, daß es sich beim fraglichen Mieter um einen alleinstehenden und unbescholtenen Mann handelt. Indem er die benachbarten Mieter, auch jene unter und über der Wohnung des Verdächtigten, ins Vertrauen zieht, hofft er, jenen zur Zeit der höchsten Einschaltquote vor dem Empfänger zu überführen.

[1] Obolus = Gebühr

Vergeblich warten sie nach Einbruch der Dunkelheit auf den bläulichen Schimmer hinter den Gardinen, nutzlos pressen sie das Ohr an die Wand – in der kleinen Wohnung bleibt es still. Sie vernehmen nur die Schritte des Mannes, der rastlos auf und ab geht. Sollte dieser am Ende überhaupt keinen Fernseher in Betrieb halten und, statt vor dem Apparat zu sitzen und sich das offizielle Programm zu Gemüte zu führen, stundenlang durch Korridor und Zimmer marschieren und ein Liedlein dabei pfeifen? Da muß etwas dahinterstecken; ein solcher Mensch, der denkt sich doch etwas dabei, der führt etwas im Schild, oder nicht?

Der Hausverwalter meldet den delikaten Fall dem Quartierkommissar. Eines Abends, gerade als sich der Mann ohne Fernsehen ein harmloses Süppchen kocht, klopft es an die Tür. Nicht wenig erschrocken läßt der gute Mann den unerwarteten Besucher eintreten. Der Kommissar geht ein paarmal in der Wohnung auf und ab, besieht sich dies und jenes, sagt dann: »Hm.« Mit einem Wink bedeutet er dem Mann, sich zu setzen; nachdem er sich selbst mitsamt dem Mantel auf die Tischkante geschubst hat, beginnt er mit den Fingern aufs Holz zu klopfen. – Weshalb er nicht fernsehe, fragt er schließlich.

Der Befragte, glücklich, daß sich der Besuch nicht schlimm anzulassen scheint, gibt geflissentlich Auskunft. »Sie müssen wissen, Herr Kommissar, mir genügt, was ich mit eigenen Augen und Ohren sehe und höre.« – Ob er sich nicht langweile, wenn er nicht erfahre, was in der Welt vorgehe. »Was in der Welt vorgeht, wie es um sie bestellt ist – das erfahre ich tagsüber zur Genüge. Am Abend will ich meine Ruhe haben.« Der Kommissar läßt nicht locker und will wissen, warum er immer in der Wohnung hin und her gehe. »Ich – ich meditiere einfach vor mich hin, warum die Welt so und nicht anders eingerichtet ist.« Jetzt hat der Kommissar den andern dort, wo er ihn haben will: »Die Welt anders einrichten? Also nicht einverstanden mit dem, was wir dir bieten? Du sinnst darüber nach, wie es anders werden soll? Leute wie du« – hier schlägt der Polizeikommissar mit der Faust auf den Tisch –, »das lassen wir erst gar nicht aufkommen.«

Der Mann ohne Fernsehen ist zu Tode erschrocken und wehrt sich auch nicht, als sie ihn holen kommen. Er sieht, wie die Leute aus Türspalt und Fenster gucken, und hört sie sagen: »Mit eigenen Augen und Ohren! Nun hat er es.«

Bei der Polizei wird der Mann ohne Fernsehen ausgiebig ins Verhör genommen. Seine hintergründigen Argumente bestärken die Behörde darin, einem gefährlichen Burschen auf die Spur gekommen zu sein, so daß er vom Staatsanwalt persönlich vernommen wird: »Mit Leuten wie dir machen wir kurzen Prozeß. Es ist am besten für dich, wenn du gleich alles gestehst. Es kommt dich sonst teuer zu stehen.« Der Mann ohne Fernsehen bleibt stumm, es hat ihm die Sprache verschlagen.

Als er vor den Richtern steht, entwirft der Staatsanwalt ein düsteres Bild des Angeklagten. Sein ganzes Sinnen und Denken ziele darauf hin, die Verhältnisse zu ändern. Er sei um so gefährlicher, als er sich weigere, die Namen der Gleichgesinnten aus dem Untergrund bekanntzugeben, mit denen er zweifellos in Verbindung stehe. »Ein solcher Schädling muß ausgemerzt werden«, schließt die Anklage.

Der Mann ohne Fernsehen begreift allmählich, daß es ihm an den Kragen geht. Nach seinem letzten Wunsch befragt, äußert er die Bitte, wenn er schon sterben müsse, dann solle seine Hinrichtung am Bildschirm im ganzen Land zu sehen sein. Dieser seltsame Wunsch macht die Richter besorgt und ratlos. Sie befinden, die Entscheidung darüber müsse an oberster Stelle getroffen werden.

So beschäftigt sich zuletzt der gefürchtete Mächtige mit dem Mann ohne Fernsehen. Er studiert die Akten und zitiert ihn vor sich. »Du bist der abgefeimteste Bursche, der uns vorgekommen ist. Meinst du, wir wüßten nicht, worauf du es mit deinem letzten Wunsch abgesehen hast? Mit eigenen Augen und Ohren! Das würde dir so passen, daß Hinz und Kunz zu denken beginnen.«

Plötzlich setzt der Gewaltige eine freundliche Miene auf und sagt leise: »Es gibt einen Weg, wie du deinen Kopf retten kannst.« – »Welchen?« fragt der Mann ohne Fernsehen. »Wir machen dir einen großen Prozeß. Wir werden dich dazu verurteilen, einen Empfänger in deine Wohnung zu stellen und fernzusehen. Du erklärst dich schuldig, bereust und nimmst das Urteil an. Dann wirst du im Fernsehen kommen, wie du es dir wünschst: die Leute sollen sehen, daß du vor dem Kasten sitzest und die Knöpfe betätigst, wie es sich gehört. Dann lassen wir dich laufen.«

Der Mann ohne Fernsehen überlegt nicht lange. Er ist ein Mensch wie du und ich, er möchte leben. »Gut«, sagt er, »ich werde tun, was man von mir verlangt.«

Auf diese Weise ist der Mann ohne Fernsehen davongekommen. Als seine Nachbarn ihn auf der flimmernden Scheibe vor dem Empfänger sitzen sehen, rufen sie zufrieden: »Was helfen die eigenen Augen und Ohren, wenn es den Kopf kostet? Nun, er hat Vernunft angenommen.« Aber niemand weiß, daß der Mann dabei die Augen geschlossen hält, daß er Wachs in die Ohren gestopft hat, um in Ruhe darüber nachzudenken, warum die Welt so eingerichtet ist und nicht anders.

REINHARD LETTAU

Herr Strich schreitet zum Äußersten

Leute, die ihn kurz kennenlernten, wußten von Herrn Strich zu berichten, daß er den Tee trank wie ein englischer Oberst nach fünfzehnjährigem Dienst in den Kolonien: so nebensächlich und als sei draußen Dschungel mit grünen Phosphoraugen. Aber dem kleinen, sorgfältig gekleideten Gelehrten widerfuhr mit dieser Beurteilung Unrecht. Der vorsichtig ausgewählte Kreis von Gleichgesinnten – zumeist Studenten –, der sich zweimal wöchentlich um ihn versammelte, schätzte an Herrn Strich vorzüglich die Scharfsinnigkeit seiner glasklaren Formulierungen. Besonders, wenn er über moderne literarische Probleme sprach, zeichnete er sich durch geradezu gallische Eloquenz aus. Es war nicht verwunderlich, daß ein gelegentliches Gespräch über den Dichter C. Herrn Strich zu profunden Gedanken Anlaß gab. »C's«, ließ er sich vernehmen, »C's Reflektionen über die Notwendigkeit zu provozieren, sind es im besonderen, die unsere Aufmerksamkeit verdienen. Wir bemerken mit Verwunderung, daß sie philologisch bisher nicht verarbeitet wurden. Hier wäre eine Lücke zu füllen.«

Ermutigt durch die lebhafte Zustimmung seiner Freunde forschte Strich während der nächsten Wochen nach dem Verbleib der Handschriften des Dichters C.; es stellte sich heraus, daß eine Auktion sie nach Grönland verschlagen hatte. Strich beschloß, an Ort und Stelle Einsicht in die Handschriften zu nehmen. Dabei entging ihm nicht, daß der Abdruck gewisser C.scher Studien nicht vollständig mit der Handschrift übereinstimmte: einmal war ein »und« unterschlagen, an anderer Stelle das Wort »mild«, das in dem betreffenden Zusammenhang durchaus am Platze war, durch »wild« ersetzt worden – eine Redaktion, die Strich böswillig und verhängnisvoll nannte.

Mit einem Stab von Mitarbeitern machte sich Strich daran, in einem umfangreichen Aufsatz, den er an zahlreiche Zeitungen versandte, von diesen Irrtümern in der C.-Forschung Zeugnis abzulegen. »Es gilt«, sagte er im Vorwort, »es gilt, einem Manne Gerechtigkeit widerfahren zu lassen, der es unternommen hat, uns tiefes Gedankengut zu übermitteln – eine Leistung, die nur allzuleicht verkannt wird, da die getreue Drucklegung seiner Werke von gewisser Seite sabotiert worden zu sein scheint.«

Leider muß berichtet werden, daß Strichs Arbeit von allen Zeitungen abgelehnt wurde. Ein Redakteur ließ wissen, sein Essay sei besser für eine Nachtsendung im Rundfunk geeignet. Aber auch dort wurde Strich bitter enttäuscht. »Uns Heutigen« habe C. nichts mehr zu sagen, schrieb ein Abteilungsleiter; er könne wohl mit Fug und Recht als überholt bezeichnet werden – zumal für eine Nachtsendung, und das wolle schon etwas heißen.

»Ich vermute«, rief Strich anläßlich der nächsten Zusammenkunft, »ich vermute hinter dieser Summe unwürdiger Verkennungen eine Methode.«

In dem sonst so ruhigen Kreis löste diese Eröffnung große Empörung aus; es kam zu Tumultszenen. Angefeuert durch die Pfui-Rufe einiger Studenten ließ sich Strich zu der Bemerkung hinreißen, er werde die Publizierung der Manuskripte notfalls mit Waffengewalt erzwingen. »Es genügt«, versetzte er, »wenn wir das Funkhaus besetzen. Dazu wollen allerdings sorgfältige Vorbereitungen getroffen sein.« Man stimmte ihm allgemein zu, die Rollen wurden noch am nächsten Tage verteilt, und es fand ein sechswöchiger Schießunterricht statt, wobei Ausgaben ungeliebter Dichter, deren Strich sich schon lange hatte entledigen wollen, als Zielscheiben benutzt wurden.
An einem nebligen Frühlingsmorgen hielten vor dem Hauptportal des Funkhauses fünf vollbesetzte Taxis. Unter den bewaffneten Männern, die die Treppe emporschwärmten, erblickte man, einen dicken Stoß Bücher im Arm, auch Herrn Strich. Nachdem der Portier von einem baumlangen Philosophiestudenten niedergeschlagen worden war, besetzten zwei Männer den Eingang des Funkhauses. Mit einer Eskorte begab sich Strich ohne Verzug in den Senderaum. Eine Gymnastiklehrerin, die dort »Rumpf beugt – streckt« sagte, wurde auf einen Sessel festgebunden; sie ließ es lächelnd geschehen. Unterdessen wurden alle Personen, die man im Hause antraf, in einen Raum zusammengetrieben, wo sie unter vorgehaltener Pistole ein Kolleg über C. hörten. Im Senderaum nahm Herr Strich vor dem Mikrophon Platz. Mit voller, sicherer Stimme verlas er sein Vorwort und wollte eben in seine Erörterungen über die Fehlinterpretation der C.schen Werke eintreten, als draußen der erste Schuß fiel. Ohne böse Absicht hatte sich ein Verkehrspolizist dem Haupteingang des Funkhauses genähert; es kostete ihn das Leben. Der Vorfall blieb auf der Straße nicht unbemerkt, das Überfallkommando war in wenigen Minuten zur Stelle und forderte die Rebellen zur Übergabe auf. Diese Bitte wurde abschlägig beschieden, die erstaunten Polizeibeamten wurden mit einer Flut griechischer und lateinischer Spottverse überschüttet. Ein Polizeioffizier mit Gymnasialbildung gab den ersten Schuß, die Studenten ließen das Feuer nicht unerwidert und bald entspann sich ein regelrechtes Gefecht.
Herrn Strich konnte das draußen einsetzende Geplänkel nicht aus dem Konzept bringen; man hatte damit gerechnet. Mit ruhiger Stimme verlas er seinen Aufsatz, ohne eine einzige Fußnote zu übergehen. Im Begriff, das Fazit seiner Betrachtungen zu ziehen, wurde er allerdings von einer Kugel getroffen. Seine Revolution müssen wir tragisch nennen – dies besonders, weil keines seiner Worte je in den Äther drang. Ein geistesgegenwärtiger Operateur[1] hatte, als die Verschwörer das Funkhaus betraten, die Wellenverbindung zum Sendeturm durch einen Hebelgriff unterbrochen. Die Strichsche Arbeit wurde der Mitwelt somit nicht bekannt und die Erhellung der Dichterpersönlichkeit C.s muß späteren philologischen Nachforschungen vorbehalten bleiben.

[1] Operateur = Techniker, der Vorführapparate bedient

SLAWOMIR MROZEK

Das Haus an der Grenze

Als wir gerade bei Tisch saßen und unser Abendbrot verzehrten, betraten einige Herrn im Frack, den Zylinder auf dem Kopf, die Stube.

»Guten Abend«, sagten sie. »Wir sind vom Obersten Internationalen Rat.«

Uns war es etwas unangenehm, daß wir unerwartet solche Gäste bekamen, denn wir sind arme Leute vom Bauernadel. Wir aßen unsere Klöße, und die Strohsäcke waren bereits für die Nacht auf dem Boden ausgebreitet.

Wir baten die Herren zu Tisch, aber sie lehnten höflich ab, wie das eben bei Diplomaten Sitte ist.

»Wir haben soeben in Paris beschlossen, daß hier die neue Grenze zwischen den Westmächten verlaufen soll. Essen Sie ruhig weiter. Wir legen nur die Grenze fest und gehen dann.«

»Warum gerade hier?« fragten wir. »Könnte die Grenze denn nicht über dem Hof oder hinterm Haus verlaufen?«

»Nein«, sagten sie. »Es muß eine natürliche Grenze sein. Das heißt, die eine Macht muß Zugang zu eurer Speisekammer und die andere zu eurem Büfett haben.«

»Nun gut, ziehen Sie diese Grenze, aber reißen Sie uns dabei nicht den Fußboden heraus«, sagte meine Schwiegermutter zu den Diplomaten.

Diese baten um einen Fuchsschwanz und sägten die Tischecken ab; denn der Tisch mußte natürlich rund sein, und sie hatten keinen eigenen dabei. Sie nahmen nicht einmal das Wachstuch ab. Dann nahmen sie Platz, um die Grenze festzulegen.

Wir gingen in die Küche, damit wir sie nicht störten. Aus der Stube drangen erregte Stimmen. Einmal weinte sogar jemand. Ab und zu kam einer der Diplomaten ganz erhitzt herübergelaufen, um schnell ein Glas Wasser zu trinken, und kehrte dann sofort wieder zurück. Mittlerweile war es schon spät geworden, die Kinder wollten schlafen, und auch um das Petroleum tat es uns leid. Aber noch war kein Ende abzusehen. Zu einer besonders lebhaften Diskussion kam es um ein Uhr. Dabei hatten sie sich vorher schon darauf geeinigt, daß die Grenze über den Tisch, dann unterm Fenster und am Schrank vorbeigehen solle. Aber damit war dann eine Seite doch nicht einverstanden, weil auf diese Weise der anderen der größere Teil der Naturschätze zugefallen wäre. Hinter dem Schrank stand nämlich eine große Flasche mit Preißelbeeren in Alkohol.

Beim Morgengrauen waren sie endlich fertig und fuhren nach Hause.

Es stellte sich bald heraus, daß wir uns ohne besondere Schwierigkeiten in unserer Wohnung bewegen konnten. Alle Hausbewohner bekamen nämlich Dauerpassierscheine. Wollte man vom Schrank zum Bett gehen oder vom

Küchenherd zur Diele, brauchte man nur das entsprechende Dokument vorzuzeigen. Kinder in Begleitung von Erwachsenen wurden überhaupt nicht kontrolliert.
Diese Formalitäten erledigten zwei uniformierte Beamte, je einer als Vertreter jeder Macht. Sie erschienen bereits am Tage nach der Konferenz. Es waren recht sympathische Leute. Uns störte nur, daß sie uns dauernd in die Töpfe schauten. Also luden wir sie ein, mit uns zu essen. Sie lehnten höflich ab, griffen aber tüchtig zu.
Es ging also alles ganz glatt. Nur einmal gab es einen Zwischenfall. Nachts weckte mich ein Geräusch. Die Grenze verlief unmittelbar neben mir, so daß das Nachtschränkchen bereits auf der anderen Seite stand. Aber das spielte weiter keine Rolle, da ich sogar einen Sonderpassierschein für die Nacht hatte. Ich werde also wach, strecke unwillkürlich einen Arm aus und kriege ein Bein in einem Schaftstiefel zu fassen.
»Wer da!« rufe ich.
»Still! Machen Sie keinen Lärm, sonst wacht der Zöllner auf«, flüsterte jemand.
Ich habe mir gleich gedacht, daß es sich um einen Schmuggler handeln müsse. Ich wollte mich aber in diese Angelegenheiten nicht einmischen. Schlüge ich Alarm, so müßte man Licht machen, ein Protokoll würde aufgenommen, die Kinder wachten auf, und ich wäre am andern Tag unausgeschlafen. Also bemerke ich lediglich:
»Sind Sie denn verrückt, mit den Schuhen übers Bett zu kriechen! Sehen Sie denn nicht, daß ich frische Bettwäsche habe? Sie hätten ja zumindest die Schuhe ausziehen können, vorausgesetzt, daß Sie frische Socken anhaben.«
Er gab mir recht und verschwand.
Schließlich hatte ich keinen Grund, den Beamten ihre Arbeit zu meinem Schaden zu erleichtern. Die Grenze lief fast mitten über den Tisch, an dem wir aßen. Die Speisen kamen aus der Küche, die zu der einen Macht gehörte, und wurden auf den Tisch gestellt. Wenn man nun auf der anderen Seite, auf dem Territorium der anderen Macht, saß, mußte man Zoll bezahlen, sobald man etwas auf die Gabel nahm. Im allgemeinen waren die Sätze nicht sehr hoch; sie waren für die einzelnen Speisen nicht einheitlich, und überhaupt hing ihre Festlegung von der jeweiligen Wirtschaftspolitik der einen oder der anderen Großmacht ab. Letztens z. B. wurde der Zoll für Piroggen[1] stark erhöht, so daß wir uns in dieser Beziehung, obwohl Piroggen meine Leibspeise sind, stark einschränken mußten.
Die Beziehungen der beiden Mächte zeichneten sich in Übereinstimmung mit den Erklärungen bei der Fuchsschwanzkonferenz durch gegenseitige Herzlichkeit aus. Gelegentlich fuhr bei uns irgendeine Delegation durch. Dann

Piroggen = Pastete

machte ich mir mein Lager neben dem Schrank, und die Delegation schlief auf dem Kanapee.
Nach einiger Zeit jedoch trat ein Ereignis ein, das mir trotz seiner scheinbaren Geringfügigkeit zu denken gab.
Wir saßen gerade beim Abendessen. An diesem Tage hatten wir Gulasch. Da sagte meine Frau:
»Hol doch ein paar Essiggurken.« Die waren in einem Faß auf der Diele. Ich ging also im Dunkeln auf die Diele, und da stieß ich an etwas. Ich war wütend, weil an diesem Platz früher nie etwas gestanden hat. Ich zündete ein Streichholz an und sah einen Bunker. Einen nagelneuen Bunker. Obendrauf waren zur Tarnung ein paar Essiggurken gelegt. Ich sagte niemandem etwas und dachte mir, vielleicht ist es ein Friedensbunker oder vielleicht haben sie ihn für die Jugend gebaut . . .
Aber ein paar Tage später gab es schon wieder etwas Neues.
Wieder saßen wir beim Abendessen, und da fiel mir ein Löffel unter den Tisch. Ich beugte mich hinunter, da ich aber infolge des tief herabhängenden Tischtuchs nichts sehen konnte, kroch ich darunter.
Dort im Halbdunkel stieß ich auf einen Oberleutnant der Pioniere. Er lag auf allen Vieren und schaute mit Feldstecher zwischen den Beinen der am Tisch Sitzenden hindurch in Richtung Diele. An seinem Helm hatte er Zweige befestigt.
»Still, wenn Sie ein Patriot sind!« flüsterte er mir zu.
»Das kommt ganz darauf an«, antwortete ich leise. »Ich muß mich so viel in der Wohnung bewegen, halte mich bald auf dieser, bald auf jener Seite auf, so daß es mir überaus schwer fällt, mich ganz einer der beiden Seiten zugehörig zu fühlen. Wenn ich nachmittags auf dem Kanapee liege, dann fange ich an, zu dieser Gegend eine gewisse Zuneigung zu gewinnen. Aber wenn ich mir dann vor dem Schlafengehen die Füße wasche, und der Herr Oberleutnant wissen, daß dies in dem Verschlag jenseits der Grenze geschieht, dann werde ich wieder aus diesem Gefühl herausgerissen und beginne, mich auf der anderen Seite zu Hause zu fühlen. Unter diesen Bedingungen ist es schrecklich schwierig, ein guter Patriot zu sein.«
»Schweigen Sie«, rief der Oberleutnant und kniete sich mir auf den Mittelfinger.
Jetzt kam es immer häufiger zu Zwischenfällen. Es passierten immer schlimmere Dinge. Schon fanden wir in der Suppe Minen, die sie einander gegenseitig legten. Vor allem, wenn wir Tomatensuppe oder Krautsuppe aßen, mußten wir höllisch aufpassen. Bei Fleischbrühe hatten wir's einfacher, weil sie durchsichtig ist.
In diesem Jahr wollte ich meinen Namenstag nicht feiern. Ich war durch all die Ereignisse ein bißchen abgespannt, außerdem war wenig Platz im Haus, weil jetzt überall so komische Eisenrohre auf zwei Rädern herumstanden. Ich

wunderte mich sehr, als ich schon zwei Wochen vor meinem Namenstag Glückwunschkarten bekam. Sogar mir völlig unbekannte Leute von beiden Seiten der Grenze schrieben mir, sie würden es nicht versäumen, sich an meinem Festtag einzufinden. Ich konnte gar nicht verstehen, woher ich auf einmal so viele Verwandte und Freunde hatte.
Am Festtag selbst erschienen Massen. Fast lauter Unbekannte. Es handelte sich ausschließlich um junge Männer, die ziemlich einheitlich gekleidet waren und sich sehr zackig benahmen. Sie waren sehr munter, gingen jeweils zu viert durch die Wohnung und sangen laut. Ich bewirtete sie, so gut ich konnte. Ich fragte sie auch, ob sie ihre Hüte, die alle schrecklich hart waren, nicht abnehmen wollten. Aber sie sagten, daß sie sich vor Erkältungen fürchteten. Außerdem gewann ich den Eindruck, daß sie sich gegenseitig nicht leiden konnten.
Da sagte ich, daß ich nur schnell weggehe, um Zigaretten zu holen. Hinter dem Haus bog ich vom Weg ab und lief querfeldein.
Vielleicht finde ich irgendwo Arbeit, dann würde ich eventuell noch einmal eine Familie gründen und ein Haus bauen.

HEINRICH BÖLL

Mein teures Bein

Sie haben mir jetzt eine Chance gegeben. Sie haben mir eine Karte geschrieben, ich soll zum Amt kommen, und ich bin zum Amt gegangen. Auf dem Amt waren sie sehr nett. Sie nahmen meine Karteikarte und sagten: »Hm.« Ich sagte auch: »Hm.«
»Welches Bein?« fragte der Beamte.
»Rechts.«
»Ganz?«
»Ganz.«
»Hm«, machte er wieder. Dann durchsuchte er verschiedene Zettel. Ich durfte mich setzen.
Endlich fand der Mann einen Zettel, der ihm der richtige zu sein schien. Er sagte: »Ich denke, hier ist etwas für Sie. Eine nette Sache. Sie können dabei sitzen. Schuhputzer in einer Bedürfnisanstalt auf dem Platz der Republik. Wie wäre das?«
»Ich kann nicht Schuhe putzen; ich bin immer schon aufgefallen wegen schlechten Schuhputzens.«
»Das können Sie lernen«, sagte er. »Man kann alles lernen. Ein Deutscher kann alles. Sie können, wenn Sie wollen, einen kostenlosen Kursus mitmachen.«

»Hm«, machte ich.
»Also gut?«
»Nein«, sagte ich, »ich will nicht. Ich will eine höhere Rente haben.«
»Sie sind verrückt«, erwiderte er sehr freundlich und milde.
»Ich bin nicht verrückt, kein Mensch kann mir mein Bein ersetzen, ich darf nicht einmal mehr Zigaretten verkaufen, sie machen jetzt schon Schwierigkeiten.«
Der Mann lehnte sich weit in seinen Stuhl zurück und schöpfte eine Menge Atem. »Mein lieber Freund«, legte er los, »Ihr Bein ist ein verflucht teures Bein. Ich sehe, daß Sie neunundzwanzig Jahre sind, von Herzen gesund, überhaupt vollkommen gesund, bis auf das Bein. Sie werden siebzig Jahre alt. Rechnen Sie sich bitte aus, monatlich siebzig Mark, zwölfmal im Jahr, also einundvierzig mal zwölf mal siebzig. Rechnen Sie das bitte aus, ohne die Zinsen, und denken Sie doch nicht, daß Ihr Bein das einzige Bein ist. Sie sind auch nicht der einzige, der wahrscheinlich lange leben wird. Und dann Rente erhöhen! Entschuldigen Sie, aber Sie sind verrückt.«
»Mein Herr«, sagte ich, lehnte mich nun gleichfalls zurück und schöpfte eine Menge Atem, »ich denke, daß Sie mein Bein stark unterschätzen. Mein Bein ist viel teurer, es ist ein sehr teures Bein. Ich bin nämlich nicht nur von Herzen, sondern leider auch im Kopf vollkommen gesund. Passen Sie mal auf.«
»Meine Zeit ist sehr kurz.«
»Passen Sie auf!« sagte ich. »Mein Bein hat nämlich einer Menge von Leuten das Leben gerettet, die heute eine nette Rente beziehen.
Die Sache war damals so: Ich lag ganz allein irgendwo vorne und sollte aufpassen, wann sie kämen, damit die anderen zur richtigen Zeit stiftengehen konnten. Die Stäbe hinten waren am Packen und wollten nicht zu früh, aber auch nicht zu spät stiftengehen. Erst waren wir zwei, aber den haben sie totgeschossen, der kostet nichts mehr. Er war zwar verheiratet, aber seine Frau ist gesund und kann arbeiten, Sie brauchen keine Angst zu haben. Der war also furchtbar billig. Er war erst vier Wochen Soldat und hat nichts gekostet als eine Postkarte und ein bißchen Kommißbrot. Das war einmal ein braver Soldat, der hat sich wenigstens richtig totschießen lassen. Nun lag ich aber da allein und hatte Angst, und es war kalt, und ich wollte auch stiftengehen, ja, ich wollte gerade stiftengehen, da ...«
»Meine Zeit ist sehr kurz«, sagte der Mann und fing an, nach seinem Bleistift zu suchen.
»Nein, hören Sie zu«, sagte ich, »jetzt wird es erst interessant. Gerade als ich stiftengehen wollte, kam die Sache mit dem Bein. Und weil ich ja doch liegenbleiben mußte, dachte ich, jetzt kannst du's auch durchgeben, und ich hab's durchgegeben, und sie hauten alle ab, schön der Reihe nach, erst die Division, dann das Regiment, dann das Bataillon, und so weiter, immer hübsch der Reihe nach. Eine dumme Geschichte, sie vergaßen nämlich, mich

mitzunehmen, verstehen Sie! Sie hatten's so eilig. Wirklich eine dumme Geschichte, denn hätte ich das Bein nicht verloren, wären sie alle tot, der General, der Oberst, der Major, immer schön der Reihe nach, und Sie brauchten ihnen keine Rente zu zahlen. Nun rechnen Sie mal aus, was mein Bein kostet. Der General ist zweiundfünfzig, der Oberst achtundvierzig und der Major fünfzig, alle kerngesund, von Herzen und im Kopf, und sie werden bei ihrer militärischen Lebensweise mindestens achtzig, wie Hindenburg. Bitte rechnen Sie jetzt aus: einhundertsechzig mal zwölf mal dreißig, sagen wir ruhig durchschnittlich dreißig, nicht wahr? Mein Bein ist ein wahnsinnig teures Bein geworden, eines der teuersten Beine, die ich mir denken kann, verstehen Sie?«

»Sie sind doch verrückt«, sagte der Mann.

»Nein«, erwiderte ich, »ich bin nicht verrückt. Leider bin ich von Herzen ebenso gesund wie im Kopf, und es ist schade, daß ich nicht auch zwei Minuten, bevor das mit dem Bein kam, totgeschossen wurde. Wir hätten viel Geld gespart.«

»Nehmen Sie die Stelle an?« fragte der Mann.

»Nein«, sagte ich und ging.

Menschlichkeit und Zynismus

LORE GRAF

Schubladen

Gleich als Herr Segebrecht die antike Kommode unter dem Speicherkram seiner verblichenen Tante entdeckte, wußte er, daß er ihr einen bevorzugten Platz in seinem Arbeitszimmer einräumen würde. Nicht, daß Herr Segebrecht besonders viel für alte Möbel übriggehabt hätte. Oder daß er bei anderen mit dem Besitz eines so wertvollen Stückes hätte Neid erregen wollen. Nein, was ihn faszinierte, ja geradezu in Bann schlug, das waren die vielen Schubladen, die die Kommode aufzuweisen hatte. Alle waren sie mit hübschen Beschlägen verziert und luden dazu ein, eine nach der andern aufzuziehen. Segebrecht tat es in einer fast feierlichen Stimmung. Sie dürfen nicht glauben, daß er dort allerlei Überraschungen vermutet hätte, Krimskrams aus vergangenen Zeiten oder gar verschollene Familienpapiere – oder was sonst noch ein solches Möbelstück hätte bergen können. Die Schubladen waren leer. Doch gerade diese Tatsache befriedigte Herrn Segebrecht außerordentlich. Leere Schubladen übten seit jeher einen ganz besonderen Reiz auf ihn aus. Leere Schubladen warten darauf, gefüllt zu werden. Man kann in ihnen Dinge verstauen, die sonst herumliegen würden. Man kann empfindliche Gegenstände darin aufbewahren, damit sie im Schutz der Lade keinen äußeren Schaden leiden u. a. mehr. Das ist Ihnen natürlich nicht neu und Herr Segebrecht pflegte das alles auch zu tun. Was ihn aber hier erwähnenswert macht, ist seine besondere Art, wie er leeren Schubladen Dinge anvertraute. Das Füllen von Schubladen und Kästen war für ihn keine Tätigkeit wie jede andere. Es bereitete ihm großes Vergnügen, Systeme auszuklügeln, nach denen er den Inhalt auswählte und einordnete. Die prickelnde Erregung, die er dabei empfand, läßt sich wohl am ehesten mit der freudigen Spannung vergleichen, die einen schöpferischen Akt begleitet. –
Herr Segebrecht hatte von Kindheit an einen Hang zum Systematischen. Schon als Junge war es für ihn mit besonderer Lust verbunden gewesen, seine Baukästen nach Systemen einzuordnen, von denen er immer neue ersann. Die verschiedenen Formen, Farben und Größen der Steine eröffneten ihm ungeahnte Möglichkeiten der Kombination. Jedes gelungene Ergebnis erfüllte ihn mit tiefer Befriedigung. Mißerfolge machten ihn dagegen unsicher und unglücklich, ja zornig. Ihn quälte dann das Gefühl der Unzulänglichkeit, er empfand sich als mittelmäßig und Mittelmäßigkeit war ihm unerträglich.
Erst wenn er – da er selten aufgab – doch noch eine Lösung fand, gerieten er und seine Welt wieder ins Gleichgewicht, waren sie vollkommen. Segebrecht

brauchte das Gefühl der Vollkommenheit. Mit seinen Systemen brachte er Ordnung in sein Leben und in seine Umgebung. Das gab ihm Sicherheit und Selbstvertrauen.
Auch in seinem späteren Leben hatte sich daran nichts geändert. Sie werden nun ohne Zweifel das Entzücken verstehen, das Herrn Segebrecht beim Anblick der Kommode ergriff. Sobald wie möglich erhielt sie ihren Platz in seinem Arbeitszimmer. Über Inhalt und System brauchte er nicht lange nachzudenken, denn die Lösung ergab sich fast von selbst.
Bislang hatte Herr Segebrecht Dingen ihre Ordnung gegeben, leblosen Gegenständen. Sollte dasselbe nicht auch mit Menschen möglich sein? Herr Segebrecht schien es schon immer von Vorteil zu sein, sein Gegenüber schnell und exakt beurteilen zu können. Sein Drang nach dem Vollkommenen deckte sich mit dem Ehrgeiz, über jeden Menschen, dem er begegnete, genau Bescheid zu wissen. Das machte die Beziehung einfacher und klarer.
Im Handumdrehen fand er genügend Kriterien, nach denen er Menschen in Schemata einfügen konnte. Im Geist sah er auch sogleich mögliche Zusammenhänge und Querverbindungen.
Herr Segebrecht war von seiner Idee begeistert. Hier lag also nun die ideale Funktion der Schubladen! Er kaufte sich einen großen Stapel Karteikarten – in allen Farben, die er bekommen konnte. Dann machte er sich an die Arbeit.
Von jedem Menschen, den er kannte, notierte er für ihn Wissenswertes: Verhaltensweisen, Vorlieben und Abneigungen, Aussprüche, Weltanschauung, Wesenszüge und körperliche Merkmale usw. Auch das Vorleben wurde nach Möglichkeit festgehalten. Kurz, er durchleuchtete ihn nach allen Regeln seiner Kunst. Das System war raffiniert erdacht und schien ihm völlig überzeugend. Durch die verschiedenen Farben der Karten war es zudem leicht überschaubar. Allerdings merkte er zu seinem eigenen Erstaunen bald, daß er mit weit weniger Farben auskam, als er ursprünglich angenommen hatte.
Am Ende hatten alle Menschen seiner Umgebung in den Schubladen den ihnen zugemessenen Platz gefunden. Herr Segebrecht brauchte nur jeweils eine Lade herauszuziehen, den Blick auf eine der Karten zu werfen und schon sah er den zugehörigen Menschen so deutlich vor sich, als hätte er ihn selbst erschaffen.
Er glaubte nun ein für allemal zu wissen, was er von jedem einzelnen zu halten hatte und auf welche Weise er ihm begegnen mußte. Das leise Unbehagen, das ihn immer noch beschlich, wenn er Menschen zum ersten Mal gegenüber stand, verschwand, sobald sie, in bunten Karten geordnet, jederzeit griffbereit in seinen Schubladen lagen. Sein Werk war vollkommen, wenn natürlich auch nicht vollendet, denn es kamen ja immer wieder neue Karteikarten dazu, die ausgefüllt und in die passenden Schubladen geschoben werden mußten.
Herr Segebrecht war zutiefst befriedigt, wie immer, wenn es ihm gelungen

war, Ordnung in seine Umgebung zu bringen. Er fühlte sich sicher und froh: Ruhig und gelassen sah er in die Zukunft.
Eigentlich wäre damit die Geschichte zu Ende. Aber da geschah etwas Unvorhergesehenes.
Herr Segebrecht kam eines Tages von einer Reise zurück. Beim Betreten seines Hauses fand er ein schreckliches Chaos vor. Einbrecher hatten alle Räume durchwühlt, Wertvolles mitgenommen, anderes zerstört. Die antike Kommode hatten sie als echt erkannt und abtransportiert. Mir ihr den für Herrn Segebrecht so wichtigen Inhalt. Er war verzweifelt. Die Polizei machte ihm wenig Hoffnung. Immerhin riet man ihm, über die polizeilichen Ermittlungen hinaus, bei Versteigerungen selbst die Augen offen zu halten. Vielleicht würde die Kommode dort einmal auftauchen. –
Segebrecht klappert nun schon seit Wochen sämtliche Antiquitätengeschäfte ab, geht auf alle Auktionen. »Ich muß meine Kommode wiederhaben!« Dieser Satz kreist Tag und Nacht in seinem Gehirn. Abgemagert, blaß und nur auf dies eine Ziel fixiert, findet er kaum noch Ruhe. Ohne seine Karteikarten fühlt er sich so ausgeliefert . . .

THADDÄUS TROLL

Tobias und die Lügner

Tobias ging im Walde so für sich hin, als ihn plötzlich ein klägliches Winseln aus seinen Betrachtungen riß. Er lief den Tönen nach und entdeckte einen braunen Airedale-Terrier, der sich in einer Schlinge verfangen hatte, wie sie Wilderer auszulegen pflegen. Tobias befreite das Tier und war nicht wenig erstaunt, als es vor ihm sitzen blieb, das Maul öffnete und sagte: »Ich danke Ihnen, mein Herr. Sie sehen in mir nicht etwa einen icksbeliebigen Hund, sondern den staatlich geprüften Oberzauberer Abuhel, den es gelüstete, in der Gestalt eines Hundes zu lustwandeln. Leider war mir die Zauberformel für Schlingenlösen entfallen. Ich wäre eines elenden Todes gestorben, wenn Sie, verehrter Herr, mich nicht befreit hätten. Als Dank sei Ihnen ein Wunsch gewährt, der sich erfüllen wird.«
Tobias, kein Materialist, besann sich nicht lange und sagte: »Ich möchte, daß morgen für alle Menschen, die in meiner Stadt wohnen und die eine Lüge sagen oder schreiben, die Schwerkraft aufgehoben ist.«
»Es sei«, sprach Abuhel und war wie vom Waldboden verschlungen.
Am anderen Tag ereigneten sich in der Stadt merkwürdige Dinge. Es begann damit, daß Tobias' Reinemachefrau ihm einen guten Morgen wünschend

sagte, sie sei heute schon eine Stunde früher gekommen, als er noch tief geschlafen habe. Da flog sie wie ein Luftballon gegen die Decke, wo sie mit dem Staubsauger hing, bis es nachts zwölf Uhr schlug. Der dickbäuchige Herr Knotzke, der Tobias 100 Mark schuldete, ihm auf der Straße begegnete, beide Hände schüttelte und sagte: »Wie freue ich mich, Sie wieder einmal zu sehen«, freute sich nicht lange, denn kaum hatte er den Satz ausgesprochen, so flog er in die Luft, und der Wind trug ihn von dannen.
Es ging in der Stadt turbulent zu. Bei den Zeitungen löste sich ein Setzer nach dem anderen von seinem Arbeitsplatz und flog davon, den in aller Frühe verschwundenen Redakteuren nach. Als der Chefredakteur mit dem Kultusminister telefonierte und ihm sagte, seine Pläne zur Hochschulreform seien wirklich fortschrittlich, da brach die Verbindung plötzlich ab, weil der Redakteur so heftig nach oben gezerrt wurde, daß die Telefonleitung riß. Kleine silberne Halbmonde flimmerten in der Morgensonne himmelswärts, es war der Buchstabe C einer Partei, die diesen Buchstaben wahrhaft vergeblich in ihren Schildern führte.
Um die Mittagszeit stand fast niemand mehr auf dem Boden der Tatsachen. Im Parlament flog ein Redner nach dem anderen gegen die Kuppel, in der die Abgeordneten in dicken Trauben hingen. Und als ein Parteiführer seine Ansprache mit den Worten begann: »Meine Partei steht unumwunden auf dem Boden echter Demokratie« und ihm seine Spezis den befohlenen einstimmigen Beifall zollten, durchbrach die Fraktion geschlossen das Glasdach des Sitzungssaales und wurde ohne Fristenlösung zur Freude des Landes vom Westwind in den bösen Osten abgetrieben.
Die Menschen entschwebten wie Vogelschwärme, oder sie hingen, wenn sie das Glück hatten, sich in geschlossenen Räumen zu befinden, an deren oberen Grenzflächen. Einzig ein paar Nonnen, ein pensionierter Beamter und zwei schlohweiße Unternehmer blieben der Schwerkraft unterworfen; als jedoch der eine von ihnen so unvorsichtig war, an diesem Tag seine Steuererklärung abzugeben, kam auch er in den Genuß der Schwerelosigkeit. Briefschreiber lösten sich spätestens bei der Schlußfloskel »mit vorzüglicher Hochachtung« von ihren Sitzen. Schon kurz nach Sonnenaufgang waren alle Syndici von Interessenverbänden in höheren Regionen, ganz zu schweigen von denen, die an diesem Tag eidesstattliche Erklärungen abgaben. Ein verhinderter Bundeskanzler, der sagte, in der Opposition fühle er sich unter guten Parteifreunden richtig wohl, wurde schon bei den ersten Worten so heftig nach oben gerissen, daß er mit einem gewaltigen Knall die Schallmauer durchbrach. Aber auch der Regierungssprecher, der erklärte, Abgeordnete stimmten ohne Fraktionszwang nur nach ihrem Gewissen ab, glich einem startenden Hubschrauber. Väter, die sich über die Zeugnisse ihrer Kinder erregten und sich, ihre Sprößlinge mahnend, an ihre eigenen, viel besseren erinnerten, bezahlten diesen trügerischen Blick in die Vergangenheit mit einer vom Plafond geschla-

genen Beule. Alte Damen, die bis zum Nachmittagskaffee den Boden unter den Füßen behalten hatten, schwebten mit kleinen spitzen Schreien und raschelnden Röcken nach oben, als sie das zweite Stückchen Kuchen mit der Begründung ablehnten, sie seien schon satt. Drei Zeugen vor Gericht brachen sich beim Eid nach oben getrieben ein bis zwei Schwurfinger.
Am Abend war die Stadt wie ausgestorben. Der Tag hatte selbst in die Reihen der Geistlichkeit schwere Lücken gerissen. Ein Pastor wurde nur vom Kanzelhimmel davon abgehalten, ins Kirchenschiff zu entschweben, als er beim stillen Gebet auf vierzig zählte. Ein Maler, der heftig stotterte und deshalb bis zum Abend auf dem Boden geblieben war, flog noch davon, als er ein Schild »Gasthof Adler nur 5 Minuten« malte. Der Schwerkraft unterworfen blieben nur ein paar Kinder, die noch nicht sprechen konnten, alle Tiere, drei Straßenmädchen, fast alle Dichter, die Insassen des Irrenhauses außer dem Pflegepersonal, einige Schauspieler und die Betrunkenen, die letzteren teilweise sogar recht heftig.
Tobias selbst hielt sich recht und schlecht bis kurz vor Mitternacht, als er zu sich selbst sagte, er hätte diesen Wunsch nicht geäußert, um seine Mitmenschen zu blamieren, sondern um sie zu bessern. Da flog er sanft gegen den leise klirrenden Kronleuchter.
Schlag zwölf Uhr kamen sie dann alle wieder herunter. Wer aber glaubt, daß seither in der Stadt weniger gelogen wird, der irrt sich.

FRANZ HOHLER

Der Rand von Ostermundigen

Am Rand von Ostermundigen steht ein Telefon. Daneben sitzt ein Mann, der jedesmal, wenn es läutet, abnimmt und sagt: »Das ist der Rand von Ostermundigen.« Wenn die Leute fragen, ist dort nicht Rieser oder Maibach, dann sagt er: »Nein, das ist der Rand von Ostermundigen!« und hängt wieder auf.
Das ist der Anfang der Geschichte »Der Rand von Ostermundigen«.

Diesen Mann, das muß ich gleich zu Beginn sagen, diesen Mann kennt niemand. Es gab eine Zeit, da hätte ich ihn gerne kennengelernt, und zwar vor allem, damit ich bei Gelegenheit in ein Gespräch hätte einflechten können, ich kenne einen Mann, der jedesmal, wenn das Telefon läute, abnehme und sage: »Das ist der Rand von Ostermundigen.« Bis vor kurzem hätte das auch die Wirkung gehabt, an der mir gelegen wäre, die Leute hätten gedacht, das ist

aber interessant, der kennt einen Mann, der jedesmal, wenn das Telefon läutet, abnimmt und sagt: »Das ist der Rand von Ostermundigen.« Inzwischen ist aber mit diesem Mann soviel geschehen, daß ich nicht mehr sagen könnte, ich kenne einen Mann, der, sondern ich müßte sagen, ich kenne den Mann, der, und die Leute würden sich auf mich stürzen und fragen, was, den kennen Sie?
Das ist die Fortsetzung der Geschichte »Der Rand von Ostermundigen«.

Nehmen wir an, Sie telefonieren einem Bekannten in Bern, der Hofmann heißt. Sie stellen seine Nummer ein, 22 10 46, dann kann es sein, daß ein Mann abnimmt und sagt: »Das ist der Rand von Ostermundigen.« Wenn Sie nun fragen, ist dort nicht Hofmann, dann sagt er: »Nein, das ist der Rand von Ostermundigen!« und hängt wieder auf. Sie hängen auch auf und stellen die Nummer nochmals ein, und dann meldet sich Ihr Bekannter namens Hofmann, und wenn Sie ihn fragen, ob er einen Witz gemacht habe, dann sagt er nein und weiß von nichts.
Ostermundigen liegt bei Bern, es hat dieselbe Vorkennzahl, 031, es ist also möglich, daß Sie falsch gewählt haben und zufällig die Nummer des Mannes eingestellt haben, der jedesmal, wenn das Telefon läutet, abnimmt und sagt: »Das ist der Rand von Ostermundigen.«
Jetzt kann es aber auch sein, daß Sie einen Bekannten in Chur anrufen wollen, der unter der Nummer 22 28 26 erreichbar ist, und daß dann, wenn Sie diese Nummer eingestellt haben, wieder der Mann abnimmt und sagt: »Das ist der Rand von Ostermundigen«, und daß er, wenn Sie fragen, ob Sie mit Herrn Caprez sprechen können, sagt: »Nein, das ist der Rand von Ostermundigen!« und wieder aufhängt. Chur hat die Vorkennzahl 081, Sie müßten sich also von 081 nach 031 verwählt haben, was Sie sich kaum vorstellen können.
Sie haben sich auch nicht verwählt, denn das, was Ihnen passiert, passiert andern auch, und zwar jeden Tag. Irgendwo sitzt ein Mann, der sich in Telefongespräche einschalten kann und hat kein anderes Interesse, als auf den Rand von Ostermundigen hinzuweisen. Ich muß sagen irgendwo, weil man inzwischen in Ostermundigen selbst sämtliche Anschlüsse überprüft hat, von Abbühl bis Zysset, und keine Unregelmäßigkeit feststellte. Hätte man allerdings so etwas wie eine Fehlschaltung gefunden, wäre man damit nicht viel weiter gekommen.
Es ist noch nicht lange her, da war er zum erstenmal am Radio zu hören; als der König in einer Kinderstunde zum Schweinehirt sagen wollte, ich gebe dir also meine Tochter zur Frau, sagte er statt dessen: »Das ist der Rand von Ostermundigen.« Der Schauspieler, der die Rolle des Königs sprach, hatte diesen Satz nicht selbst gesagt, sondern es war die Stimme des Mannes, der diesen Satz auch am Telefon sagt, es war der Mann am Rand von Ostermundigen.

Die Hoffnung, dies würde ein Einzelfall bleiben, erfüllte sich nicht. Am nächsten Tag wurde eine Aktualitätensendung mit den Worten angesagt: »Sie hören nun unsere aktuelle Sendung: Das ist der Rand von Ostermundigen.« Die Sprecherin erklärte nachher, sie habe gesagt: »Sie hören nun unsere aktuelle Sendung: Die laufende Woche«, aber für den Hörer hatte sich nach dem Wort »Sendung« ein leichter Pfeifton bemerkbar gemacht, auf dem dann die Stimme des Mannes am Rand von Ostermundigen ertönte.
Seither ist kein Tag vergangen, an dem sich der Mann nicht in irgendeine Sendung eingeschaltet hat, öfters gibt er seinen Hinweis während der Nachrichten ab, und der Satz hat dann auch die Eigenheit, daß er sich nicht mehr wegbringen läßt, also wenn sich der Sprecher am Schluß der Nachrichten korrigieren will, kann es sein, daß er sagt: »Wir bitten Sie um Entschuldigung für die kleine Störung, der Präsidentschaftskandidat hat in seiner heutigen Pressekonferenz nicht gesagt, das ist der Rand von Ostermundigen, sondern das ist der Rand von Ostermundigen.«
Natürlich tun die Behörden das möglichste, um diesem Mann auf die Spur zu kommen. So hat man die Bevölkerung gebeten, jedes Auftauchen des Satzes »Das ist der Rand von Ostermundigen« in einem Telefongespräch zu melden, und es hat sich herausgestellt, daß dieser Satz häufiger gesprochen wird, als es einem einzelnen möglich wäre. Gegenwärtig findet die größte Suche statt, an die man sich in diesem Land erinnern kann, Peilgeräte, mit denen man sonst Schwarzhörer ermittelt, werden zusammen mit Polizei und Militär zur Auffindung und Vernichtung dieses Satzes eingesetzt, der sich indessen immer mehr verbreitet.
Neuerdings hat er sich auch des Fernsehens bemächtigt. In einer Diskussion über Wohnbauprobleme wollte gerade ein Vertreter der Bauunternehmer auf die gestiegenen Produktionskosten hinweisen, als es auf dem Bildschirm dunkel wurde und man den Satz hörte: »Das ist der Rand von Ostermundigen.« Seither ist auch keine Fernsehsendung mehr gegen diesen Satz gesichert, nur sind die Aussagen darüber, was man während des Satzes sehe, sehr verschieden.
Einige Leute behaupten, sie sähen, wenn es dunkel werde, ganz schwach das Gesicht eines alten Mannes mit einem Bart, andere glauben während dieser Zeit einen Raubvogel wahrzunehmen, der seinen Kopf ruckartig auf sie zudreht, die Mehrzahl der Leute aber, die den Einbruch des Satzes erleben, machen die Aussage, sie sähen während des Satzes auf dem Bildschirm sich selber.
Noch etwas muß gesagt werden, und zwar zu der angestrengten Suche nach dem Urheber des Satzes. Auch wenn diese Suche, woran ich übrigens zweifle, den Erfolg haben sollte, daß man eines Tages in einer Felshöhle oder einem Keller eine Sendeanlage entdeckt, dann wäre damit der Satz »Das ist der Rand von Ostermundigen« nicht mehr rückgängig zu machen.

Schlagen Sie eine beliebige Tageszeitung auf und lesen Sie sie von vorn bis hinten durch – irgendwo werden Sie den Satz lesen »Das ist der Rand von Ostermundigen«, kleingedruckt neben dem Kremationsdatum in einer Todesanzeige, oder als Legende zum Bild eines Rennfahrers, der eine Etappe gewonnen hat.
Jeder fürchtet sich heute davor, einen Brief zu schreiben, aus Angst, es könnte darin stehen »Das ist der Rand von Ostermundigen«, jeder fürchtet sich heute davor, eine Ansprache zu halten, aus Angst, er könnte sagen »Das ist der Rand von Ostermundigen«. Anfangs haben viele diesen Satz zum Spaß gesagt, heute macht niemand mehr einen Witz damit, die Leute haben Angst bekommen zu sprechen, und zwar in jeder Situation, stellen Sie sich vor, ein Metzger zeigt einer Kundin ein Stück Rindfleisch und sagt dazu: »Das ist der Rand von Ostermundigen.«
Wohin das noch führen wird, ist schwer abzusehen. Im Moment scheint sich eine Möglichkeit zu zeigen, wie man diesen Satz zwar nicht ausrotten, aber unter Kontrolle bringen könnte.
Ein Mann aus der Politik, welcher eine Rede halten mußte und befürchtete, er könnte vom Satz überrascht werden, versuchte ihn dadurch zu überlisten, daß er die Rede mit den Worten anfing: »Meine Damen und Herren, das ist der Rand von Ostermundigen!« Man hätte nun denken können, daß auch dies nichts nütze, ja daß er dadurch erst recht den Satz nochmals heraufbeschworen hätte, aber dies war nicht der Fall, er konnte ungestört weiterfahren.
Das ist bekannt geworden, und wer sich jetzt gegen den Satz schützen will, kann ihn einfach freiwillig aussprechen und wird dann nicht mehr von ihm betroffen. In diesen Tagen gehen viele zu dieser Methode über, das Radio beginnt seit gestern seine Sendungen mit der Ansage, guten Tag, liebe Hörerinnen und Hörer, das ist der Rand von Ostermundigen; die Zeitungen haben beschlossen, den Satz als Untertitel zu drucken, Lehrer fangen ihre Schulstunden so an, Bekannte, die sich antreffen, begrüßen sich mit diesen Worten, und ich, der ich Geschichten schreibe, habe mir jetzt dadurch geholfen, daß ich eine Geschichte über diesen Satz geschrieben habe.

Ich finde aber, das ist auf die Dauer keine Lösung. Es geht doch nicht, daß wir uns mit diesem Satz abfinden, es geht doch nicht, daß wir diesem Satz nicht Meister werden, daß wir uns diesem Satz einfach unterziehen, diesem Satz, der sinnlos ist, diesem Satz, der nur dann angebracht ist, wenn man den Rand von Ostermundigen vor sich sieht, in Wirklichkeit oder auf einem Bild, und selbst wenn man in einer Situation ist, wo dieser Satz hinpaßt, dann geht von diesem Rand von Ostermundigen, den ich nicht kenne, nichts aus, es werden ein paar Wohnblöcke sein, eine Wiese, ein Waldrand vielleicht, aber es ist nicht einzusehen, warum ausgerechnet das von Bedeutung sein soll, und jetzt, gerade jetzt, vernehme ich, daß heute zum erstenmal die Stimme des Mannes

nicht mehr gehört wurde, er braucht sich nicht mehr zu melden, er hat erreicht, was er wollte, jeder kennt den Satz, jeder spricht ihn aus, keiner kann mehr etwas sagen, ohne zugleich an den Rand von Ostermundigen zu denken, und keiner weiß, was damit gemeint ist.
Dieser Satz muß zum Schweigen gebracht werden. Das ist das Ende der Geschichte »Der Rand von Ostermundigen«.

FRANZ OCHS

Von der Lebensdauer eines Fließbandes

Die Briefabgangsstelle des Postamts Q. bekam ein Briefförderband. Vier Saalboten wurden eingespart.
Wenn das Band lief, wurde die Luft in der Dienststelle heiß und trocken. Wer dort arbeitete, hatte es fortwährend im Hals. Die Verteiler halfen sich mit Bierflaschen. Darunter litt die Arbeitsgüte, es mußte verboten werden. Zugleich beantragte der Stellenvorsteher eine Luftbefeuchtungsanlage. Sie konnte nicht genehmigt werden. Erstens war kein Geld da, zweitens würden sich die Leute gewöhnen, dann wäre die Anlage überflüssig. Man gewöhnte sich also. Als der Krankenstand stieg, ordnete der Amtsvorsteher Hausbesuche an. Als die Versetzungsgesuche zunahmen, schaltete sich der Personalrat ein, konnte aber den Zusammenhang nicht nachweisen. Später wußte die Personalstelle Bescheid und ließ sich auf vorgetäuschte Begründungen nicht mehr ein. Nur der Stellenvorsteher wurde durch einen strengeren ersetzt. Der Neue kam ungern und war fortan heiser und verschnupft. Der Umgangston wurde schmerzlich rauh.
Rollen und Motoren arbeiteten zufriedenstellend, aber Risse im Band brachten immer wieder die ganze Anlage zum Stehen. Die drei Techniker waren stets eilig zur Stelle und konnten bald jede Störung binnen vier Stunden beheben. Die Schäden traten meist nach der letzten Kastenleerung auf. Dann blieb die Spätschicht jeweils länger, doch das wurde nicht beanstandet. Nur der hohe Verbrauch an Flickstoff fiel auf, und der technische Aufsichtsbeamte mußte berichten. Die Oberpostdirektion prüfte den Bericht und leitete ihn weiter. Sobald es möglich war, reiste ein Fachmann aus Darmstadt nach Q., stellte sechzehn Meßgeräte auf und fertigte ein Heft Grafiken. Abweichungen waren nicht ersichtlich, auch Bedienungsfehler wurden nicht beobachtet, lediglich die Luftfeuchtigkeit erwies sich als unterdurchschnittlich. Hitze und Trockenheit hatten das Gewebe spröde und brüchig gemacht.
Man baute eine Luftbefeuchtungsanlage und konnte die Lebensdauer des Förderbandes um 86 Prozent erhöhen.

ADOLF SOMMERAUER

Die toten Fische

Der Abend versprach nichts Besonderes, als ich auf dem Saumpfad entlang der Flußkrümmung nach Hause ging. Vor vielen Jahren hatten Pferde auf diesem Weg schwere Lastkähne stromaufwärts gezogen mit der ruhigen Kraft, die der Gewalt des Wassers ebenbürtig war. Daran erinnerte ich mich noch. Mit den Pferden war auch ihre Arbeit gestorben. Da nun kein Zugseil mehr die Uferböschung abstreifte, war das Weidengebüsch weit über mannshoch aufgewachsen.

Im Dickicht der Äste verfing sich der glühende Widerschein der Abendsonne auf dem Wasser. Es war gut, den ruhigen Lauf des Stromes zu spüren, ohne dem schmerzhaften Licht preisgegeben zu sein. So konnten die Augen das Verschwimmen der Farben von dem tiefen, in der einfallenden Frische erwachten Grün der Wiesen bis zu den fernblauen Hügeln und Wäldern wahrnehmen. Die Arbeit auf den Feldern war getan. Nahe bei dem Haus, wo wir für einige Wochen mit unseren Kindern Wohnung genommen hatten, standen zwei Buben aus dem Dorf in einem angebundenen Kahn und hielten ihre selbstgefertigten Angelstöcke über das Wasser. Einige Fische, die sie gefangen hatten, lagen am Ufer.

Sonst pflegte meine Frau um die Zeit meiner Heimkehr aus dem Fenster zu schauen. Es gab da so viel zu sehen, daß ihr das Warten nicht langweilig werden konnte. Im Efeu, der bis zum ersten Stockwerk emporwucherte, woben die Spinnen ihre Netze für die Nacht, die Schwalben schossen in steilem Bogen bis hoch über den Nußbaum hinaus, nachdem sie eben noch ihren Flügelschlag in tänzelnder Jagd dicht über den Fluß hin geübt hatten. Und das alles war eingebettet in das Schauspiel des schwindenden Lichtes.

Da uns auch die Gewohnheit weniger Tage schon zu einer Ordnung des Lebens geworden war, wunderte ich mich, daß das Fenster leer war. Auf dem steinigen Weg zwischen dem Vorgarten und dem Ufer lärmten meine Schuhe, die Gartentüre ächzte auf dem hier beginnenden Pflaster. Trotzdem blieb das Fenster leer und die Unruhe kam über mich. Die Stube, in der wir wohnten und aßen, schien mir weniger sorgsam aufgeräumt als sonst, unsere Schlafstube war leer. Im hintersten Zimmer, wo unsere Kinder schliefen, saß meine Frau am Bett unseres Sohnes Michael. Der Vorhang war zugezogen und schuf, weil die Sonne ihn durchleuchtete, eine glänzende Dämmerung. Meine Frau sah mich an, ohne aufzustehen, als ob ich wie ein Fremder unvermutet gekommen wäre.

Ich fragte, ob eines der Kinder krank geworden sei. »Nein«, sagte sie leise, »sie sind gesund.« Der Ausdruck ihres Gesichtes machte mich hilflos. So hatte ich sie noch nicht gesehen. Die Haut war gleichsam geglättet von einer ganz

tiefen Trauer, wie ich es einmal bei einem Menschen beobachtet hatte, den sein Schmerz bis an den Rand seines Wesens ausfüllte.
»Michael hat die Fische erschlagen«, sagte sie. Ich bat, daß sie das Seltsame erklären möchte. – Was sie dann antwortete? Ich weiß die Worte nicht mehr. Vielleicht erzählte sie auch mehr mit ihrem Gesicht als mit ihren Worten.
Die Buben des Dorfes fischten am Ufer. Manchmal war es nur ein Einzelner, den es nach der Arbeit im Stall noch hinaustrieb, manchmal standen sie rudelweise beisammen. Sie hatten Geschick bei diesem häufig geübten Vergnügen. Größere als handlange Fische fingen sie freilich nicht. Michael hatte es in seiner unbekümmerten Art gleich erreicht, daß er unter ihnen geduldet wurde. Sie verspotteten ihn nicht mehr, wenn er seine eigene Schnur ins Wasser warf, an der ein Haken ohne Köder hing. Auch an diesem Tag war er unter ihnen gestanden. Sie hatten einen guten Fang. Rasch hintereinander zappelten die Fische an der Angel und wurden auf das Ufer geworfen. Die Buben mochten es für Zeitverschwendung halten oder sie mochten das Töten weniger lieben als das Fangen: sie riefen Michael, der dabei stand, zu, daß er die Fische mit einem Stein erschlagen müsse. Er sagte – wie mag er das gesagt haben? –, daß er es nicht könne. Sie gaben ihm einen Stein in die Hand und drohten, daß er nicht mehr zuschauen dürfe, wenn er es nicht tue. Er sah, wie die Schnüre ins Wasser hingen und die Schwimmkorke verheißungsvoll zuckten, was er mit seiner Angel nie zuwege brachte. Er nahm die Fische, die sich mit ihren nackten Leibern in seiner nackten Hand wehrten, und zertrümmerte ihnen den Kopf. In der Raserei der Angst schlug er mehr, als für das Töten notwendig war. Er erschlug auch noch die Zuckungen der toten Fische. Dazwischen genoß er die erkauften Augenblicke des Schauspiels. Er zitterte am ganzen Leib, als er es seiner Mutter erzählte, als er, ihr fremd geworden, ihre Nähe suchte. Es schüttelte ihn das Grauen und die Gier.
Das Kind hatte gewiß so nicht gesprochen, und meine Frau erfand keine umständlichen Worte dazu. Aber ihre Trauer verlieh ihr die Macht, mich alles sehen zu lassen, was sie selbst nicht gesehen hatte. Auf ihrem Gesicht hatte sich alles eingeprägt, nicht die unmittelbare Bedrängnis, nicht der Schrecken, aber der Nachklang, so wie eine breite Spur noch lange auf dem stillen Wasser steht, wenn das Boot längst verschwunden ist. Und die bewahrte Spur sagt mehr als der gegenwärtige Ruderschlag.
Leicht und regelmäßig huschten die Atemzüge der Kinder durch die Stube. Auch Michael schlief. Es schien mir, als ob er beim Einschlafen die Augenlider mit Gewalt geschlossen hätte, nicht so sanft, wie die Kinder sonst die geliebte Welt bis zum Morgen verabschiedeten. Hatte er sich gegen das Bild der zerschlagenen Köpfe gewehrt, als er die Augen schloß? Vielleicht aber drängte mir die Frau durch ihr Wesen diese Gedanken auf. Vielleicht hätte ich ohne ihre Gegenwart nur die gesunde braune Haut gesehen und die gefalteten

Hände auf der Bettdecke, die er nach dem Gebet vergessen hatte auseinander zu nehmen.

Ich war müde von dem heißen Tag und wollte die Last nicht mehr tragen. Während ich die Vorhänge zurückzog, um den Abendwind hereinzulassen, sagte ich leichthin, man dürfe aus dem Erlebnis nicht mehr herausholen, als tatsächlich gewesen sei. Was war denn geschehen? Michael hatte dasselbe getan, was die Kinder im Dorf früher oder später und ohne Bedenken taten. Niemand fand etwas dabei. Hatten wir nicht selbst achtlos zugesehen, wie die Kinder die Fische auf das Land warfen?

»Er hat es gegen seinen Willen getan«, antwortete die Frau in ihrer lähmenden Ruhe. »Er ist vier Jahre alt. Es bedeutet für ihn etwas anderes als für uns. Und er hat es nun gelernt.«

Ich verließ das Zimmer der Kinder und hoffte, daß meine Frau mir nachkommen werde, daß sie ihren Kummer abschütteln werden, wenn sie erst einmal die Augen von dem Kind abgewandt hätte. Die Dämmerung war stärker geworden. Zwischen die letzten Flüge der Schwalben mischten sich die ersten zackigen Flüge der Fledermäuse. Das Wasser hauchte seine Kühle gegen die warme Hauswand. Ich stand so und wartete. Weil die Frau nicht herauskam, ging ich noch einmal ins Zimmer und redete ihren Schatten an.

»Du mußt jetzt die Kinder schlafen lassen. Morgen ist alles anders.« Der Schatten antwortete: »Er hat es nun gelernt und wird es nie wieder vergessen.« – »Was denn?« sagte ich mit dumpfem Ärger, »daß ein Fisch, den wir essen, nicht von selber starb!« – »Nein, er hat viel mehr gelernt.«

Weil mir nichts einfiel, nichts, was stärker gewesen wäre als ihre Ohnmacht, verließ ich die Stube und das Haus, um noch eine Weile am Fluß entlang zu gehen. An der Fähre, die schon für die Nacht verankert war, warf das Wasser eine dünne Schaumkrone auf, und wo es unter den breiten Holzbohlen wieder hervorkam, gluckerte es leise. Jenseits des Stromes stieß ein Vogel einen langen krächzenden Schrei aus, den ich nicht verstand. Die Mondsichel stand hinter einem dünnen Schleier. Ich war zu müde, um die Vorwürfe, die ich meiner Frau nicht gesagt hatte, nun für mich allein zu denken. Die Landschaft, indem sie sich unter der niedersinkenden Nacht veränderte und ihr eigenes Wesen immer mehr aus sich heraushob, schien eine Ähnlichkeit mit dem Gesicht meiner Frau anzunehmen. Ganz allmählich, ohne rasche Überredung, aber mit einer ungeheuerlichen überwältigenden Umarmung nahm sie mich in die Mitte ihrer Trauer. »Er hat es nun gelernt.«

Als ich den Tau durch die Schuhe dringen fühlte, kehrte ich um. In der Nähe des angebundenen Kahnes lagen immer noch zwei Fische auf dem Schlamm. Ich beugte mich hinunter, um sie in dem nebeligen Zwielicht von Mond und Sternen zu betrachten. Bei dem einen Fisch war der Kopf mit dem aufgesperrten zerfetzten Maul fast vom Rumpf getrennt. Ein dunkles Loch stieß hinunter in seine Eingeweide. Dem anderen war ein Auge ausgeschlagen. Es lag für

sich allein auf dem schuppigen Leib und sah für sich allein in die Nacht. Sie lagen ganz dicht am Wasser.
Die Fenster in unserer kleinen Wohnung waren dunkel. Meine Frau bewachte im Finstern noch immer den Schlaf unseres Sohnes.

RENATE KATARINA OSWALD

Leben und Tod im August oder ungenaue Beschreibung meiner Familie

I. Ein Samstag. Ich kam später nach Hause als sonst. Der Mantel meines Vaters hing nicht in der Garderobe. Die Kinder sagten: Der Opa ist nicht gekommen.
Ich fuhr zur Wohnung von Frau Z., eine Freundin. Dort war er. Er lag auf dem Sofa und sagte: Ich möchte sterben. Frau Z. nahm mich zur Seite: Daß Sie es nicht merken, daß es zu Ende geht. Haben Sie nicht gesehen, wie schmal er wird, daß er keine Kraft mehr hat? Sie hat Tränen in den Augen. Sie will die Telephonnummern, unter denen ich zu erreichen bin.
Ich sage zu ihr: Ich habe es für einen natürlichen Abbau gehalten, aber wir müssen das klären. Wenn er nächsten Dienstag zum Arzt geht, gehe ich mit. Ich nehme es Ihnen nicht übel, sagt Frau Z., Sie haben noch nie Menschen bis zu ihrem Tod gepflegt. Aber ich sage es Ihnen gleich: Er will nicht ins Krankenhaus, diesmal nicht. – Ich weiß, sage ich, das Sterben in den Krankenhäusern kann unbarmherzig sein. Dieser anonyme Vorstoß in die Verlassenheit noch in diesem Leben, wenn man seinen Namen schon verloren hat, ehe er ganz gelöscht ist.

Ich hole ihn zu mir, im Auto. Die Kinder erwarten ihn. Immer bringt er eine Tüte mit Süßigkeiten mit. Als er noch kräftiger war, sind sie ihn angesprungen wie junge Hunde und haben ihm seine Tüte aus den Händen gerissen und die Beute geteilt, während er ihnen lächelnd zusah.
Laß sie halt, sagte er zu mir, als er die steile Falte des Mißfallens über meiner Nasenwurzel bemerkte. Er trinkt mit mir Kaffee. Er ißt nichts mehr. Es gibt nichts mehr auf der Welt, das mir schmeckt, sagt er.
Wir überreden ihn: Du mußt essen, du mußt leben, wir brauchen dich doch noch, du weißt es doch so genau.
Am Abend bringe ich ihn zurück.
Auf Wiedersehen, sage ich.
Hoffentlich sehen wir uns wieder, sagt er.

Seltsame Stimme.
Da drehe ich mich um und sehe ihn im Fond des Wagens sitzen, ganz klein, eingesunken, scheu und schief, mit diesem unsicheren Lächeln in seinem eingefallenen Gesicht.
Zu wissen, daß man sterben muß und es nicht zu wissen. Der Mann im Dunkeln hinter mir. Mein Vater.

Noch nicht, möchte ich zu ihm sagen, ich hatte immer geglaubt, wir hätten noch so viel Zeit.
Wir haben über das Wetter gesprochen, wenn er da war, er hat den Hasen Stroszek gefüttert, die wilden Triebe der Rosen abgeschnitten, Zeitung gelesen und die Sportsendung im Fernsehen angeschaut. Er war ein leidenschaftlicher Sportler gewesen und er liebt seinen Enkel, der ein Läufer ist wie er, und solange es ging, begleitete er ihn zum Fußballtraining, zu den Wettspielen. – Na, da drüben, das ist er doch, der Rechtsaußen, sagte er einmal zu mir, jetzt kennt die Mutter ihren eigenen Sohn nicht! Er erkannte ihn von ganz ferne. Hat er nicht in der letzten Zeit immer mehr Geschichten von früher erzählt? Wie seine Enkelin an ihrem ersten Lebenstag ihm frech in die Augen sah, und er zu mir kam und sagte: Deine Tochter wird schön und selbstbewußt. Oder die Geschichte, wie er als Bauernbub an den Sonntagen an einem niederbayerischen Bahnhof steht und die kurz haltenden Schnellzüge begafft wie Wunder aus einer anderen Welt. Die fein gekleideten Damen mit ihren bändergeschmückten Hüten und hellen Schirmen hatten es ihm angetan. Eine von ihnen wird er später heiraten, und sie wird sein Traum sein, so wie er der ihre sein wird und beide werden in der Wirklichkeit ganz erbärmlich scheitern. Wie er mir die Piccolos beschreibt, die am Bahnsteig entlangeilend ihre Erfrischungen und Zeitungen anbieten, wie er ihre Stimme nachahmt, da spüre ich, wie gerne er einer von ihnen gewesen wäre, um der großen Welt ein paar Schritte näher zu sein.
Als er als blutjunger Polizist nach München kam, hat er sich seine Maßanzüge aus englischen Tuchen bei einem Schneider in der Maximilianstraße bauen lassen. Es gibt Bilder von ihm, da ist er für mich der bestaussehendste Mann, den ich mir vorstellen kann, jeder Schauspieler, jeder Dressman könnte vor Neid erblassen.
Und jetzt ist er verfallen unter dem Schatten, den er spürt und nicht kennt. Und es trifft seinen Lebensnerv, daß sein Körper ihn verläßt.
Waren die Abenteuer des Geistes ihm zu fremd?

Erzähl mir die Geschichte vom Röhm-Putsch[1] und dem Marsch zur Feldherrnhalle noch einmal, schildere mir das Attentat vom Bürgerbräukeller und

[1] Röhm-Putsch usw. = Vorgänge zur Zeit Hitlers

das verschwiegene Treiben der Gestapo in dem schönen Palais noch einmal, ich habe so viele Einzelheiten vergessen und ich wollte immer, daß du mir die Geschichten aufschreibst, aber nun findest du die Worte nicht mehr, die Worte sind dir abhanden gekommen, und du wirst wütend und ungeduldig, weil du nichts mehr so sagen kannst, wie du es willst. Und wenn ich dasitzen würde, wie ich gerne möchte, mit Papier und Stift, um es festzuhalten für immer, dann würdest du mich verwundert ansehen und fragen: Was soll das auf einmal?
Die Nächte sind schlimm, sagt Frau Z. Zweiundzwanzigmal schaue ich nach ihm, ob er noch atmet.
Warum sagt sie 22? Weiß sie denn, daß die 22 eine magische Zahl ist, die mich mit meinem Vater verbindet? Ich wurde ihm an einem 22. geboren, er gab mir den Namen seiner Lieblingsschauspielerin, so daß ich an einem 22. Namenstag habe, und die einzige Zeit unseres Lebens, die wir zusammengelebt haben, ein paar Jahre nur, haben wir die Hausnummer 22 gehabt. Es ist ein Haus in der City, in dem jetzt Türken hausen, es ist schwarz geworden, eine verfaulende Ruine, abbruchreif. Das Haus Nr. 22.

II. Ich gehe mit meinem Vater zum Arzt. Seit seinem Herzinfarkt vor dreizehn Jahren sucht er ihn regelmäßig alle drei bis vier Wochen auf. Ich sage zu dem Arzt: Ich will eine präzise Auskunft, die ungeschminkte Wahrheit. Wie geht es meinem Vater?
Der Arzt sagt: Wir kontrollieren alle Werte Ihres Vaters ständig. Er bekommt die besten und teuersten Medikamente. Es geht ihm den Umständen entsprechend gut. Sie kennen ihn ja. Er ist zu ungeduldig mit sich selbst.
Wir fahren beruhigt nach Hause.
Beim Aussteigen sage ich zu meinem Vater: Der Arzt hat gesagt, daß es dir gar nicht so schlecht geht. Du sollst uns nicht immer so erschrecken.

Alle Ängste sind wie weggewischt.
Das Leben geht weiter.
Mein Vater kommt wieder wie jeden Samstag seit fünfzehn Jahren. Er ist einfach da, unaufdringlich, für ein Spiel zu haben, ohne große Parolen, zeremonienlos.
Jetzt bleibt er lieber im Haus und im Garten. Früher ist er mit den Kindern in den Wald spaziergengegangen, in ein Café, auf einen Spielplatz, in den Tierpark, in den Englischen Garten, in ein Malstudio, in die Internationale Jugendbibliothek, auf eine Bergwanderung.
Manchmal fragt er mich: Sag, was ist das, ich gehe wie auf Schaumgummi oder Schmierseife, ich bekomme den Kontakt zum Boden nicht mehr. Es rutscht mir alles weg.
Ich sage: Der Arzt hat es dir doch erklärt, das sind deine Durchblutungsstö-

rungen. Du weißt doch, die sechzig Zigaretten am Tag von damals, kurz vor deinem Herzinfarkt.
Ich verlasse mich auf den Arzt. Ich denke, mein Vater lebt ewig. Ich habe alles vergessen, was ich einmal befürchtet habe.

III. Die ganze Nacht habe ich gebetet, daß ich es richtig mache, sagt Frau Z. Ich glaube an nichts und niemand, hatte mein Vater gesagt. An keinen Gott. An keinen.
Jetzt liegt er da und hält meine Hand. Seit Tagen hat er unerträgliche Kopfschmerzen, er erbricht alles. Ich streichle seinen mager gewordenen Arm mit den vielen dunkelbraunen Flecken. Er ist schwach, über alle Maßen schwach. Ich war still, sagt Frau Z., Sie wissen es ja. Ich weiß, daß sie will, daß er bei ihr sterben kann. Sie hat einmal gesagt: Sterbende sind in den letzten Stunden so feinhörig.
Ja, habe ich gedacht: Sterbende reagieren nicht mehr, sie reden nicht mehr, sie liegen nur noch da und nehmen wahr: Auf einer vegetativen Stufe der Wahrnehmung spüren sie unsere Berührungen und hören unsere Worte. Wenn sie auftauchen aus den fernen Ländern, in die sie zeitweise, so auf Probe, hinüberwandern, dann sind sie empfänglich für unser Da-Sein. Wir binden sie an das Leben, das sie geliebt haben und das sie im Begriff sind auszuhauchen wie verbrauchte Luft, die untauglich ist für alles Weitere.
Frau Z. hat den Notarzt angerufen. Nun hat man ihr meinen Vater genommen und er hat doch gesagt: Dieses Mal komme ich nicht wieder.
Die Sanitäter setzen ihn auf einen Stuhl, um ihn durch das enge Treppenhaus hinunter zu tragen. Er läßt sich hinaustragen aus der Wohnung, ohne Murren, er sitzt da in seinem leichten gestreiften Morgenmantel wie ein König auf einer Sänfte und es kostet ihn alle Kraft aufrecht zu sitzen, ein König, dem Szepter und Weltkugel entfallen sind. Sie tragen ihn in die Wüste eines heißen Sommertages. Ein sterbender König.

Auf der Intensivstation hängt er an Drähten, Sonden und Schläuchen, er ist nicht ansprechbar. Vor einer Stunde hatte er einen Herz- und Atemstillstand. Man hat ihn reanimiert. Das zerrissene Nachthemd liegt blutverschmiert in seinem Nachttisch. Sie hatten keine Zeit mehr bei dem Wettlauf mit dem Tod. Leben zum Tode hin. Immer eine Niederlage.

Heute morgen hatte er sich noch in meine Arme geflüchtet wie ein Kind, eine rührende Geste. Er hatte kein Wort sagen können, aber er hatte mich angefleht: Hilf mir, wenn du kannst, das Leben verläßt mich.
Du lebst in mir weiter, hatte ich vor zwei Tagen zu ihm gesagt, als er nicht zu meinem Geburtstag gekommen war. Ich hatte auf ihn in aller Ruhe gewartet und mich auf die Kaffeestunde mit ihm gefreut. Wir wollten am Abend an

einen See hinausfahren und mit der ganzen Familie essen gehen. Er liebt diese Familienfeste sehr. Da er nicht gekommen war, hatte ich ihn besucht. Er hatte auf den Tisch hinter sich gedeutet und gesagt: Dort drüben ist meine Brieftasche, gib sie mir. Seit langem schenkte er mir an Weihnachten und Geburtstagen Geld. Er hatte seine Scheine immer in einem bunten Umschlag mit Blumen- oder Weihnachtsmotiven. Dieses Mal war es ein einfarbiges blaues Kuvert.

Nun sehe ich ihn liegen zwischen Leben und Tod und ich weiß genau, wohin sich die Waagschale senken wird.
Das rächt sich nun, daß ich immer alles für selbstverständlich gehalten habe, sage ich zwischen zwei Krankenbesuchen, daß er da war, so ganz ohne Anspruch. Die Kinder sind ihre eigenen Wege gegangen zuletzt, ich habe getan, was ich gerne tat, und er war nur da. Jetzt fühle ich mich nicht gut.
Das ist widerlich, sagt mein Mann, du wirst sentimental. Ich denke nach und finde, daß er recht hat. Es läuft immer so.

Sorbitlösung tropft in seine Armvene, ein Ultraschall-Nebelbefeuchter ragt in seinen Gesichtskreis, seine Nase ist verquollen von den Sonden und Schläuchen, die man durch sie gepreßt hat, und sein Mund ohne Zähne eingefallen. Durst, sagt er, Durst. Er erkennt uns genau, meinen Mann und mich. Er trinkt gierig. Mineralwasser. Er redet nicht viel. Die Augen sinken manchmal nach oben zurück, unter die Lider.
Am Tage seines Todes werde ich verzweifelt meinen Mann fragen: Sag, am Sonntagabend, als er zum letzten Male bei Bewußtsein war, habe ich ihn da genügend liebgehabt?
Und mein Mann wird sagen: Ganz gewiß, du hast ihn immer gestreichelt, sein Gesicht, seine Hände, du hast ihm sogar die Haare gekämmt.
Ja, sage ich, habe ich das getan?

Der Arzt sagt: Sie müssen mit dem Schlimmsten rechnen. Wir wissen noch nicht, was er hat, es kann ein lebensbedrohlicher Schlaganfall sein, eine Gehirnerweichung, ein Tumor. Wir konnten es noch nicht feststellen, er balanciert ständig an seiner Belastungsgrenze entlang, sein Atemzentrum ist gestört. Vor morgen kann ich Ihnen nichts Genaueres sagen. Wir müssen erst sehen, ob er sich etwas stabilisiert. Sie entschuldigen mich.
Ich entschuldige ihn. Der Arzt hat keine Schuld, wenn er stirbt.
Jede Schuld hat eine nicht meßbare Komponente. Schuld und Schicksal: Man ist gesetzt, wie eine Schachfigur, und wird vom Brett geholt mit einem wirschen Griff. Was für einen Spielraum hat man gehabt? Welche Möglichkeiten, sich da und dorthin zu bewegen? Wieviel Schuld hat einer an seinem Schicksal?

Zum erstenmal habe ich heute gesehen, wie er um sein Leben zu kämpfen hat, Leben, Tod, Einatmen, Ausatmen, Leben, Sterben – man hört den Rhythmus des Beatmungsgerätes noch bevor man ihn sieht.
Schwester Jackie sagt: Was für ein netter Mann. Jetzt, beim Schreiben, erst höre ich den Ton des Bedauerns in ihrer Stimme: Schade, daß er sterben muß, hieß der Satz eigentlich.
Man hat einen Tubus[2] in seinen Mund und seine Luftröhre eingeführt, man hat ihn dabei seines Mundes beraubt, seiner Möglichkeit zu sprechen, zu küssen, geküßt zu werden.
Frau Z. sitzt am Fußende des Bettes, schweigend. Sie macht nichts kaputt. Aber sie hat Angst, daß ich etwas kaputtmache. Sie steht auf, sie sagt: Nicht, er ist bei Bewußtsein.
Aber ich kann doch gar nicht anders, ich muß doch zu ihm hingehen, ich kann ihn doch nicht alleine lassen. Ich streiche über seine Schläfe, er sieht mich an mit seinen leuchtend blauen Augen, nickt mit den Augen, ich erkenne dich, du bist meine Tochter, sagt er, und ich spüre eine Unruhe in ihm aufsteigen, und sage, sei ganz ruhig, ich liebe dich.
Da bäumt er sich auf, will etwas sagen, kann nichts sagen, will den Schlauch aus dem Mund nehmen, kann nicht, denn seine Hände sind festgezurrt, er wird rot, schluchzt, will weinen, kann nicht weinen mit den Schläuchen, er zuckt am ganzen Körper. Das habe ich nicht gewußt. Frau Z. ist aufgesprungen: Er weint, sagt sie, er weint. Das dürfen Sie nicht tun.

IV. Was darf ich nicht tun? Ich stehe im Vorraum und sage: Es ist gnadenlos, dieses Sterben an den Schläuchen, ohne Mund, ohne Hände, alles was man bräuchte, um noch einmal lieb zueinander zu sein.
Er schafft es nicht.
Jeder weiß es.
Auf einer irrationalen Ebene weiß es längst der Sterbende selbst, dann der Arzt und die Stationsschwester und zuletzt ich, die Lebende.
Aber der Arzt darf seine Entscheidung nur auf einer rationalen Ebene treffen. Er muß den unter fast pausenlosen Krämpfen und Zuckungen Leidenden sedieren[3], um ein Szintigramm[4] zu machen. Ohne Diagnose keine Prognose. Es wird sich am Mittag seines Todestages herausstellen, daß weite Teile seines Gehirns durch einen Gehirntumor zerstört sind. Von nun an ist er ohne Bewußtsein.
Seine EKG-Kurve in dem grauen Monitor über dem Bett, die alleroberste, am Anfang die schönste von allen sechs anderen Kurven, wird sich verändern. Sie wird eine andere Zeichnung haben, sie wird dick und dünn werden, die

[2] Tubus = kurzes Rohrstück
[3] sedieren = ruhigstellen
[4] Szintigramm = radioaktive Untersuchungsmethode

Spitzen werden sich verschieben, das rote Lämpchen, das aufleuchtet und verlischt, wird dunkel sein. Dunkelheit wird sich ausbreiten über das Bett am Fenster, eine stille, feine Dunkelheit, und eine große Ruhe. Die letzte Ruhe nach der Hektik der Apparaturen.

Kurz vor 15 Uhr.
Hier ist Schwester Jackie, bitte kommen Sie, Ihrem Vater geht es sehr schlecht.
Die Zeit war zu kurz. Ich habe ihn nicht mehr erreicht.
Die Tür zu seinem Zimmer war geschlossen, immer zuvor war sie offen gewesen. Mein erster Blick zum Monitor. Die Linie des EKG ist ein Strich. Es ist zuviel Ruhe in dem Raum.
Warum habe ich es dir nicht gesagt, wie sehr ich dich geliebt habe, vorgestern, als du mich gehen ließest mit dem hilflosen Blick der Sterbenden auf den Intensivstationen, die den Kopf noch mitdrehen können.
Bin ich nur froh, daß die Qual zu Ende ist? Bin ich froh, daß ich aufhören konnte, mit ihm weiter zu sterben, so wie die Qual des Beraubtseins von Mund und Händen mich schier verrückt gemacht hat?
Mein Mann sagt: Du bist egoistisch. Du sagst, du kannst nicht mehr. Ist denn das wichtig, was du kannst oder nicht?
Er hat recht.
Ich bemitleide nur mich.
Wie ist er gestorben? frage ich Schwester Jackie. Er war nicht bei Bewußtsein, er hat nichts mehr wahrgenommen, er hätte Sie nicht erkannt. Ich habe seine Hand gehalten.
Die losgebundene, sage ich.
Sie nickt.

Fortschritt und Versäumnis

GABRIEL GARCIA MARQUEZ

Widerstand gegen das Vergessen

Als José Arcadio Buendia bewußt wurde, daß die Pest ins Dorf eingedrungen war, berief er die Familienvorstände, um ihnen zu erklären, was er von der Schlaflosigkeitskrankheit wußte, und man besprach Maßnahmen, um zu verhindern, daß die Plage auf andere Siedlungen des Moors übergriff. So nahm man denn den Ziegenböcken die kleinen Schellen ab, welche die Araber gegen die Papageien geliefert hatten, und stellte sie am Dorfeingang denjenigen zur Verfügung, welche die Ratschläge und Bitten der Wachtposten in den Wind schlugen und darauf bestanden, das Dorf zu besuchen. Jeder Fremde, der zu jener Zeit Macondos Gassen durchwanderte, mußte eine Schelle erklingen lassen, damit die Kranken wußten, daß er gesund war. Während seines Aufenthalts durfte er weder essen noch trinken, da kein Zweifel darüber bestand, daß die Krankheit sich durch den Mund übertrug und daß alles Eß- und Trinkbare von der Schlaflosigkeit angesteckt war. Auf diese Weise wurde die Plage auf den Umkreis des Dorfes beschränkt. Die Quarantäne war wirksam, so wirksam, daß der Tag kam, an dem der Notstand als etwas Natürliches galt und das Leben sich so einrenkte, daß die Arbeit ihren Rhythmus wiederfand und niemand mehr der überflüssigen Gewohnheit des Schlafens nachtrauerte.

Aureliano ersann als erster die Formel, welche die Einwohner mehrere Monate hindurch gegen den Gedächtnisschwund verteidigen sollte. Er entdeckte sie zufällig. Da er als einer der ersten von dem Leiden heimgesucht worden war, hatte er als erfahrener Schlafloser die Silberschmiedekunst bis zur Vollkommenheit erlernt. Eines Tages suchte er das kleine Eisending, das er zum Auswalzen des Metalls verwendete, und besann sich nicht mehr auf dessen Namen. Sein Vater nannte ihn ihm: »Amboß«. Aureliano schrieb den Namen auf einen Zettel und klebte ihn an den Fuß des kleinen Eisendings: Amboß. So war er gewiß, ihn künftig nicht wieder zu vergessen. Dabei fiel ihm nicht auf, daß dies der erste Ausdruck des Vergessens war, weil der Gegenstand einen schwer zu behaltenden Namen besaß. Doch wenige Tage darauf entdeckte er, daß es ihm schwerfiel, sich an nahezu alle Dinge des Laboratoriums zu erinnern. Dann bezeichnete er sie mit den entsprechenden Namen, so daß er nur die Beschriftung zu lesen brauchte, um sie benennen zu können. Als sein Vater ihm seine Bestürzung darüber mitteilte, er habe sogar die eindrucksvollsten Begebenheiten seiner Kindheit vergessen, erklärte Aureliano ihm seine Methode, und José Arcadio Buendia wandte sie im ganzen Haus

an und machte sie später für das ganze Dorf zur Pflicht. Mit einem tintenfeuchten Dorn beschriftete er jedes Ding mit seinem Namen: Tisch, Stuhl, Uhr, Tür, Wand, Bett, Topf. Er ging in den Pferch und zeichnete alle Tiere und Pflanzen: Kuh, Ziegenbock, Schwein, Huhn, Yucca, Malanga, Bananenbaum. Nach und nach wurde ihm beim Studium der unendlichen Möglichkeiten des Vergessens bewußt, daß man die Dinge eines Tages zwar an ihren Inschriften erkannte, sich jedoch vielleicht nicht mehr an ihre Nützlichkeit erinnerte. Nun wurde er genauer. Das Schild, das er der Kuh um den Hals hängte, wurde ein Vorbild für die Art und Weise, nach der Macandos Bewohner gegen das Vergessen anzukämpfen gewillt waren: Das ist die Kuh, die man jeden Morgen melken muß, damit sie Milch gibt, und die Milch muß man aufkochen, um sie mit Kaffee zu mischen und damit Milchkaffee zu machen. So lebten sie in einer schlüpfrigen Wirklichkeit dahin, die sie vorübergehend mit dem Wort festhielten, die ihnen jedoch unrettbar entglitt, sobald sie den Wert des geschriebenen Buchstabens vergaßen.
Am Eingang zum Moorweg hatte man ein Schild mit der Aufschrift Gott existiert aufgestellt. Alle Häuser waren mit Schlüsselwörtern zum Memorieren der Gegenstände und Gefühle beschriftet. Doch das System erforderte so viel Wachsamkeit und so große moralische Stärke, daß viele dem Zauber einer eingebildeten, selbsterfundenen Wirklichkeit anheimfielen, die sie weniger praktisch als tröstlich anmutete. Pilar Ternera trug am meisten zur Verbreitung dieser Vernebelung bei, als sie den Kunstgriff ersann, die Vergangenheit in den Karten zu lesen, so wie sie daraus vorher die Zukunft gelesen hatte. Mit diesem Hilfsmittel begannen die Schlaflosen in einer von der unzuverlässigen Wahl der Kartenspiele erbauten Welt zu leben, in der man sich an den Vater nur wie an den dunkelhäutigen Mann erinnerte, der Anfang April gekommen war, in der man sich an die Mutter nur wie an die brünette Frau erinnerte, die einen goldenen Ring an der linken Hand trug, in der ein Geburtsdatum sich auf den letzten Dienstag beschränkte, an dem die Lerche im Lorbeerbaum gesungen hatte. Von diesen Praktiken der Tröstung vernichtet, beschloß José Arcadio Buendia, die Gedächtnismaschine zu bauen, die er sich einst gewünscht hatte, um sich an die wunderbaren Erfindungen der Zigeuner erinnern zu können. Die Zaubermaschine fußte auf der Möglichkeit, jeden Morgen die Gesamtheit der im Leben erworbenen Kenntnisse von Anfang bis Ende an sich vorbeiziehen zu lassen. Er sah den Apparat als ein drehbares Wörterbuch, das von der Achse aus mit einem Hebel zu bedienen war, so daß ein Mensch die lebensnotwendigen Kenntnisse in wenigen Stunden Revue passieren lassen konnte.

RAY BRADBURY

Der Mann

Kapitän Hart stand in der geöffneten Luftschleuse des Raumschiffes. »Warum kommen sie nicht?« fragte er.

»Wer kann das wissen?« entgegnete Martin, sein Leutnant. »Weiß ich es vielleicht, Käp'tn?«

»Jedenfalls würde ich gern wissen, wo wir hier gelandet sind.« Der Kommandant zündete sich eine Zigarre an. Er warf das Streichholz hinaus auf die in der Sonne schimmernde Wiese. Das Gras begann zu brennen.

Martin schickte sich an, das Feuer mit seinen Stiefeln auszutreten.

»Nicht«, entschied Kapitän Hart, »lassen Sie es brennen. Vielleicht kommen sie dann nachsehen, was hier geschieht, diese ungebildeten Trottel.«

Martin zuckte mit den Schultern und zog den Fuß von dem sich bereits ausbreitenden Feuer zurück.

Kapitän Hart blickte prüfend auf seine Uhr. »Vor einer Stunde sind wir hier gelandet, und wo bleiben die Blaskapelle und die Leute vom Empfangskomitee, um uns die Hände zu schütteln? Nein wirklich! Da segeln wir Millionen Meilen durch den Weltraum, und die wackeren Bürger so einer blöden Stadt auf einem unbekannten Planeten nehmen einfach keine Kenntnis von uns!« Er schnaubte ärgerlich und klopfte auf seine Uhr. »Na schön! Ich gebe ihnen noch fünf Minuten Zeit, und dann –«

»Was dann?« fragte Martin sehr höflich und beobachtete dabei, wie die Kinnbacken des Kommandanten zitterten.

»Wir fliegen noch einmal über ihre verdammte Stadt und werden ihnen die Hölle heiß machen.« Seine Stimme wurde ruhiger. »Glauben Sie, Martin, daß sie uns vielleicht nicht haben landen sehen?«

»Sie haben uns gesehen. Sie blickten hoch, als wir über die Stadt flogen.«

»Warum kommen sie dann nicht herbeigelaufen? Verstecken sie sich? Haben sie die Hosen voll?«

Martin schüttelte den Kopf. »Nein. Nehmen Sie einmal diesen Feldstecher, Sir. Überzeugen Sie sich selbst. Sie gehen einfach alle ihrer Wege. Sie haben keine Angst. Sie – nun ja, sie scheinen sich einfach nichts aus uns zu machen.«

Kapitän Hart hielt den Feldstecher an seine müden Augen. Martin blickte auf und hatte Gelegenheit, die Fältchen und tiefen Furchen, die Gereiztheit, Ermüdung und Nervosität in sein Gesicht gegraben hatten, zu erkennen. Hart sah eine Million Jahre alt aus; er schlief nie richtig, aß wenig und trieb sich selbst immer weiter, weiter voran. Jetzt bewegten sich seine Lippen, alt und trostlos, jedoch lebhaft, während er den Feldstecher weiter an die Augen gepreßt hielt.

»Wirklich, Martin, ich weiß nicht, warum wir uns all die Mühe machen. Wir bauen Raumschiffe, unterziehen uns den gewaltigen Strapazen des Raumflugs, um sie zu finden, und was haben wir davon? Man nimmt keine Notiz von uns. Wenn man so sieht, wie diese Idioten dort herumspazieren! Wissen sie denn nicht, was dies für ein Ereignis ist? Die erste Weltraumexpedition, die auf ihrem provinziellen Boden landet. Wie oft passiert so etwas schon? Können sie denn so blasiert sein?«

Martin wußte es nicht.

Kapitän Hart gab ihm mit einer müden Bewegung den Feldstecher zurück. »Warum tun wir das nur, Martin? Diese Raumflüge, meine ich. Immer unterwegs, immer im Aufbruch. Immer auf der Suche. Immer mit angespannten Nerven, nie eine Rast.«

»Vielleicht sind wir auf der Suche nach Ruhe und Frieden. Auf der Erde finden wir beides gewiß nicht«, erwiderte Martin.

»Nein, dort nicht, das stimmt.« Der Kommandant war nachdenklich geworden, das Feuer war niedergebrannt. »Nicht seit Darwins[1] Zeit, wie? Nicht, seit alles, woran wir glaubten, über Bord ging, wie? Göttliche Allmacht und so weiter. Und daher glauben Sie nun, daß wir vielleicht deshalb zu den Sternen fliegen, wie, Martin? Auf der Suche nach unseren verlorenen Seelen, stimmt's? Und versuchen, von unserem verrotteten Planeten nach einem guten auszureißen?«

»Vielleicht, Sir. Bestimmt aber suchen wir etwas.«

Kapitän Hart räusperte sich und verschanzte sich wieder hinter seiner Forschheit. »Jetzt jedenfalls suchen wir zunächst einmal den Bürgermeister der Stadt dort drüben. Laufen Sie hin, sagen Sie ihnen, wer wir sind: die erste Raumexpedition auf Planet Dreiundvierzig im Sonnensystem Drei. Kapitän Hart sendet seine Grüße und wünscht den Bürgermeister zu sprechen. Ab durch die Mitte!«

»Jawohl, Sir.« Martin ging langsam über die Wiese.

»Beeilung!« rief der Kommandant scharf hinter ihm her.

»Jawohl, Sir!« Martin fiel in Laufschritt, wurde aber gleich wieder langsamer und lächelte in sich hinein.

Der Kommandant hatte zwei Zigarren geraucht, bevor Martin zurückkehrte. Martin blieb stehen und blickte hinauf in die Schleuse des Raumschiffes, schwankend und anscheinend unfähig, seine Augen auf einen Punkt zu konzentrieren und zu denken.

»Nun?« fuhr Hart ihn an. »Was ist passiert? Wollen sie uns willkommen heißen?«

»Nein.« Martin mußte sich benommen gegen das Raumschiff lehnen.

»Warum nicht?«

»Es ist nicht wichtig«, sagte Martin. »Geben Sie mir bitte eine Zigarette,

[1] Darwin = engl. Biologe, der die Entwicklung des Menschengeschlechts auf den Affen zurückführte.

Kapitän.« Seine Finger griffen blind nach der ihm entgegengestreckten Pakkung, denn er blickte dabei mit blinzelnden Augen nach der goldglänzenden Stadt. Er zündete sich eine Zigarette an und rauchte eine Zeitlang schweigend.
»Sagen Sie etwas!« schrie der Kapitän. »Interessieren sie sich nicht für unser Raumschiff?«
»Wie?« fragte Martin. »Oh. Das Raumschiff?« Er betrachtete eingehend seine Zigarette. »Nein, sie interessieren sich nicht dafür. Scheint, als ob wir zu einer ungünstigen Zeit hier eingetroffen sind.«
»Ungünstigen Zeit!«
Martin blieb geduldig. »Hören Sie, Kapitän. Etwas Gewaltiges ist gestern in jener Stadt geschehen. Es ist so groß, so wesentlich, daß wir dagegen abfallen – die zweite Geige spielen. Jetzt *muß* ich mich hinsetzen.« Er verlor das Gleichgewicht und ließ sich, nach Luft schnappend, schwer hinfallen.
Der Kapitän kaute wütend an seiner Zigarre. » *Was* ist geschehen?«
Martin hob den Kopf, während der Wind den Rauch seiner brennenden Zigarette durch seine Finger blies. »Sir, gestern erschien in jener Stadt ein äußerst bemerkenswerter Mann – gütig, klug, voller Mitleid und unendlich weise!«
Der Kapitän funkelte seinen Leutnant an. »Was hat das mit uns zu tun?«
»Das ist schwer zu erklären. Doch es war ein Mann, auf den sie lange Zeit gewartet hatten – seit einer Million Jahren vielleicht. Und gestern schritt er in ihre Stadt. Und darum, Sir, bedeutet heute unsere Raumschifflandung nichts für sie.«
Der Kapitän setzte sich ruckartig. »Wer war es? Doch nicht Ashley? Er ist doch nicht etwa vor uns mit seinem Raumschiff hier gelandet und hat meinen Ruhm gestohlen, nicht wahr?« Er packte Martins Arm. Sein Gesicht war bleich und verzweifelt.
»Nicht Ashley, Sir.«
»Dann war es Burton! Ich wußte es. Burton hat sich heimlich an die Spitze gesetzt und mich um den Erfolg meiner Landung gebracht! Man kann niemandem mehr vertrauen.«
»Auch Burton war es nicht, Sir«, sagte Martin ruhig.
Der Kommandant war ungläubig. »Es gab nur drei Raumschiffe, und wir lagen an der Spitze. Dieser Mann, der vor uns hier ankam – wie ist sein Name?«
»Er nannte keinen Namen. Er braucht keinen. Man würde ihn auf jedem Planet anders nennen.«
Der Kapitän starrte seinen Leutnant aus harten, zynischen Augen an.
»Nun, was hat er denn so Wunderbares vollbracht, daß niemand auch nur einen Blick auf unser Schiff verschwendet?«
»Er hat zum Beispiel«, sagte Martin mit fester Stimme, »die Kranken geheilt

und die Armen getröstet. Er hat die Heuchelei und die Unmoral in der Politik besiegt und sich unter das Volk gesetzt und den ganzen Tag zu ihm gesprochen.«
»Ist das so wunderbar?«
»Ja, Kapitän.«
»Ich begreife das nicht.« Der Kommandant beugte sich vor und sah Martin forschend ins Gesicht und in die Augen. »Sie haben getrunken, wie?« fragte er mißtrauisch. Er lehnte sich wieder zurück. »Ich verstehe einfach nicht.«
Martin blickte zur Stadt hinüber. »Wenn Sie nicht verstehen, Kapitän, kann es Ihnen niemand erklären.«
Der Kommandant folgte mit den Augen seinem Blick. Die Stadt war schön und ruhig, und ein tiefer Friede lag über ihr. Der Kapitän stand auf und trat einen Schritt vor. Er nahm die Zigarre aus dem Mund, warf noch einen Seitenblick auf Martin und schaute dann hinüber zu den goldenen Turmspitzen der Stadt.
»Sie meinen doch nicht – Sie wollen doch nicht etwa sagen, daß der Mann, von dem Sie sprechen –«
Martin nickte. »Ja, das glaube ich, Sir.«
Der Kommandant stand unbeweglich und schweigend. Er richtete sich auf.
»Ich glaube es nicht«, sagte er schließlich.

Um die Mittagszeit betrat Kapitän Hart raschen Schrittes die Stadt, begleitet von Leutnant Martin und einem Techniker, der ein elektronisches Gerät trug. Von Zeit zu Zeit lachte der Kommandant lauf auf, stützte die Hände in die Hüften und schüttelte den Kopf.
Sie standen dem Bürgermeister der Stadt gegenüber. Martin stellte ein dreibeiniges Stativ auf, schraubte einen kleinen Kasten darauf fest und schaltete die Batterien an.
»Sind Sie der Bürgermeister?« Der Kapitän zeigte mit dem Finger auf ihn.
»Das bin ich«, antwortete der Angesprochene.
Zwischen ihnen stand das empfindliche Gerät, von Martin und dem Techniker bedient und kontrolliert; es war imstande, Direktübersetzungen aus jeder beliebigen Sprache zu liefern. Die Worte tönten klar durch die milde Luft der Stadt.
»Was diese gestrige Begebenheit betrifft –« sagte der Kapitän. »Hat sie wirklich stattgefunden?«
»Sie hat.«
»Haben Sie Zeugen?«
»Ja.«
»Dürfen wir mit ihnen sprechen?«
»Mit jedem von uns«, antwortete der Bürgermeister. »Wir alle sind Zeugen.«
Der Kommandant wandte den Kopf zur Seite und sagte zu Martin: »Massen-

suggestion.« Und zu dem Bürgermeister: »Wie hat dieser Mann – dieser Fremde – ausgesehen?«
»Das ist schwer zu sagen«, meinte der Bürgermeister, ein wenig lächelnd.
»Warum?«
»Die Meinungen darüber könnten leicht auseinandergehen.«
»Ich möchte trotzdem gern Ihre Meinung hören«, sagte der Kapitän. »Nehmen Sie das auf«, fuhr er Martin ärgerlich über seine Schulter an. Der Leutnant schaltete ein Tonbandgerät ein.
»Nun ja«, sagte der Bürgermeister der Stadt, »er war ein sehr sanftmütiger und freundlicher Mann. Er besaß Einsicht und großes Wissen.«
»Ja – ja. Ich weiß, ich weiß.« Der Kapitän winkte ab. »Verallgemeinerungen. Ich möchte etwas Genaues. Wie sah er aus?«
»Ich glaube, das ist nicht so wichtig«, sagte der Bürgermeister.
»Doch, es ist sehr wichtig«, erwiderte der Kapitän hartnäckig. »Ich brauche eine Beschreibung von diesem Burschen. Wenn ich sie nicht von Ihnen bekommen kann, dann eben von anderen.« Und zu Martin: »Bestimmt ist es Burton gewesen, der ihnen diesen Streich gespielt hat.«
Martin sah ihm nicht ins Gesicht. Martin blieb kühl und schweigend.
Der Kommandant schnippte mit den Fingern. »Es soll sich so dies und jenes zugetragen haben – eine Heilung, zum Beispiel?«
»Viele Heilungen«, antwortete der Bürgermeister.
»Darf ich eine sehen?«
»Gern«, sagte der Bürgermeister. »Mein Sohn.« Er nickte einem kleinen Jungen zu, der sogleich vortrat. »Er hatte einen verdorrten Arm. Sehen Sie ihn sich jetzt einmal an.«
Der Kapitän lachte nachsichtig. »Ja, ja. Das ist noch nicht einmal ein Indizienbeweis[2], wissen Sie. Ich habe nicht den verdorrten Arm des Jungen gesehen. Ich sehe jetzt lediglich, daß sein Arm gesund und heil ist. Das ist kein Beweis. Wie wollen Sie beweisen, daß der Arm des Jungen gestern verdorrt war und heute gesund ist?«
»Mein Wort ist mein Beweis«, erwiderte der Bürgermeister einfach.
»Mein lieber Mann!« rief der Kapitän. »Sie erwarten doch nicht, daß ich mich auf Hörensagen verlasse, wie? O nein!«
»Das tut mir leid«, sagte der Bürgermeister und blickte den Kapitän mit einer Mischung aus Neugier und Mitgefühl an.
»Besitzen Sie eventuell Bilder, die den Jungen vor dem heutigen Tag zeigen?« fragte der Kapitän.
Nach kurzer Zeit wurde ein großes Ölporträt herbeigebracht, das den Sohn mit einem verdorrten Arm zeigte.
»Mein lieber Mann!« Der Kapitän tat das Bild mit einer Handbewegung ab.

[2] Indizienbeweis = Beweisführung, die sich auf die Auswertung von Befunden beschränkt

»Jedermann kann ein Bild malen. Gemälde lügen. Ich möchte eine Photographie des Jungen sehen.«
Es gab kein Photo. Photographie war eine unbekannte Kunst in diesem Staat.
»Na schön«, seufzte der Kapitän mit zuckendem Gesicht. »Lassen Sie mich mit einigen anderen Bürgern sprechen. So kommen wir nicht weiter.« Er zeigte auf eine Frau. »Sie.« Sie zögerte. »Ja, Sie; kommen Sie her«, ordnete der Kapitän an. »Erzählen Sie mir von diesem *wunderbaren* Mann, den Sie gestern gesehen haben.«
Die Frau blickte dem Kapitän fest in die Augen. »Er trat unter uns und war sehr edel und gütig.«
»Was für eine Farbe hatten seine Augen?«
»Die Farbe der Sonne, die Farbe des Meeres, die Farbe einer Blume, die Farbe der Berge, die Farbe der Nacht.«
»Genug!« Der Kapitän warf die Hände in die Luft. »verstehen Sie nun, Martin? Absolut nichts. Irgendein Scharlatan wandert hier durch, flüstert ihnen gleisnerische Nichtigkeiten in die Ohren, und schon –«
»Bitte, hören Sie auf«, sagte Martin.
Der Kapitän trat einen Schritt zurück. »Was?«
»Sie haben richtig gehört«, sagte Martin. »Ich habe diese Leute gern. Ich glaube, was sie sagen. Sie dürfen sich Ihre eigene Meinung darüber bilden, aber behalten Sie sie für sich, Sir.«
»So können Sie nicht mit mir reden!« schrie der Kommandant.
»Ich habe genug von Ihrer Anmaßung«, erwiderte Martin. »Lassen Sie diese Leute in Ruhe. Da haben sie etwas Gutes und Anständiges, und Sie kommen daher und beschmutzen ihr Nest und verhöhnen sie. Jawohl, ich habe auch mit ihnen gesprochen. Ich bin durch die Stadt gegangen und habe ihre Gesichter gesehen; sie besitzen etwas, das Sie nie haben werden – ein kleines bißchen einfachen Glauben, mit dem sie Berge versetzen können, Sie aber, Sie sind wütend, weil jemand Ihnen die Schau gestohlen hat, vor Ihnen hier gelandet ist und Sie unwichtig gemacht hat!«
»Ich gebe Ihnen noch fünf Sekunden zum Ausreden«, bemerkte der Kapitän. »Ich verstehe. Sie haben lange unter starker nervlicher Belastung gestanden, Martin. Monatelang im Weltraum unterwegs, Heimweh, Einsamkeit. Und jetzt, da Ihnen dieses Geschehnis begegnet, fühle ich mit Ihnen, Martin. Ich will Ihnen diese geringfügige Insubordination[3] verzeihen.«
»Aber ich verzeihe Ihnen nicht Ihre Leuteschinderei«, erwiderte Martin. »Ich scheide aus. Ich bleibe hier.« – »Das können Sie nicht tun!«
»Kann ich nicht? Versuchen Sie doch, mich zu hindern. Hiernach habe ich gesucht. Ich wußte es nicht, aber dies ist es. Danach habe ich mich gesehnt. Tragen Sie Ihren Schmutz anderswohin und besudeln Sie andere Nester mit

[3] Insubordination = Ungehorsam

Ihrem Unglauben und Ihrer – wissenschaftlichen Methode!« Er blickte rasch in die Runde. »Diese Leute haben ein Erlebnis gehabt, und Ihnen will es einfach nicht in den Kopf gehen, daß es wirklich geschehen ist und wir das große Glück haben, fast noch im rechten Augenblick hier anzukommen, um daran teilnehmen zu können.

Die Leute auf der Erde haben seit zwanzig Jahrhunderten über diesen Mann geredet, nachdem er über eben diese alte Erde gewandelt ist. Wir alle haben uns gewünscht, ihn sehen und hören zu können, und hatten doch nie die Gelegenheit. Und jetzt, heute, sind wir nur um ein paar Stunden zu spät gekommen, um ihn zu sehen.«

Kapitän Hart blickte auf Martins Wangen. »Sie weinen wie ein kleines Kind. Hören Sie auf.«

»Das schert mich nicht.«

»Mich aber. Wir müssen unser Gesicht vor den Bewohnern dieses Planeten wahren. Sie sind überanstrengt. Wie ich bereits sagte, verzeihe ich Ihnen.«

»Ich wünsche Ihre Verzeihung nicht.«

»Sie Idiot. Sehen Sie denn nicht, daß dies einer von Burtons Tricks ist, mit dem er diese Leute zum Narren hält, um sie zu prellen, um seine Öl- und Erzkonzerne unter einem religiösen Mäntelchen errichten zu können! Sie sind ein Narr, Martin. Ein gewaltiger Narr! Sie sollten die Erdmenschen inzwischen kennengelernt haben. Sie schrecken vor nichts zurück – Blasphemie[4], Lüge, Betrug, Diebstahl, Mord, wenn sie damit ihr Ziel erreichen können. Alles ist recht, wenn es Erfolg verheißt; und Burton ist eben der geborene Wichtigtuer. Sie kennen ihn!« Der Kapitän lachte verächtlich.

»Besinnen Sie sich, Martin, geben Sie es zu; das ist genau *die* Lumperei, zu der Burton fähig wäre – diese Leute einzuseifen und auszunehmen, wenn er sie weichgemacht hat.«

»Nein«, sagte Martin, bereits nachdenklich geworden.

Der Kommandant hob beschwörend die Hand. »Das ist Burton. Er ist es. Das ist seine Gemeinheit, seine kriminelle Art. Doch ich muß diesen Satan bewundern. Schneit hier von einem Heiligenschein umgeben herein, spricht da ein sanftes Wort, zeigt dort Güte und Mitgefühl, verabfolgt hier die richtige Salbe und dort ein paar Heilstrahlen. Das kann nur Burton sein!«

»Nein.« Martins Stimme klang ganz benommen. Er schlug die Hände vor die Augen. »Nein, ich kann's nicht glauben.«

»Sie wollen es nur nicht glauben«, fuhr Kapitän Hart eindringlich fort. »Geben Sie's nur zu. Geben Sie's zu! Das ist genau das Ding, das Burton drehen würde. Hören Sie auf, am hellen Tag zu träumen, Martin. Wachen Sie auf! Es ist Tag! Wir leben in einer realistischen Welt, und wir sind lebendige, gemeine Menschen – Burton der gemeinste von uns allen!«

[4] Blasphemie = Gotteslästerung

Martin drehte sich um.
»Schon gut, Martin«, sagte Hart, ihm mechanisch auf die Schulter klopfend. »Ich verstehe. Ist ein ziemlicher Schock für Sie. Ich weiß. Eine Niedertracht ohnegleichen und noch mehr. Dieser Burton ist ein Schuft. Gehen Sie jetzt und nehmen Sie's nicht so tragisch. Überlassen Sie mir den Rest.«
Martin ging langsam zum Raumschiff zurück.
Kapitän Hart sah ihm lange nach. Dann holte er tief Luft und wandte sich wieder der Frau zu, die er vor der Unterbrechung durch Martin befragt hatte. »So. Erzählen Sie mir etwas mehr über diesen Mann. Sie wollten gerade sagen, Madame . . .?«

Die Offiziere des Raumschiffes saßen an Klapptischen im Freien und verzehrten ihr Abendessen. Der Kapitän berichtete dem schweigenden Martin über das Ergebnis seiner weiteren Untersuchungen. Mit geröteten Augen und über seiner Mahlzeit brütend, hörte Martin zu.
»Drei Dutzend Leute habe ich befragt, alle voll von demselben sentimentalen Gewäsch«, sagte der Kapitän. »Das ist Burtons Werk, dessen bin ich ganz sicher. Morgen oder nächste Woche wird er wieder hier hereingesegelt kommen, um seine Wunder zu untermauern und uns alle Kontrakte vor der Nase wegzuschnappen. Ich glaube, ich werde hierbleiben und ihm die Suppe versalzen.«
Martin blickte finster hoch. »Ich bring ihn um!« sagte er.
»Aber, aber, Martin! Junge, beruhigen Sie sich.«
»Ich bring ihn um – ich kann nicht anders!«
»Wir werden ihm einen Stein zwischen die Beine werfen. Er ist einfach gerissen, das werden Sie zugeben müssen. Unmoralisch, aber gerissen.«
»Er ist ein gemeiner Lump.«
»Sie müssen mir versprechen, keine Gewalt anzuwenden.« Kapitän Hart prüfte seine Unterlagen. »Nach meinen Aufzeichnungen haben dreißig Wunderheilungen stattgefunden; ein Blinder wurde sehend gemacht, ein Aussätziger kuriert. Oh, Burton ist tüchtig, das muß man ihm lassen.«
Ein Gong ertönte. Einen Augenblick später kam ein Mann herbeigelaufen. »Eine Funkmeldung, Käpt'n! Burtons Schiff setzt zur Landung an, Sir! Ashleys Schiff ebenfalls!«
»Was hab ich gesagt!« Kapitän Hart schlug mit der Faust auf den Tisch. »Die Schakale sammeln sich zum Mahl! Sie werden sich wundern, wenn ich ihnen mein Material unter die Nase halte. Ich werde sie zwingen, mich an ihrer Ernte zu beteiligen – das steht fest!«
Martin sah krank aus. Er starrte den Kommandanten an.
»Geschäft, mein Junge, Geschäft«, sagte der Kapitän.
Alle blickten hoch. Zwei Raumschiffe stießen aus dem Himmel herab.
Als die Raumschiffe landeten, gingen sie fast zu Bruch.

»Was ist bloß in diese Narren gefahren?« schrie der Kapitän und sprang auf. Die Männer rannten über die Wiese zu den rauchenden Schiffen. Als der Kommandant ankam, zischte die Luftschleuse in Burtons Schiff auf.
Ein Mann fiel hinaus und in ihre Arme.
»Was ist passiert?« schrie Kapitän Hart.
Der Mann lag am Boden. Sie beugten sich über ihn und sahen, daß er verbrannt war, bös verbrannt. Sein Körper war mit Wunden und Narben bedeckt, und die Haut war überall entzündet und blasig. Er blickte aus verquollenen Augen hoch, und seine angeschwollene Zunge bewegte sich zwischen geplatzten Lippen.
»Was ist passiert?« verlangte der Kapitän zu wissen; er war niedergekniet und schüttelte den Arm des Mannes.
»Sir, Sir«, flüsterte der sterbende Mann, »vor achtundvierzig Stunden, im Raumsektor neunundsiebzig DFS, in Höhe von Planet Eins dieses Systems, rannten unser und Ashleys Schiff in einen kosmischen Sturm, Sir.« Graue Flüssigkeit tropfte aus der Nase des Mannes. Blut rann aus seinen Mundwinkeln. »Ausgelöscht. Die ganze Mannschaft. Burton tot. Ashley starb vor einer Stunde. Nur drei Überlebende.«
»Hören Sie zu!« schrie Hart, sich über den blutenden Mann beugend. »Sie sind nicht vor dieser Stunde schon einmal auf diesem Planeten gelandet?«
Schweigen.
»Antworten Sie!« schrie Hart.
»Nein«, sagte der sterbende Mann. »Sturm. Burton vor zwei Tagen gestorben. Dies erste Landung auf irgendeiner Welt seit sechs Monaten.«
»Sind Sie sicher?« schrie Hart, den Mann mit beiden Händen umfassend und heftig schüttelnd. »Sind Sie ganz sicher?«
»Bestimmt, bestimmt«, entrang es sich dem Mund des sterbenden Mannes.
»Burton starb vor zwei Tagen? Wissen Sie das genau?«
»Ja, ja«, flüsterte der Mann. Sein Kopf fiel vornüber. Der Mann war tot.
Der Kapitän kniete neben dem stummen Körper. Im Gesicht des Kapitän zuckte es, die Muskeln spannten und entspannten sich unwillkürlich. Die restlichen Mitglieder der Mannschaft traten zurück und blickten auf ihn herab. Martin wartete. Schließlich bat der Kapitän, ihm auf die Beine zu helfen; man half ihm. Sie standen und blickten zur Stadt hinüber. »Das bedeutet –«
»Das bedeutet?« fragte Martin.
»Wir sind die einzigen, die hier gelandet sind«, flüsterte Kapitän Hart. »Und dieser Mann –«
»Was ist mit dem Mann, Kapitän?« fragte Martin.
Im Gesicht des Kapitäns zuckte es irr. Er sah sehr, sehr alt und aschfahl aus. Seine Augen starrten glasig. Langsam setzte er sich über das trockene Gras in Bewegung.
»Kommen Sie mit, Martin. Kommen Sie mit. Stützen Sie mich; um meinetwe-

gen, stützen Sie mich. Ich fürchte, ich falle sonst. Und lassen Sie uns eilen. Wir haben keine Zeit zu verlieren –«
Stolpernd schleppten sie sich über das lange trockene Gras und durch den säuselnden Wind zur Stadt.
Einige Stunden später saßen sie im Empfangszimmer des Bürgermeisters. An die tausend Leute waren gekommen, hatten gesprochen und waren wieder gegangen. Der Kapitän hatte die ganze Zeit hindurch gesessen und mit abgekämpftem Gesicht zugehört und zugehört. So viel Licht strahlte aus den Gesichtern derjenigen, die kamen und Zeugnis ablegten und sprachen, daß er ihren Anblick kaum ertragen konnte. Und während all der Stunden fuhren seine Hände hin und her; über seine Knie, zueinander; an seinem Gürtel entlang, zerrend und zitternd.
Als es vorbei war, wandte Kapitän Hart sich an den Bürgermeister und fragte mit sonderbarem Blick: »Aber Sie müssen wissen, wo er hingegangen ist?«
»Er sagte nicht, wo er hingehen wollte«, antwortete der Bürgermeister.
»Zu einer der anderen nahegelegenen Welten?« verlangte der Kapitän zu wissen.
»Ich weiß es nicht.«
»Sie müssen es wissen.«
»Sehen Sie ihn?« fragte der Bürgermeister, auf die Menge deutend.
Der Kapitän blickte hin. »Nein.«
»Dann ist er wahrscheinlich fortgegangen«, sagte der Bürgermeister.
»Wahrscheinlich, wahrscheinlich!« schrie der Kapitän mutlos. »Ich habe einen schrecklichen Fehler begangen, und ich möchte ihn jetzt sehen. Gerade jetzt ist mir wieder eingefallen, welch ein beispielloses Ereignis dies doch in der Geschichte ist. Daran teilnehmen zu können! Wirklich, die Chancen sind eins zu einer Billion, daß wir ausgerechnet auf diesem einen unter Millionen anderer Planeten einen Tag nach *seiner* Ankunft landen mußten! Sie *müssen* wissen, wohin er gegangen ist!«
»Ein jeder findet auf seine Weise zu ihm«, antwortete der Bürgermeister freundlich.
»Ihr versteckt ihn!« Das Gesicht des Kommandanten wurde langsam boshaft. Zug um Zug kehrte die alte Härte zurück. Er begann sich zu erheben.
»Nein«, sagte der Bürgermeister.
»Sie wissen also, wo er ist?« Die Hand des Kapitäns fingerte an der ledernen Pistolentasche an seiner rechten Hüfte herum.
»Ich könnte Ihnen nicht genau sagen, wo er ist«, erwiderte der Bürgermeister.
»Ich rate Ihnen, mit der Sprache herauszurücken«, forderte der Kapitän barsch und zog eine kleine, stahlblitzende Waffe heraus.
»Es gibt kein Mittel«, sagte der Bürgermeister, »es Ihnen zu erklären.«
»Lügner!«

Ein mitleidiger Ausdruck trat in das Gesicht des Bürgermeisters, während er Hart in die Augen sah.
»Sie sind sehr müde«, sagte er. »Sie sind eine lange Strecke gereist, und Sie gehören einem müde gewordenen Volk an, das seit langer Zeit seinen Glauben verloren hat; und jetzt sehnen Sie sich so sehr danach, zu glauben, daß Sie sich selbst das größte Hindernis sind. Wenn Sie töten, werden Sie es sich nur noch schwerer machen. Auf diese Weise werden Sie ihn nie finden.«
»Wohin ist er gegangen? Er hat es Ihnen gesagt; Sie wissen es. Los, erzählen Sie's mir!« Der Kapitän fuchtelte mit der Pistole.
Der Bürgermeister schüttelte den Kopf.
»Reden Sie! Reden Sie!«
Die Pistole knallte einmal, zweimal. Der Bürgermeister stürzte, sein Arm war getroffen.
Martin sprang vor. »Kapitän!«
Die Pistole zuckte herum und deutete auf Martin. »Mischen Sie sich nicht ein!«
Vom Boden her, seinen verwundeten Arm haltend, blickte der Bürgermeister hoch. »Stecken Sie Ihre Pistole weg. Sie tun sich selbst weh. Sie haben nie geglaubt, und jetzt, da Sie annehmen zu glauben, tun Sie deshalb anderen Leuten weh.«
»Ich brauche Sie nicht«, sagte Hart, über ihm stehend. »Wenn ich ihn hier um einen Tag verpaßt habe, werde ich eben zu einer anderen Welt weiterfahren. Und zur nächsten und weiter zur nächsten. Auf dem nächsten Planeten werde ich ihn vielleicht um einen halben Tag verpassen, und einen viertel Tag auf dem zweiten, und zwei Stunden auf dem dritten Planeten, und eine Stunde auf dem nächsten, und eine halbe Stunde auf dem nächsten, und eine Minute auf dem nächsten. Dann aber werde ich eines Tages zugleich mit ihm ankommen! Haben Sie das gehört?« Die letzten Worte schrie er heraus, völlig ausgepumpt über den Mann am Boden gebeugt. Er schwankte vor Erschöpfung. »Kommen Sie, Martin.« Er ließ die Hand mit der Pistole hängen.
»Nein«, erwiderte Martin. »Ich bleibe hier.«
»Sie sind ein Narr. Bleiben Sie, wenn Sie wollen. Ich fahre weiter mit den anderen, so weit ich nur kann.«
Der Bürgermeister blickte zu Martin hoch. »Um mich brauchen Sie sich nicht zu kümmern. Lassen Sie nur. Andere werden meine Wunden pflegen.«
»Ich komme zurück«, sagte Martin. »Ich werde nur bis zum Raumschiff mitgehen.«
So rasch sie konnten, eilten sie durch die Stadt zurück. Man sah, mit welcher Anstrengung der Kommandant kämpfte, um vor allen seinen unverminderten Elan zu beweisen, um sich selbst voranzutreiben. Als sie das Raumschiff erreichten, schlug er mit zitternder Hand gegen seine Wand. Er steckte seine Pistole ein. Er sah Martin an.

»Nun, Martin?«
Martin sah ihn an. »Nun, Kapitän?«
Die Blicke des Kapitäns wanderten über den Himmel.
»Wollen Sie wirklich nicht – mitkommen – mit mir, hm?«
»Nein, Sir.«
»Es wird ein großes Abenteuer werden, bei Gott! Ich weiß, daß ich ihn finden werde.«
»Sie sind unwiderruflich dazu entschlossen, nicht wahr, Sir?« fragte Martin.
Das Gesicht des Kommandanten zuckte, und seine Augen schlossen sich.
»Ja.«
»Eines hätte ich gern noch gewußt.«
»Was?«
»Wenn Sie ihn finden, Sir – *wenn* Sie ihn finden«, fragte Martin, »was werden Sie dann von ihm erbitten?«
»Nun –« Der Kapitän wurde unsicher und öffnete die Augen. Seine Hände schlossen und öffneten sich. Er sann einen Augenblick nach, und dann breitete sich ein sonderbares Lächeln auf seinem Gesicht aus. »Nun, ich werde ihn um ein wenig – Ruhe und Frieden bitten.« Er berührte die Rakete. »Es ist lange her, eine lange, lange Zeit, seit ich – seit ich Ruhe gehabt habe.«
»Haben Sie denn jemals auszuruhen versucht, Kapitän?«
»Ich verstehe Sie nicht«, erwiderte Hart.
»Macht nichts. Auf Wiedersehen, Kapitän.«
»Leben Sie wohl, Mr. Martin.«
Die Mannschaft stand vor der Luftschleuse. Nur drei von ihnen wollten mit Hart weiterfliegen. Sieben andere sagten, daß sie mit Martin zurückblieben.
Kapitän Hart musterte sie und fällte sein Urteil: »Narren!«
Als letzter kletterte er in die Luftschleuse, grüßte flott und militärisch, lachte rauh. Die Tür schlug zu.
Auf einer Feuersäule hob sich das Raumschiff in den Himmel.
Martin sah ihm nach, bis es in der Ferne verschwand.
Am Rande der Wiese stand der Bürgermeister, von mehreren Männern gestützt, und winkte.
»Er ist fort«, sagte Martin, als er zu ihnen trat.
»Ja, der arme Mann; er ist fort«, sagte der Bürgermeister. »Und er wird weiter und weiter ziehen, von Planet zu Planet, suchend und weitersuchend, und wieder und wieder wird er eine Stunde, eine halbe Stunde, zehn Minuten oder eine Minute zu spät kommen. Und schließlich wird er nur um ein paar Sekunden zu spät kommen. Und wenn er dreihundert Welten besucht hat und siebzig oder achtzig Jahre alt geworden ist, wird er nur noch um eine Sekunde und endlich nur um einen winzigen Bruchteil einer Sekunde zu spät kommen. Und er wird weiter und weiter ziehen, immer im Glauben, das zu finden, was er hinter sich gelassen hat, hier, auf diesem Planeten, in dieser Stadt –«

Martin sah dem Bürgermeister fest in die Augen.
Der Bürgermeister streckte seine Hand aus. »Bestand jemals der geringste Zweifel daran?« Er winkte den anderen und drehte sich um. »Kommt mit jetzt. Wir dürfen ihn nicht warten lassen.«
Sie gingen in die Stadt.

REINHARD PERTSCH

Die Affeninsel

Die winzige, namenlose Insel lag friedlich und weitab von den üblichen Schiffahrtslinien in der blauen Südsee. Seit Menschengedenken wurde sie von einer Kolonie Schimpansen beherrscht, die sich, von äußeren Feinden fast unbehelligt, eines nahezu paradiesischen Zustandes erfreuen durfte. Es gab reichlich Kokosnüsse und Bananen, die hohen tropischen Bäume sorgten trotz der Enge auf der Insel für genügend Auslauf und der helle Sandstrand, der die Insel von oben gesehen wie ein Rettungsring umgab, bot besonders für die jüngeren Schimpansen hinreichend Kurzweil.
Eines Tages ankerte ein Schiff vor der Insel. Menschen mit gelben Helmen und mit gelben Raupenfahrzeugen setzten an Land. Sie zogen von Ost nach West quer durch die Insel einen breiten Wassergraben, fällten in dem abgetrennten nördlichen Teil die Hälfte aller Bäume und entlaubten den Rest. Das anfallende Holz verwendeten sie zum Bau einer kleinen Blockhütte im alten Pionierzeitstil und schraubten, als sie fertig war, neben die Eingangstür ein glänzendes Aluminiumschild mit der Aufschrift: »Universität von Ohio, Institut für Affenforschung. Professor Adam Hellmill«. Dann verabschiedeten sich die Gelbhelme von dem bärtigen Professor, der als einziger Bewohner in der Hütte zurückblieb, bestiegen ihr Schiff, legten wieder ab und verschwanden als ein winziger Punkt am Horizont.
Acht Schimpansen wurden von dieser Aktion überrascht und konnten nicht mehr zu ihren Artgenossen im Süden. Auch fanden sie auf den Bäumen, die allenfalls noch zum Klettern tauglich waren, keine Nahrung mehr. Als ihr Hunger unerträglich wurde, wagten sie sich an das Blockhaus heran. Dort wartete bereits Mr. Hellmill auf sie und versorgte sie aus seinen beachtlichen Vorräten.
Es dauerte nicht lange, da erschienen alle Schimpansen aufrecht gehend bei dem Professor, reichten die rechte Hand zum Gruß, verbeugten sich tief, bevor sie die Nahrungsmittel in Empfang nahmen, sammelten nach der

Mahlzeit die Abfälle auf, verstauten sie im Abfallkorb und zogen erst nach einem weiteren Gruß und einer erneuten Verbeugung von dannen. Hierauf lehrte Mr. Hellmill die Affen nach Musik zu tanzen und im Gleichschritt an ihm vorüberzumarschieren. Im Unterschied zu anderen bekannten Affenexperimenten verwendete er jedoch bunte Muschelschalen, die er heimlich am Strand zusammenklaubte, als Belohnung und führte so erstmals eine Art Zahlungsmittel bei den Schimpansen ein. Wie erwartet führte dies zu einer beachtlichen Leistungssteigerung. Bald begannen die 8 Schimpansen damit, sich Körbchen zu flechten, um die verdienten Muscheln darin aufzubewahren. Wo immer sie sich aufhielten, führten sie diese mit sich und wollten aus diesem Grund verständlicherweise nicht mehr auf den aufrechten Gang verzichten.
Eines Tages kam einer von ihnen mit zwei Körbchen zu Mr. Hellmills Hütte. Er ließ nicht eher ab, vor dem Professor zu tanzen, bis beide Körbchen mit bunten Muscheln gefüllt waren. Dieser Vorfall hatte zur Folge, daß auch die anderen Affen einen weit größeren Eifer als vorher an den Tag legten und daß ihnen neue Möglichkeiten zum Muschelnverdienen geboten werden mußten. So baute Mr. Hellmill aus einem Stuhl und zwei Holzlatten eine einfache Sänfte, um sich mit ihr, zu beiderseitigem Vorteil, wie er sich sagte, spazierentragen zu lassen. Die Idee fand bei den Affen lebhaften Anklang. Sie bildeten feste Trägermannschaften und richteten einen Bereitschaftsdienst rund um die Uhr ein, sodaß, wann immer der Professor die Türe öffnete, vier Affen mit der Sänfte herbeieilten. Auf diese Weise füllte sich Körbchen um Körbchen mit bunten Muscheln, Mr. Hellmill kam kaum mit dem Muschelnsuchen nach, während die Schimpansen ihrerseits gezwungen waren, sich kleine Häuschen zu zimmern, um die vollen Körbchen sicher zu verwahren.
Der Tag kam, an dem Professor Adam Hellmill das Eiland verlassen mußte, denn es war an der Zeit, sich der gelehrten Fachwelt und dem interessierten Publikum mitzuteilen. Seine Dokumentationen fanden ein unerwartet breites Echo. Die namhaftesten Zeitungen des In- und Auslandes druckten Berichte und Kommentare und das Fernsehen brachte eine zweistündige Sondersendung, in der Professor Hellmill persönlich auftrat. Das Interesse an der Affeninsel war so groß, daß binnen weniger Wochen ein Expeditionsschiff in See stach, das unter der Leitung Professor Hellmills eine Reihe weiterer bekannter Wissenschaftler an den Ort des aufregenden Geschehens bringen sollte.
Die Insel war kaum in Sicht, da versammelten sich die Gelehrten auf der Kommandobrücke, um mit Hilfe von Fernrohren das Leben an Land zu beobachten. Es ging ein Raunen durch ihre Reihen, als sie zwar nichts mehr von dem erwarteten Wassergraben, anstelle dessen jedoch eine ganze Ansammlung von Hütten in Baumwipfelhöhe entdeckten, sowie eine größere Anzahl von Schimpansen am Strand, die einen sehr geschäftigen Eindruck machten. Es handle sich, wie Prof. Hellmill mutmaßte, um die Mehrzahl aller

Inselaffen, die sich offensichtlich zum Empfang ihres ehemaligen und einzigen Mitbewohners eingefunden habe. Ein Kollege wandte jedoch ein, etliche der Schimpansen seien nach alter Affenart damit beschäftigt, sich gegenseitig zu lausen. Dies freilich sei auch nicht ganz richtig, korrigierte ein weiterer Affenexperte, denn das Lausen geschehe auf eine bisher nicht bekannte Art und Weise. Durch das Fernrohr könne er beobachten, berichtete er mit einem zusammengekniffenen Auge, daß jeweils immer nur der eine Schimpanse lause, während der andere sich lausen ließe, wobei der Lausende in kürzeren Abständen innehalte, seine rechte Hand ausstrecke, um eine bunte Muschel in Empfang zu nehmen. Auch die anderen Affen schienen, wie die Wissenschaftler nun ziemlich übereinstimmend feststellten, kaum Notiz von dem Schiff zu nehmen. Vielmehr waren die meisten von ihnen damit beschäftigt, mit Hilfe von pflugähnlichen Geräten den Sandstrand umzuackern und riesige Körbe mit den gefundenen Muscheln zu füllen. Die übrigen Schimpansen – man zählte ihrer acht – beobachteten diese rege Tätigkeit sehr aufmerksam und wurden, was die Expeditionsteilnehmer in ziemliches Erstaunen versetzte, in Sänften hin und her getragen. Der Versuch einiger Forscher, unter der Führung von Prof. Hellmill zum näheren Studium der Geschehnisse das Land zu erreichen, mußte zum allgemeinen Bedauern abgebrochen werden. Da aus jenen Baumhütten, die dem Strand am nächsten gelegen waren, faustgroße Steine abgefeuert wurden und in gefährlicher Nähe der zur Landung ausgesetzten Ruderboote ins Wasser schlugen, entschlossen sich die Insassen, wieder umzudrehen.

RAY BRADBURY

Die Landstraße

Der kühlende Nachmittagsregen war über das Tal hereingebrochen, strich über den Mais auf den geneigten Bergfeldern und klopfte leise auf das trockene Grasdach der Hütte. In der regnerischen Dunkelheit mahlte die Frau Mais zwischen flachen Scheiben aus Lavagestein. Irgendwo in der feuchten Lichtlosigkeit schrie ein Baby.

Hernando stand da und wartete auf das Ende des Regens, damit er wieder mit dem hölzernen Pflug auf das Feld gehen konnte. Unten kochte bräunlich der Fluß und trübte sich zusehends in seinem weiteren Verlauf. Die Betonlandstraße, ein anderer Strom, ruhte still; glänzend und leer streckte sich ihr Band. Seit einer Stunde war kein Auto mehr vorbeigekommen. Allein diese Tatsache war ungewöhnlich interessant. Jahrelang war kaum eine Stunde vergangen, in der nicht ein Wagen vorgefahren war und jemand rief: »Hallo, Sie da, dürfen wir Sie photographieren?« Jemand mit einem klickenden Kasten und einem Geldstück in der Hand. Wenn er langsam und ohne Hut über das Feld ging, riefen sie manchmal: »Oh, wir möchten Sie aber gern mit Hut photographieren!« Und dabei winkten sie mit Händen, an denen goldene Armbanduhren blitzten oder in denen sie Ausweispapiere hielten, oder sie taten nichts und winkten nur, wie Spinnenaugen in der Sonne. Nun, dann ging er eben zurück und holte seinen Hut.

Seine Frau sprach: »Irgend etwas stimmt nicht, Hernando.«

»Sí. Die Straße. Etwas Großes ist geschehen. Etwas sehr Großes, das die Straße so leer gemacht hat.«

Langsam und gleichmütig ging er aus der Hütte hinaus in den Regen, der über seine Schuhe aus geflochtenem Gras mit Sohlen aus dickem Reifengummi rann. Er erinnerte sich noch sehr genau an das Ereignis, das ihm diese Gummisohlen beschert hatte. Das Rad war eines Nachts mit ungestümer Gewalt in seine Hütte gerollt, hatte die Hühner in alle Winde gejagt und die Töpfe zertrümmert! Der Wagen, von dem es sich gelöst hatte, war weitergeschossen, bis zu der Kurve, wo er einen Augenblick mit reflektierenden Scheinwerfern über dem Wasser gehangen hatte, bevor er in den Fluß stürzte. Das Auto lag noch dort. An schönen Tagen, wenn der Fluß langsam dahinströmte und der Schlamm sich gesetzt hatte, konnte man es sehen. Tief unten, chromglitzernd, lang und flach und sehr kostbar, lag das Auto. Doch bald kam der Schlamm wieder, und man sah nichts mehr.

Am folgenden Tag hatte er sich die Schuhsohlen aus dem Reifengummi geschnitten.

Er war jetzt auf der Landstraße angekommen und blieb stehen, um auf die leisen Geräusche zu lauschen, die durch den Regen drangen.

Und dann, plötzlich, wie auf ein Signal, kamen die Autos. Hunderte, soweit das Auge reichte, sausten und brausten vorbei an ihm, vorbei. Große, langgestreckte schwarze Wagen donnerten in nördlicher Richtung, nach den Vereinigten Staaten, vorbei, schnitten die Kurven mit zu hoher Geschwindigkeit. Und in den Gesichtern der dicht gedrängt in den Autos sitzenden Leute lag ein Ausdruck, der ihn bestürzt schweigen ließ. Er trat zurück, um die pausenlos hupenden und ihre Sirenen ertönen lassenden Wagen vorbeizulassen. Er zählte sie, bis er müde wurde. Fünfhundert, tausend Wagen fuhren vorbei, und in allen Gesichtern lag jener unbestimmte Ausdruck. Doch sie flogen zu rasch an ihm vorbei, als daß er erkennen konnte, was dieser Ausdruck bedeutete.

Schließlich kehrten Schweigen und Leere zurück. Die schnellen, niedrigen langen Sportwagen waren fort. In der Ferne hörte er das letzte Horn verklingen.

Die Straße war wieder leer.

Es hatte wie ein Leichenzug ausgesehen. Aber ein ungestümer, dahinrasender, die Haare zu Berge stehen lassender, wahnwitzig zu irgendeiner Zeremonie nach Norden brausender Leichenzug. Warum? Er konnte nur den Kopf schütteln und die Finger sacht an seinen Seiten reiben.
Jetzt, ganz allein, ein letzter Wagen. Etwas absolut Letztes und Endgültiges ging von seinem Erscheinen aus. Durch den dünnen, kühlen Regen, gewaltige Dampfwolken von sich blasend, kam ein alter Ford die Bergstraße herunter. Das Auto fuhr so schnell es nur konnte. Er erwartete, es jeden Augenblick auseinanderfallen zu sehen. Als der Fahrer dieses ehrwürdigen schmutz- und rostbedeckten Fords Hernando sah, brachte er den Wagen mit zornig kochendem Kühler vor ihm zum Stehen.
»Könnten wir bitte etwas Wasser haben, Señor!«
Ein junger Mann, vielleicht einundzwanzig, saß am Steuer. Er trug einen gelben Pullover, ein weißes Hemd mit offenem Kragen und eine graue Hose. In dem verdecklosen Wagen fiel der Regen auf ihn und fünf junge Frauen, die so zusammengepfercht saßen, daß sie sich kaum rühren konnten. Sie waren alle sehr hübsch, und sie bemühten sich, den Regen von sich und dem Fahrer mit alten Zeitungen abzuhalten. Aber der Regen vereitelte ihre Anstrengungen, durchnäßte ihre bunten Kleider, durchnäßte auch den Fahrer. Sein Haar war ihm vom Regen völlig angeklebt. Aber das schien sie nicht zu bekümmern. Niemand beklagte sich, und das war sehr ungewöhnlich. Alle pflegten sonst ständig über etwas zu klagen: über den Regen, über die Hitze, über die Zeit, über die Kälte, über die weite Strecke.
Hernando nickte. »Ich werde Ihnen Wasser bringen.«
»Oh, bitte, beeilen Sie sich!« flehte eines der Mädchen, fast weinend. Ihre Stimme klang schrill und sehr ängstlich. Keine Ungeduld lag in ihrer Bitte, sondern nur Furcht. Zum ersten Mal, da ein Tourist etwas verlangte, rannte Hernando; bisher war er auf solche Bitten immer nur noch langsamer gegangen.
Er kehrte mit einer Radkappe voll Wasser zurück. Auch dies war ein Geschenk von der Landstraße. Eines Nachmittags war sie wie eine zugeworfene Münze in sein Feld gesegelt, rund und glänzend. Der Wagen, zu dem sie gehörte, war weitergeglitten, ungeachtet der Tatsache, daß er ein silbernes Auge verloren hatte. Seitdem hatten seine Frau und er sie zum Waschen und Kochen benutzt; sie gab eine prächtige Schale ab.
Während er das Wasser in den kochenden Kühler goß, blickte Hernando auf und in ihre gezeichneten Gesichter. »Oh, vielen Dank, vielen Dank«, sagte eines der Mädchen. »Sie wissen nicht, was das für uns bedeutet.«
Hernando lächelte. »So viel Verkehr in einer Stunde. Und alle fahren in einer Richtung. Nach Norden.«
Er hatte nichts sagen wollen, was sie verletzte. Doch als er zum zweiten Mal aufblickte, saßen sie alle im Regen und weinten. Sie weinten hemmungslos.

Und der junge Mann versuchte sie zu beruhigen, indem er einer nach der anderen die Hände auf die Schultern legte und sie sanft schüttelte; aber sie hielten sich die Zeitungen über die Köpfe, und ihre Augen waren geschlossen, ihre Münder zuckten und ihre Gesichter wurden bleich, und sie weinten, die einen laut, die anderen leise.
Hernando stand mit der halbleeren Radkappe zwischen den Händen. »Ich wollte damit gar nichts sagen, Señor«, entschuldigte er sich.
»Schon recht«, erwiderte der Fahrer.
»Stimmt etwas nicht, Señor?«
»Haben Sie's denn nicht gehört?« antwortete der junge Mann, sich umwendend und vorbeugend, mit einer Hand fest das Steuerrad umklammernd. »Es ist passiert!«
Das war schlimm. Die Mädchen weinten darauf noch haltloser, klammerten sich aneinander, vergaßen die Zeitungen, ließen den Regen rinnen und sich mit ihren Tränen mischen.
Hernando erstarrte. Er goß das restliche Wasser in den Kühler. Er blickte gen Himmel, der voll schwarzer Unwetterwolken hing. Er sah hinab auf den vorbeirauschenden Fluß. Er fühlte den Beton unter seinen Füßen.
Er trat an die Seite des Wagens. Der junge Mann ergriff seine Hand und gab ihm einen Peso. »Nein.« Hernando gab ihn ihm zurück. »Ich hab's gern getan.«
»Vielen Dank, Sie sind so freundlich«, sagte eines der Mädchen unter Schluchzen. »Oh, Mama, Papa. Oh, ich möchte nach Hause, ich möchte nach Hause. Oh, Mama, Papa.« Die anderen hielten sie.
»Ich habe Sie nicht verstanden, Señor«, sagte Hernando ruhig.
»Der Krieg!« schrie der junge Mann so laut, als ob niemand ihn hören konnte. »Der Atomkrieg, es ist da, das Ende der Welt!«
»Señor, Señor«, sagte Hernando.
»Haben Sie Dank, haben Sie Dank für Ihre Hilfe. Leben Sie wohl«, sagte der junge Mann.
»Leben Sie wohl«, sagten alle, starr in den Regen blickend und ohne ihn anzusehen.
Er stand da, während der junge Mann den Gang einrasten ließ und der Wagen davonratterte; langsam verschwand er am Ausgang des Tales. Schließlich war er fort, der letzte Wagen, mit den jungen Frauen darin, flatternde Zeitungen über den Köpfen.
Eine lange Zeit rührte Hernando sich nicht. Der Regen rann kalt über seine Wangen, an seinen Fingern hinab und durchtränkte seine Hosen. Er hielt den Atem an und wartete, aufmerksam und gespannt.
Er beobachtete die Landstraße, aber nichts regte sich mehr auf ihr. Er bezweifelte, daß sie in absehbarer Zeit wieder in Bewegung geraten würde.
Es hörte auf zu regnen. Der Himmel brach durch die Wolken. In zehn

Minuten hatte das Unwetter sich aufgelöst wie ein fauler Atemhauch. Ein linder Wind blies den Duft des Dschungels zu ihm hin. Er hörte den Fluß sanft und gelassen dahinplätschern. Der Dschungel leuchtete tiefgrün; alles war frisch. Er schritt über den Acker zu seinem Haus hinüber, richtete seinen Pflug. Die Hände auf das Holz gelegt, blickte er in den Himmel, aus dem die Sonne heiß zu brennen begann.

Seine Frau rief von ihrer Arbeit aus dem Haus: »Was ist geschehen, Hernando?«

»Nichts«, erwiderte er.

Er setzte den Pflug in die Furche und trieb mit scharfer Stimme seinen Esel an: »Burrrrrrr-o!« Und sie stapften beide über den fruchtbaren Boden unter dem aufklarenden Himmel, über den sanft abfallenden Acker am Ufer des tiefen Flusses.

»Was meinen sie damit, ›das Ende der Welt‹?« fragte er.

FRIEDRICH DÜRRENMATT

Der Tunnel

Ein Vierundzwanzigjähriger, fett, damit das Schreckliche hinter den Kulissen, welches er sah (das war seine Fähigkeit, vielleicht seine einzige), nicht allzu nah an ihn herankomme, der es liebte, die Löcher in seinem Fleisch, da doch gerade durch sie das Ungeheuerliche hereinströmen konnte, zu verstopfen, derart, daß er Zigarren rauchte (Ormond Brasil 10) und über seiner Brille eine zweite trug, eine Sonnenbrille, und in den Ohren Wattebüschel: Dieser junge Mann, noch von seinen Eltern abhängig und mit nebulosen Studien auf einer Universität beschäftigt, die in einer zweistündigen Bahnfahrt zu erreichen war, stieg eines Sonntagnachmittags in den gewohnten Zug, Abfahrt siebzehnuhrfünfzig, Ankunft neunzehnuhrsiebenundzwanzig, um anderntags ein Seminar zu besuchen, das zu schwänzen er schon entschlossen war. Die Sonne schien an einem wolkenlosen Himmel, da er seinen Heimatort verließ. Es war Sommer. Der Zug hatte sich bei diesem angenehmen Wetter zwischen den Alpen und dem Jura fortzubewegen, an reichen Dörfern und kleineren Städten vorbei, später an einem Fluß entlang, und tauchte denn auch nach noch nicht ganz zwanzig Minuten Fahrt, gerade nach Burgdorf, in einen kleinen Tunnel. Der Zug war überfüllt. Der Vierundzwanzigjährige war vorne eingestiegen und hatte sich mühsam nach hinten durchgearbeitet, schwitzend und einen leicht vertrottelten Eindruck erweckend. Die Reisenden saßen dicht gedrängt, viele auf Koffern, auch die Coupés der zweiten Klasse waren besetzt, nur die erste Klasse schwach belegt. Wie sich der junge Mann endlich durch den Wirrwarr der Familien, Rekruten, Studenten und Liebespaare gekämpft hatte, bald, vom Zug hin und her geschleudert, gegen diesen fallend und bald gegen jenen, gegen Bäuche und Brüste torkelnd, fand er im hintersten Wagen Platz, so viel sogar, daß er in diesem Abteil der dritten Klasse – in der es sonst Wagen mit Coupés selten gibt – eine ganze Bank für sich allein hatte: Im geschlossenen Raume saß ihm gegenüber einer, noch dicker als er, der mit sich selbst Schach spielte, und in der Ecke der gleichen Bank, gegen den Korridor zu, ein rothaariges Mädchen, das einen Roman las. So saß er schon am Fenster und hatte eben eine Ormond Brasil 10 in Brand gesteckt, als der Tunnel kam, der ihm länger als sonst zu dauern schien. Er war diese Strecke schon manchmal gefahren, fast jeden Samstag und Sonntag seit einem Jahr, und hatte den Tunnel eigentlich gar nie beachtet, sondern immer nur geahnt. Zwar hatte er ihm einige Male die volle Aufmerksamkeit schenken wollen, doch hatte er, wenn er kam, jedes Mal an etwas anderes gedacht, so daß er das kurze Eintauchen in die Finsternis nicht bemerkte, denn der Tunnel war eben gerade vorbei, wenn er, entschlossen, ihn zu beachten, aufschaute, so schnell durchfuhr ihn der Zug und so kurz war der kleine Tunnel. So hatte er denn auch jetzt die Sonnenbrille nicht abgenommen, als sie einfuhren, da er nicht an den Tunnel dachte. Die Sonne hatte eben noch mit voller Kraft geschienen und die Landschaft, durch die sie fuhren, die Hügel und Wälder, die fernere Kette des Juras und die Häuser des Städtchens, war wie von Gold gewesen, so sehr hatte alles im Abendlicht geleuchtet, so sehr, daß ihm die nun schlagartig einsetzende Dunkelheit des Tunnels bewußt wurde, der Grund wohl auch, warum ihm die Durchfahrt länger erschien, als er sie sich dachte. Es war völlig finster im Abteil, da der Kürze des Tunnels wegen die Lichter nicht in Funktion gesetzt waren, denn jede Sekunde mußte sich ja in der Scheibe der erste, fahle Schimmer des Tages zeigen, sich blitzschnell ausweiten und mit voller, goldener Helle gewaltig hereinbrechen; als es jedoch immer noch dunkel blieb, nahm er die Sonnenbrille ab. Das Mädchen zündete sich in diesem Augenblick eine Zigarette an, offenbar ärgerlich, daß es im Roman nicht weiterlesen konnte, wie er im rötlichen Aufflammen des Streichholzes zu bemerken glaubte; seine Armbanduhr mit dem leuchtenden Zifferblatt zeigte zehn nach sechs. Er lehnte sich in die Ecke zwischen der Coupéwand und der Scheibe und beschäftigte sich mit seinen verworrenen Studien, die ihm niemand recht glaubte, mit dem Seminar, in das er morgen mußte und in das er nicht gehen würde (alles, was er tat, war nur ein Vorwand, hinter der Fassade seines Tuns Ordnung zu erlangen, nicht die Ordnung selber, nur die Ahnung einer Ordnung, angesichts des Schrecklichen, gegen das er sich mit Fett polsterte, Zigarren in den Mund steckte, Wattebüschel in die Ohren), und wie er wieder auf das Zifferblatt schaute, war es Viertel nach sechs und immer noch der Tunnel. Das verwirrte ihn. Zwar leuchteten nun die Glühbirnen auf, es wurde hell im Coupé, das rote Mädchen konnte in seinem Roman weiterlesen, und der dicke Herr spielte wieder mit sich selber Schach, doch draußen, jenseits der Scheibe, in der sich nun das ganze Abteil spiegelte, war immer noch der Tunnel. Er trat in den Korridor, in welchem ein hochgewachsener Mann in einem hellen Regenmantel auf und ab ging, ein schwarzes Halstuch umgeschlagen. Wozu auch bei diesem Wetter, dachte er und schaute in die anderen Coupés dieses Wagens, wo man Zeitung las und miteinander schwatzte. Er trat wieder zu seiner Ecke und setzte sich, der Tunnel mußte nun jeden Augenblick aufhören, jede Sekunde; auf der Armbanduhr war es nun beinahe zwanzig nach; er ärgerte sich, den Tunnel vorher so wenig beachtet zu haben, dauerte er doch nun schon eine Viertelstunde und mußte, wenn die Geschwindigkeit eingerechnet wurde, mit welcher der Zug fuhr, ein bedeutender Tunnel sein, einer der längsten Tunnel in der Schweiz. Es war daher wahrscheinlich, daß er einen falschen Zug genommen hatte, wenn ihm im Augenblick auch nicht erinnerlich war, daß sich zwanzig Minuten Bahnfahrt von seinem Heimatort aus ein so langer und bedeutender Tunnel befand. Er fragte deshalb den dicken Schachspieler, ob der Zug nach Zürich fahre, was der bestätigte. Er wüßte gar nicht, daß an dieser Stelle der Strecke ein so langer Tunnel sei, sagte der junge Mann, doch der Schachspieler antwortete, etwas ärgerlich, da er in irgendeiner schwierigen Überlegung zum zweiten Mal unterbrochen wurde, in der Schweiz gebe es eben viele Tunnel, außerordentlich viele, er reise zwar zum ersten Mal in diesem Lande, doch falle dies sofort auf, auch habe er in einem statistischen Jahrbuch gelesen, daß kein Land so viele Tunnel wie die Schweiz besitze. Er müsse sich nun entschuldigen, wirklich, es tue ihm schrecklich leid, da er sich mit einem wichtigen Problem der Nimzowitsch-Verteidigung beschäftige und nicht mehr abgelenkt werden dürfe. Der Schachspieler hatte höflich, aber bestimmt geantwortet; daß von ihm keine Antwort zu erwarten war, sah der junge Mann ein. Er war froh, als nun der Schaffner kam. Er war überzeugt, daß seine Fahrkarte zurückgewiesen werden würde; auch als der Schaffner, ein blasser, magerer Mann, nervös, wie es den Eindruck machte, dem Mädchen gegenüber, dem er zuerst die Fahrkarte abnahm, bemerkte, es müsse in Olten umsteigen, gab der Vierundzwanzigjährige noch nicht alle Hoffnung auf, so sehr war er überzeugt, in den falschen Zug gestiegen zu sein. Er werde wohl nachzahlen müssen, er sollte nach Zürich, sagte er denn, ohne die Ormond Brasil 10 aus dem Munde zu nehmen, und reichte dem Schaffner das Billett hin. Der Herr sei im rechten Zug, antwortete der, wie er die Fahrkarte geprüft hatte. »Aber wir fahren doch durch einen Tunnel!« rief der junge Mann ärgerlich und recht energisch aus, entschlossen, nun die verwirrende Situation aufzuklären. Man sei eben an Herzogenbuchsee vorbeigefahren und nähere sich Langenthal, sagte der Schaffner. »Es stimmt, mein Herr, es ist jetzt zwanzig nach sechs.« Aber man fahre seit zwanzig Minuten durch einen Tunnel, beharrte der junge Mann auf seiner Feststellung. Der Schaffner sah in verständnislos an. »Es ist der Zug nach Zürich«, sagte er und schaute nun auch nach dem Fenster. »Zwanzig nach sechs«, sagte er wieder, jetzt etwas beunruhigt, wie es schien, »bald kommt Olten, Ankunft achtzehnuhrsiebenunddreißig. Es wird schlechtes Wetter gekommen sein, ganz plötzlich, daher die Nacht, vielleicht ein Sturm, ja, das wird es sein.« – »Unsinn«, mischte sich nun der Mann, der sich mit einem Problem der Nimzowitsch-Verteidigung beschäftigte, ins Gespräch, ärgerlich, weil er immer noch sein Billett hinhielt, ohne vom Schaffner beachtet zu werden, »Unsinn, wir fahren durch einen Tunnel. Man kann deutlich den Fels sehen, Granit, wie es scheint. In der Schweiz gibt es am meisten Tunnel der ganzen Welt. Ich habe es in einem statistischen Jahrbuch gelesen.« Der Schaffner, indem er endlich die Fahrkarte des Schachspielers entgegennahm, versicherte aufs neue, fast flehentlich, der Zug fahre nach Zürich, worauf der Vierundzwanzigjährige den Zugführer verlangte. Der sei vorne im Zug, sagte der Schaffner, im übrigen fahre der Zug nach Zürich, jetzt sei es sechsuhrfünfundzwanzig und in zwölf Minuten werde er nach dem Sommerfahrplan in Olten anhalten, er fahre jede Woche diesen Zug dreimal. Der junge Mann machte sich auf den Weg. Das Gehen fiel ihm noch schwerer im überfüllten Zug als vor kurzem, wie er die gleiche Strecke umgekehrt gegangen war; der Zug mußte überaus schnell fahren; auch war das Getöse, das er dabei verursachte, entsetzlich; so steckte er sich seine Wattebüschel denn wieder in die Ohren, nachdem er sie beim Betreten des Zuges entfernt hatte. Die Menschen, an denen er vorbeikam, verhielten sich ruhig, in nichts unterschied sich der Zug von anderen Zügen, die er an den Sonntagnachmittagen gefahren war, und niemand fiel ihm auf, der beunruhigt gewesen wäre. In einem Wagen mit Zweitklass-Abteil stand ein Engländer am Fenster des Korridors und tippte freudestrahlend mit der Pfeife, die er rauchte, an die Scheibe. »Simplon«, sagte er. Auch im Speisewagen war alles so wie sonst, obwohl kein Platz frei war und der Tunnel doch einem der Reisenden oder der Bedienung, die Wiener Schnitzel und Reis servierte, hätte auffallen können. Den Zugführer, den er an der roten Tasche erkannte, fand der junge Mann am Ausgang des Speisewagens. »Sie wünschen?« fragte der Zugführer, der ein großgewachsener, ruhiger Mann war, mit einem sorgfältig gepflegten schwarzen Schnurrbart und einer randlosen Brille. »Wir sind in einem Tunnel, seit fünfundzwanzig Minuten«, sagte der junge Mann. Der Zugführer schaute nicht nach dem Fenster, wie der Vierundzwanzigjährige erwartet hatte, sondern wandte sich zum Kellner. »Geben Sie mir eine Schachtel Ormond 10«, sagte er, »ich rauche die gleiche Sorte wie der Herr da«; doch konnte ihn der Kellner nicht bedienen, da man diese Zigarre nicht besaß, so daß denn der junge Mann, froh, einen Anknüpfungspunkt zu haben, dem Zugführer eine Brasil anbot. »Danke«, sagte er, »ich werde in Olten kaum Zeit haben, mir eine zu verschaffen, und so tun Sie mir denn einen großen Gefallen. Rauchen ist wichtig. Darf ich Sie nun bitten, mir zu folgen?« Er führte den Vierundzwanzigjährigen in den Packwagen, der vor dem Speisewagen lag. »Dann kommt noch die Maschine«, sagte der Zugführer, wie sie den Raum betraten, »wir befinden uns an der Spitze des Zuges.« Im Packraum brannte ein schwaches, gelbes Licht, der größte Teil des Wagens lag im Ungewissen, die Seitentüren waren verschlossen, und nur durch ein kleines vergittertes Fenster drang die Finsternis des Tunnels. Koffer standen herum, viele mit Hotelzetteln beklebt, einige Fahrräder und ein Kinderwagen. Der Zugführer hängte seine rote Tasche an einen Haken. »Was wünschen Sie?« fragte er aufs neue, schaute jedoch den jungen Mann nicht an, sondern begann in einem Heft, das er der Tasche entnommen hatte, Tabellen auszufüllen. »Wir befinden uns seit Burgdorf in einem Tunnel«, antwortete der Vierundzwanzigjährige entschlossen, »einen so gewaltigen Tunnel gibt es auf dieser Strecke nicht, ich fahre sie jede Woche hin und zurück, ich kenne die Strecke.« Der Zugführer schrieb weiter. »Mein Herr«, sagte er endlich und trat nah an den jungen Mann heran, so nah, daß sich die beiden Leiber fast berührten, »mein Herr, ich habe Ihnen wenig zu sagen. Wie wir in diesen Tunnel geraten sind, weiß ich nicht, ich habe dafür keine Erklärung. Doch bitte ich Sie zu bedenken: Wir bewegen uns auf Schienen, der Tunnel muß also irgendwo hinführen. Nichts beweist, daß am Tunnel etwas nicht in Ordnung ist, außer natürlich, daß er nicht aufhört.« Der Zugführer, die Ormond Brasil immer noch ohne zu rauchen zwischen den Lippen, hatte überaus leise gesprochen, jedoch mit so großer Würde und so deutlich und bestimmt, daß seine Worte vernehmbar waren, obgleich im Packwagen das Tosen des Zuges um vieles stärker war als im Speisewagen. »Dann bitte ich Sie, den Zug anzuhalten«, sagte der junge Mann ungeduldig, »ich verstehe kein Wort von dem, was Sie sagen. Wenn etwas nicht stimmt mit diesem Tunnel, dessen Vorhandensein Sie selbst nicht erklären können, haben Sie den Zug anzuhalten.« – »Den Zug anhalten?« antwortete der andere langsam, gewiß, daran habe er auch schon gedacht, worauf er das Heft schloß und in die rote Tasche zurücksteckte, die an ihrem Haken hin und her schwankte, dann steckte er die Ormond sorgfältig in Brand. Ob er die Notbremse ziehen solle, fragte der junge Mann und wollte nach dem Haken der Bremse über seinem Kopf greifen, torkelte jedoch im selben Augenblick nach vorne, wo er an die Wand prallte. Ein Kinderwagen rollte auf ihn zu und Koffer rutschten heran; seltsam schwankend kam auch der Zugführer mit vorgestreckten Händen durch den Packraum. »Wir fahren abwärts«, sagte der Zugführer und lehnte sich neben dem Vierundzwanzigjährigen an die Vorderwand des Wagens, doch kam der erwartete Aufprall des rasenden Zuges am Fels nicht, dieses Zerschmettern und Ineinanderschachteln der Wagen, der Tunnel schien vielmehr wieder eben zu verlaufen. Am anderen Ende des Wagens öffnete sich die Türe. Im grellen Licht des Speisewagens sah man

Menschen, die einander zutranken, dann schloß sich die Türe wieder. »Kommen Sie in die Lokomotive«, sagte der Zugführer und schaute dem Vierundzwanzigjährigen nachdenklich und, wie es plötzlich schien, seltsam drohend ins Gesicht, dann schloß er die Türe auf, neben der sie an der Wand lehnten: Mit solcher Gewalt jedoch schlug ihnen ein sturmartiger, heißer Luftstrom entgegen, daß sie von der Wucht des Orkans aufs neue gegen die Wand taumelten; gleichzeitig erfüllte ein fürchterliches Getöse den Packwagen. »Wir müssen zur Maschine hinüberklettern«, schrie der Zugführer dem jungen Mann ins Ohr, auch so kaum vernehmbar, und verschwand dann im Rechteck der offenen Türe, durch die man die hellerleuchteten, hin und her schwankenden Scheiben der Zugmaschine sah. Der Vierundzwanzigjährige folgte entschlossen, wenn er auch den Sinn der Kletterei nicht begriff. Die Plattform, die er betrat, besaß auf beiden Seiten ein Eisengeländer, woran er sich klammerte, doch war nicht der ungeheure Luftzug das Entsetzliche, der sich milderte, wie er sich der Maschine zubewegte, sondern die unmittelbare Nähe der Tunnelwände, die er zwar nicht sah, da er sich ganz auf die Maschine konzentrieren mußte, die er jedoch ahnte, durchzittert vom Stampfen der Räder und vom Pfeifen der Luft, so daß ihm war, als rase er mit Sterngeschwindigkeit in eine Welt aus Stein. Der Lokomotive entlang lief ein schmales Band und darüber als Geländer eine Stange, die sich in immer gleicher Höhe über dem Band um die Maschine herumkrümmte: Dies mußte der Weg sein; den Sprung, den es zu wagen galt, schätzte er auf einen Meter. So gelang es ihm denn auch, die Stange zu fassen. Er schob sich, gegen die Lokomotive gepreßt, dem Band entlang; fürchterlich wurde der Weg erst, als er auf die Längsseite der Maschine gelangte, nun voll der Wucht des brüllenden Orkans ausgesetzt und drohenden Felswänden, die, hell erleuchtet von der Maschine, heranfegten. Nur der Umstand, daß ihn der Zugführer durch eine kleine Türe ins Innere der Maschine zog, rettete ihn. Erschöpft lehnte sich der junge Mann gegen den Maschinenraum, worauf es mit einem Male still wurde, denn die Stahlwände der riesenhaften Lokomotive dämpften, wie der Zugführer die Türe geschlossen hatte, das Tosen so sehr ab, daß es kaum mehr zu vernehmen war. »Die Ormond Brasil haben wir auch verloren«, sagte der Zugführer. »Es war nicht klug, vor der Kletterei eine anzuzünden, aber sie zerbrechen leicht, wenn man keine Schachtel mit sich führt, bei ihrer länglichen Form.« Der junge Mann war froh, nach der bedenklichen Nähe der Felswände auf etwas gelenkt zu werden, das ihn an die Alltäglichkeit erinnerte, in der er sich noch vor wenig mehr denn einer halben Stunde befunden hatte, an diese immergleichen Tage und Jahre (immergleich, weil er nur auf diesen Augenblick hinlebte, der nun erreicht war, auf diesen Augenblick des Einbruchs, auf dieses plötzliche Nachlassen der Erdoberfläche, auf den abenteuerlichen Sturz ins Erdinnere). Er holte eine der braunen Schachteln aus der rechten Rocktasche und bot dem Zugführer erneut eine Zigarre an, selber steckte er sich auch eine in den Mund, und vorsichtig nahmen sie Feuer, das der Zugführer bot. »Ich schätze diese Ormond sehr«, sagte der Zugführer, »nur muß einer gut ziehen, sonst gehen sie aus«, Worte, die den Vierundzwanzigjährigen mißtrauisch machten, weil er spürte, daß der Zugführer auch nicht gern an den Tunnel dachte, der draußen immer noch dauerte (immer noch war die Möglichkeit, er könnte plötzlich aufhören, wie ein Traum mit einem Mal aufzuhören vermag). »Achtzehnuhrvierzig«, sagte er, indem er auf seine Uhr mit dem leuchtenden Zifferblatt schaute, »jetzt sollten wir doch schon in Olten sein«, und dachte dabei an die Hügel und Wälder, die doch noch vor kurzem waren, goldüberhäuft in der sinkenden Sonne. So standen sie und rauchten, an die Wand des Maschinenraums gelehnt. »Keller ist mein Name«, sagte der Zugführer und zog an seiner Brasil. Der junge Mann gab nicht nach. »Die Kletterei auf der Maschine war nicht ungefährlich«, bemerkte er, »wenigstens für mich, der ich an dergleichen nicht gewöhnt bin, und so möchte ich denn wissen, wozu Sie mich hergebracht haben.« Er wisse es nicht, antwortete Keller, er habe sich nur Zeit zum Überlegen schaffen wollen. »Zeit zum Überlegen«, wiederholte der Vierundzwanzigjährige. »Ja«, sagte der Zugführer, so sei es, rauchte dann wieder weiter. Die Maschine schien sich von neuem nach vorne zu neigen. »Wir können ja in den Führerraum gehen«, schlug Keller vor, blieb jedoch immer noch unschlüssig an der Maschinenwand stehen, worauf der junge Mann den Korridor entlangschritt. Wie er die Türe zum Führerraum geöffnet hatte, blieb er stehen. »Leer«, sagte er zum Zugführer, der nun auch herankam, »der Führerstand ist leer.« Sie betraten den Raum, schwankend durch die ungeheure Geschwindigkeit, mit der die Maschine, den Zug mit sich reißend, immer weiter in den Tunnel hineinraste. »Bitte«, sagte der Zugführer und drückte einige Hebel nieder, zog auch die Notbremse. Die Maschine gehorchte nicht. Sie hätten alles getan, sie anzuhalten, gleich als sie die Änderung in der Strecke bemerkt hätten, versicherte Keller, doch sei die Maschine immer weitergerast. »Sie wird immer weiterrasen«, antwortete der Vierundzwanzigjährige und wies auf den Geschwindigkeitsmesser. »Hundertfünfzig. Ist die Maschine je Hundertfünfzig gefahren?« – »Mein Gott«, sagte der Zugführer, »so schnell ist sie nie gefahren, höchstens Hundertfünf.« – »Eben«, sagte der junge Mann. »Ihre Schnelligkeit nimmt zu. Jetzt zeigt der Messer Hundertachtundfünfzig. Wir fallen.« Er trat an die Scheibe, doch konnte er sich nicht aufrecht halten, sondern wurde mit dem Gesicht an die Glaswand gepreßt, so abenteuerlich war nun die Geschwindigkeit. »Der Lokomotivführer?« schrie er und starrte nach den Felsmassen, die in das grelle Licht der Scheinwerfer hinaufstürzten, ihm entgegen, die auf ihn zurasten, und über ihm, unter ihm und zu beiden Seiten des Führerraums verschwanden. »Abgesprungen«, schrie Keller zurück, der nun mit dem Rücken gegen das Schaltbrett gelehnt auf dem Boden saß. »Wann?« fragte der Vierundzwanzigjährige hartnäckig. Der Zugführer zögerte ein wenig und mußte sich seine Ormond aufs neue anzünden, die Beine, da sich der Zug immer stärker neigte, in der gleichen Höhe wie sein Kopf. »Schon nach fünf Minuten«, sagte er dann. »Es war sinnlos, noch eine Rettung zu versuchen. Der im Packraum ist auch abgesprungen.« – »Und Sie?« fragte der Vierundzwanzigjährige. »Ich bin der Zugführer«, antwortete der andere, »auch habe ich immer ohne Hoffnung gelebt.« – »Ohne Hoffnung«, wiederholte der junge Mann, der nun geborgen auf der Glasscheibe des Führerstandes lag, das Gesicht über den Abgrund gepreßt. »Da saßen wir noch in unseren Abteilen und wußten nicht, daß schon alles verloren war«, dachte er. »Noch hatte sich nichts verändert, wie es uns schien, doch schon hatte uns der Schacht nach der Tiefe zu aufgenommen, und so rasen wir denn wie die Rotte Korah in unseren Abgrund.« Er müsse nun zurück, schrie der Zugführer, »in den Wagen wird die Panik ausgebrochen sein. Alles wird sich nach hinten drängen.« – »Gewiß«, antwortete der Vierundzwanzigjährige und dachte an den dicken Schachspieler und an das Mädchen mit seinem Roman und dem roten Haar. Er reichte dem Zugführer seine übrigen Schachteln Ormond Brasil 10. »Nehmen Sie«, sagte er, »Sie werden Ihre Brasil beim Hinüberklettern doch wieder verlieren.« Ob er denn nicht zurückkomme, fragte der Zugführer, der sich aufgerichtet hatte und mühsam den Trichter des Korridors hinaufzukriechen begann. Der junge Mann sah nach den sinnlosen Instrumenten, nach diesen lächerlichen Hebeln und Schaltern, die ihn im gleißenden Licht der Kabine silbern umgaben. »Zweihundertzehn«, sagte er. »Ich glaube nicht, daß Sie es bei dieser Geschwindigkeit schaffen, hinaufzukommen in die Wagen über uns.« – »Es ist meine Pflicht«, schrie der Zugführer. »Gewiß«, antwortete der Vierundzwanzigjährige, ohne seinen Kopf nach dem sinnlosen Unternehmen des Zugführers zu wenden. »Ich muß es wenigstens versuchen«, schrie der Zugführer noch einmal, nun schon weit oben im Korridor, sich mit Ellbogen und Schenkeln gegen die Metallwände stemmend, doch wie sich die Maschine weiterhin absenkte, um nun in fürchterlichem Sturz dem Innern der Erde entgegenzurasen, diesem Ziel aller Dinge zu, so daß der Zugführer in seinem Schacht direkt über dem Vierundzwanzigjährigen hing, der am Grunde der Maschine auf dem silbernen Fenster des Führerraumes lag, das Gesicht nach unten, ließ seine Kraft nach. Der Zugführer stürzte auf das Schaltbrett und kam blutüberströmt neben den jungen Mann zu liegen, dessen Schultern er umklammerte. »Was sollen wir tun?« schrie der Zugführer durch das Tosen der ihnen entgegenschnellenden Tunnelwände hindurch dem Vierundzwanzigjährigen ins Ohr, der mit seinem fetten Leib, der jetzt nutzlos war und nicht mehr schützte, unbeweglich auf der ihn vom Abgrund trennenden Scheibe ruhte und durch sie hindurch den Abgrund gierig in seine nun zum ersten Mal weit geöffneten Augen sog. »Was sollen wir tun?« – »Nichts«, antwortete der andere unbarmherzig, ohne sein Gesicht vom tödlichen Schauspiel abzuwenden, doch nicht ohne eine gespensterhafte Heiterkeit, von

Glassplittern übersät, die von der zerbrochenen Schalttafel herstammten, während zwei Wattebüschel, durch irgendeinen Luftzug ergriffen, der nun plötzlich hereindrang (in der Scheibe zeigte sich ein erster Spalt), pfeilschnell nach oben in den Schacht über ihnen fegten. »Nichts. Gott ließ uns fallen, und so stürzen wir denn auf ihn zu.«

HERMANN HESSE

See, Baum, Berg

Es war einmal ein See. Über den blauen See und den blauen Himmel hinweg ragte grün und gelb ein Frühlingsbaum. Jenseits ruhte der Himmel still auf dem gewölbten Berge.

Ein Wanderer saß zu Füßen des Baumes. Gelbe Blütenblätter sanken auf seine Schultern. Er war müde und hatte die Augen geschlossen. Traum sank von dem gelben Baume auf ihn herunter.

Der Wanderer wurde klein und war ein Knabe, hinterm Hause im Garten hörte er seine Mutter singen. Er sah einen Falter fliegen, gelb und süß, freudiggelb im blauen Himmel. Dem Falter lief er nach. Er lief über die Wiese, er lief über den Bach, er lief an den See. Da flog der Falter hoch überm hellen Wasser weiter, und der Knabe flog ihm nach, schwebte hell und leicht, flog glücklich durch den blauen Raum. Sonne schien auf seine Flügel. Er flog dem Gelben nach und flog über den See und über den hohen Berg, da stand auf einer Wolke Gott und sang. Um ihn her waren die Engel, und einer von den Engeln sah aus wie des Knaben Mutter, und hielt eine grüne Gießkanne über ein Beet mit Tulpen geneigt, daß sie trinken konnten. Zu ihm flog der Knabe, und war auch ein Engel, und umarmte seine Mutter.

Der Wanderer rieb sich die Augen, und schloß sie wieder. Er brach eine rote Tulpe und steckte sie seiner Mutter an die Brust. Er brach eine Tulpe und steckte sie ihr ins Haar. Engel und Schmetterlinge flogen, und alle Vögel und Tiere und Fische der Welt waren da, und welchen man bei seinem Namen rief, der kam her und flog dem Knaben in die Hand und gehörte ihm, ließ sich streicheln, ließ sich befragen, ließ sich weiterschicken.

Der Wanderer erwachte und dachte an den Engel. Er hörte vom Baum die feinen Blätter rieseln, und hörte im Baum das feine, stille Leben in goldenen Strömen auf und nieder steigen. Der Berg sah zu ihm herüber, dort lehnte Gott in einem braunen Mantel und sang. Man hörte sein Lied über die gläserne Seebreite herüber. Es war ein einfaches Lied, es vermischte sich und klang zusammen mit dem leisen Strömen der Kräfte im Baum, und mit dem

leisen Strömen des Blutes im Herzen, und mit den leisen goldenen Strömen, die aus dem Traume her durch ihn hin rannen.
Da fing er selber an zu singen, langsam und gedehnt. Sein Lied war ohne Kunst, es war wie Luft und Wellenschlag, es war nur ein Summen und bienenhaftes Brummsen. Das Lied gab dem singenden Gott in der Ferne Antwort, und dem singenden Strom im Baum, und dem rinnenden Gesang im Blut.
Lange sang der Wanderer so vor sich hin, wie eine Glockenblume im Frühlingswind vor sich hin läutet und wie eine Heuschrecke im Gras Musik macht. Er sang eine Stunde lang oder ein Jahr. Er sang kindlich und göttlich, er sang Schmetterling und sang Mutter, er sang Tulpe und sang See, er sang sein Blut und das Blut im Baume.
Als er weiterging und gedankenlos in das warme Land hineinlief, fiel ihm allmählich sein Weg und sein Ziel und sein eigener Name wieder ein, und daß es Dienstag war, und daß drüben die Bahn nach Mailand lief. Nur ganz in der Ferne hörte er noch singen, über den See herüber.
Dort stand Gott im braunen Mantel und sang noch immer, aber der Wanderer verlor den Ton mehr und mehr aus dem Gehör.

Quellennachweise

14 Hermann Hesse, Flötentraum, aus: Ders., Märchen, Fischer-TB 610, © Suhrkamp Verlag, Frankfurt/M. 1972, 46-54
19 Marie Luise Kaschnitz, Das dicke Kind, © Scherpe Verlag, Krefeld 1952, 9-18
25 Dino Buzzati, Wenn es dunkelt. Mit Genehmigung der Nymphenburger Verlagshandlung GmbH, München
32 Kurt Marti, Neapel sehen, aus: Ders., Wohnen zeitaus. Geschichten zwischen Dorf und Stadt, Flamberg Verlag, Zürich/Stuttgart 1965, 33-35
33 Peter Bichsel, Der Mann mit dem Gedächtnis, aus: Ders., Kindergeschichten, Hermann Luchterhand Verlag, Neuwied/Berlin 1969, 61-69
35 Heinrich Böll, Der Lacher, aus: Unberechenbare Gäste, © 1956 by Verlags AG »Die Arche«, Peter Schifferli, Zürich
39 Ernst Lange, Sprung von der Mauer, aus: Ders., Chancen des Alltags, Verlagsgemeinschaft Kreuz-Verlag GmbH und Burckhardthaus-Verlag, Stuttgart/Gelnhausen 1965, 266 f.
40 Uwe Johnson, Jonas zum Beispiel, aus: Ders., Karsch und andere Prosa, Suhrkamp Verlag, Frankfurt/M. 1964, 82-84
41 Rainer Maria Rilke, Die Turnstunde, aus: Ders., Sämtliche Werke, Bd. 4, Insel Verlag, Frankfurt/M. 1961, 601-609
45 Josef Reding, Mister Cagneys Komplex, aus: Ders., Wer betet für Judas?, Georg Bitter Verlag, Recklinghausen 1958, 85-88
47 M. Stähelin, Das Freuspiel, aus: Schweizerische Jugendblätter, Basel 1924, 80 f (gekürzt)
51 Shirley Jackson, Die Lotterie, aus: Amerika erzählt, hg. von Heinz Politzer, © Fischer Bücherei KG, Frankfurt/M. und Hamburg 1958, Abdruck mit Genehmigung des Fischer Taschenbuch Verlags, Frankfurt/M.
59 Ernst Eggimann, Radstand, aus: Ders., Vor dem jüngsten Jahr, © 1969 by Verlags AG »Die Arche«, Peter Schifferli, Zürich, 155-169
64 Anton Tschechow, Ein Fall aus der Praxis, aus: Ders., Späte Erzählungen 1893-1903. Mit Genehmigung des Winkler Verlages München
74 Alfred Andersch, Grausiges Erlebnis eines venezianischen Ofensetzers, aus: Ders., Gesammelte Erzählungen, © by Diogenes Verlag, Zürich 1971, 94-100
80 Agathe Keller, Frische Blutwürste, aus: Lesetexte 2/3 1974, Arbeitsgruppe Lesetexte, Bern
83 Heinrich Böll, Steh auf, steh doch auf, aus: Ders., Wo warst du Adam? und Erzählungen, Gertraud Middelhauve Verlag, Köln 1949
85 Günter Spang, Seine große Chance. Mit freundlicher Genehmigung des Autors
88 Alan Sillitoe, Samstagnachmittag, aus: Ders., Die Einsamkeit des Langstreckenläufers, © by Diogenes Verlag, Zürich 1967/74, detebe 4/2
95 Lukas Hartmann, Katzentrost, aus: Ders., Mozart im Hurenhaus, Zytglogge Verlag, Bern 1976, 117-123
99 Caroline Muhr, Der blaue Fritz. Mit freundlicher Genehmigung der Erben
101 Elisabeth Gürt, Eine Tasche voll Einsamkeit. Quelle nicht feststellbar
104 Josef Reding, Reste einer gestrigen Mitteilung, aus: Ders., Schonzeit für Pappkameraden, Georg Bitter Verlag, Recklinghausen 1977, 52-57

110 Werner Bergengruen, Der Arzt von Weissenhasel, © by Verlags AG »Die Arche«, Peter Schifferli, Zürich
117 Dino Buzzati, Die Herausforderung des Zauberkünstlers, aus: Ders., Die Lektion des Jahres 1980, Hans Deutsch Verlag, Wien 1962
121 Ernst Schnydrig, Der geduldige Hiob und seine zwei Ferkel, aus: Ders., In den Ferien hinter einem großen Stein zu lesen, Verlag Josef Knecht, Frankfurt/M.
124 Max Frisch, Glück, aus: Ders., Tagebuch 1966-1971, Suhrkamp Verlag, Frankfurt/M. 1972, 357-364
129 Werner Bergengruen, Die Märchenkutsche, © by Verlags AG »Die Arche«, Peter Schifferli, Zürich
132 Werner Reiser, Vom Engel, der am Weihnachtsabend weinte, aus: Der Geburtstag von Adam und Eva. Neue Legenden und Parabeln, Friedrich Reinhardt Verlag, Basel 1978
135 Maxim Gorki, Es war am Heiligen Abend. Quelle nicht feststellbar
142 Kurt Marti, Ja. Mit freundlicher Genehmigung des Autors
146 Christa Reinig, Skorpion, aus: Dies., Orion trat aus dem Haus, © Copyright by Eremiten-Presse, Düsseldorf (früher Stierstadt) 1968
147 Theodor Weißenborn, Die Welt im Haigerloh. Mit freundlicher Genehmigung des Autors
151 Josef Reding, Neben dem blauen Seepferdchen, aus: Ders., Schonzeit für Pappkameraden, Georg Bitter Verlag, Recklinghausen 1977, 13-19
158 Am seidenen Faden, aus: Leiterbrief 182/4, Zürich 1974
159 Zwei Menschen wollten Hochzeit halten, aus: Das Thema 20/1977, 44
159 Josef Reding, Ordentlich auf Null . . ., aus: Ders., Schonzeit für Pappkameraden, Georg Bitter Verlag, Recklinghausen 1977, 101-106
164 Josef Reding, Den Unsrigen nachlaufen?, aus: Ders., Schonzeit für Pappkameraden, Georg Bitter Verlag, Recklinghausen 1977, 144-147
169 Martin Lienhard, Die Schrift an der Wand. Für dieses Buch geschrieben
170 Werner Bergengruen, Das Netz, © 1972 by Verlags AG »Die Arche«, Peter Schifferli, Zürich, 8. Auflage
177 Siegfried Lenz, Das unterbrochene Schweigen, aus: Der Geist der Mirabelle. Geschichten aus Bollerup, © Hoffmann und Campe Verlag, Hamburg 1975
180 Arnim Juhre, Wir wohnen schon vierzig Jahre hier, aus: Das Salz der Sanftmütigen, Erzählungen, Steinkopf-Verlag, Stuttgart 1962. Alle Rechte beim Autor
185 E. F. Vollenweider, Fragen Sie nach Bodo. Das Copyright liegt beim Autor. Erstdruck im »Schweizerischen Beobachter«
194 Marie Luise Kaschnitz, Wer kennt seinen Vater, aus: Dies., Ferngespräche, Insel Verlag, Frankfurt/M. 1966, 42-52
201 Gerd Heinz-Mohr, Das Gleichnis vom verlorenen Vater. Mit freundlicher Genehmigung des Autors
202 Franz Hohler, Bedingungen für die Nahrungsaufnahme, aus: Ders., Der Rand von Ostermundigen, Erzählungen, Hermann Luchterhand Verlag, Darmstadt/Neuwied 1973
205 Ernst Kein, Vater zuliebe, aus: Ders., Die Meute, Erzählungen, Otto Müller Verlag, Salzburg 1961
212 Josef Reding, Kobbe hatte den besseren Platz, aus: Ders., Die Anstandsprobe, Johannes Kiefel Verlag, Wuppertal-Barmen 1973, 75-78
215 Jenseits des Flusses, aus: Leiterbrief 181/6, Zürich 1974
216 Theodor Weißenborn, Die Züge nach Morrow. Mit freundlicher Genehmigung des Autors
219 Heinrich Böll, An der Brücke, aus: Ders., Wo warst du Adam? und Erzählungen, Gertraud Middelhauve Verlag, Köln 1949

221 O. Henry, Tildys kurzes Début, aus: Ders., Ruf der Posaune u. a. Stories, übersetzt von Heinrich Böll, Walter Verlag, Olten 1973

226 Ingrid Jendrejcyk, Zwei Frauen. Mit freundlicher Genehmigung der Autorin

230 Marie Luise Kaschnitz, Die Füße im Feuer, aus: Dies., Ferngespräche, Insel Verlag, Frankfurt/M. 1966, 156-170

239 Die kleinen Leute von Swabedoo. Ein amerikanisches Märchen. Quelle nicht feststellbar

246 Theodore O. Wedel, Das Gleichnis von der unnütz gewordenen Rettungsstation, aus: Howard J. Clinebell, Modelle beratender Seelsorge, Chr. Kaiser Verlag München/Matthias Grünewald-Verlag Mainz 1977[3], 9 f

247 Josef Reding, Sie nannten ihn Padrechico, aus: Ders., Sie nannten ihn Padre, Johannes Kiefel Verlag, Wuppertal 1974, 5-18

254 Ignazio Silone, Wir hatten gelogen, aus: Ders., Notausgang, © Verlag Kiepenheuer & Witsch, Köln

256 Dino Buzzati, Die Lehre von Whipping, aus: Ders., Die Lektion des Jahres 1980, Hans Deutsch Verlag, Wien 1962

260 Dino Buzzati, Der Streik des Teufels, aus: Ders., Die Lektion des Jahres 1980, Hans Deutsch Verlag, Wien 1962

265 Jakob Wassermann, Der Stationschef, aus: Ders., Der goldene Spiegel, Erzählungen in einem Rahmen (S. Fischer Verlag, Frankfurt/M. 1912)

268 Alice Childress, Es hätte für einen hübschen kleinen Laden gelangt, (= Sind unsere Beerdigungsfeiern sinnvoll?), aus: Leiterbrief, Zürich 1965

271 Franz Fühmann, Das Judenauto, aus: Ders., Das Judenauto, © by Diogenes Verlag Zürich

277 Mauro Pellegrini, War José anders?, aus: Lesebuch für den katholischen Religionsunterricht, Kösel Verlag, München 1971, 209-212

279 Josef Reding, Auf ziseliertem Silber, aus: Ders., Schonzeit für Pappkameraden, Georg Bitter Verlag, Recklinghausen 1977

285 Armin Kraft, Der Löwenanteil. Mit freundlicher Genehmigung des Autors

285 Armin Schibler, Der Mann ohne Fernsehen. Eine Geschichte in zwei Variationen, I. Variation. Das Copyright liegt beim Autor. Erstdruck im »Schweizerischen Beobachter« 11/1977

288 Reinhard Lettau, Herr Strich schreitet zum Äußersten, aus: Ders., Schwierigkeiten beim Häuserbauen, Carl Hanser Verlag, München 1962, 69-73

290 Slawomir Mrozek, Das Haus an der Grenze, aus: Ders., Hochzeit im Atomweiler, Karl H. Henssel Verlag, Berlin o. J.

293 Heinrich Böll, Mein teures Bein, aus: Ders., Wo warst du Adam? und Erzählungen, Gertraud Middelhauve Verlag, Köln 1949

297 Lore Graf, Schubladen. Für dieses Buch geschrieben

299 Thaddäus Troll, Tobias und die Lügner, aus: Der himmlische Computer, Hoffmann und Campe Verlag, Hamburg

301 Franz Hohler, Der Rand von Ostermundigen, aus: Ders., Der Rand von Ostermundigen, Erzählungen, Hermann Luchterhand Verlag, Darmstadt/Neuwied 1973, 54-59

305 Franz Ochs, Von der Lebensdauer eines Fließbandes, aus: Ihr aber tragt das Risiko. Reportagen aus der Arbeitswelt, hg. vom Werkkreis Literatur der Arbeitswelt Köln, Rowohlt Verlag, Reinbek bei Hamburg 1971

306 Adolf Sommerauer, Die toten Fische. Mit freundlicher Genehmigung des Autors

309 Renate Katarina Oswald, Leben und Tod im August oder ungenaue Beschreibung meiner Familie, aus: SZ Nr. 190 vom 20. 8. 77 »Gesellschaft und Familie«

317 Gabriel Garcia Marquez, Widerstand gegen das Vergessen, aus: Ders., Hundert Jahre Einsamkeit, Verlag Kiepenheuer & Witsch, Köln

319 Ray Bradbury, Der Mann, aus: Ders., Der illustrierte Mann, © by Diogenes Verlag, Zürich 1973, detebe 127
331 Reinhard Pertsch, Die Affeninsel. Für dieses Buch geschrieben
333 Ray Bradbury, Die Landstraße, aus: Ders., Der illustrierte Mann, © by Diogenes Verlag, Zürich 1973, detebe 127
337 Friedrich Dürrenmatt, Der Tunnel, © 1952 by Verlags AG »Die Arche« Peter Schifferli, Zürich
345 Hermann Hesse, See, Baum, Berg, aus: Ders., Weg nach innen, Suhrkamp Verlag, Frankfurt/M. 1973, 88-90

Fotonachweise:

Fotos von Katja Klatt, München. S. 11, Transvestit in einer Pariser Bar / S. 13, Clown in seiner Garderobe / S. 38, Kleines Mädchen, das sich auf die Straße wagt / S. 50, Baum im Prager Hradschin / S. 82, Frau mit Weinglas / S. 109, Alte Frau auf einem Moskauer Friedhof / S. 139, Kettenkarussell / S. 141, Vater und Sohn am Motorrad / S. 157, Passanten vor der Leuchtschrift eines Pressehauses in Buenos Aires / S. 168, Mutter und Tochter vor dem Fenster / S. 193, Mann mit Kind am Tisch / S. 214, Paar im Raum / S. 243, Zirkusaufbau / S. 245, Zerbrochene Christusfigur auf einem Friedhof / S. 264, Straßenszene in Buenos Aires / S. 284, Häuserwand in Paris / S. 296, Pariser Flohmarkt / S. 316, Windrad an einem See.